[*Upon the dorse of membrane 8a, following on to section* Isti sunt clerici, *pp.* 124-128.]

[*Inquisition made by order of the Bishop concerning the portion which belongs to the Chapter of Exeter in the church of Bampton. John, Archdeacon of Oxford, to H., Bishop of Lincoln, greeting, etc. In the octave of the Blessed Laurence I was present in full Chapter at Norton. All were agreed that they had never known the church of Bampton to be possessed except by the farmers of the Chapter of Exeter. Oger was first farmer in their time, then William Milet, next Godfrey de Lacy, then John, the Archdeacon, lastly Richard de Marisco. By this inquisition possession of the said portion was restored to the Chapter of Exeter, reserving two chapelries there.*]

OXON.

Hec est inquisitio ad mandatum domini Episcopi facta super portione que Capitulum Exoniense in ecclesia de Bamtona contingit. Reverendo in Christo patri et domino H., Dei gratia Lincolniensi Episcopo, J., Archidiaconus Oxoniensis, salutem et debitam cum subjectione reverentiam. In octabis Beati Laurencii Capitulo aggregato generaliter apud Nortuna interfui, et juxta mandatum vestrum diligenti facta inquisitione accepi unanimiter ab omnibus quod nunquam viderunt ecclesiam de Bamtuna possideri nisi a firmariis Capituli Exoniensis nec aliqui eam possederunt nisi per Capitulum Exoniense. Ogerus fuit primus firmarius temporibus eorum, post eum Willelmus Milet, postea Godefridus de Lacy, deinde Johannes Archidiaconus, tandem Ricardus de Marisco, et hoc parati erunt jurare. Per hanc igitur inquisitionem reformata est predicto Capitulo Exoniensi possessio predicte portionis, salvis duabus capellariis in quibus duo clerici perpetuitatem habent. Super quo restat adhuc inquisitio facienda.

[*Gilbert de Dultinge, clerk, instituted parson of Bluntesham on the presentation of the Bishop elect of Ely.*]

HUNTS.

Gilebertus de Dultinga, clericus, post resignationem a Waltero de Kirchama factam de ecclesia de Bluntseshamia cujus rector extitit ad presentationem domini R., Elyensis electi, ad eandem est admissus et persona institutus; et mandatum est Archidiacono Huntingdoniensi ut mittat eum in corporalem illius ecclesie possessionem.

[*Thomas de Oretone, instituted perpetual vicar of Little Addington: presented by the Abbot and Convent of Sulby. The endowment of the vicarage, according to the Bishop's ordinance, consists of a mediety of the church. The Abbot and Convent have the other mediety.*] NORTHANTS.

Magister Thomas de Oretona, presentatus per Abbatem et conventum de Suleby ad perpetuam vicariam ecclesie de Adintona, est admissus et in ea vicarius perpetuus institutus, facta prius inquisitione per R., Archidiaconum Norhamtoniensem, in quibus posset competenter dicta vicaria consistere. Que quidem, juxta [debitam] provisionem de mandato domini Episcopi factam, consistit in tota medietate illius ecclesie, scilicet in omnibus obventionibus altaris cum minutis decimis, et cum terra ecclesie et decimis garbarum de terra ecclesie provenientibus, et preterea in tribus garbis omnium decimarum illius parochie, et in medietate mesuagii ecclesie ei assignati ex parte occidentali. Reliquam vero partem mesuagii juxta eandem provisionem habebunt Abbas et conventus de Suleby ad portionem eis assignatam, ad quam pertinet alia medietas illius ecclesie, scilicet, septem garbe omnium decimarum totius illius parochie, exceptis garbis decimarum de terra ecclesie ut predictum est. Et mandatum est eidem Archidiacono ut mittat eundem magistrum in corporalem predicte vicarie sue possessionem secundum formam premissam.

[*Osbert Porretanus, chaplain, with consent of Simon de Moel, clerk, parson of the church of Burton, is instituted to the perpetual vicarage therein which the Bishop appointed. The endowment set out. The Vicar is to bear all burdens of the church. Cf., p. 33 ante.*]

Magister Osbertus Porretanus, capellanus, de consensu Symonis de Moel, clerici, persone ecclesie de Burtona, ad perpetuam ejusdem ecclesie vicariam quam dominus Episcopus ordinavit in eadem admissus est et vicarius perpetuus institutus. Que quidem vicaria consistit in toto altalagio cum minutis decimis et tota terra ad eandem ecclesiam pertinente, et in manso ei assignato qui est ex parte orientali juxta curiam ipsius persone, nec debet idem vicarius de dominico ejusdem ecclesie ad ipsum pertinente decimas aliquas dare, sed onera omnia illius ecclesie tam episcopalia quam archidiaconalia sustinebit.

Rotuli Hugonis de Welles, Episcopi Lincolniensis.

[*The following is a copy of the Roll, bearing the modern number 12, which apparently follows Roll No. 10, printed above. It is written on membranes 7½ inches wide.*]

ANNUS DECIMUS [1219].

[M. 1.]

[*Ledger, [son] of Wybert, clerk, instituted to the church of Long Whatton; presented by the Abbot and Convent of Leicester. An ancient pension is reserved to them.*]

LEIRCESTRIA: WATTONE.—Leodegarius Guiberti, clericus, presentatus per Abbatem et conventum Leircestriensem ad ecclesiam de Wattone, post inquisitionem per Archidiaconum Leircestriensem inde factam, cum negotium esset in expedito, admissus est et institutus in eadem persona, salva dictis Abbati et conventui pensione debita et antiqua. Et injunctum est ei, viva voce, ut mittat eum in corporalem illius ecclesie possessionem.

[*Before W. de Lincolnia and S. de Cicestria, clerks of the Bishop, Ralph de Croxeby, late parson of Croxby, William Pollard for himself and his wife Agnes, Walter Takel and Beatrice his wife, and Agnes, a widow, late wife of Benjamin, on Monday after St. Andrew the Apostle, at Lincoln. All agreed to the award made by the arbitrators, the Priors of Ramsey and St. Ives, and R., Archdeacon of Huntingdon, as to the advowson of Croxby, and consented that the Abbot of Waltham should hereafter present to the church of Croxby. William de Walepol, presented by the Abbot of Waltham, is therefore instituted parson.*]

LINCOLNIA: CROXEBY.—Constitutis in jure coram Magistro W. de Lincolnia et S. de Cicestria, clericis domini Episcopi, Radulpho de Croxeby, quondam persona ecclesie de Croxeby, Willelmo Pollard pro se et Agnete uxore sua, Waltero Takel et Beatrice uxore sua, Agnete vidua, quondam uxore Benjamin, die Lune proxima post festum Sancti Andree Apostoli apud Lincolniam, cum de personis singulorum satis constitisset, omnes una[ni]miter consenserunt in sententiam latam per arbitros, de

Ramesia et de Sancto Yvone Priores, et R., Archidiaconum Huntingdoniensem, super advocationem predicte ecclesie de Croxeby, et consenserunt ut Abbas de Walthame presentet in perpetuum libere ad ecclesiam de Croxeby, sine contradictione ipsorum vel heredum suorum.

Magister igitur Willelmus de Walepol, presentatus per Abbatem et conventum de Walthame ad eandem ecclesiam domino Episcopo, post inquisitionem factam et post hec omnia predicta, dispensante cum eodem Magistro Domino Gualone Legato, admissus est et institutus in eadem persona. Et mandatum est Decano loci ut mittat eum in corporalem illius ecclesie possessionem.

[William de London, clerk, instituted perpetual vicar of Skendleby; presented by the Abbot and Convent of Bardney. An annual pension of 1 mark is reserved to them. The endowments of the vicarage, its augmentation, and the liabilities of the Vicar and the Monks are set out.]

LINCOLNIA : SCHENDELBY.—Willelmus de Lond, clericus, presentatus per Abbatem et conventum de Bardeneia ad perpetuam vicariam ecclesie de Scendelby, post inquisitiones inde per G. de Innocentibus et R. de Calkewelle, Decanum de Ludescia, factas, cum negotium esset in expedito, admissus est et in ea vicarius perpetuus institutus, salva dictis Abbati et conventui annua pensione unius marce, si debita sit et antiqua. Consistit autem ipsa vicaria in oblationibus et obventionibus altaris ecclesie predicte, et terris infra villam et extra ad eandem pertinentibus, et in decima totius lane. Ordinavit etiam dominus Episcopus, consensu ejusdem Abbatis et conventus, in augmentationem dicte vicarie, ut vicarius percipiet integre totam decimam omnium agnorum quam prius perceperunt ipsi monachi, exceptis duobus quos percipere consuevit vicarius. Debet autem vicarius omnia onera illius ecclesie episcopalia debita et consueta preter hospitium Archidiaconi sustinere, quod monachi procurabunt.

[Geoffrey, son of Simon, clerk, instituted to the church of Steeple-Aston; presented by Matthew de Estone, knt., and at the request, by his letters patent, of Fulk de Breaute, notwithstanding the right of patronage which he claimed, and with dispensation of Gualo, the Legate. An annual pension of 4 marks reserved to the Monks of Eynsham, if approved by the Bishop.]

OXONIA : STEPELESTONE.—Galfridus, filius Simonis, clericus, presentatus per Matheum de Estone, militem, ad ecclesiam de

Stapelestone vacantem, petente nobili viro F. de Breaute per litteras suas patentes dominum Episcopum quod ipsum Galfridum, clericum, ad presentationem dicti Mathei, militis, ad eandem ecclesiam admitteret, non obstante jure patronatus quod ipse F. sibi prius vendicabat in eadem, cum etiam per Archidiaconum Oxoniensem inquisitione facta negotium esset in expedito, ex dispensatione domini G., tunc Legati, admissus est et in eadem ecclesia persona institutus. Salvis monachis de Egneshame de ipsa ecclesia quatuor marcis annuis, si eis debite fuerint et hoc coram predicto Episcopo probaverint. Et mandatum est eidem Archidiacono quod ipsum Galfridum, clericum, in corporalem ecclesie prefate possessionem juxta formam premissam inducat, predictis quatuor marcis interim in manu domini Episcopi retentis.

[*William Ferebraz, instituted parson of Hartwell; presented by John Marshal by reason of his wardship of the land and heir of Barnabas de Hertwelle.*]

BUKINGEHAMIA: HERTWELLE.—Willelmus Ferebraz, clericus, presentatus per nobilem virum Johannem Marescallum, ratione custodie terre et heredis Barnabe de Hertwelle, ad ecclesiam de Hertwelle, facta prius inquisitione super eadem ecclesia per Magistrum T. de Cantia, Officialem Archidiaconi Bukinghamiensis, per quam negotium fuit in expedito, admissus est et in ea canonice persona institutus. Et mandatum est eidem Officiali ut ipsum Willelmum, clericum, in corporalem ecclesie prefate possessionem inducat.

[*Gilbert de Wivelingehame, chaplain, instituted to the perpetual vicarage of the church of Cammeringham; presented by Robert, prior of Cammeringham. The endowments of the vicarage are set out.*]

STOWA: CAMELINGEHAME.—Gilibertus de Wivelingehame, cappellanus, presentatus per Robertum, Priorem de Camelingehame, ad perpetuam vicariam ecclesie de Camelingehame, cum per inquisitionem factam in Capitulo loci per Willelmum, Decanum de Brocelby, negotium fuit in expedito, admissus est et vicarius institutus in eadem. Que consistit in toto altalagio ejusdem ecclesie, et in quodam tofto et tribus bovatis terre dominicis ipsius ecclesie, que Robertus Tunnu tenuit, et in decima octo bovatarum terre in eadem villa. Et mandatum est J. de Wivelingehame, Decano, ut ipsum Gilibertum in corporalem dicte vicarie possessionem inducat.

[*William de Horkestowe, clerk, instituted parson of a mediety of Stickford church; presented by the Prior and Convent of Markeby.*]

LINCOLNIA: STIKEFORDE.—Willelmus de Horkestowe, clericus, presentatus per Priorem et conventum de Markeby ad medietatem ecclesie de Stikeford, cum, per inquisitionem factam per R. de Candeleshoe et A. de Bulingbroc, Decanos, negotium esset in expedito, admissus est et in ipsa medietate persona institutus. Et preceptum est Magistro J. de Horkestowe, tunc presenti, ut mittat eum in corporalem dicte medietatis possessionem.

[*Alan de Mumby, clerk, instituted to the church of Cumberworth, conferred on him by the Bishop. He is to reside and serve personally.*]

LINCOLNIA: CUMBERWERDHE.—Alanus de Mumby, clericus, cui dominus Episcopus dedit ecclesiam de Cumberwerdhe, in eadem est persona institutus, cum onere quod in ipsa ecclesia residentiam faciat, et ei in propria persona deserviat. Et mandatum est Waltero de Maubertorpe, Decano, ut ipsum Alanum in corporalem dicte ecclesie possessionem inducat.

[*Elias de Braiton, clerk, instituted to the perpetual vicarage of Cheddington; presented by William, son of Fulk. He is to pay William an annual pension of one bezant.*]

BUKYNGHAMIA: CHEDINDONE.—Helyas de Braitone, clericus, presentatus per Magistrum Willelmum, filium Fulconis, ad perpetuam vicariam ecclesie de Chedindone, cum per inquisitionem per Magistrum T., Officialem Archidiaconi Bukinghamiensis, factam, negotium esset in expedito, admissus est et vicarius perpetuus institutus in eadem. Qui totam ecclesiam predictam quoad vixerit possidebit, reddendo prefato Magistro Willelmo annuam unius bisancii pensionem de eadem ecclesia. Admissus est etiam cum honere quod eidem ecclesie in propria persona deserviat. Et mandatum [est] prefato Magistro T. quod ipsum Helyam in corporalem dicte ecclesie possessionem inducat.

[*Geoffrey de Gunnes, chaplain, instituted to a benefice of two sheaves of the tithes of the demesne lands of Norman de Arescy in North Coningsby, and one oxgang of land and a toft in the same vill.*]

STOWA: NORHTKUNINGBY.—Galfridus de Gunnes, cappellanus, presentatus per Normannum de Arescy ad beneficium duarum garbarum decimarum de toto dominico ipsius Normanni in Nortkuningesby, et ad unam bovatam terre, et unum toftum cum pertinentiis in eadem villa, cum, per inquisitionem factam per W., Archidiaconum Stowensem, negotium esset in expedito, admissus est et in dicto beneficio institutus. Et mandatum est Willelmo de Radborne, Decano, ut ipsum in corporalem dictorum decimarum, bovate terre, et tofti possessionem inducat.

[*David de Ermentiers, clerk, instituted parson of Kislingbury; presented by the Queen dowager at the request of the Archbishop of Canterbury. The vicarage of Thomas, chaplain, presented by the parson with the Queen's consent is reserved; the Vicar holds the whole church, bearing all burdens, and paying an annual pension to David of 100s.; after the death of Thomas, the said church shall come to the use of David. David is to frequent the schools, or lose his benefice.*]

NORHAMTONIA: KISELINGEBIRY.—David de Ermentiers, clericus, presentatus per dominam Reginam, viduam, ratione dotis sue, ad ecclesiam de Kiselingbiry, intercedente pro eo Domino Cantuariensi, cum, per inquisitionem factam per R., Archidiaconum Norhamtoniensem, negotium esset in expedito, admissus est et in ea persona institutus, salva Thome, capellano, presentato per eum ex consensu predicte domine Regine, tunc ibidem presentis, ad vicariam ipsius ecclesie, vicaria quam habet in eadem, qui totam ecclesiam illam cum omnibus pertinentiis suis quoadvixerit tenebit, et omnia onera ejusdem, tam episcopalia quam archidiaconalia, sustinebit, centum solidos memorato Davidi, nomine pensionis, annuatim reddendo ; post cujus Thome decessum sepedicta ecclesia cum omnibus pertinentiis in usus memorati Davidis cedet. Injunctum est etiam ipsi Davidi, sub periculo beneficii sui et in virtute obedientie ut s[c]olas frequentet. Et mandatum est ipsi Archidiacono ut, secundum formam premissam, ipsum in corporalem dicte ecclesie possessionem inducat. Mandatum est etiam eidem Archidiacono ut predictum Thomam, capellanum, in prefate vicarie possessionem inducat.

[*John de St. Swithin, chaplain, instituted to the church of Welwyn; presented by the Prioress and Convent of Haliwell. A pension of five marks in the said church which the Nuns claimed by confirmation of H. and W., late Bishops of Lincoln, is reserved to them. The question of ownership is reserved.*]

HUNTEDONIA: WELEWES.—Johannes de Sancto Sutthuno, capellanus, presentatus per Priorissam et conventum de Haliwelle ad ecclesiam de Welewes, facta prius inquisitione per R., Archidiaconum Huntendoniensem, per quam negotium fuit in expedito, admissus est et in eadem canonice institutus. Concessit autem dominus Episcopus eisdem monialibus possessionem annue quinque marcarum pensionis, quam dicuntur habuisse in prefata ecclesia ex confirmationibus bone memorie H. et W., quondam Episcoporum Lincolniensium, salva questione proprietatis. Et mandatum est eidem Archidiacono ut ipsum Johannem in corporalem dicte ecclesie possessionem juxta formam premissam inducat.

[*Gilbert de Lekeborne, chaplain, instituted to the church of Oxcombe; presented by Matilda.*]

LINCOLNIA : OXECUMBE.—Gilibertus de Lekeborne, cappellanus, presentatus per Matillidem, mulierem, ad ecclesiam de Oxecumbe, cum, per inquisitionem per Rannulphum de Caukewelle, Decanum, factam, negotium esset in expedito, admissus est et in ea canonice persona institutus. Et mandatum est Magistro J. de Horkestowe ut ipsum in corporalem illius ecclesie possessionem inducat.

[*Walter de Dunigton, clerk, instituted parson of Chellington; presented by Walter de Trailly.*]

BEDEFORDIA : CHELEWENTONE.—Walterus de Dunigtone, clericus, presentatus per Walterum de Trailly ad ecclesiam de Chelewentone, facta prius inquisitione per Magistrum S., Officialem Archidiaconi Bedefordiensis, per quam negotium fuit in expedito, admissus est et in eadem persona institutus. Et injunctum est ei ut scolas frequentet, et quod ad proximos ordines veniat ordinandus. Et mandatum est eidem Officiali ut ipsum in corporalem dicte ecclesie possessionem inducat.

[*W., chaplain, instituted perpetual vicar of Evington; presented by the Abbot and Convent of Leicester. The vicarage is worth 6 marks. Its endowments and liabilities set out.*]

LEIRCESTRIA : EVINTONE.—W[*blank*], cappellanus, presentatus per Abbatem et conventum Leircestriensem ad vicariam ecclesie de Evintone, cum, per inquisitionem per Archidiaconum Leircestriensem factam, negotium esset in expedito, admissus est et in ea vicarius perpetuus institutus. Dicitur autem dicta vicaria valoris sex marcarum. Consistitque in altaragio cum omnibus obventionibus et minutis decimis ejusdem ecclesie, et in redditu quatuor solidorum de terra ipsius ecclesie, et in decimis bladi unius carucate terre in eadem parrochia. Idem etiam vicarius sustinebit omnia episcopalia preter hospitium Archidiaconi. Et mandatum est predicto Archidiacono quod mittat eum in corporalem dicte vicarie possessionem.

[*Nicholas de Fernhame, instituted to the church of Aldenham [Herts], by the dispensation (as he had already obtained another benefice) of Gualo, late Legate; presented by the Abbot and Convent of Westminster. A pension of 1 mark (if proved due) reserved to the Sacristan of Westminster.*]

HUNTEDONIA: ALDENHAME.—Magister Nicholaus de Fernhame, presentatus per Abbatem et conventum Westmonasteriensem ad ecclesiam de Audenhame, facta prius inquisitione per R., Archidiaconum Huntendoniensem, per quam negotium fuit in expedito, dispensante cum eo domino G., quondam Legato, ut cum ecclesia memorata aliud beneficium prius optentum, cui animarum cura est annexa, habeat et possideat simul cum eadem, admissus est et in ea canonice persona institutus. Salva Sacriste Westmonasteriensi annua unius marce pensione, si eam probaverit esse debitam et antiquam. Et preceptum est dicto Archidiacono, tunc apud Thame presenti, quod ipsum Magistrum Nicholaum in corporalem ipsius ecclesie possessionem faciat induci.

[*Richard de Gatesdene, clerk, instituted parson of Battlesden; presented by the Prior and Convent of Caldwell, Henry Falconarius, Osbert Blancfrund, and Leonard de Badelesdon, patrons for certain portions. The Bishop directed him to come to the next ordination to be ordained sub-deacon.*]

BEDEFORDIA: BADELESDONE.—Ricardus de Gatesdene, clericus, presentatus per Priorem et conventum de Caudewelle, Henricum Falconarium, Osbertum Blancfrund et Leonardum de Badelesdone, ad ecclesiam de Badelesdone, pro certis portionibus ejusdem ecclesie patronis, cum, per inquisitionem per Magistrum S. de Bedeforde factam, negotium esset in expedito, admissus est et in eadem canonice persona institutus, cui precepit dominus Episcopus ut ad proximos ordines veniat in subdiaconum ordinandus. Et injunctum est J., Archidiacono, tunc presenti, ut ipsum secundum formam premissam in corporalem ejusdem ecclesie possessionem inducat.

[*John de Aiete, chaplain, instituted to the perpetual vicarage of the church of St. Mary of Hertford; presented by the Prior and Convent of Hertford; the endowments of the vicarage, estimated at 20s., set out. The Vicar shall also receive bread and ale daily, and potage like a monk, and 8s. 8d. annually from the Prior; also certain tithes. The vicarage is then worth upwards of 100s.*]

HUNTEDONIA: VICARIA DE HERTFORDE.—Johannes de Aiete, cappellanus, presentatus per Priorem et conventum de Hertforde, ad perpetuam vicariam ecclesie beate Marie Monachorum de Hertforde, facta prius inquisitione per R., Archidiaconum Huntendoniensem, per quam negotium fuit in expedito, admissus ad eandem vicariam, et perpetuus vicarius institutus. Consistit autem dicta vicaria in omnibus minutis decimis ipsius ecclesie preter decimam lini, et in omnibus oblationibus offerendis nomine decimarum, et in quibusdam aliis obventionibus (*Verte folium*) secundum Magistrum Willelmum de Walepole, tunc Officialem loci. Scilicet in denariis missalibus et in toto pane altaris, et in oblatione trium denariorum die Natalis, et in tota oblatione et obventione ad primam missam diei Pasche, et in medietate obventionum proventionium (*sic*) de sponsalibus, et in omnibus obventionibus provenientibus de confessionibus, trentalibus et annualibus [*return to the face of roll*] ad valenciam, secundum communem estimationem viginti solidorum. Percipiet etiam idem vicarius unum panem monachi et tres galones cervise singulis diebus, et potagium tanquam monachus, et octo solidos et octo denarios per manum Prioris per annum. Item percipiet quasdam decimas bladi de campo quodam qui dicitur Grimestede, ad valentiam dimidie marce; et valet predicta vicaria centum solidos, ut creditur, et amplius. Injunctum est itaque eidem Archidiacono, apud Vetus Templum Londiniarum tunc presenti ut ipsum Johannem, cappellanum, in corporalem illius vicarie possessionem inducat.

[*Robert de Goseworth, chaplain, instituted to the church of Anderby; presented by Robert de Anderby, knt. He is to reside and serve personally.*]

LINCOLNIA: ANDERBY.—Robertus de Goseworthe, cappellanus, presentatus per Robertum de Anderby, militem, ad ecclesiam de Anderby, facta prius inquisitione per Magistrum J. de Horkestowe, per quam negotium fuit in expedito, admissus est et in ea canonice persona institutus, cum onere quod in ea residentiam [faciat], et in propria persona deserviat. Et mandatum est eidem Magistro J. ut ipsum Robertum, cappellanum, secundum formam premissam in corporalem ejusdem ecclesie mittat possessionem.

[*Peter, chaplain, instituted to the church of Easton; presented by Robert Morin and Robert de Legh, knts., and Thomas le Sauvage, each being patron of the third part of the church. He is to serve personally.*]

NORHAMTONIA : ESTONE.—Petrus, cappellanus, presentatus per Robertum Morin et Robertum de Legha, milites, et Thomam le Sauvage, ad ecclesiam de Estone, quolibet eorum patrono tertie partis ipsius ecclesie existente, cum per inquisitionem per Archidiaconum Norhamtoniensem factam, et R., Archidiaconi Huntendoniensis, tunc Officiali, transmissam, negotium esset in expedito, admissus est et in ea canonice persona institutus, cum onere quod eidem in propria persona deserviat. Et injunctum est predicto Officiali, tunc apud Leircestriam presenti, ut ipsum Petrum cappellanum, in corporalem ejusdem ecclesie possessionem induci faciat.

[*Stephen de Barbeflet instituted to the church of St. Peter, Stamford; presented by the Prior and Convent of St. Fromond, after they had recovered, in the King's Court, against the Abbot of Westminster, James Salvagius and Roger de St. John, the presentation of the church. A pension of 20s. is reserved to the parsons of Hambledon, and the question of its ownership is reserved to the Bishop and to Stephen.*]

LINCOLNIA : SANCTI PETRI STANFORDIE.—Stephanus de Barbeflet, clericus, presentatus per Priorem et conventum de Sancto Fremundo ad ecclesiam Sancti Petri in Stanforde, postquam ipsi Prior et conventus recuperaverunt presentationem suam ad illam ecclesiam in curia domini Regis versus Abbatem Westmonasteriensem, Jacobum Salvagium, et Rogerum de Sancto Johanne, facta etiam inquisitione per G. de Innocentibus, per quam negotium fuit in expedito, admissus est et in ea persona institutus. Salva [personis de Hamoldene *written over erasure*] possessione pensionis annue viginti solidorum de eadem ecclesia, et salva Episcopo et ipsi Stephano, clerico, questione proprietatis super eadem pensione. Et injunctum est eidem G. de Innocentibus ut secundum formam premissam, etc.

[*Henry de Hamtone, clerk, instituted to the church of Wilby; presented by Philip de Hamtone, knt., by reason of the wardship of the land and heir of John de Wyleby, after the Earl of Hertford had renounced the presentation of his chaplain which he had made to the same church.*]

NORHAMTONIA : WYLEBY.—Henricus de Hamtone, clericus, presentatus per Philippum de Hamtone, militem, ratione custodie terre et heredis Johannis de Wyleby, ad ecclesiam de Wileby, postquam Comes Herfordensis presentationem quam de cappellano suo fecerat ad eandem ecclesiam renunciavit per litteras suas patentes; cum etiam per inquisitionem per Archidiaconum Norhamtoniensem factam, et R., Archidiaconi Huntendoniensis Officiali transmissam, negotium esset in expedito, admissus est et in ea canonice persona institutus. Et injunctum est predicto Officiali tunc presenti ut ipsum in corporalem, etc.

On the dorse of mem. 1:—

[*Letters patent of Hugh, Bishop of Lincoln, and Joscelin, Bishop of Bath and Glastonbury, that they have borrowed from Laurence de S. Nicholas, clerk of the Cardinal Gualo, the Legate, for the use of our churches, 700 marks sterling (13s. 4d. to the mark), that they are bound to repay the same to the use of the said Cardinal at Paris, at St. Germain, at the Nativity of the Virgin next ensuing (8 September). Dated at London 18 Kal. February, the third year of Pope Honorius III, 15 Jan. 1218-19.*]

Omnibus Christi fidelibus ad quos presens carta pervenerit. Hugo Lincolniensis et Joscelinus Bathoniensis et Glastoniensis Dei gratia Episcopi, salutem in Domino. Noverit universitas vestra nos, pro utilitatibus et negotiis ecclesiarum nostrarum, mutuo in Angliam recepisse, a Karissimo nobis Magistro Laurencio de Sancto Nicholao, clerico venerabilis patris domini Gualonis, tituli Sancti Martini, presbiteri cardinalis, septingentas marcas sterlingorum, tresdecim solidis et quatuor denariis pro marca computatis, de pecunia ipsius domini Cardinalis, quas in bonis et novis sterlingis ad opus dicti domini Cardinalis et ejus nomine Parisius, apud Sanctum Germanum de Pratis, in festo Nativitatis Beate Virginis proximo futuro persolvere et deponere tenemur, et firmiter promisimus bona fide. Set si, quod absit, predictis loco et termino dicta pecunia non fuerit persoluta, quodcumque dampnum prefatus dominus Cardinalis inde incurrerit, et quascumque expensas pro pecunia memorata rehabenda fecerit, ad assercionem predicti domini Cardinalis per suas patentes litteras, dampna reficere et expensas restituere cum integritate tenemur et promisimus bona fide. Et pro dicta pecunia persolvenda et conventionibus superius annotatis firmiter observandis omnia bona nostra mobilia et immobilia obligavimus domino Cardinali jam dicto. Sciendum vero quod predictas septingentas marcas cum integritate restituere, et conventiones prefatas firmiter observare, uterque nostrum tenetur in solidum, set uno solvente, alter erit omnino liberatus. Solucione autem facta, littere iste nunciis nostris qui pecuniam persolverint, debent restitui. Que si aliquo casu fuerint amisse, nichilominus debet fieri solutio, dummodo nos, vel nuncii nostri, patentes litteras prefati domini Cardinalis de solutione facta habeamus. Et sic littere iste, si postea apparuerint, omnino juribus carebunt. Si vero, pecunia ad solvendum parata, littere iste non apparuerint, aut littere predicti domini Cardinalis de solutione facta, et liberatione nostra presto non fuerint, ad opus ipsius domini Cardinalis et ejus nomine in ede Sacra Parisius coram viris discretis et fidedignis deponetur, tunc demum ipsi domino Cardinali vel certo nuncio suo tradenda, cum littere iste vel ipsius secundum formam superius annotatam, illis penes quos pecunia fuerit deposita ostense fuerint atque tradite, nobis vel nunciis nostris per eos restituende. Et in hujus rei testimonium presenti carte sigilla nostra apposuimus. Acta Londoniis, octavodecimo Kalendas Februarii, Pontificatus domini Honorii Pape Tertii anno tertio.

[*On Thursday next after the first Sunday of Lent, the Bishop entrusted the charge of the church of Thimbleby to Richard de Brackeleia.*]

SUPER ECCLESIA DE THYMELBY.—Die Jovis proxima post primam Dominicam Quadragesime apud Wicumbe, dominus Episcopus commisit custodiam ecclesie de Thymelby Ricardo de Brackeleia, clerico. Et mandatum est Magistro J. de Horkestowe, ut ipsam custodiam ei faciat habere.

[*On Saturday in Ember Week in March, at the Old Temple, London, on the resignation of William de Argentein, parson, and of Thomas the vicar, the Bishop directed the Archdeacon of Huntingdon to place the Master of the Hospital of Little Wymondley in full possession of the church of Little Wymondley, Herts.*]

SUPER ECCLESIA DE PARVA WYMUNDELYE.—Sabbato Quatuor Temporum Marcii apud Vetus Templum Londiniarum, ad resignationem Magistri Willelmi de Argentein, persone, et Thome, vicarii, ecclesie de Parva Wymundele, injunxit dominus Episcopus R., Archidiacono Huntendoniensi, tunc presenti, ut [*blank*], Magistrum Hospitalis de Parva Wymundele, in plenam ejusdem ecclesie possessionem inducat, que sic ei prius confirmata fuit auctoritate domini Episcopi et Capituli Lincolniensis.

[M. 2.]

[*John de Hoylande, on whom the Bishop conferred the church of Hacconby, is instituted parson; the right of any one hereafter claiming the patronage is reserved.*]

LINCOLNIA : HACUNEBY.—Magister Johannes de Hoylande, cui dominus Episcopus contulit ecclesiam de Hacuneby, auctoritate concilii Lateranensis, salvo jure patronatus in posterum cuicumque patrono qui illud evicerit in eadem, admissus est et in ea canonice persona institutus. Et injunctum est G. de Innocentibus, tunc apud Leircestriam presenti, ut ipsum in corporalem, etc.

[*Robert de Reddeshale, clerk, instituted perpetual vicar of St. Giles, Northampton; presented by the Prior and Convent of St. Andrew, Northampton. He is to reside and serve personally. The possession of a pension of 10 marks is reserved to the Monks, which the Bishop granted them because he had heard that they had received the pension about 40 years. The question of the right to the pension is reserved to the Bishop and his Chapter. As the Monks were also claiming an additional pension of 5 marks, by deed of Savary, late Archdeacon of Northampton, the Bishop reserved its appointment to himself and the Chapter of Lincoln.*]

NORHAMPTONIA: SANCTI EGIDII NORHAMTONIENSIS.— Robertus de Reddeshale, clericus, presentatus per Priorem et conventum Sancti Andree Norhamtoniensis ad vicariam ecclesie Sancti Egidii in Norhamptonia, facta prius inquisitione per Archidiaconum Norhamtoniensem, ad eandem vicariam admissus est, et vicarius perpetuus institutus, cum onere quod ibidem residentiam faciat, et ipsi ecclesie in propria persona deserviat. Salva predictis monachis possessione pensionis decem marcarum de ipsa ecclesia, quam dominus Episcopus eis concessit quia per inquisitionem inde factam ipsos dictam pensionem circiter quadraginta annos audivit percepisse. Ita tamen quod salva sit questio proprietatis super eadem pensione ipsi Episcopo et successoribus suis. Quia etiam prefati monachi vendicabant sibi in memorata ecclesia quinque marcas annuas simul cum predicta decem marcarum pensione per cartam Savarici, quondam Archidiaconi Norhamtoniensis, dominus Episcopus earundem quinque marcarum ordinationem sibi et Capitulo suo Lincolniensi reservavit. Et mandatum est R., Archidiacono Norhamtoniensi, ut prefatum Robertum, clericum, secundum formam premissam in corporalem dicte vicarie possessionem inducat.

Episcopi Lincolniensis. 143

[*Thomas, chaplain, instituted to the church of Warboys; presented by the Abbot and Convent of Ramsey. They are to prove their claim to a pension of 40s.*]

HUNTINGDONIA : WARDEBOYS.—Thomas, cappellanus, presentatus per Abbatem et conventum Ramesiensem ad ecclesiam de Wardebois, facta prius inquisitione per Archidiaconum Huntendoniensem, per quam negotium fuit in expedito, admissus est et in ea canonice persona institutus. Et quia non constat per inquisitionem factam quod pensio quadraginta solidorum, quam dicti Abbas et conventus exigunt de prefata ecclesia, sit debita vel non, vult dominus Episcopus quod ipsi doceant in jure, si voluerint, quod illa pensio sit debita ut antiqua, et tunc eis inde fiat quod de jure fuerit faciendum. Prohibuit etiam dicto cappellano quod interim nichil solvat de predicta pensione. Et mandatum est dicto Archidiacono Huntendoniensi ut, etc.

[*Absalom, chaplain, instituted to the church of Easington, with the burden of personal service; presented by the Abbess and Convent of Godstowe, to whom is reserved a newly instituted pension of 2 marks.*]

OXONIA : ESSENDENE.—Absalon, cappellanus, presentatus per Abbatissam et conventum de Godestowe ad ecclesiam de Essendene, facta prius inquisitione per Archidiaconum Oxoniensem, per quam negotium fuit in expedito, admissus est et in ea canonice persona institutus, cum onere in eadem in propria persona deserviendi. Salva ipsis monialibus annua duarum marcarum de ipsa ecclesia pensione, per dominum Episcopum et Capitulum Lincolniense de novo instituta. Et mandatum est predicto Archidiacono, etc.

[*Ralph, chaplain, instituted to the chapel of Whipsnade. He is to be ordained and serve personally. Presented by the Prior and Convent of Merton. He is forbidden to pay them any pension until it is proved to be due.*]

BEDEFORDIA : WIBBESINEDE.—Radulphus, cappellanus, presentatus per Priorem et conventum de Mertone ad cappellam de Wibbesinede, cum, per inquisitionem per Magistrum S., Officialem Archidiaconi Bedefordiensis, factam, negotium esset in expedito, admissus est et in ea canonice persona institutus, cum onere in eadem in propria persona deserviendi. Salva eisdem Canonicis debita et antiqua de ipsa cappella pensione, si qua fuerit. Prohibitum est etiam ipsi cappellano a domino Episcopo quod pensionem, quam prefati Canonici exigunt de supradicta cappella non persolvat, antequam domino Episcopo constiterit ipsam esse debitam et antiquam. Et mandatum est prefato Magistro S., Officiali, ut, etc.

[*William, chaplain, instituted perpetual vicar of Kimbolton; presented by G. de Boclande, rector, with the consent of William de Mandeville, patron. The endowment is set out. Two portions of the small tithes of the demesne lands of Kimbolton Castle are reserved to St. Saviour's, Bermondsey.*]

HUNTINGDONIA: KENEBALTONE.—Willelmus, cappellanus, presentatus per Dominum G. de Boclande, rectorem ecclesie de Kenebaltone, de consensu nobilis viri Willelmi de Mandeville, patroni ipsius ecclesie, ad ejusdem perpetuam vicariam, facta prius inquisitione per Archidiaconum Huntendoniensem, per quam negotium fuit in expedito, admissus est et in ea vicarius perpetuus institutus; que consistit in omnibus minutis decimis et obventionibus altaris ecclesie prefate, et in decimis dominice ecclesie. Salvis Domui et conventui Sancti Salvatoris de Bermundeseia duabus partibus minutarum decimarum dominici castelli de Kinebalton. Et injunctum est prefato Archidiacono, apud Kildeby tunc presenti, ut ipsum Willelmum, etc.

[*Roger de Cadomo, instituted to the church of Gate Burton; presented by the Prior and Convent of Spalding, Ralph de Trehamtone, knt., renouncing the right of patronage. R. de Cadomo was under the rule of the Lateran Council because he had already obtained the church of Ingoldsby. He is to notify his admission to the church of Gate Burton to the Abbot and Convent of Croyland lest they incur the loss of their presentation.*]

STOWA: GEITEBURTONE.—Rogerus de Cadomo, presentatus per Priorem et conventum Spaldingensem ad ecclesiam de Geiteburtone, facta prius inquisitione per W., de Brocelby Decanum, Radulpho etiam de Trehamtone, milite, renunciante per litteras suas patentes juri quod se dicebat habere in patronatu ecclesie premisse, per quam negotium fuit in expedito, admissus est et in ea canonice persona institutus, sub pena Concilii Lateranensis, cum ecclesiam de Ingoldesby prius obtinuisset. Salva Priori et conventui Spaldingensi debita et antiqua de ipsa ecclesia pensione. Injunctum est etiam prefato Rogero de Cadomo, in virtute obedientie, quod Abbati et conventui Croylandiensi, patronis ecclesie de Ingoldesby, tempestive significet se ad premissam ecclesiam de Geiteburtone admissum esse, ne, tempore in Concilio constituto currente, jacturam presentationis sue incurrant. Et mandatum est prefato Decano de Brocelby ut ipsum Rogerum juxta formam premissam, etc.

[*Robert de Emberton, clerk, having already a certain portion in the church of Emberton, by grant of J., late parson, and W., son of Pain, knt., patron, since another Robert, presented by the same patron, was not qualified for the parsonage, was instituted to the church provided that he pay to the other Robert 5 marks annually.*]

BUKINGHAMIA : EMBERTONE.—Robertus de Embertone, clericus, habens prius quandam portionem in ecclesia de Embertone per concessionem J., quondam persone, et W., filii Pagani, militis, patroni ejusdem ecclesie, cum alius Robertus, ad eandem ecclesiam postmodum vacantem ab eodem patrono presentatus, insufficiens videtur domino Episcopo ad personatum ipsius ecclesie optinendum, de consensu ejusdem patroni, ordinationem illius ecclesie, quantum ad ipsum pertinebat, ipsi domino Episcopo committentis, post inquisitionem super eadem ecclesia per Magistrum Theobaldum, Officialem Bukinghamiensem, factam, per quam negotium fuit in expedito, admissus est et institutus ad personatum ejusdem ecclesie, ita tamen ut solvat alteri Roberto annuas quinque marcas, nomine perpetui beneficii, ei de gratia domini Episcopi in eadem ecclesia assignatas. Et injunctum est eidem Magistro Theobaldo ut ipsum mittat in corporalem ejusdem ecclesie possessionem.

[*Roger, chaplain, instituted perpetual vicar of Pirton, Herts; presented by the Prior and Convent of St. Mary of Hertford. A pension of 20s. reserved to the Prior and Convent. The endowments of the vicarage set out. The Vicar is to bear all burdens, including those of the chapels of Old Romerick and Ickleford, except the entertainment of the Archdeacon.*]

HUNTINGDONIA : PERITONE.—Rogerus, cappellanus, presentatus per Priorem et conventum Sancte Marie de Hertforde ad vicariam ecclesie de Peritone, facta prius inquisitione per R., Archidiaconum Huntendoniensem, per quam negotium fuit in expedito, admissus est et in ea vicarius perpetuus institutus, salvis viginti solidis annuis predictis Priori et conventui de eadem vicaria. Consistit autem ipsa vicaria in uno denario ad quamlibet missam ad quam provenit oblatio unius denarii ad minus in villa de Peritone, et in rationabili legato secundo post legatum ecclesie ; item in omnibus minutis decimis, oblationibus, et obventionibus altaris cappelle de Ikelesforde, et in omnibus decimis garbarum ibidem, preter quam de dominico Radulphi de Riparia et de dominico Willelmi filii Radulphi ; item in omnibus minutis decimis, oblationibus, et obventionibus altaris cappelle de Ramewike, et in omnibus decimis garbarum ibidem preterquam

L

de dominico Wiscardi Ledet, et de una virgata terre Canonicorum de Lantonia, unde nec decimam garbarum nec minutas decimas percipiet vicarius. Sustinebit autem vicarius omnia onera, tam episcopalia quam archidiaconalia, tam pro ecclesia de Peritone quam pro cappellis de Ikelesforde et Ramewike, preter hospitium Archidiaconi. Et injunctum est prefato Archidiacono, tunc apud Lentone presenti, ut ipsum Rogerum, cappellanum, in corporalem supradicte vicarie possessionem inducat.

[*Geoffrey de Burgo, clerk, instituted to the church of Burrough; presented by the Abbot and Convent of Ouston. He is to reside and serve personally and to be ordained at the next ordination.*]

LEIRCESTRIA : BURGUS.—Galfridus de Burgo, clericus, presentatus per Abbatem et conventum de Osolvestone ad ecclesiam de Burgo, facta prius inquisitione per Archidiaconum Leircestriensem, per quam negotium fuit in expedito, admissus est et in ea canonice persona institutus, cum onere ibidem residentiam faciendi et in propria persona in ordine sacerdotali deserviendi; cui injunctum est ut ad proximos ordines veniat ordinandus, sic deinceps promovendus donec in ordine sacerdotali prefate ecclesie possit personaliter deservire. Et mandatum est memorato Archidiacono Leircestriensi ut ipsum Galfridum, clericum, secundum formam premissam in corporalem illius ecclesie possessionem inducat.

[*Richard de Brackele instituted parson of Thimbleby subject to the rule of the Council, unless he produces the letter of Gualo, late Legate, dispensing therewith, as he states; presented by the Abbot and Convent of Kirkstead. He afterwards produced the said letter.*]

LINCOLNIA : THYMELBY.—Magister Ricardus de Brackele, presentatus per Abbatem et conventum de Kirkestede ad ecclesiam de Thymelby, facta prius inquisitione per Magistrum J. de Horkestowe, per quam negotium fuit in expedito, ad eandem ecclesiam admissus est et in ea canonice persona institutus, sub pena Concilii Lateranensis, nisi litteras Domini G., quondam Legati, super hoc beneficio cum eo dispensantis, ut dicit, domino Episcopo exhibuerit. Exhibitis autem predictis litteris cessabit pena Concilii supradicta. Et mandatum est Decano loci ut ipsum Ricardum in corporalem ipsius ecclesie possessionem juxta formam premissam inducat. Idem autem postea veniens ad dominum Episcopum litteras dicte dispensationis exhibuit.

[*Hugh de Scalleby, clerk, instituted to the church of Cold Hanworth, provided he be ordained subdeacon at the next ordination; presented by Nigel Costentin. On account of his inadequate learning he is to attend the schools. J., Dean of Wivelinge, is to induct him and to notify if he do not attend the schools.*]

LINCOLNIA : HANEWERDHE.—Hugo de Scalleby, clericus, presentatus per Nigellum Costentin ad ecclesiam de Hanewerdhe, facta prius inquisitione per G. de Innocentibus, per quam negotium fuit in expedito, admissus est et in ea canonice persona institutus, ita quod ad proximos Ordines veniat in subdiaconum ordinandus. Propter insufficientem autem ipsius litteraturam, injunxit eidem dominus Episcopus sub periculo beneficii sui ut scolas frequentet. Et mandatum est J., Decano de Wivelinge, ut ipsum in corporalem prefate ecclesie possessionem inducat secundum formam premissam; et si scolas non frequentaverit, quod illud domino Episcopo significet.

[*Robert, chaplain, instituted parson of Ibstone; presented by Walter Foliot in virtue of his wife's dower. He is to serve personally. A pension of 10s. is reserved to the Monks [sic] of Oseney.*]

OXONIA : IBESTANE.—Robertus, cappellanus, presentatus per Walterum Foliot, militem, ad ecclesiam de Ybestane, ratione dotis uxoris sue, facta prius inquisitione per J., Archidiaconum Oxoniensem, per quam negotium fuit in expedito, ad eandem ecclesiam est admissus et in ea canonice persona institutus, cum onere in eadem personaliter in officio sacerdotali ministrandi. Salva monachis [*sic*] Oseniensibus de eadem possessione decem solidorum annuorum per manum dicti Roberti, cappellani, percipiendorum, quam dominus Episcopus eis concessit, salva sibi questione proprietatis. Et mandatum est prefato J., Archidiacono, ut secundum formam premissam, etc.

[*Baldwin, clerk, instituted parson of Hagworthingham; presented by the Abbot and Convent of Bardney. Baldwin took an oath before the Bishop, upon the gospels, that he would pay no pension out of the said church to the Monks unless by order of the Bishop.*]

LINCOLNIA : HAGWRTHINGHAME.—Baldewinus, clericus, presentatus per Abbatem et conventum de Bardeneia ad ecclesiam de Hagwordhinghame, facta prius inquisitione per Magistrum R. de Brinct, Officialem Archidiaconi Lincolniensis, per quam negotium fuit in expedito, admissus est et in ea canonice persona institutus. Idem autem Baldewinus coram domino Episcopo juravit, tactis sacrosanctis euuangeliis, quod nullam pensionem seu prestationem [?] predictis monachis solvet de prefata ecclesia, nisi de precepto ejusdem domini Episcopi. Et mandatum est dicto Magistro R. de Brinct ut ipsum juxta formam premissam in corporalem ipsius ecclesie possessionem inducat.

[*Jordan, chaplain, instituted perpetual vicar of Kirtlington; presented by the Abbot and Convent of Aunay. He is to serve personally. The endowments of the vicarage set out. As Jordan has been defamed with regard to a certain woman living in the village of Kirtlington, he is admitted subject to the condition that if he be reported as to her or any other woman, the Bishop shall deprive him of his vicarage.*]

OXONIA: KERTLINGTONE.—Jordanus, cappellanus, presentatus per Abbatem et conventum de Alneto ad vicariam ecclesie Kirtlingtone, cum, per inquisitionem per Radulphum, clericum, Officialem Archidiaconi Oxoniensis, factam, negotium esset in expedito, ad eandem admissus est et in ea canonice vicarius perpetuus institutus, cum onere personaliter eidem in officio sacerdotali deserviendi. Que quidem vicaria consistit in toto altalagio ipsius ecclesie, et redditu trium et triginta solidorum et quatuor denariorum, quem homines tenentes terram ecclesie solvunt annuatim ipsi ecclesie, et triginta travis bladi quas dicta ecclesia consuevit annuatim percipere de dominico R. de Aumeri apud Blechesdene, que valent annuatim quindecim solidos. Quia vero supradictus Jordanus, cappellanus, de quadam muliere in villa de Curtlingtone manente fuerat diffamatus, sub hac forma ad jam dictam vicariam est admissus, quod si causa ejusdem mulieris vel alterius decetero fuerit incontinentia notatus, dominus Episcopus ipsum predicta vicaria sua privabit. Et mandatum est predicto Radulpho, clerico, ut dictum Jordanum in corporalem prefate vicarie possessionem inducat juxta formam premissam; et si ipsum incontinenter vivere perceperit, hoc domino Episcopo significet.

[*Andrew, clerk, instituted to the church of Wotton; presented by the lady A., Countess of Salisbury.*]

OXONIA: WOTTONE.—Andreas, clericus, presentatus per nobilem dominam A., Comitissam Saresbiriensem ad ecclesiam de Wottone, facta prius inquisitione per R., clericum Archidiaconi

Oxoniensis, per quam negotium fuit in expedito, ad eandem ecclesiam est admissus, et in ea canonice persona institutus. Et mandatum est ipsi R., ut eundem Andream, clericum, in corporalem illius ecclesie possessionem inducat.

[*Robert, chaplain, instituted to the perpetual vicarage of Thurlby, lately held by Thomas, chaplain; presented by the Prioress and Convent of St. Michael, Stamford.*]

LINCOLNIA: SANCTI MICHAELIS STANFORDIENSIS. PRO THURLEBY.—Robertus, cappellanus, presentatus per Priorissam et moniales Sancti Michaelis in Stanfordia ad perpetuam vicariam ecclesie de Turleby, quam Thomas, cappellanus, tenuit, facta prius inquisitione per W., Archidiaconum Lincolniensem, per quam negotium fuit in expedito, admissus est, et in ea vicarius perpetuus institutus, cum onere in officio sacerdotali personaliter in ea ministrandi. Que quidem vicaria consistit in omnibus obventionibus altaris cum quodam manso. Et mandatum est predicto W., Archidiacono Lincolniensi, ut ipsum Robertum, etc.

[*Hugh de Derefeld, clerk, instituted to the church of Barnetby-le-Wold; presented by the Prior and Convent of Newstead (in Lindsey), of the Order of Sempringham (Gilbertines). There is reserved to them an annual payment of 4 marks from the church and the mediety of tithes of 13 oxgangs of land in Barnetby, which the Canons [of Sempringham] themselves cultivate, and the mediety of the arable land of the church demesne, which is divided into two parts. The part on E. and S., containing 4 oxgangs of land, shall remain to the Prior and Convent. The other part, on W. and N., containing 4 oxgangs, shall remain to Hugh de Derefeld. The Bishop, with the consent of the Dean and Chapter, granted the annual payment of 4 marks, the mediety of the tithes of 13 oxgangs, and the mediety of the demesne, to the Prior and Convent as their perpetual benefice. On Derefeld's death one mediety of the whole church shall be appropriated to the Canons, the other payments to them then ceasing. To the other mediety they shall present as patrons; the parson shall bear all ordinary burdens, but the Canons shall answer proportionally in respect of extraordinary charges.*

The appropriation deed is dated 9 Kal. Oct., 9th of the Episcopate, 1219. See "Liber Antiquus", p. 96, where Derefelde is rendered "Duffelde".]

LINCOLNIA: BERNETEBY.—Magister Hugo de Derefelde, clericus, presentatus per Priorem et conventum de Novo Loco, Ordinis de Sempingehame ad ecclesiam de Berenttheby, facta prius inquisitione per R. de Bristollia, canonicum Lincolniensem, et R. de Rowelle, Decanum, per quam negotium fuit in expedito, admissus est et in ea canonice persona institutus, salvis dictis Priori et conventui quatuor marcarum annua prestatione de eadem ecclesia, et medietate de decimis garbarum de tredecim bovatis terre in Bernetteby, quas ipsi canonici propriis sumptibus colunt, et medietate terre arabilis de dominico ipsius ecclesie, quod per totum campum in duas partes est divisum. Ita videlicet quod illa pars que est versus orientem et meridiem, quatuor bovatas terre in se continens, remanebit Priori et conventui de Novo Loco. Alia pars que est versus occidentem et aquilonem, quatuor bovatas terre in se continens similiter, remanebit predicto Hugoni de Derefelde, persone ecclesie de Bernetteby, cum omnibus pertinentiis ad eandem terram spectantibus. Quas, scilicet, annuam prestationem quatuor marcarum et medietatem de decimis garbarum de tredecim bovatis terre, et medietatem de dominico ecclesie sicut predictum est, de consensu Rogeri, Decani, et Capituli Lincolniensis, dominus Episcopus concessit ipsis Priori et conventui dum idem Hugo vixerit, nomine perpetui beneficii percipiendas. Dominus etiam Episcopus, per assensum ejusdem R., Decani, et Capituli Lincolniensis, concessit medietatem totius ecclesie de Bernetteby post decessum prefati Hugonis de Derefelde in proprios usus ipsorum canonicorum, nomine perpetui beneficii convertendam, cessante tunc predicta solutione quatuor marcarum et prefata medietate de decimis garbarum de tredecim bovatis terre, et prefatis quatuor bovatis de dominico ecclesie, computatis eisdem Priori et conventui in illa eorum medietate quam in ecclesia sepedicta tunc erunt habituri. Ipsi vero Prior et conventus ad reliquam medietatem, quandocumque vacaverit, tanquam patroni, clericos idoneos successive presentabunt, per Episcopum diocesis ad eorum presentationem instituendos, qui tanquam persone in eadem ecclesia ministrabunt, et onera ecclesie ordinaria sustinebunt. Si quid autem emerserit extraordinarium, ipsi Canonici proportionaliter pro sua medietate respondebunt. Et mandatum est Magistro J. de Horkestowe ut secundum formam premissam tam Magistrum Hugonem quam dictos Canonicos in corporalem portionum suarum possessionem inducat.

[*John de Tantone, chaplain, instituted to the church of Guilden Morden; presented by the Prior and Convent of Ashby. A pension of 40s. reserved to them. Possibly since Guilden Morden is in Cambridgeshire that name is a mistake of the scribe for Morton Pinkney, which is in Northamptonshire.*]

NORHAMPTONIA: GELDENE MORTONE.—Johannes de Tantone, cappellanus, presentatus per Priorem et conventum de Esseby ad ecclesiam de Geldenemortone, admissus est ad eam et in ea canonice persona institutus. Salva dictis Priori et conventui annua de prefata ecclesia quadraginta solidorum pensione.

[Eustace de Godarville, clerk, instituted to the church of Wendlebury; presented by Walter de Godarville, knt., in virtue of his custody of the land and heir of Geoffrey de Pavelly. An annual payment of one mark is reserved to the church of Chesterton.]

OXONIA: WENDELBIRY.—Eustachius de Godarville, clericus, presentatus per Walterum de Godarville, militem, ratione custodie terre et heredis Galfridi de Pavelly, ad ecclesiam de Wendelbiry, ad ipsam est admissus, et in ea canonice persona institutus. Salva annua unius marce prestatione de eadem ecclesia per ipsum clericum ecclesie de Cestretone facienda. Et mandatum est Archidiacono Oxoniensi ut ipsum in corporalem ipsus ecclesie possessionem juxta formam premissam inducat.

[Roger, chaplain, parson of one mediety of Boddington church, is inducted into the other mediety, which the Bishop conferred on him under the authority of the Lateran Council. The right, if any, of Hugh de Botendon, clerk, in the vicarage of that mediety is reserved to him, subject to a pension of 8 marks to Roger the parson.]

NORHAMPTONIA: BOTENDONE.—Rogerus, cappellanus, persona unius medietatis ecclesie de Botendone, per preceptum domini Episcopi inductus est in possessionem alterius medietatis vacantis per Archidiaconum Norhamptoniensem, quam dominus Episcopus ei contulit auctoritate Concilii Lateranensis. Salvo Hugoni de Botendone, clerico, jure, si quod habet, in vicaria illius medietatis; quod si jus eidem competit in illa vicaria, tenebit eandem medietatem quoad vixerit, reddendo prefato Rogero tanquam persone, et successoribus suis, octo marcas annuas nomine pensionis. Salvo inposterum jure patronatus, etc.

On the dorse of this membrane (2) :—

[Richard de Cornay, clerk, is instituted to the church of Munden (Herts), which the Bishop conferred on him by authority of the Lateran Council. A vicarage is reserved to Manasser de Furnivalle, who holds the whole church subject to a pension of 4s. to the parson.]

Ricardus de Cornay, clericus, cui dominus Episcopus, auctoritate Concilii Lateranensis, contulit ecclesiam de Mundene, ad eandem ecclesiam est admissus et canonice persona institutus.

Salva Manassero de Furnivalle vicaria sua quam habet in eadem; qui totam ecclesiam predictam tenebit quoad vixerit, reddendo prefato Ricardo, tanquam persone, annuam quatuor solidorum pensionem de ecclesia memorata. Et injunctum est R., Archidiacono Huntendoniensi, ut aliquem de clericis suis, loco ipsius Ricardi, in corporalem illius ecclesie possessionem inducat.

[*Inquisition by R., Archdeacon of Huntingdon, as to the Hospital lately erected in Lutterworth (Leics.) whereon Simon de Essefordeby, chaplain, was admitted proctor during good behaviour. Divine service may be celebrated in the Hospital, but the rights of the mother church and neighbouring churches are reserved.*]

Inquisitione facta per R., Archidiaconum Huntendoniensem, Officialem domini Episcopi, super Hospitali noviter erecto in parrochia de Lutteworthe, in Archidiaconatu Leircestriensi, per quam negotium fuit in expedito, Simon de Essefordeby, cappellanus, ad procurationem ipsius Hospitalis est admissus, ita quod dum illi domui fuerit necessarius et eidem bene disposuerit, remaneat procurator. Sin autem, ammoveatur pro voluntate domini Episcopi et alius substituatur. Concessit etiam dominus Episcopus ut in supradicto Hospitali divina perpetuo celebrentur. Salva indempnitate matricis ecclesie et aliarum ecclesiarum vicinarum. Et mandatum est prefato R., Archidiacono Huntendoniensi, ut secundum formam premissam dicto Simoni, cappellano, procurationem premissam habere faciat, et in ipso Hospitali, ut premissum est, divina celebrari.

[*Resignation of Robert, late parson of Broxholme (Lincolnshire), anno Episc. x, 1219.*]

RESIGNATIO ROBERTI SUPER ECCLESIA DE BROKESHOLME. —Anno Pontificatus domini Episcopi decimo, die Mercurii proxima post Assumptionem Beate Virginis, apud Lincolniam, in aula domini Episcopi ante prandium, Robertus, quondam persona ecclesie de Brokesholme, resignavit spontanea voluntate in manu Roberti, Archidiaconi Huntingdoniensis, tunc Officialis ipsius Episcopi, predictam ecclesiam de Brokesholme et totum jus quod ipsa ecclesia umquam habuit, et ab animarum cura per ipsum Officialem de precepto domini Episcopi est absolutus.

[*Inquisition by Hugh, Archdeacon of Stowe, as to pension of 3 marks from the church of Scotter, by which it appeared that the Abbot and Convent of Peterborough had received it for 40 years. Ordered to be paid them.*]

Inquisitione facta per Hugonem, Archidiaconum Stowe, super annua trium marcarum pensione de ecclesia de Scotere, per quam constabat Abbatem et conventum de Burgo percepisse dictam pensionem a quadraginta annis et eo amplius, mandatum est prefato Archidiacono quod ipsam pensionem predictis monachis habere faciat.

[*Two lines carefully erased here.*]

[*Ralph, Rector of St. Cuthbert's, Bedford, ordered to pay an annual pension of half a mark to the Prior and Convent of Dunstable.*]

Feria quarta post festum Apostolorum Petri et Pauli mandatum est Radulpho, rectori ecclesie [*blank in original*] in Bedeforde, ut annuam et debitam dimidie marce pensionem de ecclesia predicta Priori et canonicis Dunestaplie decetero persolvat.

[LINCS.—*The charge of Broxholme church entrusted to Thorold, clerk; presented by Philip de Aubiniaco.*]

Turoldo, clerico, ad ecclesiam de Brokesholme per nobilem virum Philippum de Aubiniaco presentato, mandatum est Archidiacono Stowe inquisitionem fieri super eadem ecclesia, et quod custodiam ipsius ecclesie eidem Turoldo interim committat.

[*William, Archdeacon of Cleveland, to have charge of Swaton (Lincs.).*]

Mandatum est Archidiacono Lincolniensi quod Willelmo, Archidiacono Clivelande, faciat habere custodiam ecclesie de Suauetone, donec aliud a domino Episcopo inde susceperit mandatum.

[*Henry, chaplain, inducted into the possession of a pension in the church of Farndish (Beds).*]

Mandatum est Magistro S., Officiali Archidiaconi Bedefordiensis, quod Henricum, cappellanum, in corporalem possessionem pensionis ecclesie de Fernedis, quam dominus Episcopus ipsi Henrico contulit, auctoritate Concilii Lateranensis, inducat, faciens ei restitui plene pensionem suam a tempore sue institutionis.

[M. 3.]

[*Benedict de Brevecurt instituted parson of Careby; presented by Robert de Humeto, knt. He is to be ordained and to bear all ordinary burdens of the church.*]

LINCOLNIA : KAREBY.—Benedictus de Brevecurt, presentatus per Robertum de Humeto, militem, ad ecclesiam de Kareby, facta prius inquisitione per W., Archidiaconum Lincolniensem, per quam negotium fuit in expedito, admissus est et in ea canonice persona institutus. Ita quod ad proximos ordines veniat ordinandus. Idem autem ipsius ecclesie omnia onera ordinaria sustinebit. Et mandatum est eidem Archidiacono ut ipsum in corporalem ipsius ecclesie possessionem juxta formam premissam inducat.

[*Gilbert de Wiham, dean, instituted to the vicarage of Careby, with burden of personal service; presented by Benedict de Brevecurt, parson, with consent of Robert de Humeto, patron. The endowments set out.*]

Gilbertus de Wiham, Decanus, presentatus per Benedictum de Brevecurt, personam ecclesie de Kareby, ad vicariam ipsius ecclesie, de consensu Roberti de Humeto, patroni, ad eandem vicariam est admissus et in ea canonice vicarius perpetuus institutus, cum onere personaliter in officio sacerdotali ministrandi in eadem. Que consistit in tota terra dominica et toto altalagio ecclesie predicte, et in medietate curie pertinentis ad ecclesiam predictam. Et mandatum est dicto Archidiacono Lincolniensi ut ipsum, etc.

[*Walter Bluet, clerk, instituted to the church of Saxelby, with burden of personal service when the other mediety becomes vacant; presented by Ralph de Foleville, knt. The portions of Richard Duket and William de Foleville are reserved. Richard, for his mediety, pays to Walter, as parson, half a mark; William, for the mediety he holds, 2s. Walter is to be ordained deacon at the next Ordination.*]

LEIRCESTRIA : SAXELBY.—Walterus Bluet, clericus, presentatus per Radulphum de Foleville, militem, ad ecclesiam de Saxelby, facta prius inquisitione per Magistrum R. de Bleis, per quam negotium fuit in expedito, admissus est et in ea canonice persona institutus, cum onere personaliter eidem deserviendi, cum alteram medietatem vacare contigerit. Salvis portionibus quas Ricardus Duket et Willelmus de Foleville habent in eadem, quorum unus, scilicet Ricardus Duket, pro medietate ipsius ecclesie quam habet persolvet ipsi Waltero, tanquam persone, annuam dimidie marce pensionem, Willelmus vero, pro alia medietate quam habet, annuam duorum solidorum pensionem. Injunctum est autem dicto Waltero ut ad proximos Ordines veniat ordinandus in diaconum. Et mandatum est predicto Magistro R. de Bleis ut secundum formam premissam, etc.

[*Walter de Cantilupo, on the death of Jordan de Cantilupo, testified by letters of the Bishop of Rouen, is admitted to the church of Hinxworth, and R., Archdeacon of Huntingdon, is instituted parson as his proxy.*]

HUNTINGDONIA : HENGSTEWRDE.—Walterus de Cantilupo, presentatus per Willelmum de Cantilupo ad ecclesiam de Henghtesworthe, facta prius inquisitione per R., Archidiaconum Huntingdoniensem, cum etiam constaret de morte Jordani de Cantilupo per litteras domini Rothomagensis patentes et testimoniales, per que negotium fuit in expedito, ad eandem ecclesiam est admissus, et predictus R., Archidiaconus Huntendoniensis, loco ipsius Walteri, in ea canonice persona institutus.

[*William de Quatuor Manis, clerk, instituted to the church of (Cold ?) Overton; presented by William de Quatuor Manis. He is to be ordained subdeacon at the next Ordination.*]

LEIRCESTRIA : OVERTONE. Willelmus de Quatuor Manis, clericus, presentatus per Willelmum de Quatuor Manis, militem, ad ecclesiam de Overtone, facta prius inquisitione per Magistrum R. de Bleis, Officialem Archidiaconi Leircestriensis, per quam negotium fuit in expedito, admissus est et in ea canonice persona institutus. Injunctum est similiter eidem Willelmo, clerico, ut ad proximos ordines veniat in subdiaconum ordinandus. Et mandatum est predicto Officiali ut ipsum Willelmum in corporalem prefate ecclesie possessionem juxta formam premissam inducat.

[*Richard, clerk, instituted to the church of Bucknall on the resignation of R. de Croxby; presented by the Master, Prioress, and Nuns of Stixwold, to whom Richard is to pay nothing; reserving to Alan his right, if any, in the church.*]

LINCOLNIA : BUKENHALLE.—Ricardus, clericus, presentatus per Magistrum, Priorissam, et moniales de Stikewaud ad ecclesiam de Bukenhale, facta prius inquisitione per W., Archidiaconum Lincolniensem, per quam negotium fuit in expedito, ipsa etiam ecclesia vacante per resignationem R. de Croxby, ad eandem ecclesiam admissus est et in ea canonice persona institutus.

Salvo jure si quod Alano competit in ecclesia memorata. Prohibuit autem dominus Episcopus ipsi Ricardo, clerico, in virtute obedientie, ut nichil predictis Magistro, Priorisse et monialibus de Stikewaud de predicta ecclesia persolvat. Et mandatum est prefato Archidiacono Lincolniensi ut secundum formam premissam eundem Ricardum in corporalem ecclesie prefate [possessionem] inducat.

[*Reginald, clerk, instituted to the church of Little Loughton (now united to Loughton Magna, and its church destroyed); presented by William, son of Hamon. To serve personally. The Bishop gave him licence to attend the schools for a year, and then to be ordained by each step until he is ordained priest.*]

BUKINGHAMIA : PARVA LUHTONE.—Reginaldus, clericus, presentatus per Willelmum, filium Hamonis, feria quarta post festum Apostolorum Petri et Pauli, ad ecclesiam de Parva Lughtone, facta prius inquisitione per Magistrum Th., Officialem Archidiaconi Bukinghamiensis, per quam negotium fuit in expedito, ad eandem ecclesiam admissus est, et in ea canonice persona institutus, cum onere in eadem personaliter in officio sacerdotali ministrandi. Cui dedit dominus Episcopus inducias unius anni ut scolas frequentet, deinceps de Ordinibus ad Ordines gradatim accessurus, et continue usque in presbiterum ordinetur. Et mandatum est prefato Th., Officiali, ut secundum formam premissam dictum Reginaldum in corporalem ecclesie prefate inducat possessionem.

[*Henry, clerk, instituted to the church of Aston Sandford; presented by John de Saundforde. The vicarage of William is reserved. He is to pay 2s. yearly to the parson as pension.*]

BUKINGHAMIA : ESTONE.—Henricus, clericus, presentatus per Johannem de Saunforde, militem, ad ecclesiam de Estone, facta prius inquisitione per Magistrum Th., Officialem Archidiaconi Bukinghamiensis, per quam negotium fuit in expedito, ad eandem ecclesiam est admissus et in ea canonice persona institutus ; salva Willelmo, clerico, vicaria sua quam habuit in eadem, qui dictam ecclesiam tenebit quoad vixerit, reddendo eidem Henrico, tanquam persone, duos solidos annuos de ipsa ecclesia nomine pensionis. Et mandatum est eidem Th., Officiali, ut secundum formam premissam, etc.

[*Mandate to W., Archdeacon of Lincoln, to induct William de Sedgebrook into the mediety of the church of Sedgebrook; presented by the Prior and Convent of Eye.—At Thame, Saturday next after the Feast of St. Barnabas.*]

LINCOLNIA : SEGEBROC.—Mandatum est W., Archidiacono Lincolniensi, ut Willelmo de Seggebroc, clerico, per Priorem et conventum de Eya ad medietatem ecclesie de Seggebroc presentato, ipsius medietatis possessionem habere faciat, et ipsam ei in pace dimittat cum fructibus inde provenientibus.

Sabbato proximo post festum Sancti Barnabe, apud Thame.

[*Robert, physician, instituted to the church of Great Laughton; presented by Saher, Earl of Winchester.*]

LEIRCESTRIA : LECTONE.—Magister Robertus, phisicus, presentatus per nobilem virum S., Comitem Wintoniensem, ad ecclesiam de Lectone, facta prius inquisitione per Magistrum R., Officialem Archidiaconi Leircestriensis, per quam negotium fuit in expedito, ad eandem ecclesiam est admissus et in ea canonice persona institutus. Et mandatum est predicto R., Officiali, quod mittat eum, etc.

[*William de Kemeshame, Canon of Wells, instituted to the church of Waltham on the presentation of the Abbot and Convent of Beauport (dioc. of Avranches), after the receipt of the King's letters directing the Bishop to admit a suitable person, notwithstanding the claim to the patronage of Henry, son of Reginald, and of Ralph de Raeleghe. The vicarage of Wigod, chaplain, is reserved, as also power to the Bishop to make an appropriation of the church.*]

LINCOLNIA : WALTHAME.—Willelmus de Kemeshame, canonicus Wellensis, presentatus per Abbatem et conventum de Bello Portu ad ecclesiam de Walthame, facta prius inquisitione per W., Archidiaconum Lincolniensem, susceptis etiam litteris domini Regis, quod, non obstante reclamatione Henrici, filii Reg[inaldi], et Radulphi de Raeleghe, qui jus patronatus in eadem ecclesia sibi vendicaverunt, dominus Episcopus admittat personam idoneam ad presentationem dictorum Abbatis et conventus, per que omnia negotium fuit in expedito, ad ipsam ecclesiam est admissus et in ea canonice persona institutus. Salva Wigodo, cappellano, vicaria sua quam habet in eadem, qui dictam ecclesiam tenebit quoad vixerit, reddendo eidem Willelmo de Kemeshame, tanquam persone, sex marcas annuas nomine pensionis de eadem. Et salva domino

Episcopo ordinatione quam facere disposuerit de ecclesia sepedicta. Mandatum est igitur Decano de Grimesby ut ipsum Willelmum, secundum formam premissam, in corporalem illius ecclesie possessionem inducat.

[*William de Cestria, clerk, instituted to the church of Beelsby; presented by the same Abbot and Convent (i.e., of Beauport), after the King's letter directing the Bishop to accept a fit clerk on their presentation, notwithstanding the claim of Hugh de [Gurnay?] and Joscelin de Willres to the patronage. The Bishop may make an appropriation therein.*]

LINCOLNIA : BELESBY.—Willelmus de Cestria, clericus, presentatus per eosdem Abbatem et conventum ad ecclesiam de Belesby, facta inquisitione per dictum Archidiaconum Lincolniensem, susceptis etiam litteris domini Regis quod dominus Episcopus suscipiat clericum idoneum ad presentationem ipsorum Abbatis et conventus ad eandem ecclesiam, non obstante reclamatione Hugonis de Gu'ay et Joscelini de Willres, per que omnia negotium fuit in expedito, ad eandem ecclesiam est admissus et in ea canonice persona institutus. Salva ordinatione domino Episcopo quam facere disposuerit in eadem. Et mandatum est prefato W., Archidiacono, ut ipsum Willelmum, clericum, in corporalem prefate ecclesie possessionem, secundum formam predictam, inducat.

[*John de Renham, clerk, instituted to the church of Hatcliffe; presented by the same Abbot and Convent (i.e. of Beauport), after the King's letter as above. Reserving to the Bishop an appropriation as above.*]

LINCOLNIA : HADDECLIVA.—Johannes de Renham, clericus, presentatus per eosdem Abbatem et conventum ad ecclesiam de Haddecliva, facta prius inquisitione per dictum Archidiaconum Lincolniensem, susceptis etiam litteris domini Regis quod, non obstante reclamatione, etc., ut supra, per que omnia negotium fuit in expedito, ad eandem ecclesiam est admissus et in ea canonice persona institutus. Salva ordinatione domino Episcopo ut supra. Et mandatum est prefato W., Archidiacono, ut ipsum Johannem, clericum, etc.

[*Ivo de Belesby, clerk, instituted to the church of Beesby; presented by the same Abbot and Convent (i.e., of Beauport), after the King's letter as above. With reservation to the Bishop as above. Ivo is to be ordained.*]

LINCOLNIA : BESEBY.—Ivo de Belesby, clericus, presentatus per eosdem Abbatem et conventum ad ecclesiam de Beseby, facta prius inquisitione per dictum Archidiaconum Lincolniensem, susceptis etiam litteris domini Regis quod, non obstante reclamatione, etc., ut supra, per que omnia negotium fuit in expedito, ad ipsam ecclesiam est admissus et in ea canonice persona institutus. Salva domino Episcopo ordinatione ut supra. Injunctum est autem dicto Ivoni ut ad proximos Ordines veniat ordinandus. Et mandatum est prefato W., Archidiacono Lincolniensi, ut, etc.

[*Philip, chaplain, instituted to the church of Brigsley; presented by the Abbot and Convent of Beauport, after the King's letter as above. The Archdeacon shall administer the oath of canonical obedience which he has not taken before the Bishop himself.*]

LINCOLNIA : BRIGELE.—Philippus, cappellanus, presentatus per Abbatem et conventum de Bello Portu ad ecclesiam de Brigget, facta prius inquisitione per dictum Archidiaconum Lincolniensem, susceptis etiam litteris domini Regis ut supra, ad eandem ecclesiam de Brigget admissus est et in ea canonice persona institutus. Et mandatum est W., Archidiacono Lincolniensi ut, ipsum Philippum in corporalem illius ecclesie possessionem inducens, suscipiat ab eo juramentum de exhibenda domino Episcopo, successoribus et Officialibus suis, canonica obedientia, quam obedientiam coram ipso Episcopo non juravit.

[*The charge of West Ravendale (Lincolnshire) is intrusted to the Abbot and Convent of Beauport.*]

WESTRAVENDALE.—Custodia ecclesie de Westravendale commissa est Abbati et conventui de Bello Portu, donec dominus Episcopus super eadem suam fecerit ordinationem.

[*Elias, chaplain, instituted parson of Manton (Rutland); presented by Isabel, Queen of England; E., chaplain, first resigning his claim to the vicarage.*]

NORHAMPTONIA : MANETONE.—Elyas, clericus, presentatus per dominam I., Reginam Anglie, ad ecclesiam de Manetone, resignante prius E., cappellano, jus quod se dicebat habere in vicaria ipsius ecclesie, facta etiam inquisitione per R., Archidiaconum Norhamtoniensem, per quam negotium fuit in expedito, admissus est et in ea canonice persona institutus. Et mandatum est eidem Archidiacono quatinus ipsum Elyam, clericum, in corporalem dicte ecclesie possessionem inducat.

[*Ralph, chaplain, obtained charge of St. Peter's, Bedford; presented by the Prior and Convent of Merton.*]

BEDEFORDIA : SANCTI PETRI.—Radulphus, cappellanus, presentatus per Priorem et conventum de Meretone ad ecclesiam Sancti Petri in Bedeforde, custodiam illius ecclesie per dominum Episcopum est adeptus. Et mandatum est Magistro S., Officiali Archidiaconi Bedefordiensis, ut ipsam custodiam ei habere faciat.

[*John de Lincolnia, clerk, instituted to the church of Lusby; presented by the Abbot and Convent of Bardney. He is to attend the schools. An ancient pension is reserved to the Prior and Convent.*]

LINCOLNIA : LUSCEBY.—Johannes de Lincolnia, clericus, presentatus per Abbatem et conventum de Bardeneia ad ecclesiam de Lusceby, facta prius inquisitione per W., Archidiaconum Lincolniensem, per quam negotium fuit in expedito, admissus est et in ea canonice persona institutus. Salva dictis Abbati et conventui debita et antiqua de eadem ecclesia pensione. Injunxit etiam dominus Episcopus eidem clerico, sub periculo beneficii sui, quod scolas exerceat. Et mandatum est eidem Archidiacono quod ipsum Johannem juxta formam premissam in corporalem illius ecclesie possessionem inducat.

[*Hugh de Davintre, clerk, instituted to the church of Clapton, which had been vacant six months, on receipt of the King's letter that the Bishop should institute on the presentation of the Abbot of Peterborough, notwithstanding the claim of the Prior of St. Neots. Hugh Dacus, knight, renounced his appeal as to the patronage. A pension of 25s. 8d. is reserved to St. Neots.*]

NORHAMPTONIA : CLOPTONE.—Ecclesia de Cloptone vacante ultra sex menses, dominus Episcopus eam contulit, auctoritate Concilii Lateranensis, Hugoni de Davintre, clerico, per Abbatem et conventum de Burgo ad eandem presentato, et ipsum in ea canonice personam instituit. Susceptis tamen litteris domini Regis, post illud tempus semestre, quod, non obstante reclamatione

Prioris de Sancto Neoto, ad presentationem Abbatis de Burgo personam idoneam admitteret ad eandem; Hugone etiam Daco, milite, renunciante appellacioni per ipsum facte pro jure patronatus ejusdem ecclesie, quod sibi vendicabat, et petente ut dominus Episcopus supradictum Hugonem, clericum, in dicta ecclesia personam institueret; facta similiter inquisitione per R., Archidiaconum Norhamtoniensem, per quam negotium fuit in expedito. Salva Priori et conventui de Sancto Neoto annua quinque et viginti solidorum et octo denariorum de eadem pensione, si ipsa debita fuerit et antiqua, et salva tertia garba decime de antiquo dominico Willelmi de Cloptone, canonici de Huntingdonia, et salva alia tertia garba decime de eodem dominico Sacristie de Burgo. Et mandatum est prefato R., Archidiacono, quod ipsum Hugonem, clericum, in corporalem ecclesie memorate possessionem juxta formam premissam inducat. Idem postea, ad presentationem dictorum Abbatis et conventus, ad prefatam ecclesiam est admissus et in ea persona institutus.

[*Thomas, deacon, obtains charge of Great Steeping vicarage until the next Lent ordinations; presented by the Abbot and Convent of Bardney. Being insufficiently learned he is to attend the schools and to be examined at the next Lent ordinations. The Archdeacon of Lincoln is to make provision for a suitable chaplain meanwhile.*]

LINCOLNIA: STEPINGE. (Custodia non Institutio.)—Custodia vicarie ecclesie de Stepinge commissa est Thome diacono, per Abbatem et conventum de Bardeneia ad ipsam vicariam presentato, usque ad ordines quos dominus Episcopus, domino procurante Quadragesima proxime ventura, erit celebraturus, ut, quia minus est litteratus, interim scolas frequentet, et tunc, qualiter in scolis profecerit, ad ipsos ordines examinandus veniat. Et mandatum est W., Archidiacono Lincolniensi, ut secundum formam premissam ipsi custodiam ecclesie prefate faciat habere, provisurus tamen quod interim per cappellanum idoneum competenter celebretur in ecclesia memorata.

[*Baldric, chaplain, presented by Henry, son of Richard, and Adam, son of William, is instituted parson of Radwell, Herts.*]

HUNTINGDONIA: RADEWELLE. Baldricus, cappellanus, presentatus per Henricum, filium Ricardi, et Adam, filium Willelmi, ad ecclesiam de Radewelle, facta prius inquisitione per Magistrum

Willelmum de Walepole, Officialem Archidiaconi Huntingdoniensis, per quam negotium fuit in expedito, admissus est et in ea canonice persona institutus. Et injunctum est R., Archidiacono Huntingdoniensi, tunc presenti ut ipsum in corporalem, etc.

[*Robert de Duntone, clerk, instituted to the church of Odell; presented by Robert de Insula. To Ralph, chaplain, is reserved his vicarage, of which the endowment is set out. He is to be compensated for loss of pannage owing to cultivation of woodland. Robert the parson is to be ordained and to attend the schools.*]

BEDEFORDIA : WAHILLE.—Robertus de Duntone, clericus, presentatus per Robertum de Insula ad ecclesiam de Wahelle, facta prius inquisitione per Magistrum S., Officialem Archidiaconi Bedefordiensis, per quam negotium fuit in expedito, admissus est et in ea canonice persona institutus. Salva Radulpho, cappellano, vicaria sua quam habet in eadem, qui unam acram terre et domum quandam ad ecclesiam pertinentem, et totam decimam molendini ipsius ville, et omnia ad ecclesiam pertinentia preter garbam habuit; et quia quedam terra de nemore redacta est in culturam in parrochia illa, de qua ecclesia illa solebat recipere pannagium, providit dominus Episcopus, de consensu persone, quod per arbitrium Capituli fiat super predicto pannagio ipso vicario recompensatio, si qua fuerit facienda. Injunxit autem dominus Episcopus ipsi Roberto, persone, sub periculo beneficii sui, ut ad proximos ordines veniat ordinandus, et scolas frequentet. Et mandatum est supradicto Officiali Bedefordiensi ut secundum formam premissam ipsum Robertum, personam, in corporalem illius ecclesie possessionem inducat.

[*Laurence de Kaukewelle is instituted parson of Maltby, which the Bishop conferred on him by authority of the Council.*]

LINCOLNIA : MEAUTEBY.—Magister Laurentius de Kaukewelle, cui dominus Episcopus ecclesiam de Mauteby, auctoritate Concilii, contulit, ad ipsam ecclesiam admissus est et in ea persona institutus. Et inductus est Rannulphus de Kaukewelle, frater suus, loco ipsius in corporalem dicte ecclesie possessionem.

[*Gilbert de Stowa, clerk, instituted to the church of Dean [Bedfordshire?], which the Bishop conferred upon him by authority of the Council.*]

HUNTINGDONIA: DENA.—Magister Gilibertus de Stowa, clericus, cui dominus Episcopus ecclesiam de Dena, auctoritate Concilii, contulit, ad eandem ecclesiam admissus est et in ea canonice persona institutus. Et mandatum est Decano loci ut ipsum in corporalem ejusdem ecclesie possessionem inducat.

On the dorse of mem. 3.

[*Since Robert, clerk, has been presented to the church of Manby by William de Manby, the charge thereof is entrusted to the Dean of Lincoln.*]

Cum Robertus, clericus, presentatus esset per Willelmum de Manneby, ad ecclesiam de Manneby, facta prius inquisitione per W., Archidiaconum Lincolniensem, custodia illius ecclesie commissa est R., Decano Lincolniensis ecclesie, cum fructibus inde provenientibus.

[*Thomas, clerk, presented to Ingoldsby church, obtained the charge thereof.*]

Magister Thomas, clericus, presentatus ad ecclesiam de Ingoldesby, facta prius inquisitione per W., Archidiaconum Lincolniensem, custodiam illius ecclesie est adeptus.

[*The Bishop ordained that the vicarage of Eaton [Bray], Bedfordshire, should be worth 100s., but deferred execution of that ordinance until he had spoken with the Prior of Merton. He committed the charge of the vicarage to Nicholas, chaplain; presented by the said Prior and Convent.*]

Dominus Episcopus ordinavit ut vicaria ecclesie de Eytone valeat per annum centum solidos, set executionem istius ordinationis distulit quousque cum Priore de Meretone locutus fuerit. Commisit autem custodiam vicarie predicte ecclesie Nicholao, cappellano, ad eandem per dictum Priorem de Meretone et conventum presentato. Et mandatum est Magistro S., Officiali Archidiaconi Bedefordiensis, ut interim ipsi Nicholao eandem custodiam faciat habere.

[*The charge of Syston church, Leicestershire, is entrusted to Robert Maudlor', clerk; presented by the proctor of the Earl of Winchester, but his institution was delayed because the Bishop was not satisfied as to the death of Simon de Tebauville, sometime parson.*]

Custodia ecclesie de Sidhestone commissa est Roberto Maudloř, clerico, presentato ad eandem ecclesiam per procuratorem domini Comitis Wintoniensis, patroni illius ecclesie; set institutio dicti Roberti cepit dilationem, quia non plene constitit domino Episcopo de morte Simonis de Tebauville, quondam persone predicte ecclesie. Et mandatum est Magistro R., Officiali Archidiaconi Leircestriensis, quod dictam custodiam eidem Roberto faciat habere, donec constet utrum prefatus Simon cesserit in fata.

[M. 4.]

[*Thomas, chaplain, instituted to the church of Edlesborough under the rule of the Council; presented by the Prior and Convent of Bardney. A vicarage is reserved to Simon, chaplain, he paying to the rector a pension of 20 marks. Two sheaves of the demesne tithe are reserved to the Abbot and Convent.*]

BUKINGHAMIA: EDULVEBERGE.—Tomas, cappellanus, presentatus per Abbatem et conventum de Bardeneia ad ecclesiam de Edolvesberge, facta prius inquisitione per Magistrum Th., Officialem Archidiaconi Bukinghamiensis, per quam negotium fuit in expedito, admissus est sub pena Concilii, et in ea canonice persona institutus. Salva Simoni, cappellano, vicaria sua quam habet in eadem, qui dictam ecclesiam tenebit, reddendo inde ei qui pro tempore fuerit persona in eadem annuam viginti marcarum pensionem. Et salvis duabus garbis decimarum de dominico dictis Abbati et conventui. Mandatum est igitur dicto Th., Officiali, ut ditum Thomam, capellanum, juxta formam premissam in corporalem ipsius ecclesie possessionem inducat.

[*John de Hailes, clerk, on whom the Bishop conferred the church of Buckworth by authority of the Council, saving the right of any patron who may claim the patronage, and saving to Odo, chaplain, his vicarage, subject to a pension of 8 marks to John the parson.*]

HUNTINGDONIA: BUKESWRDE.—Johannes de Hailes, clericus, cui dominus Episcopus, auctoritate Concilii, contulit ecclesiam de Bukesworde, salvo imposterum jure cujuscumque patroni, qui jus patronatus evicerit in eadem, et salva Odoni, capellano, vicaria sua quam habet in eadem, qui dictam ecclesiam tenebit quoadvixerit, reddendo eidem Johanni, tanquam persone, octo marcas annuas, nomine pensionis. Et preceptum est Archidiacono Huntindoniensi, tunc presenti, ut ipsum juxta formam premissam in corporalem ejusdem ecclesie possessionem inducat.

[*John, son of Waren, clerk, is instituted to the parsonage of 40 marks, under the rule of the Council, in the church of Ravensden [Bedfordshire ?]; presented by William, son of Warin, knight, with consent of his wife Agnes. John is to be ordained in September.*]

BUKINGHAMIA : RAVENESDENE.—Johannes, filius Warini, clericus, presentatus per Willelmum, filium Warini, militem, de consensu Agnetis, uxoris sue, ejus ad personatum quadraginta solidorum in ecclesia de Ravenesdene, facta prius inquisitione per Magistrum Th., Officialem Bukinkehaniemsem [*sic*], per quam negotium fuit in expedito, admissus est ad eandem pensionem, sub pena Concilii Lateranensis, et in dicta ecclesia persona canonice institutus. Injunxit autem ei dominus Episcopus ut ad ordines ab eo proximo celebrandos post jejunium quatuor temporum in mense Septembris veniat ordinandus. Et mandatum est Magistro Th., etc.

[*William de Longo Campo, clerk, instituted to the church of West Halton; presented by Matilda de Lascy. The Bishop retains the annual 15s. in hand, which the Abot and Convent of St. Sever claim, until they prove their right thereto.*]

STOWA : HAUTONE.—Willelmus de Longo Campo, clericus, presentatus per nobilem matronam, Matillidem de Lascy, ad ecclesiam de Hautone, facta prius inquisitione per Hugonem, Archidiaconum Stowe, per quam negotium fuit in expedito, admissus est et institutus in eadem, sub pena Concilii Lateranensis, retentis quindecim solidis annuis in manu domini Episcopi, quos Abbas et conventus de Sancto Severo sibi vendicant de ipsa ecclesia nomine cujusdam beneficii, donec dicti monachi probaverint coram domino Episcopo illos denarios ad ipsos de jure pertinere. Et mandatum est dicto Archidiacono quod ipsum Willelmum, clericum, juxta formam premissam in corporalem ecclesie prefate possessionem inducat.

[*See entry below, on p.* 168.]

[*Eustace, clerk, instituted to the church of Langton, by Spilsby; presented by Gilbert de Langton. As Eustace was under age, Henry, chaplain of the church, was appointed his proctor by the Bishop. He is to have charge of the church for five years, and to provide Eustace with necessaries in the schools.*]

LINCOLNIA : LANGETONE.—Eustachius, clericus, presentatus per Gilbertum de Langetone ad ecclesiam de Langetone, facta prius inquisitione per W., Archidiaconum Lincolniensem, per quam negotium fuit in expedito, ad eandem ecclesiam est admissus, et in ea canonice persona institutus. Set quam dictus Eustachius, clericus, minoris fuit etatis, datus est ei per Episcopum procurator, Henricus, ejusdem ecclesie cappellanus, qui dictam ecclesiam per quinque annos custodiet, et ipsi Eustachio de eadem necessaria inveniet in scolis. Et mandatum est prefato Archidiacono Lincolniensi, quod ipsum Eustachium juxta formam premissam in corporalem ecclesie dicte possessionem inducat.

[*John de Tintone, vicar of Woodhall, is instituted parson thereof; presented by Roland de Wudehall.*]

LINCOLNIA : WUDEHALE.—Johannes de Tintone, vicarius ecclesie de Wudehale, presentatus per Rodlandum de Wudehale ad eandem ecclesiam, admissus est ad eam, et in ea canonice persona institutus, facta prius inquisitione per Magistrum J. de Horkestowe, per quam negotium fuit in expedito. Et injunctum est W., Archidiacono Lincolniensi, quod ipsum Johannem in corporalem illius ecclesie possessionem inducat.

[*S., Archdeacon of Bedford, directed to allow the Master and Brethren of the Holy Trinity, Northampton, to hold an annual pension of 4 marks out of the church of Bletsoe, confirmed to them by William, late Bishop of Lincoln.*]

BEDEFORDIA : BLECHESHO.—Mandatum est Magistro S., Officiali Archidiaconi Bedefordiensis, ut permittat Magistro et fratribus Hospitalis Sancte Trinitatis Norhamtoniensis habere annuam quatuor marcarum pensionem de ecclesia de Blechesho, confirmatam eis per bone memorie Willelmum, Lincolniensem Episcopum, donec super hoc aliud a domino Episcopo susceperit mandatum.

[*Henry de Bray inducted to the church of Loddington, which the Bishop conferred on him by authority of the Council.*]

NORHAMPTONIA: LULLINGTONE.—Henricus de Bray, clericus, cui dominus Episcopus, auctoritate Concilii Lateranensis, contulit ecclesiam de Lullingtone, ad eandem est admissus, et in corporalem illius ecclesie possessionem per Archidiaconum Norhamtoniensem inductus.

[*The Nuns of Haverholme to have possession of the mediety of Dorrington church, the question of ownership being reserved, and also the question of mission, which they have not proved.*]

LINCOLNIA: DIRINTONE.—Mandatum est Archidiacono Lincolniensi quod permittat monialibus de Hailholme habere possessionem medietatis ecclesie de Dirintone, salva domino Episcopo questione proprietatis super ipsa ecclesia, et salva questione missionis in corporalem possessionem ipsius medietatis, quam missionem dicte moniales non probaverunt.

[*Thomas Pilatis is instituted perpetual vicar of the newly ordained vicarage of Aby; presented by the Prioress and Nuns of Greenfield. The endowments set out.*]

LINCOLNIA: ABY.—Thomas Pilatis, clericus, presentatus per Priorissam et moniales de Grenefelde ad vicariam de Aby de novo ordinatam per dominum Episcopum, facta prius inquisitione per W. de Maubertorpe, Decanum, per quam negotium fuit in expedito, admissus est et in eadem vicarius perpetuus institutus. Que quidem vicaria consistit in omnibus obventionibus altaris, et minutis decimis, et decimis molendinorum. Habebit etiam vicarius domum cum tofto et crofta pertinentem ad ecclesiam memoratam. Et injunctum est Archidiacono Lincolniensi, tunc presenti, ut secundum formam premissam ipsum Thomam, etc.

[*Nicholas de Heghame, clerk, instituted parson of Pickworth, Rutland, after R. de Gidneto had withdrawn his claim; presented by W. de Gidneto, knight.*]

NORHAMPTONIA: PIKEWORTHE.—Nicholaus de Heghame, clericus, presentatus per Willelmum de Gidneto, militem, ad ecclesiam de Pikeworthe, renunciante R. de Gidneto, clerico, toti juri quod se dicebat habere in eadem, et appellationi super ea per ipsum facte, facta etiam inquisitione per R., Archidiaconum Norhamtoniensem, per quam negotium fuit in expedito, admissus est et in ea canonice persona institutus. Et mandatum est dicto Archidiacono quod ipsum clericum in corporalem, etc.

[*Thomas de Wilgheby, clerk, instituted parson of the church of Aswarby; presented, prior to the date of the Council, by William de Halintone.*]

LINCOLNIA: ASEWARTHEBY.—Thomas de Wilgheby, clericus, presentatus ante concilium ad ecclesiam de Assewartheby, per Willelmum de Halintone, facta prius inquisitione per R., Decanum Lincolniensis ecclesie, per quam negotium fuit in expedito, admissus est et in ea canonice persona institutus. Et injunctum est W., Archidiacono Lincolniensi, ut ipsum, etc.

[*The Bishop directed J., Archdeacon of Bedford, or S., his Official, to put David de St. Edward into possession of the church of Colmworth. The vicarage of Ralph de Oildebof is reserved subject to a pension of 3 marks to the parson.*]

BEDEFORDIA: COLMEWORDE.—Mandavit dominus Episcopus J., Archiadiacono Bedefordiensi, vel Magistro S., Officiali suo, ut David de Sancto Edwardo, clericum, mittant in corporalem possessionem ecclesie de Colmworthe, salva Radulpho de Oildebof, vicaria sua quam habet in eadem, qui totam ecclesiam illam tenebit quoadvixerit, reddendo ipsi David, tanquam persone, tres marcas annuas nomine pensionis.

[*William de Longo Campo, clerk, instituted to the church of West Halton; presented by Matilda de Lascy. The Bishop retains the annual 15s. in hand, which the Abbot and Convent of St. Severd claim, until they prove their right thereto.*]

STOWA: HAUTONE.—Willelmus de Longo Campo, clericus, presentatus per dominam matronam, M. de Lascy, ad ecclesiam de Hautone, facta prius inquisitione per Hugonem, Archidiaconum Stowe, per quam negotium fuit in expedito, admissus est et in canonice persona institutus, retentis quindecim solidis annuis in manu domini Episcopi, quos monachi de Sancto Severo sibi vendicant in eadem ecclesia nomine perpetui beneficii, donec ipsi probaverint coram eodem Episcopo illos denarios ad se pertinere. Et mandatum est ipsi Archidiacono ut ipsum, etc.

[*This is a repetition, in slightly altered wording, of entry on p.* 165 *above.*]

[*Gregory, nephew of Gregory, Cardinal deacon of St. Theodore, on whom, by authority of the Lateran Council, the Bishop conferred the church of Scalford, is admitted thereto, and Clement, clerk, is put in possession in his stead. The vicarage of Thomas, clerk, is reserved, and also any pension due to the Prior and Convent of Daventry and the right of any patron.*]

LEIRCESTRIA : SCHALDEFORDE.—Gregorius, nepos domini Gregorii, Sancti Theodori Diaconi Cardinalis, cui dominus Episcopus, auctoritate Concilii Lateranensis, contulit ecclesiam de Scaldeforde, admissus est et Clemens, clericus, loco ipsius in corporalem ejusdem ecclesie possessionem inductus. Salva Thome, clerico, vicaria sua quam habet in eadem, et salva debita et antiqua pensione, si qua fuerit Priori et conventui de Davintria de dicta ecclesia persolvenda. Salvo etiam jure uniuscujusque patroni qui jus patronatus evicerit in eadem. Et mandatum est Magistro R. de Bleis, Officiali Archidiaconi Leircestriensis, quod ipsum Clementem, loco dicti Gregorii, in corporalem ecclesie prefate possessionem inducat, et eidem omnes fructus hujus autumpni perceptos et percipiendos de dicta ecclesia sine diminutione faciat habere.

[*Walter, clerk, is instituted parson of Bletchley; presented by Roger de Calceto.*]

BUKINGHAMIA : BLECHELE.—Walterus, clericus, presentatus per Rogerum de Calceto, militem, ad ecclesiam de Blechele, facta prius inquisitione per Magistrum T., Officialem Archidiaconi Bukinghamiensis, per quam negotium fuit in expedito, admissus est et in ea canonice persone institutus. Et mandatum est dicto T., etc.

[*Walter de Duningtone, clerk, instituted to the church of Thrapston, notwithstanding the claim of William Briwerre; presented by the Abbot and Convent of Brunne. He is to be ordained. A pension of 4 marks is reserved to the Abbot and Convent.*]

NORHAMPTONIA : TRAPSTONE.—Walterus de Duningtone, clericus, presentatus per Abbatem et conventum de Brunne ad ecclesiam de Trapstone, facta prius inquisitione per R., Archidiaconum Norhamtoniensem, et susceptis litteris domini Regis, quod dominus Episcopus, non obstante reclamatione Willelmi Briwerre, recipiat idoneam personam ad presentationem dictorum Abbatis et conventus, per que negotium fuit in expedito, admissus est et in ea canonice persona institutus, cum onere ad proximos ordines veniendi. Salva dicti Abbati et conventui debita et antiqua quatuor solidorum annua pensione. Et mandatum est dicto Archidiacono, etc.

[*Stephen de Eketone is instituted perpetual vicar of Shillington, after it was proved that he was born in lawful wedlock and was not the son of the parson of that church; presented by Stephen, parson of Shillington, with the consent of the Abbot and Convent of Ramsey. An annual pension of 10s. is reserved to Stephen the parson.*]

BEDEFORDIA : SHETLINGDONE.—Magister Stephanus de Eketone, presentatus per Stephanum, personam ecclesie de Suttlingdone, ad vicariam ejusdem ecclesie de consensu et voluntate Abbatis et conventus Ramesiensis, ipsius ecclesie patronorum, facta inquisitione per Archidiaconum Huntingdoniensem super dicta vicaria, cum etiam, per inquisitionem factam per J., Archidiaconum Bedefordiensem, et Magistrum S., Officialem suum, constaret, dictum Magistrum Stephanum, ad prefatam vicariam presentatum, esse de legitimo matrimonio natum et non filium persone illius ecclesie, per que negotium fuit liquidum, admissus est et in ea vicarius perpetuus institutus. Salva prefato Stephano, persone illius ecclesie, et successoribus sui ejusdem personis, annua decem solidorum pensione, et salva prefatis Abbati (*sic*).

[*Robert Bacun, instituted parson of a mediety of the church of Lower Heyford, which Luke, clerk, held; presented by the Abbot and Convent of Eynsham. A pension from the said mediety is reserved to the said monks.*]

OXONENFORDIA : HEYFORDE.—Magister Robertus Bacun, presentatus per Abbatem et conventum de Eigneshamia ad medietatem ecclesie de Heiforde, quam Lucas, clericus, tenuit, facta prius inquisitione per J., Archidiaconum Oxoniensem, per quam negotium fuit in expedito, admissus est et in ea canonice persona institutus, cum onere in eadem residendi, et eidem personaliter in officio sacerdotali deserviendi. Salva dictis monachis de prefata medietate debita et antiqua pensione, cum eam probaverint ad se pertinere, et interim eadem pensione in manu domini Episcopi retenta. Et mandatum dicto Archidiacono quod juxta formam premissam, etc.

[*Ralph de Burnham, Dean, is instituted parson of the chapel of Wexham.*]

BUKINGHAMIA : WEXHAM.—Radulphus de Burnhame, Decanus, admissus est ad capellam de Vexhame, sub pena Concilii Lateranensis, et in ea persona institutus, cum onere in eadem personaliter in officio sacerdotali ministrandi, salvo inposterum jure uniuscujusque qui jus patronatus evicerit in eadem. Et mandatum est Magistro T., Officiali Archidiaconi Bukinghamiensis, etc.

[*Reginald de Undele is instituted to a parsonage of 5 marks in the church of Everdon; presented by Rannulph de Everdone. A vicarage is reserved.*]

NORHAMPTONIA : EVERDONE.—Magister Reginaldus de Undele, presentatus per Magistrum Rannulphum de Everdone ad personatum quinque marcarum annuarum in ecclesia de Everdone, facta prius inquisitione per R., Archidiaconum Norhamtoniensem, etc., admissus est et in ea canonice persona institutus. Salva vicario ejusdem ecclesie competenti vicaria, qui totum residuum tenebit quoadvixerit, nomine vicarie. Et mandatum est prefato Archidiacono, etc.

[*Stephen de Cantabrigia, clerk, is instituted parson of the church of Ingham; presented by G., Prior of the whole order of Sempringham and the Convent of Bullington.*]

STOWA : BULINGTONE (*sic*).—Magister Stephanus de Cantebrigia, clericus, presentatus per G., Priorem totius ordinis de Sempinghamia, et conventum de Bulingtone ad ecclesiam de Ingehame, facta prius inquisitione per H., Archidiaconum Stowe, per quam negotium fuit in expedito, admissus est et in ea canonice persona institutus. Et mandatum est eidem Archidiacono, etc.

[M. 5.]

[*Stephen de Cicestria instituted parson of the church of Kirton; presented by the prior of St. John of Jerusalem. To the Hospital of St. John, outside Boston, is reserved the tithes of corn of the fourth part of the church; to Robert, clerk, his portion in the church; and to Stephen de Standone, chaplain, a benefice of 15 marks.*]

LINCOLNIA : KYRCETONE.—Magister Stephanus de Cicestria, presentatus per Priorem fratrum Hospitalis Jerosalamitani in Anglia ad ecclesiam de Kirketone, ad eandem est admissus et in ea canonice persona institutus. Salvis Priori et fratribus et pauperibus Hospitalis Jerosalemitani extra villam Sancti Botulfi in Hoelande commorantibus decimis garbarum tantum ad quartam partem ipsius ecclesie de Kirketone pertinentibus, et duabus marcis annuis, in proprios usus eorum convertendis, sicut in carta domini Episcopi et capituli sui Lincolniensis eis confecta plenius continetur. Et salva Roberto, clerico, portione sua quam habet in ecclesia memorata. Salvis etiam Simoni de Standone, cappellano, quindecim marcis annuis quoadvixerit, eidem per manum persone predicte ecclesie nomine perpetui beneficii percipiendis, in quatuor anni anni (sic) terminis, scilicet ad festum Sancti Michaelis quinquaginta solidis, ad Natale quinquaginta, ad Pascha quinquaginta, et ad Nativitatem Sancti Johannis Baptiste quinquaginta solidis. Et injunctum est W., Archidiacono Lincolniensi, tunc presenti, ut secundum formam premissam, etc.

[*Guy, son of Ralph, clerk, instituted parson of Whitfield; presented by the Abbot and Convent of Eynsham. A pension, subject to proof of title, is reserved to the monks. Guy is to attend the schools.*]

NORHAMTONIA: WHYTEFELDE.—Guido, filius Radulphi, clericus, presentatus per Abbatem et conventum Eigneshamiensem ad ecclesiam de Whitefelde, facta prius inquisitione per Archidiaconum Norhamtoniensem, per quam negotium, quantum ad jus presentandi, fuit in expedito, admissus est et in ea canonice persona institutus. Salvo dictis monachis jure suo super pensione quam exigunt de prefata ecclesia, si quam probaverint ad se pertinere, et reservata domino Episcopo potestate ipsis monachis gratiam faciendi de dicta pensione, cum voluerit. Injunctum est etiam dicto Guidoni, clerico, in virtute obedientie, ut scolas frequentet. Et mandatum est Archidiacono prefato quod secundum formam premissam, etc.

[*William Banastre, clerk, instituted parson of the church of Harpsden on the presentation of Robert de Harpenden, knt., after he had recovered the presentation against Reginald de Albo Monasterio and Alice his wife.*]

OXONEFORDE: HARPENDENE.—Willelmus Banastre, clericus, presentatus per Robertum de Harpendene, militem, ad ecclesiam de Harpendene, facta prius inquisitione per J., Archidiaconum Oxoniensem, susceptis etiam litteris domini Regis, quod dictus Robertus recuperavit presentationem suam ad ecclesiam prefatam, et quod dominus Episcopus, non obstante reclamatione Reginaldi de Albo Monasterio et Alicie, uxoris ipsius, idoneam personam ad presentationem Roberti de Harpendene ad eandem ecclesiam admittat, per que negotium fuit in expedito, admissus est et in ea canonice persona institutus, sub pena Concilii Lateranensis, si forte alias habeat beneficium habens curam animarum. Et mandatum est prefato Archidiacono ut secundum formam premissam, etc.

[*Reginald de Undele, clerk, instituted parson of the church of Overdon; presented by Ranulph the patron. On the presentation of Reginald, with the consent of Ranulph, Silvester, clerk, is appointed vicar, paying 5 marks as pension to Reginald, the parson, and also any pension due to the monks of Bernay.*]

NORHAMTONIA : OVERDONE.—Magister Reginaldus de Undele, presentatus per Magistrum Rannulphum, patronum ecclesie de Overdone, ad eandem ecclesiam, facta prius inquisitione per R., Archidiaconum Norhamtoniensem, per quam negotium fuit in expedito, ad personatum ipsius ecclesie est admissus, et in ea canonice persona institutus. Ad presentationem etiam ejusdem Reginaldi et de consensu prefati Rannulphi, Silvester, clericus, ad vicariam prefate ecclesie est admissus et in ea vicarius perpetuus institutus, qui ex ordinatione domini Episcopi, de consensu predicti Rannulphi facta, totam illam ecclesiam toto tempore vite sue possidebit, quinque marcas annuas dicto Reginaldo tanquam persone de predicta ecclesia nomine pensionis persolvendo, et monachis de Bernay debitam et antiquam pensionem si qua fuerit, et preterea omnia onera illius ecclesie ordinaria et consueta sustinendo. Et mandatum est predicto Archidiacono ut tam ipsum Reginaldum quam dictum Silvestrem, etc.

[*John, physician, instituted vicar of Luton; presented by the Abbot and Convent of St. Albans. The vicarage is ordained anew by the Bishop, and the endowment is set. The Bishop is to have full jurisdiction in the church of Luton. The letters of presentation are entrusted to G., the Precentor, to place in the chapter house at Lincoln.*]

BEDEFORDIA : LUTONE.—Magister Johannes, phisicus, presentatus per Abbatem et conventum Sancti Albani ad perpetuam vicariam ecclesie de Luitone, ad eandem est admissus et in ea vicarius perpetuus institutus. Que, de consensu predictorum

Abbatis et conventus, ita est per dominum Episcopum ordinata de novo, videlicet, quod qui pro tempore fuerit vicarius habebit nomine perpetue vicarie omnes obventiones et omnes minutas decimas ecclesie de Luitone et omnium capellarum ad eam pertinentium, et omnia alia ad eandem ecclesiam et cappellas ejus pertinentia, cum manso competenti, exceptis garbis et terra ad ecclesiam et ad cappellas pertinente; et inde vicarii sustinebunt omnia onera ecclesie parrochialia, sinodalia, archidiaconalia, ordinaria et consueta, sicut vicarii; vicarii autem in ecclesia de Luitone successive instituendi presentabuntur domino Episcopo et successoribus suis, ab Abbate et conventu Sancti Albani, vel a conventu, vacante abbatia; Episcopus vero et successores sui idoneos viros sibi presentatos sine more dispendio et difficultate admittere tenuntur. Habebit autem idem Episcopus et successores sui plenam jurisdictionem in ecclesia de Luitone, et custodiam ejusdem vicarie cum vacaverit. Et mandatum est Magistro S., Officiali Archidiaconi Bedefordiensis, etc. [*In the margin*]: Littere presentationis commisse fuerunt G., Precentori Lincolniensi, ad deponendum eas in capitulo Lincolniensi.

[*Thomas, deacon, is instituted to the vicarage of Great Steeping; presented by the Abbot and Convent of Bardney.*]

LINCOLNIA : STEPINGE.—Thomas, diaconus, presentatus per Abbatem et conventum de Bardeneia ad vicariam ecclesie de Stepinge, facta prius inquisitione per W., Archidiaconum Lincolniensem, per quam negotium fuit in expedito, admissus est et in ea canonice vicarius perpetuus institutus. Que consistit in toto altaragio cum quodam tofto et crofto. Et mandatum est dicto Archidiacono quod ipsum in corporalem, etc. Ipsi autem Abbas et conventus facient hospitium Archidiaconi et vicarius solvet sinodalia. [*In the margin*]: Littere presentationis sunt inter negotia anni undecimi.

[*William de Hereford, clerk, is instituted to the church of Langley Marish; presented by the Abbot and Convent of Gloucester. Any pension due to the monks is reserved to them, and the question of any pension as regards Langley Church, as well as Wraysbury Church, is reserved to the Bishop.*]

BUKINGHAMIA : LANGELE.—Magister Willelmus de Herefordia, clericus, presentatus per Abbatem et conventum de Glouernia ad ecclesiam de Langele, facta prius inquisitione per Magistrum Th., Officialem Archidiaconi Bukinghamiensis, per quam negotium fuit in expedito, ad eandem est admissus et in ea canonice persona institutus. Salva dictis monachis pensione de eadem si qua debita fuerit et antiqua, et salva domino Episcopo ordinatione tam super pensione ipsius ecclesie de Langele quam super pensione ecclesie de Wiredesbiri si que coram nobis probate fuerint quod sint debite et antique. Et mandatum est Magistro T., Officiali, etc.

[*David de Thoka, instituted to the church of Stoke Talmage; presented by Walter de Wouborne, after he had recovered in the King's court against Peter Talmasche. The Abbot and Convent of Ivry, for this term, agree to the presentation, but their right (if any) to the patronage and to a payment of 10s. is reserved.*]

OXONEFORDIA : STOKES THALEMASCHE.—David de Thoka, clericus, presentatus per Walterum de Wouborne ad ecclesiam de Stokes Talemasche, facta prius inquisitione per J., Archidiaconum Oxoniensem, et susceptis litteris domini Regis, quod idem Walterus in curia domini Regis recuperavit presentationem suam versus Petrum Talemasche, et quod dominus Episcopus, non obstante reclamatione predicti Petri, ad presentationem ipsius Walteri, etc., per que negotium fuit in expedito, ad presentationem dicti Walteri de consensu Abbatis et conventus de Ibreio, qui hac vice predicte presentationi consenserunt, per Gilbertum monachum, procuratorem ejusdem conventus, est admissus sub pena Concilii Lateranensis, et in ea canonice persona institutus. Salvo imposterum jure dictis monachis, si quod habent, in patronatu predicte ecclesie, et salvo eis jure suo, si quod habent, in annua prestatione decem solidorum pro decimis de dominico. Et mandatum est R., Officiali Archidiaconi Oxoniensis, quod secundum formam premissam ipsum David in corporalem, etc.

[*James, chaplain, is instituted to the church of Snelland; presented by the Abbot and Convent of Barlings, to whom a pension of half a mark, if due, is reserved.*]

LINCOLNIA : SUENESLUNDE.—Jacobus, cappellanus, presentatus per Abbatem et conventum de Barlinges ad ecclesiam de Sueneslunde, facta inquisitione per W., Archidiaconum Lincolniensem, per quam negotium fuit in expedito, admissus est et in ea canonice persona institutus, salva dictis Abbati et conventui annua dimidie marce pensione, si debita fuerit et antiqua. Et mandatum, etc.

[*William Luuet, chaplain, instituted to the church of Carlton Scroop; presented by Hugh de Hatfielde, parson, to whom the vicar shall pay 7 marks as pension and shall bear all burdens of the church.*]

KARLETONE.—Willelmus Luuet, cappellanus, presentatus per Hugonem de Hatfelde, personam ecclesie de Karletone, ad vicariam ejusdem ecclesie, de consensu Ade de Novo Mercato, patroni, ad eandem vicariam est admissus, et in ea canonice vicarius perpetuus institutus, qui totam predictam ecclesiam tenebit nomine vicarie sue, reddendo dicto Hugoni, tanquam persone, septem marcas annuas nomine pensionis; et omnia onera ejusdem ecclesie ordinaria et extraordinaria sustinendo. Et mandatum est dicto Archidiacono Lincolniensi, ut ipsum Willelmum, cappellanum, etc.

Vicarie ordinate Auctoritate Concilii in Archidiaconatu Oxonie.

[*The five rolls here printed are stitched together at the head, and bear the modern reference number of 11.*]

[M. 1.]

[*Bicester church is worth 20 marks. The Vicar, his Chaplain and Clerks, are to have 40s. annually besides suitable maintenance from the Priory. Other profits are described. The Vicar is to have a suitable house, and the Canons are to bear the church burdens.*]

BERNECESTRIA.—Ecclesia de Bernecestria valet xx marcas et amplius. Vicarius habebit pro stipendiis suis et capellani sui et clericorum suorum xl solidos annuatim, in certis[1] portionibus assignandos. Et ipse et capellanus ejus et clerici sui habebunt victum suum de prioratu, eisdem capellanis et clericis competentem. Et habebit fenum et prebendam ad equum unum de prioratu, et oblationes suas, scilicet unum denarium pro corpore presenti, et unum denarium pro sponsalibus et unum denarium pro purificatione, cum integer denarius obvenerit: et in die Natali Domini tres denarios, et in die Pasce duos denarios et in duobus aliis principalibus festis unum denarium. Habebit etiam confessiones suas et secundum legatum usque ad sex denarios, et, quod supererit, Canonici et vicarius dimidiabunt. Habebit insuper mansum competentem extra prioratum, et Canonici omnia onera ejusdem ecclesie sustinebunt.

[*The Vicarage of Shirburn is described. The Vicar shall receive 2s. annually until the Abbot of Dorchester provides a suitable residence. Warin, chaplain, is instituted perpetual vicar.*]

SIREBURNE: ABBATIS DE DORCCESTRIA.—Vicaria consistit in omnibus obventionibus altaris ejusdem ecclesie cum minutis decimis totius parochie. Et habebit vicarius duos solidos annuos pro manso ab Abbate, donec Abbas ipsi vicario mansum competens providerit, et solvet vicarius sinodalia, et Abbas et conventus hospicium Archidiaconi procurabunt. Warinus, capellanus, presentatus per dictos Abbatem et conventum [ad ecclesiam] de Sireburne, admissus est et vicarius perpetuus institutus.

---

[1] "Tertiis" in *Liber Antiquus*.

[*Two Chaplains are required at Shiplake, one for the mother church and one for Lashbrook chapel. As to endowments of the vicarage. Simon de Bicleswaude is instituted vicar. The vicarage of Lashbrook is not yet ordained, and Simon is not liable to serve there. The Knight of Lashbrook is to be asked to find necessaries for a chaplain to serve there. Otherwise the Abbot of Missenden will provide for his maintenance.*]

SIPLAKE : ABBATIS ET CONVENTUS DE MESSENDENE.—Necessarii sunt duo capellani, unus ad matricem ecclesiam et alius ad capellam de Lechebroc ; vicarius habebit nomine perpetue vicarie sue totum altalagium, quod valet v marcas, cum manso unius acre terre [*sic*] ei assignando, et cum una acra terre in uno campo et una alia acra terre in alio campo. Vicarius solvet tantum sinodalia, et Abbas et conventus Archidiaconum[1] procurabunt. Simon de Bicleswaud', capellanus, admissus est et institutus. De vicaria dicte capelle de Lechebroc non est adhuc provisum, nec iste Simon tenetur ad eam deserviendam. Inducatur miles[2] de Lechebroc, si possit,[3] ut inveniat necessaria cappellano, qui debebit ministrare in dicta capella : alioquin Abbas de consilio domini Episcopi apponet de suo ad sustentationem capellani.

[*The Vicar of Maple Durham, which belongs to the Nuns of Geldesfuntaine, is to have all the altarage with a suitable house, and shall pay synodals. The Nuns shall entertain the Archdeacon.*]

MAPELDERHAM : MONIALIUM DE GELDESFUNTAINES DE PARTIBUS TRANSMARINIS.—Vicarius habebit nomine vicarie sue totum altaragium cum manso competente, et solvet sinodalia. Moniales hospitium Archidiaconi procurabunt.

[*The endowments of the Vicar of Godstowe set out. He is to have a house, formerly the Chaplain's, and to pay 6d. annually to the church therefor. John de Sancto Egidio, chaplain, is instituted.*]

GODESTOWE : ECCLESIA SANCTI EGIDII IN OXON'.—Vicarius habebit medietatem totius altalagii cum tota decima ortorum, exceptis lana et lino et agnis, et excepta candela in die Purificationis Beate Virginis, que Abbatissa et moniales de Godestowe in

---

[1] "Hospitium Archidiaconi" in the *Liber Antiquus*.
[2] "Dominus" in the *Liber Antiquus*.
[3] Subsequently, in consequence of an enquiry directed by the Pope, 22 June 1229, the Prior and Convent, and Simon the Vicar, entered into an agreement with Peter, son of Oger, knight, by which it was arranged that Peter should bear the cost of the chaplain at Lashbrook. No trace of this chapel remains.

solidum percipient. Habebit etiam mansum, ubi capellanus ecclesie solebat habitare, pro quo vicarius solvet ecclesie sex denarios annuatim. Idem autem vicarius solvet sinodalia tantum. Johannes de Sancto Egidio, capellanus, admissus est et institutus cum onere et pena vicariorum.

[*Two Chaplains are required for Bloxham and Milcombe chapel. The endowments are set out. The Nuns of Godstow are to bear all burdens except synodals, which the vicar shall pay. Walter, chaplain, is instituted.*]

BLOKESHAME CUM CAPELLA DE MIDDELCUMBE.—Necessarii sunt duo capellani. Vicaria consistit in toto altalagio ejusdem ecclesie et capelle de Middelcumbe, exceptis decimis lane et agnorum matricis ecclesie de Blokesham. Consistit etiam in blado quod solet dari trituratum dictis ecclesie de Blokesham et capelle de Middelcumbe, quod vocatur Chirchesede, et in manso quod situm est inter mansum quod fuit Pagani de Bereford' et mansum quod fuit Willelmi Coleman. Moniales vero de Godestowe omnia onera ordinaria dictarum ecclesie et capelle debita et consueta sustinebunt preter synodalia, que vicarius persolvet. Walterus, capellanus, admissus est et institutus cum onere et pena vicariorum.

[*One Chaplain suffices for Goring. The endowment set out. The charge of the vicarage is given to John de Chevel', chaplain, until the valuation of the vicarage, and the character of the chaplain, is more fully determined.*]

GARINGES: MONIALIUM.—Sufficit unus capellanus: vicarius habebit nomine perpetue vicarie omnes oblationes altaris cum omnibus legatis et omnem decimam casei et mansum competentem extra ambitum prioratus cum una acra terre in uno campo et alia acra terre in alio campo, et solvet sinodalia tantum. Custodia illius vicarie commissa est Johanni de Cheuel', capellano, ad eam per Priorissam et moniales presentato, donec plenius videatur de estimatione vicarie et conversatione et ordinatione cappellani.

[*In the margin* :—] Non est plene provisa.

[*General ordinance as to the vicarages of the churches belonging to the Abbot and Canons of Oseney in the Diocese of Lincoln. The churches of the Canons are St. Mary Magdalene, Cowley, Foresthill, Kidlington, Hampton Gay, Weston, Watlington, Hook Norton, Chesterton, Water Perry. The vicarages of Barton and Sandford have already been ordained.*]

OSENEYE.—Ordinacio omnium vicariarum [*illegible*] in diocesi Lincolniensi. In omnibus ecclesiis quas Abbas et Canonici de

Oseneya habent in propriis usibus tam in Archidiaconatu Oxonie, quam in aliis Archidiaconatibus Lincolniensis diocesis, ubi vicarie non fuerunt prius ordinate per Episcopum, provise sunt vicarie in hunc modum, videlicet quod vicarius presentandus per eosdem et ab Episcopo instituendus habebit nomine perpetue vicarie sue ad vestitum suum ii marcas per annum. Habebit etiam secundum legatum ad valentiam sex denariorum, et quod ultra sex denarios fuerit, inter ipsum et Canonicos dimidiabitur. Habebit etiam de oblationibus ad altare provenientibus unum denarium missalem quotiens celebraverit et denarius provenerit, et quicquid ex devotione fidelium ei rationabiliter fuerit collatum. Habebit etiam sufficientem exhibitionem, sicut Canonicus quoad victualia in mensa Canonicorum, ubi Canonici moram faciunt. Canonici vero ei clericum idoneum et ejus obsequio et ecclesie ministerio devotum invenient, qui juramentum fidelitatis et devotionis ipsi capellano, ut vicario, prestabit, salva fide ipsorum Canonicorum : et idem Canonici ipsi vicario similiter garcionem invenient ejus obsequio deputatum ; quos ipsi in omnibus suis expensis procurabunt. Ubi autem non habent Canonicos residentes, clericus qui, ut supradictum est, expensis Canonicorum procurabitur, clavem deferet in domo Canonicorum, et curam habebit liberam, ut per ipsum presbitero sufficienter et honorifice in victualibus necessaria ministrentur. Canonici quidem eidem capellano equum invenient, quotiens pro negotiis eorum et ecclesie fuerit profecturus tam ad capitula quam ad alia loca, et ipsi Canonici omnia onera ipsarum ecclesiarum sustinebunt.

Ecclesie Canonicorum : Sancte Marie Magdalene, Coueleya, Forsthille, Cudelintone, Gaythamptone, Westone, Watlingtone, Hokenartone, Cesteltone, Waterpiria ; Bartone et Sanforde, iste ordinate sunt in carta eorundem Canonicorum super ecclesia de Bartone.

CANONICORUM SANCTE FRETHESWIDE, OXON. ORDINATIO FACTA PER R., ARCHIDIACONUM LINC., AUCTORITATE DOMINI EPISCOPI.

[*The church of Fritwell is worth 10 marks, and one chaplain suffices. The vicarage is set out; it is worth 5 marks.*]

FRETEWELLE.—Totalis ecclesia valet x marcas, et sufficit unus capellanus. Vicaria autem consistit in omnibus obventionibus altaris et in omnibus minutis decimis totius parochie et in decimis bladi et feni et omnibus aliis decimis provenientibus de tribus virgatis terre in eadem villa, scilicet quas Ricardus filius Radulfi tenet et in uno crofto cum mesuagio sine prato tamen adjacente, et valet vicaria quinque marcas.

[*The church of Headington is worth 20 marks. The endowment of the vicarage set out; it is worth 5 marks and more.*]

HEDDENDONE.—Ecclesia valet xx marcas. Vicaria consistit in omnibus obventionibus altaris et omnibus minutis decimis totius ejusdem parochie, excepta decima agnorum, quam Prior et Canonici retinebunt, et excepta decima casei de curia domini proveniente. Habebit etiam vicarius domos et curiam in quibus capellanus manere consuevit, et valet vicaria v marcas et amplius ; et sciendum quod sub nomine minutarum decimarum non continentur in hac ordinatione decime molendinorum seu feni.

[*The church of Marston is worth 18 marks. The endowment of the vicarage is set out; it is worth 5 marks.*]

MERSTONE.—Ecclesia valet xviii marcas. Vicaria consistit in omnibus obventionibus altaris et omnibus minutis decimis totius ejusdem parochie, et in decimis bladi et feni et omnibus aliis decimis provenientibus de una virgata terre in eadem villa, scilicet quam Osbertus filius Hewardi [*sic*] tenet. Habebit etiam vicarius domos et curiam in quibus capellanus manere consuevit et valet vicaria v marcas.

[*The church of Elsfield is worth 8 marks. The endowment of the vicarage set out; it is worth 5 marks.*]

ELSEFELD.—Ecclesia valet octo marcas. Vicaria consistit in omnibus obventionibus altaris et in omnibus minutis decimis totius ejusdem parochie et in decimis bladi et feni, et omnibus aliis decimis provenientibus de duabus virgatis terre in eadem villa, scilicet quam Hunfridus, et de illa quam Willelmus Finch tenuerunt, et in una acra terre arabilis eidem vicario per Priorem assignanda. Habebit etiam vicarius domos et edificia ubi capellanus manet ; et valet vicaria v marcas.

[*Ordinance as to the endowment of the vicarage of St. Frideswide. The Prior is to appoint proper persons to the said vicarages before the Nativity of the Blessed Virgin in the 16th year of the Episcopate. The vicarages of Winchendon and Worminghall are not yet ordained.*]

SANCTE FREDESWITHE.—Vicaria in gratia domini Episcopi talis provisa est : quod vicarius habebit sufficientem exhibitionem, sicut Canonicus, quoad victualia in mensa domini Prioris, et locum competentem ad jacendum in curia ejusdem Prioris. Prior etiam inveniet ei clericum idoneum ejus obsequio et ecclesie ministerio devotum. Habebit etiam nomine vicarie sue ad vestitum suum xxiiii solidos per annum et secundum legatum ad valenciam sex denariorum, et quod ultra sex denarios fuerit, inter ipsum et Canonicos dimidiabitur. Et sciendum est quod terminus prefixus est eidem Priori ad idoneas personas providendas, et domino Episcopo ad prefatas vicarias presentandas infra festum Nativitatis Beate Virginis anno pontificatus domini Episcopi xvi^{mo}.

Et sciendum est quod in Archidiaconatu de Bukingeham sunt due ecclesie, scilicet eorundem Canonicorum, Winchedone et Wrmhale in quibus nondum sunt vicarie ordinate, quia incertum fuit in quibus possunt consistere.

[*The church of Stoke Lyne, belonging to the Canons of Nutley, is worth 18 marks. The vicarage, which is described, and includes tithes at Fewcott, is worth 5 marks.*]

CANONICORUM DE NUTELE : STOKE.—Ecclesia valet xviii marcas. Vicaria potest consistere in alteragio cum minutis decimis et dimidia hida terre et uno manso et in decimis vi virgatarum terre apud Faukote et valet vicaria v marcas.

[*The church of Caversham is worth 30 marks. The vicarage, which is described, is worth 7 marks.*]

CAVERESHAM.—Ecclesia valet xxx marcas. Vicaria potest consistere in obventionibus altaris et minutis decimis et in decimis duarum hidarum, quas Radulfus juvenis tenet, et in decimis terre, quam relicta G., camerarii, tenet, cum manso olim personis deputato, et valet vicaria vii marcas.

[*This entry is a subsequent addition.*]

[*The church of North Aston, which belongs to the Canons of Bradenstoke, is worth 100s. The vicarage, which is set out, is worth 5 marks; it is more fully described in the roll of the eighteenth year of the episcopate.*]

CANONICORUM DE BRADENESTOKE: NORHESTONE.—Ecclesia valet c solidos. Vicaria potest consistere in alteragio cum minutis decimis et dimidia hyda terre ecclesie et decimis garbarum de toto dominico; et valet vicaria v marcas.

De ordinatione hujus vicarie plenius habetur in rotulo institutionum anno xviii. [*This sentence is a later addition.*]

[*The church of Coggs, belonging to the Monks of Fécamp, is worth 100s. The vicarage is set out. It is worth 4 marks 10s. 8d. Benedict of St. Edmund, chaplain, is instituted vicar.*]

MONACHORUM DE FISCANNO: COGES.—Ecclesia valet c solidos. Vicaria potest consistere in alteragio cum minutis decimis et quatuor cottariis reddentibus quatuor solidos et in decimis garbarum de tribus hidis villenagii; et valet vicaria quatuor marcas, x solidos et octo denarios. Benedictus de sancto Edmundo capellanus, cui dominus Episcopus eandem vicariam contulit auctoritate Concilii, vicarius perpetuus in eadem institutus est, etc.

[*The church of Bradwell, which belongs to the Templars, is worth 30 marks. The vicar must officiate daily at the mother church, and the chapel of Kelmstock, and thrice a week and on festivals at the chapel of Holywell. The vicarage is set out, and is worth 10 marks. John de Bradwell, chaplain, is instituted vicar.*]

TEMPLARIORUM: [BRADE]WELLE.—Ecclesia valet xxx marcas, et vicarius debet matricem ecclesiam et cappellam de Kelmestoke [*sic*] singulis diebus officiare, et capellam de Haliwelle ter in septimana et festivis diebus. Potest autem vicaria consistere in alteragiis cum omnibus minutis decimis et in tertia garba de dominico cum minutis decimis, unde monachi de Fonte Alneto percipiunt duas partes, et in decimis croftarum apud Bradewelle; et valet vicaria x marcas. Johannes de Bradewelle, capellanus, ad presentationem Templariorum, admissus est, etc.

De hoc tamen aliter in [*one illegible word*]. *This sentence is a later addition.*]

[*At Wroxton, two chaplains are necessary. The vicarage is ordained as in the roll of the eighteenth year. John de Cumton, chaplain, is instituted vicar.*]

PRIORIS ET CONVENTUS DE WROKESTANE : WROKESTANE. —Necessarii sunt duo capellani; vicaria ordinata est ut in rotulo institutionum anno xviii. Johannes de Cumton' capellanus admissus est, etc.

DE VICARIA DE MINISTRE, MONACHORUM DE IBREIO, in institutionibus anno xv°. De vicaria de ESTHALLE ibidem anno xi.

DE VICARIA DE ESTONE, MONACHORUM DE WALINGFORDE, in institutionibus anno xi°.

DE VICARIA DE CARSINTONE, MONACHORUM DE EYNESHAM, habetur in rotulo institutionum anno viii°.

Vicarie ordinate Auctoritate Concilii in Archidiaconatu Bedfordie.

[M. 2.]

[*The church of Haynes, which belongs to the Prior and Monks of Chicksands of the order of Sempringham, is worth 12 marks. The vicarage is described; it is worth 4 marks.*]

PRIORIS ET MONIALIUM DE CHIKESANDE ORDINIS DE SEMPINGHAME: HENNES.—Ecclesia valet xii marcas. Vicarius habebit nomine vicarie sue totum alteragium preter linum, reddendo inde annuatim Priori de Chykesande xv solidos. Habebit etiam minutas decimas de dominico domini ville et de pannagio et de parco ipsius domini. Prior autem providebit dicto vicario [to][1]ftum et omnia onera ejusdem ecclesie sustinebit. Valet autem dicta vicaria quatuor marcas.

[*The church of Chicksands is worth 5 marks. The vicarage is described; it is worth 3 marks.*]

CHICHESANDE.—Ecclesia valet quinque marcas. Vicarius habebit sex quartaria et dimidium de frumento pacabili[2] et unam marcam annuatim. Habebit etiam secundum legatum. Habebit etiam oblationes subscriptas, scilicet die Omnium Sanctorum ii denarios, die Natalis Domini iii denarios, die Pasche iiii denarios, die fest[i] ecclesie ii denarios, pro corpore etiam presenti unum denarium, pro sponsalibus i denarium. Habebit denarium de confessionibus. Prior autem inveniet ei clericum idoneum et providebit ei mansum competentem et omnia onera ejusdem ecclesie sustinebit, et valet vicaria iii marcas.

[*The church of Cople is worth 12 marks. The vicarage is described; it is worth 4 marks.*]

COCKEPOL'.—Ecclesia valet xii marcas. Vicarius habebit nomine vicarie sue totum alteragium preter linum, solvendo

---

[1] A hole in MS., but cf. *Liber Antiquus*, p. 20.
[2] "Good and marketable."

annuatim Priori xiiii solidos. Prior autem inveniet ei mansum competentem juxta ecclesiam et de omnibus oneribus ejusdem ecclesie respondebit et valet vicaria iiii marcas.

[*The church of Stotfoid is worth 15 marks. The vicarage set out; it is worth 5 marks.*]

STODFOLDE.—Ecclesia valet xv marcas. Vicarius habebit nomine vicarie sue totum alteragium preter linum, solvendo annuatim Priori tres marcas, qui quidem inveniet vicario mansum competentem et respondebit ut supra. Valet autem vicaria v marcas.

[*The vicarage of Keysoe is worth 15 marks. The vicarage is set out; it is worth 5 marks.*]

KAISHO.—Ecclesia valet xv marcas. Vicarius habebit nomine vicarie sue totum alteragium preter linum cum manso competente eidem assignando, et solvet Priori annuatim xl solidos, qui de oneribus respondebit ut supra ; et valet vicaria v marcas.

[*For Flitton, with the chapel, which belongs to the Nuns of Elstow, two chaplains are required. The vicarage is described. The Nuns shall entertain the Archdeacon.*]

MONIALIUM DE ELNESTOW: [FLIT]TE CUM CAPELLA.— Necessarii sunt duo capellani. Vicarius habebit totum alteragium ecclesie matricis et capelle cum manso competenti et una acra in uno campo et alia acra in alio, et solvet sinodalia tantum. Moniales hospicium Archidiaconi procurabunt.

[*Harrold vicarage is set out. It belongs to the Nuns of Elstow. Stevington is entered on the institutions of the 14th year.*]

HAREWOLDE MONIALIUM.—Ecclesia valet [*blank*] marcas. Vicarius habebit nomine vicarie sue victum suum honorifice ad mensam Priorisse, et ii marcas annuas ad vestitum et oblationes suas in majoribus solempnitatibus, sicut continetur in consimilibus vicariis. Habebit etiam fenum ad palefridum suum, et cum ierit in utilitatem domus et ad sinod[os] et capitula, prebendam. Item habebit mansum competentem in prioratu vel extra [prout Episcopo visum fuerit[1]], ubi cum necesse fuerit, parrochiani sui

---

[1] These words are added above the line.

ad ipsum libere possint accedere. Item habebit diaconum et garcionem, quibus Priorissa ejusdem loci tam in necessariis victus quam in stipendiis providebit.

De Stivingtone que est earundem, invenitur in rotulo institutionum anni xiiii.

[*Milbrook, which belongs to the Prior and Monks of Beaulieu, is worth 10 marks. The vicarage is set out; it is worth 4 marks.*]

PRIORIS ET MONACHORUM DE BELLO LOCO : MELEBROC.— Ecclesia valet x marcas. Provisum est quod vicarius habebit totum alteragium nomine vicarie sue, preter agnos, reddendo monachis[1] xl denarios, et Archidiacono tantummodo sinodalia; et Prior respondebit de procuratione Archidiaconi; et est ibi mansus competens; valet autem dicta vicaria quatuor marcas.

[*The church of Ampthill is worth 100s. The vicarage is described; it is worth almost 5 marks.*]

HAUNTHULLE.—Ecclesia valet c solidos. Vicarius habebit totam ecclesiam nomine vicarie sue preter decimam garbarum de dominico et preter minutas provenientes de eodem dominico. Vicarius autem solvet monachis quinque solidos, et Archidiacono sinodalia, et valet tunc vicaria fere quinque marcas.

[*The church of Clophill is worth 10 marks. The vicarage is worth 4 marks.*]

CLOPHULLE.—Ecclesia valet x^2 marcas. Vicarius habebit totum alteragium preter agnos nomine vicarie sue, solvendo monachis x solidos. Vicarius etiam habebit mansum, quem habere consuevit, nichil inde solvendo, et reddet tantummodo sinodalia, et respondebit [Prior][3] de procuratione Archidiaconi. Valet dicta vicaria iiii marcas.

[*The church of Houghton Regis is worth 24 marks. The vicarage is worth 100s.*]

HOCTONE —Ecclesia valet xxiiii marcas. Taxata est vicaria et ordinata per episcopum, et valet vicaria c. solidos. Vicarius sustinebit omnia onera debita et consueta preter hospitium Archidiaconi.

---

[1] Monachiis, MS. [2] *Sic*, contrast *Liber Antiquus*, p. 21.
[3] No doubt "Prior" has been omitted. See *Liber Antiquus*, p. 21.

[*The vicarage of Potsgrove is set out, and is worth 2 marks.*]

POTESGRAVE.—Alteragium valet xx solidos. Vicaria consistit in alteragio et decimis tenentium Abbatis in Potesgrave, que valent duas marcas, si Abbas conc[es][1]serit, sed requirendus est consensus Abbatis.

PRIORISSE ET CONVENTUS SANCTE TRINITATIS DE BOSCO: SUNEDONE.—[*Blank.*]

[*The vicarages of the Canons of Dunstable are sufficiently set out in the Canons charter of the 11th and 12th years. They are Polluxhill, Studham, Totternhoe, Chalgrave, Husborne Crawley, Segenhoe.*]

DE OMNIBUS VICARIIS CANONICORUM DUNEST[APLIE].—De Pullokeshille invenitur in rotulo cartarum anno xi. De Stodham, Toternho, Chaugrava, Husseburn, Segeynho, de hiis sufficienter invenitur in carta eorundem Canonicorum anno xii J[ohannis] Archidiaconi Bedef[ordie].

---

[1] Illegible.

Vicarie Ordinate Auctoritate Concilii in Archidiaconatu Huntingdonie.

[*Richard de Bramtone, chaplain, is instituted to the vicarage of Great Stukeley. The vicarage is set out; it is worth 5 marks, the whole church is worth 12 marks.*]

PRIORIS ET CANONICORUM DE HUNTINGDUN': STIUECLE.—Totalis ecclesia de Stiuecle valet duodecim marcas per annum. Vicaria consistit in omnibus minutis decimis et omnibus obventionibus ecclesie, exceptis terra et decima garbarum et feni et exceptis decimis curie Canonicorum tam minutis quam garbarum et feni. Vicarius autem habebit mesagium competens juxta eccle- *Vacat.* siam et solvet synodalia tantum. Canonici vero onera ejusdem ecclesie ordinaria sustinebunt. Vicaria valet v marcas.

Ricardus de Bramtone, capellanus, presentatus, admissus est, etc. Postea per Archidiaconum tunc Lincolniensem appositum fuit post verbum "feni" in ex[plicatio]ne[1] verbum hoc "et molendinorum" apud Buged[one], et similiter in tribus vicariis inferius, qui dixit ordinationem contentam in scedula appensa esse p[rim]am et v[er]am ordinationem, et ideo appositum est hic "vacat".[2]

[*William, chaplain, is instituted vicar of Hemingford Gray. The vicarage is set out, it is worth 4½ marks. The whole church is worth 9 marks.*]

HEMINGEFORDE.—Totalis ecclesie de Hemingeforde valet ix marcas. Vicaria consistit in omnibus obventionibus et minutis decimis exceptis terra ecclesie et decima garbarum et feni et decimis curie Canonicorum tam minutis quam garbarum et feni. Vicarius autem habebit mesagium competens, et solvet annuatim *Vacat.* sacriste Huntingedun' dimidiam marcam. Respondebit etiam de synodalibus tantum. Canonici vero omnia alia onera ejusdem ecclesie ordinaria sustinebunt. Valet vicaria quatuor marcas et dimidiam. Willelmus, capellanus, presentatus, admissus est et institutus.

---

[1] This abbreviation might stand for "ex[emplificatio]ne".
[2] "Vacat" is written in the margin opposite this and the next three entries. The schedule referred to is the third membrane, see p. 193 *post.*

[*Thomas, chaplain, instituted to the vicarage of Great Gidding. The vicarage set out; it is worth 5 marks annually. The whole church is worth 10 marks.*]

GIDDING'.—Totalis ecclesia de Gidding', valet x marcas, vicaria consistit in omnibus obventionibus et minutis decimis, exceptis terra ecclesie et decima garbarum et feni et decimis curie Canonicorum tam minutis quam garbarum et feni. Vicarius *Vacat.* autem habebit mesagium competens juxta ecclesiam et solvet annuatim sacriste de Huntingedone v solidos. Respondebit etiam de synodalibus tantum. Canonici vero omnia alia onera ejusdam ecclesie ordinaria sustinebunt. Vicaria valet v marcas. Thomas, capellanus, presentatus admissus est, etc.

[*The church of Winwick is worth 8 marks. The vicarage, which is set out, is worth 4 marks. Geoffrey, chaplain, is instituted vicar.*]

WINEWIC.—Totalis ecclesia de Winewic, valet viii marcas. Vicaria consistit in omnibus obventionibus et minutis decimis, exceptis terra ecclesie et decima garbarum et feni et decimis Canonicorum tam minutis quam garbarum et feni. Vicarius *Vacat.* autem habebit mesagium competens juxta ecclesiam. Canonici vero de synodalibus et omnibus aliis oneribus ejusdem ecclesie ordinariis respondebunt. Valet vicaria quatuor marcas. Galfridus, capellanus, presentatus, admissus est cum onere et pena vicariorum et vicarius perpetuus institutus.[1]

[HUNTINGDONE : BEATE MARIE.]—Vicaria ecclesie parochialis beate Marie Huntedon', ordinata est ut in rotulo institutionum ejusdem archidiaconatus, anno xviii.

[*One chaplain suffices for Godmanchester. The vicarage is set out. The vicar shall serve personally.*]

PRIORIS ET CANONICORUM DE MERETONE : GUMECEST[RE].
—Sufficit unus capellanus, et habebit nomine vicarie sue omnes obventiones altaris et omnes decimas et alios proventus ejusdem ecclesie, preter decimas garbarum et preter terram ecclesie et preter tenentes et redditus [tenencium][2] ejusdem terre. Assignatus est

---

[1] The cancellation of entries shown by the words "Vacat" in the margin ends here.

[2] This word has been added above the line.

etiam eidem vicario mansus ad inhabitandum in terra scilicet que fuit Amabilie, que consuevit reddere quinque solidos annuos, et alius mansus [qui fuit Radulfi],[1] qui consuevit reddere tres solidos. Assignate sunt etiam quinque acre prati in prato de Branton' cum onere suo. Hec omnia assignata sunt ad valenciam viginti duarum marcarum, de quibus reddit vicarius annuatim decem marcas dictis Canonicis de Meretone nomine pensionis [ad festum sancti Michaelis et ad Pascha],[1] et sustinebit omnia onera illius ecclesie episcopalia et archidiaconalia, et in propria persona ibidem ministrabit, provisurus quod in ea sufficienter et honeste divina celebrentur. Actum coram R. de Hail[es] archidiacono, et Iohanne priore Huntingdon[ie], gerente vices domini Episcopi, de assensu Walteri[2] Prioris de Meretone, Johannis, H. et R. canonicorum suorum, presentibus magistro Officiali, et Willelmo de Win[ch][3]cumbe, clerico Archidiaconi predicti.

[*Grant of Alconbury vicarage by Walter, Prior, and the Convent of Merton, to John, chaplain.*]

VICARIA DE ALCMUNDEBIR[IA].—Notum sit omnibus quod ego Walterus, Prior Merton', et ejusdem loci conventus caritatis intuitu concessimus fideli nostro Johanni, capellano, vicariam ecclesie nostre de Alcmundebir[ia] perpetuo de nobis tenendam, ita scilicet quod ipse habeat omnes oblationes altaris et omnia legata et omnes minutas decimas tam de dominico domini Reg[is], quam de hominibus ville, et generaliter omnes obventiones. Nichil autem habebit de decimis bladorum vel leguminum, nec de terra ecclesie preter locum idoneum sibi ad manendum. Ipse vero acquietabit prefatam ecclesiam in omnibus erga Episcopum et Archidiaconum et Officiales eorum, et ut in ea divina honeste celebrentur sufficienter providebit. Et ut hec concessio stabilis et firma permaneat, eam presentis carte testimonio et sigilli nostri appositione dignam duximus confirmandam.

[*At Hitchin, Herts., two chaplains are needful. The vicarage is set out. The Nuns of Elston shall entertain the Archdeacon.*]

ABBATISSE ET MONIALIUM ALNESTOW[IE]: HICCHE.— Necessarii sunt duo capellani. Vicarius habebit nomine perpetue

---

[1] These words have been added above the line.

[2] Walter, Prior of Merton, took the habit of a Carthusian in 1218. Dug., *Mon.*, vi, 245.

[3] A hole here in the MS.

vicarie sue totum alteragium ejusdem ecclesie et unam acram in uno campo et aliam in alio, cum manso competente, reddendo inde dictis monialibus xiii marcas annuas ; de quibus ipse moniales solvent fratribus Templi unam marcam annuam ; et solvet vicarius synodalia ; moniales autem hospitium Archidiaconi procurabunt.

[*At Wymondley, Herts, one chaplain. The vicarage set out.*]

WIMUNDELE.—Unus capellanus. Vicarius habebit totum alteragium cum manso competente et unam acram in uno campo et aliam in alio, solvendo inde[1] dictis monialibus dimidiam marcam annuatim. Solvet etiam synodalia et moniales hospitium Archidiaconi procurabunt.

[*At Temple Dinsley, Herts, one chaplain. The vicarage is set out. An erasure in the entry is stated to have been made by the advice of the Archdeacon of Lincoln and Bedford in the siege of Bedford Castle.*]

DUNESLEYA.—Unus capellanus. Vicarius habebit totum alteragium cum manso competente, et unam acram in uno campo et aliam in alio, solvendo inde dictis monialibus duas marcas annuas : solvet etiam synodalia et moniales hospitium Archidiaconi procurabunt. Hec[1] abrasio facta fuit in obsidione Castri Bedef[ordensis][2] de consilio R., Linc[olnie], et I., Bedef[ordie], archidiaconorum.

[*Little Gaddesden Church, Herts, which belongs to the Abbot and Canons (sic) of St. James, Northampton, is worth 100s. The vicarage is set out, it is worth 4 m. 16d. The vicar is to have a suitable house next the church. Alban, deacon, was appointed to the vicarage the year before the Council.*]

ABBATIS ET CANONICI [*sic*] SANCTI JACOBI NORHAMPTON' : PARVA GATESDENE.—Ecclesia valet centum solidos. Vicarius habebit nomine vicarie sue totum alteragium, quod valet xviii solidos, et habebit decimas garbarum de quinque virgatis terre et dimidia, que valent duas marcas, et x solidos de una virgata terre scilicet que fuit Uliani, clerici, et de medietate decimarum garbarum totius dominici Simonis de Uieleston', et valet totalis vicaria iiii marcas et xvi*d*. : preter hec habebit mansum competentem juxta

---

[1] In this and the previous entry the words from "solvendo inde" seem to be written over an erasure.
[2] In 1224.

ecclesiam. Canonici de sancto Jacobo respondebunt de episcopalibus. Et sciendum est quod ad vicariam sic provisam ordinatus est Albanus, diaconus, ante Concilium anno eodem[1] ante festum sancti Michaelis.

[M. 3.]

[*The church of Great Stukeley is worth 12 marks annually. The vicarage is set out; it is worth 5 marks. Richard de Bramtone is instituted vicar. By order of the Archdeacon of Lincoln "mills" are added as tithable in this and the next three entries, which take the place of the four cancelled entries on pp. 189-190 ante.*]

[GREAT STUKELEY.]—Ricardus de Bramtone, capellanus, per Priorem et Canonicos Huntingdon[ie] ad vicariam ecclesie de Stiu[ecle est presentatus] et per dominum Episcopum institutus in eadem. Que vicaria consistit in toto altaragio et mesuagio competenti juxta [ecclesiam] et omnibus minutis decimis et proventibus ecclesie; salvis eisdem Priori et Canonicis decimis garbarum, feni et molendinorum et terra ecclesie et omnibus decimis de dominico eorum undecunque provenientibus. Vicarius respondebit de sinodalibus et sustinebit onera parochialia. Canonici facient procurationem Archidiaconi. Valet vicaria quinque marcas. Totalis ecclesia xii marcas.

[*The church of Hemingford Gray is worth 9 marks. The vicarage is set out; it is worth four and a half marks. The whole church is worth nine marks. William, chaplain, is instituted vicar.*]

[HEMINGFORD GREY.]—Willelmus de Hemmingforde, capellanus, per Priorem et Canonicos Huntingdon[ie] ad vicariam ecclesie de Hemmingforde est presentatus et per dominum Episcopum institutus in eadem. Que vicaria consistit in toto altaragio et mesuagio competenti et omnibus minutis decimis et proventibus ecclesie, salvis eisdem Priori et Canonicis decimis garbarum, feni, molendinorum et terra ecclesie et omnibus decimis de dominico eorum undecunque provenientibus. Vicarius respondebit de sinodalibus et sustinebit onera parochialia et solvet annuatim sacriste de Huntingdone dimidiam marcam. Canonici respondebunt de procuratione Archidiaconi. Valet vicaria quatuor marcas et dimidiam. Totalis ecclesie novem marcas.

---

[1] *I.e.* 1215.

[*The church of Great Gidding is worth 10 marks. The vicarage is set out. It is worth 5 marks. Thomas de Giddinge, chaplain, is instituted vicar.*]

[GREAT GIDDING.]—Thomas de Gidding', capellanus, per Priorem et Canonicos Huntingdon[ie] ad vicariam ecclesie de Gidding est presentatus et per dominum Episcopum institutus in eadem. Que vicaria consistit in toto altaragio et mesuagio competenti juxta ecclesiam et omnibus minutis decimis et proventibus ecclesie, salvis eisdem Priori et Canonicis decimis garbarum, feni et molendinorum, et terra ecclesie et omnibus decimis de dominico eorum undecunque provenientibus. Vicarius respondebit de sinodalibus et sustinebit onera parochialia et solvet annuatim sacriste Huntingdon' quinque solidos. Canonici respondebunt de procuratione Archidiaconi. Valet vicaria quinque marcas per annum. Totalis ecclesia x marcas.

[*Geoffrey de Winewicke, chaplain, instituted to the vicarage of Winwick. The vicarage is set out. It is worth 4 marks. The whole church is worth 8 marks.*]

[WINWICK.]—Galfridus de Winewick', capellanus, per Priorem et Canonicos Huntingdon[ie] ad vicariam ecclesie de Wynewich' est presentatus et per dominum Episcopum institutus in eadem. Que vicaria consistit in toto altaragio et mesuagio competenti juxta ecclesiam et omnibus minutis decimis et proventibus ecclesie; salvis eisdem Priori et Canonicis decimis garbarum, feni, molendinorum et [terra] ecclesie et omnibus decimis de dominico eorum undecunque provenientibus. Vicarius sustinebit onera parochialia. Canonici respondebunt de sinodalibus et procurabunt hospicium Archidiaconi. Valet vicaria quatuor marcas : totalis ecclesia viii.

[*Letter to the Bishop of Lincoln from Robert de Hayles, Archdeacon of Lincoln, stating that the Prior and Convent of Huntingdon had requested him to write as to the vicarages belonging to them which had been ordained in his time by the Archdeacon of Huntingdon. He transmits to the Bishop a list of the vicarages so appointed and the names of the vicars.*]

Reverendo domino et patri in Christo karissimo H., Dei gratia Lincolniensi Episcopo devotus suus R., Archidiaconus Linc[olniensis] salutem, et tam devotam quam debitam obedientiam pariter et reverentiam. Supplicaverunt michi nuper dilecti in Christo Prior et Conventus Huntingdon[ie] ut vestre sanctitati qualiter vicarie in ecclesiis eorundem per Archidiaconatum Huntingdon' tempore meo fuerint ordinate et in quibus consistant, aperte scriberem et distincte. Ad instanciam igitur eorundem ad pedes vestre sanctitatis cedulam quandam, in qua premissa continentur, sigillo meo signatam transmitto ; nomina etiam clericorum, qui ad easdem vicarias per ipsos presentati et vestra sunt auctoritate instituti, similiter continentur in eadem. Bene et diu valeat sanctitas vestra semper in domino.

Buckingham.

[M. 4.]

[*For High Wycombe, belonging to the Abbess and Nuns of Godstow, three chaplains are required. The vicarage set out. The nuns shall entertain the Archdeacon. Hubert de Wycumbe is instituted vicar; presented by the Abbess and Nuns.*]

ABBATISSA ET MONIALES DE GODESTOWE: WYCUMBE.—Necessarii sunt ibi tres capellani. Vicarius habebit nomine perpetue vicarie medietatem omnium oblationum et obventionum altaris, cum tota decima casei et omnibus ovis in vigilia Pasche ad ipsam ecclesiam provenientibus, et omnibus decimis aucarum, et omnibus decimis gardinorum et hortorum infra burgum, exceptis oblationibus et obventionibus quatuor dierum per annum, scilicet diei Purificationis, diei Parasceues, diei Pasche, et diei Exaltationis sancte Crucis, et exceptis omnibus decimis lane, lini, agnorum, purcellorum [*sic*], et vitulorum, cum vitulus integer obvenerit, et exceptis omnibus decimis fructuum gardinorum et hortorum extra burgum, et tota decima cardorum, qui ad officium fullonum pertinent, tam infra burgum quam extra, exceptis etiam omnibus ovis extra vigiliam Pasche ad ipsam ecclesiam provenientibus, et omni oblatione candele per totum annum, preter candelam que provenit die dominica ad altare cum pane benedicendo ; que omnia superius excepta ad Abbatissam et moniales de Godestowe integre pertinebunt. Vicarius autem habebit mansum ei assignatum ab occidente domus Abbatisse, et solvet sinodalia. Et moniales hospicium Archidiaconi procurabunt. Hubertus de Wycumbe, cappellanus, presentatus per dictas Abbatissam et moniales, admissus est, et vicarius perpetuus institutus cum onere et pena vicariorum. Et injunctum Officiali Bukyng[hamie] presenti, etc.

DE DUNNITONE.—[*The Dinton entry is blank.*]

[*One chaplain suffices for Great Kimble. The vicarage is set out. Richard de Oxonia, chaplain, presented by the Abbot and Convent of Missenden, is instituted vicar. He is to have a suitable house opposite the south gate of the churchyard.*]

ABBAS ET CONVENTUS DE MESSENDENE: KENEBELLE.—Sufficit unus cappellanus. Vicarius habebit totum alteragium et omnes minutas decimas, exceptis minutis decimis curie Canonicorum ipsorum de Messendene, et exceptis decimis agnorum et medietatis lane. Habebit etiam mansum competentem cum duabus acris terre, una scilicet in uno campo et alia in alio, et solvet sinodalia et Canonici hospicium Archidiaconi procurabunt. Ricardus de Oxon', cappellanus, presentatus per dictos Abbatem et conventum, admissus est et vicarius perpetuus institutus cum onere et pena vicariorum. Et injunctum est Officiali, etc. Habet mansum competentem ex opposito porte cimiterii versus austrum.

DE CHALFHUNTE, in institutionibus anni xv.[1]

[*One chaplain suffices for Caversfield. The vicarage, which is set out, includes a mediety of the tithes from land in Stratton Audley. The charge is given to William de Keyford, presented to the vicarage, who is afterwards instituted at London.*]

KAVERESFELDE.—Sufficit unus cappellanus. Vicarius habebit totum alteragium et omnes minutas decimas et medietatem omnium decimarum de sex virgatis terre in villa de Stratton' et mansum competentem cum duabus acris terre, una scilicet acra in uno campo et alia in alio, et solvet sinodalia. Canonici vero procurabunt hospicium Archidiaconi. Commissa est custodia Willelmo de Heyforde, cappellano, ad illam vicariam presentato. Postea idem apud Lond[inias] admissus est et institutus. Et injunctum est Officiali, etc.

[*One chaplain suffices for Great Missenden. The vicarage is set out. The charge is given to Geoffry de Lafford, who is afterwards instituted at Tinghurst.*]

MESSENDENE CANONICORUM.—Sufficit unus cappellanus. Vicarius habebit sibi et clerico suo cum uno equo necessaria victus in abbatia cum debita honestate, et viginti solidos annuos pro stipendiis de alteragio ipsius ecclesie percipiendos per manum suam, sicut iidem denarii ad suam manum venerint, et preterea

---

[1] This is a subsequent insertion.

mansum competentem extra ambitum abbatie, et solvet sinodalia. Commissa est custodia Galfrido de Lafford, cappellano, ad eam presentato. Idem postea veniens ad dominum Episcopum apud Tinghurste cum litteris Magistri Th., Officialis, admissus est cum onere et pena vicariorum ; et mandatum est dicto Officiali, quod ipsum, etc.

[*One chaplain suffices for Stanton Barry. The vicarage is set out. John, deacon, is instituted, and is to attend the schools, and to be ordained priest.*]

PRIORISSA ET MONIALES DE GARING[ES] : STANTONE.— Sufficit unus cappellanus. Vicarius habebit totum alteragium cum duabus virgatis terre et earum pertinentiis, que pertinent ad ecclesiam, et habebit decimas duarum virgatarum terre, quas Gerardus tenet et aliarum duarum virgatarum quas Sanson et Richerius tenent, et mansam competentem, et solvet sinodalia. Moniales vero procurabunt hospitium Archidiaconi. [Moniales vero omnia alia onera ejusdem ecclesie ordinaria sustinebunt.][1] Johannes, diaconus, presentatus per easdem, admissus est cum pena et onere vicariorum, et injunctum est ei ut per unum annum scolas frequentet et ad secundos ordines proximo celebrandos veniat ordinandus in presbiterum.

[*One chaplain suffices for Westbury. The vicarage is set out. Jordan, chaplain, is instituted vicar.*

ABBATISSA ET MONIALES DE ELNESTOWA : WESTBIR[IA].— Sufficit unus cappellanus. Vicarius habebit totum alteragium cum manso competente et medietatem terre pertinentis ad ecclesiam, solvendo sinodalia tantum. Moniales vero alia onera ordinaria illius ecclesie sustinebunt. Jordanus cappellanus admissus est, et vicarius perpetuus institutus.

[*The vicarage of Turville is set out. The charge is intrusted to Helias, who has been presented thereto.*]

ABBATIS SANCTI ALBANI : TIREFELDE.—Vicarius habebit nomine vicarie sue totum alteragium illius ecclesie cum redditu assiso et tota terra dominica ejusdem ecclesie et cum manso competente ei assignando, et sustinebit omnia onera ordinaria, debita

---

[1] These words are added above the line.

et consueta, illius ecclesie preter hospicium Archidiaconi, quod monachi Sancti Albani procurabunt. Et commissa est custodia illius vicarie Helie, cappellano, ad eam presentato. Et mandatum Officiali Archidiaconi Bukingham[ie], etc.

[*One chaplain suffices for Upton. The vicarage is set out.*]

PRIORIS ET CONVENTUS DE MERETONE: UPTONE.—Sufficit unus cappellanus. Vicaria consistit in omnibus obventionibus altaris cum omnibus minutis decimis totius parochie, et cum dimidia virgata terre et cum quodam mesuagio ad mansionem capellani idoneo, et cum omnibus garbis decimarum de leguminibus in ortis per totam parochiam provenientium, exceptis minutis decimis et ortis de curia Canonicorum. Vicarius solvet synodalia, et Canonici hospitium Archidiaconi procurabunt.

[*One chaplain suffices for Great Woolston. The vicarage, which includes the tithes of Little Crawley, is set out. The vicarage was ordained after the Oxford Council.*]

ABBATIS' ET CONVENTUS DE CULTURA CENOM[ANNORUM][1]: WULSISTONE.—Sufficit unus cappellanus, et habebit nomine vicarie sue decimas garbarum de dominico monachorum de Cultura et tenentium eorundem in villa de Wulsistone cum toto alteragio. Habebit etiam decimas in parochia de Craul[e] [*Little Crawley*] spectantes ad eandem ecclesiam de Wulsistone cum una acra terre in utroque campo de Wulsistone, et cum manso competenti. Fuit autem hec vicaria ordinata post Concilium Oxon[iense].

[*The vicarages of Staines, Steeple Claydon, and Stowe, to which Robert de Piria, Ralph de Radclive, and Ralph de Horwde were appointed, were ordained as on the roll of Oxfordshire vicarages.*]

ABBATIS ET CONVENTUS OSENEYE.—Vicarie de STANES, STEPEL CLEYDON, STOWA, ad quas admissi sunt Robertus de Piria, capellanus, Radulfus de Radicliv[a], capellanus, Radulfus de Horwde, capellanus, ordinate sunt ut in rotulo vicariarum Oxonie.

---

[1] The Abbey of St. Pierre de la Couture, Le Mans.

[*One chaplain suffices for Winchendon. The vicarage is set out. It is worth 5 marks. The whole church is worth 8 marks.*]

PRIORIS ET CONVENTUS SANCTE FRIDESWIDE, OXON': WHYCHINDONE.—Sufficit unus capellanus. Vicaria consistit in toto alteragio, exceptis minutis decimis tantum de curia Prioris, et in decimis garbarum et feni de dimidia hida terre quam Robertus filius Gervasii tenet et in decimis similiter garbarum et feni de dimidia virgata terre quam Walterus Tresbon' tenet, et manso competente, et valet vicaria v marcas. Totalis autem ecclesia estimatur viii marcae.

WRMENHALE : VICARIA [*blank*].—[*In the margin :*—] Non sunt ordinate.

De vicaria de NEWPORTE habetur in rotulo cartarum anni vi.

[*On the dorse of membrane 4 :*—]

Archdeaconry of Stowe.

[*The church of Winterton is worth 30 marks. The vicarage is set out. It is worth 6 marks.*]

ECCLESIE ORDINIS DE SEMPINGHAM IN ARCHIDIACONATU STOWE: WINTRINTONE.—Ecclesia valet xxx marcas. Vicarius habebit totum alteragium reddendo domui de Meuton' per annum quinque marcas, et Prior respondebit de episcopalibus et archidiaconalibus: providebit de tofto competenti : et valet vicaria sex marcas.

[*The church of Newton is worth 20 marks. The vicarage is set out. It is worth 5 marks.*]

NEUTON'.—Ecclesia valet xx marcas. Vicarius habebit totum alteragium, reddendo inde annuatim Canonicis Hospitalis[1] Linc[olniensis] ii marcas : et Prior respondebit ut supra et providebit de tofto competenti et valet vicaria quinque marcas.

---

[1] The Hospital of the Holy Sepulchre at Lincoln was under the charge of the canons of St. Catherine's priory.

[*The vicarage of Marton is set out. It is said to be sufficiently ordained.*]

MARTON'.—Vicarius habebit totum alteragium reddendo annuatim Canonicis Hospitalis Linc[olniensis] dimidiam marcam. Et Prior respondebit ut supra, et providebit de tofto competenti. Vicaria sufficienter ordinata est, ut dicitur.

[*The respective liabilities of the vicar and parson of Hackthorn are set out.*]

HAKTHORNE.—Vicarius habebit ex parte de Bullintone medietatem totius alteragii preter linum, reddendo annuatim Priori et conventui quatuor solidos. Persona vero respondebit de sua medietate et similiter cum Priore providebit de tofto et communiter respondebunt de episcopalibus [et][1] arch[idiaconalibus].

[*The church of Glentworth is worth 20 marks. The vicarage, which is described, is worth 6 marks.*]

ABBATIS DE NEUWENHUS: GLENTWURTHE.—Ecclesia valet xx marcas. Vicaria debet consistere in toto alteragio cum manso competente, et valet sex marcas.

[*The church of Saxilby is worth 20 marks. The vicarage, which is set out, is worth 7 marks. The Canons of Newhouse shall provide a chaplain for Ingleby.*]

SAXEBY.—Ecclesia valet xx marcas. Vicaria consistit in toto alteragio cum tofto et gardino, quod Matheus habuit, excepto lino, reddendo inde annuas quatuor marcas Canonicis de Neuhus, et iidem Canonici invenient cappellanum secularem et in omnibus eum exhibebunt, qui plene deserviet cappelle de Engleby, et ipse cappellanus pleno jure suberit vicario matricis ecclesie; et valet vii marcas. Et sciendum est quod Canonici nullam decimam solvent vicariis suis de nutrimentis animalium suorum, neque de aliis ad ipsos Canonicos pertinentibus[2] in dictis parochiis.

[*Walter, chaplain, is instituted to the vicarage of Risby.*]

PRIORIS ET CONVENTUS DE THORNHOLME: RISEBY.—Walterus, capellanus, presentatus per dictos Priorem et conventum ad vicariam, admissus est ut in rotulo institutionum anni xi.

---

[1] Omitted in MS. [2] "Pertinentes", MS., but see *Liber Antiquus*, p. 69.

[*Hugh, chaplain, is instituted vicar of Messingham. The vicarage is set out.*]

MESSINGH[AM].—Hugo, cappellanus, presentatus per eosdem ad vicariam, admissus est, ut in rotulo institutionum anni xi, hoc tamen mutato in inquisitione W. de Cant',[1] Archidiaconi, quod consistit in manso jacente inter toftum Willelmi filii Ailiue[2] et toftum Roberti de Askeb[y], qui quidem mansus fuit assignatus predicto Hugoni per Priorem et conventum de Tornholm de consensu ejusdem Hugonis, et ad utilitatem suam, ut dicitur, pro tofto quod jacet inter toftum Roberti de Rowelle et toftum Walteri Poli, assignato eidem vicario prius per ordinacionem domini episcopi; et pro isto manso sic mutato vicarius solvit per annum xviii*d.* Priori et conventui de Tornholme.

[*Simon, chaplain, is instituted to the vicarage of Appleby.*]

APPELBY.—Simon, cappellanus, presentatus per eosdem ad vicariam, admissus est ut in rotulo institutionum anni xi.

[*William de Lincolnia is instituted to the vicarage of Scothern.*]

ABBATIS ET CONVENTUS DE BARLING': SCOTHORNE.—Willelmus de Lincolnia, capellanus, presentatus per dictos abbatem et conventum ad vicariam, admissus est ut in rotulo institutionum anni xi.

[*Robert, chaplain, is instituted to the vicarage of Thorpe.*]

TORPE.—Robertus, capellanus, presentatus per Magistrum milicie Templi in Anglia ad vicariam ecclesie de Torpe, admissus est ut in rotulo institutionum anni xi.

[*For Gainsborough, to which Robert, the chaplain, is instituted, see the rolls of Institutions of the 11th year.*]

GEINESBURGE.—De Genesburge ad quam Robertus, capellanus, admissus est, eodem anno.

[*Lambert, chaplain, is instituted to a vicarage of a mediety of Willoughton church.*]

WILLEGTONE.—Lambertus, capellanus, presentatus per eundem ad vicariam medietatis ecclesie de Willegtone, admissus est, ut eodem anno.

---

[1] The name is "Cantia" in *Liber Antiquus*, p. 69. He is to be identified with William, son of Fulco, archdeacon of Stow.

[2] Not "Ailine" as in *Liber Antiquus*, p. 69.

[*Richard, chaplain, is instituted to the vicarage of Burton.*]

BURTONE.—Ricardus, capellanus, presentatus per Priorem et conventum de Nortone ad vicariam ecclesie de Burtone admissus est, ut supra.

[*For Alkborough, Coates, and St. Mary of Torkesey, see the institutions of the 11th year.*]

HAUTEBARG'.—Prioris et conventus de Spaudinge, in rotulo institutionum anni xi.

COTES.—Abbatis et conventus de Wellebech, in rotulo institutionum anni xi.

Vicaria ecclesie SANCTE MARIE DE TORKESEIE Canonicorum Torkeseie, in rotulo institutionum anni xi.

[M. 5.]

Vicaria ordinate auctoritate Concilii in Archidiaconatu Norhamptonie.

[*For Chacombe one chaplain suffices. The vicarage and the liabilities of the Canons of Chalcombe set out. Thomas, chaplain, is instituted vicar.*

CANONICI DE CHAUCUMBA: ECCLESIA DE CHAUCUMBA.—Sufficit unus capellanus. Vicarius habebit nomine perpetue vicarie sibi et clerico suo, quem invenient, necessaria victus in prioratu cum debita honestate, et duas marcas pro stipendiis cum manso competente extra portam prioratus. Habebit etiam secundum legatum usque ad sex denarios et, quod ultra fuerit, ipsi Canonici et vicarius dimidiabunt. Item habebit in quatuor principalibus festis anni oblationes suas, scilicet die Natalis Domini iii denarios, die Pasche ii denarios, et utroque aliorum festorum i denarium, et preterea i denarium, cum corpus fuerit presens. Iidem vero Canonici invenient vicario palefridum ad sinodum, ad capitula, et ad infirmos cum fuerit necesse, et sustinebunt omnia onera illius ecclesie.

Thomas, cappellanus, admissus est et vicarius perpetuus institutus cum onere et pena vicariorum.

[*The vicarage of Harringworth set out. Elias, chaplain, is instituted vicar. The ordination of the vicarage is respited.*]

MONIALES DE ELNESTOWE: HARI[N]GWORTH'.—Vicarius habebit nomine vicarie sue totum alteragium et decimas garbarum de duabus virgatis terre ad ecclesiam pertinentibus et mansum a parte boreali ecclesie, quod Robertus, clericus, diebus suis extremis tenuit. Vicarius autem solvet sinodalia, et Moniales hospicium Archidiaconi procurabunt. Helias, cappellanus, admissus est ad eandem vicariam et perpetuus vicarius institutus cum onere et pena vicariorum.

[*In the margin:—*] Ord[inacio] illius vic[arie] p[oste]a in respec[tu]. [*This ordination is not in the "Liber Antiquus".*]

[*For Wilbarston one chaplain suffices. The vicarage is set out.*]

WYBERSTONE.—Sufficit unus cappellanus. Vicarius habebit nomine perpetue vicarie totum alteragium cum duabus virgatis terre et cum manso competente ei assignando.

[*One chaplain suffices for Evenley. The vicarage is set out. Ranulph de Brackele, chaplain, presented by the Canons of Huntingdon, is instituted vicar conditionally upon good conduct.*]

CANONICI DE HUNTINGDON': EUENLEE.—Sufficit unus cappellanus. Habebit nomine perpetue vicarie omnes obventiones, decimas et oblationes ad illam ecclesiam pertinentes preter decimas garbarum et feni, et preter terras et decimas curie Canonicorum de Huntingdon' in eadem villa. Habebit etiam vicarius decimas octo virgatarum terre in campo de Cherletone, que spectant ad ipsam ecclesiam de Euenlee, et duodecim acras terre quas Ricardus filius Matillidis tenuit. Habebit etiam mansum a parva porta ipsorum Canonicorum, que ducit ad ecclesiam, usque ad portam eorum septentrionalem, et sustinebit omnia onera ordinaria ipsius ecclesie debita et consueta, preter hospicium Archidiaconi, quod Canonici procurabunt.

Rannulfus de Brackele, cappellanus, admissus est ad hanc vicariam, et in ea canonice institutus ad presentationem dictorum Canonicorum de Huntingdon' sub hac pena, quod si aliquo tempore constiterit ipsum publice tenere aliquam fornicariam, vicaria sua privetur per sententiam datam cum esset institutus.

[*One chaplain suffices for Canon's Ashby. The vicarage and the liabilities of the Canons of Ashby set out. Nicholas de Haumeden, chaplain, is instituted vicar.*]

CANONICI DE ESSEBY : ESSEBY.—Sufficit unus cappellanus. Vicarius habebit nomine perpetue vicarie sibi et diacono suo, quem invenient, necessaria victus in prioratu cum debita honestate, et triginta solidos annuos pro stipendiis. Habebit etiam secundum legatum usque ad sex denarios et, quod ultra fuerit, ipsi Canonici et vicarius dimidiabunt. Item habebit in quatuor principalibus festis anni oblationes suas, scilicet die Natalis Domini iii denarios, die Pasche ii denarios, et utroque aliorum festorum i denarium et preterea i denarium, cum corpus fuerit presens. Canonici vero de Esseby invenient vicario palefridum ad sinodum, ad capitula et ad infirmos cum fuerit necesse, et sustinebunt omnia onera illius ecclesie debita et consueta. Idem autem vicarius habebit mansum competentem extra portam Prioratus, [quem Henricus filius Simonis tenuit,][1] quem Canonici ei invenient. Nicholaus de Haumeden', capellanus, admissus est et vicarius perpetuus institutus.

[*For Daventry and the chapel of Welton two chaplains are needful. The vicarage is set out. Henry de Nauesby is instituted vicar. The endowment of the chapelry of Welton set out.*]

MONACHI DE DAUINTRE: DAUINTRE CUM CAPELLA DE WELETONE.—Necessarii sunt ibi duo cappellani. Vicarius habebit nomine perpetue vicarie sibi et garcioni suo necessaria victus in prioratu cum debita honestate, et unam marcam annuam pro stipendiis, et secundum legatum suum usque ad sex denarios et, quod ultra fuerit, ipsi monachi et vicarius dimidiabunt. Habebit etiam omnes petitiones suas et denarios missales per totam parochiam de Dauintre, preterquam in Weletone, cum manso competente extra portam prioratus. Ipsi vero monachi invenient dicto vicario diaconum et omnia onera illius ecclesie sustinebunt. Henricus de Nauesby, presentatus per dictos monachos ad eandem vicariam admissus est, et in ea canonice vicarius perpetuus institutus, sub pena vicariis inflicta.

Cappellanus de Weletone, capella[2] de Dauintre, habebit tres marcas certo loco assignandas et petitiones et denarios suos missales, et secundum legatum usque ad sex denarios in Weletone et, quod ultra fuerit, dicti monachi et cappellanus dimidiabunt ; habebit etiam omnes confessiones suas in eadem villa.

---

[1] Added above the line.   [2] "Capelle", MS.

[*One chaplain suffices for Fawsley. The vicarage is set out. John de Falesle, deacon, is instituted vicar. He is to attend the next ordination.*]

FALEWESLE.—Sufficit unus cappellanus. Vicarius habebit nomine perpetue vicarie totum alteragium illius ecclesie [et Chirchesede][1] et preterea decimas valentes dimidiam marcam certo loco assignandas, cum manso prope ecclesiam [ante portam Hugonis Russel].[1] Dicti autem monachi de Dauintre hospicium Archidiaconi sustinebunt et vicarius solvet sinodalia. Johannes de Falesle, diaconus, admissus est ad dictam vicariam cum pena vicariis inflicta et cum onere ad proximos ordines veniendi.

[*One chaplain suffices for Staverton. The vicarage is set out. Richard de Stavertone is instituted vicar.*]

STAUERTONE.—Sufficit unus cappellanus. Vicarius habebit nomine perpetue vicarie totum alteragium illius ecclesie cum manso competenti, solvendo sinodalia, et monachi procurabunt hospicium Archidiaconi. Ricardus de Stauertone cappellanus admissus est et institutus sub pena vicariis inflicta.

[*One chaplain suffices for Preston. The vicarage is set out. Henry, chaplain, is instituted vicar.*]

PRESTONE.—Sufficit unus cappellanus. Vicarius habebit nomine perpetue vicarie totum alteragium et decimas valentes viginti tres solidos annuos per Archidiaconum assignandas[2] in certo loco cum manso competente. Et habebit communam pasture quantum pertinet ad unam virgatam terre. Et monachi procurabunt hospicium Archidiaconi, et vicarius solvet sinodalia. Henricus, cappellanus, admissus est et institutus, sub pena vicariis inflicta.

[*One chaplain suffices for West Haddon. The vicarage is set out. Walter, chaplain, is instituted vicar.*]

WESTHADDONE.—Sufficit unus cappellanus. Vicarius habebit nomine perpetue vicarie totum alteragium cum manso competenti. Monachi procurabunt hospitium Archidiaconi et vicarius solvet sinodalia. Walterus, cappellanus, admissus est et institutus cum onere et pena vicariis inflictis.

---

[1] Added above the line.
[2] "Assignandos", MS.; the same error appears in *Liber Antiquus*, p. 37.

[*The vicarage of Norton by Daventry, as ordained by the Council, is set out. Robert is instituted vicar, reserving ordination of the vicarage by the Bishop if not ordained by him or found inadequate.*]

NORTHONE.—Vicaria ante Concilium ordinata consistit in toto alteragio cum minutis decimis ad ipsam ecclesiam pertinentibus et in decimis garbarum de feodo Sampsonis Norhampt' in Mosecothe et in decimis garbarum Iuonis de Walern' in Nortone. Robertus vicarius institutus est, salva ordinatione vicarie domino Episcopo, si alias non fuerit per ipsum ordinata, vel minus sufficiens reperiatur.

[*One chaplain suffices for Weedon. The vicarage set out. Gymer, chaplain, is instituted vicar.*]

MONACHORUM DE BECCO: WEDONE.—Sufficit unus cappellanus. Vicarius habebit nomine perpetue vicarie totum alteragium cum manso, preter primum legatum, et habebit decimas garbarum sex virgatarum terre, quas percipere consuevit, et preterea decimas garbarum quinque aliarum virgatarum terre per Archidiaconum loci certo loco assignandas, et solvet sinodalia tantum. Monachi autem hospicium Archidiaconi procurabunt. Gymerus, cappellanus, admissus est et institutus cum onere residencie et pena vicariis inflicta.

[*For Brigstock two chaplains are necessary. The endowment of the vicarage, with the chapel of Stanion, set out. John de Stanton is instituted vicar.*]

CANONICI DE CYRENCESTRIA: BRIKESTOKE.—Necessarii sunt ibi duo cappellani. Vicarius habebit nomine perpetue vicarie totum alteragium ecclesie de Brikestoke et totum alteragium capelle de Stanherne cum mansis, et totam terram dominicam ipsius ecclesie, et preterea redditum assisum viginti duorum solidorum pertinentem ad ecclesiam de Brikestoke, et solvet sinodalia. Canonici vero hospitium Archidiaconi procurabunt. Johannes de Stantone, cappellanus, admissus, etc.

[*For Rothwell, which belongs to the Canons of Cirencester, three chaplains are required. William de Rowelle is instituted vicar.*]

ROWELLE.—Tres cappellani sunt ibi necessarii. Vicarius habebit nomine perpetue vicarie totum alteragium ecclesie et cappellarum cum manso, reddendo inde Canonicis duas marcas annuas, et preterea omnia onera episcopalia et archidiaconalia debita et consueta sustinendo. Willelmus de Rowelle, cappellanus, admissus est et institutus cum onere residentie et sub pena vicariorum. Aliter et melius a tergo.

[*On the dorse :—*]

[*A certificate by the Archdeacon of Northampton, addressed to the Bishop, is endorsed, and sets out the endowments of the vicarage and the two chapels of St. Mary and Orton.*]

Episcopo, R. Archidiaconus Norh[amtonie] salutem, etc. Noverit paternitas vestra quod vicaria in ecclesia de Rouwelle, auctoritate vestra ordinata, consistit in toto alteragio tam prefate matricis ecclesie quam duarum cappellarum, scilicet cappelle sancte Marie in eadem villa et cappelle de Ouertone excepta tota decimatione lane et medietate decimationis agnorum, cum tot agni in numero extiterint, quod agnus decimus inde possit provenire. Si vero propter paucitatem agnorum decimam argento oporteat redimere, argentum illud in usus cedet vicarii. Prefatas vero decimationes lane et medietatis agnorum percipient Canonici de Cirencestria nomine duarum marcarum ipsis a vobis annuatim assignatarum. Habebit autem ipse vicarius mansum juxta ecclesiam, qui fuit Rogeri Marchant, et omnia onera ordinaria et hospitium Archidiaconi sustinebit, et per se ipsum et per alios duos cappellanos in matrici ecclesia et in duabus cappellis ad ipsam pertinentibus divina ministrabit, et in horum omnium possessionem vicarius inductus, etc.

[*On the face of the roll :—*]

[*For Ashby St. Ledgers one chaplain suffices. The vicarage is set out. Martin, chaplain, is instituted vicar. The vicarage is worth upwards of 5 marks.*]

PRIOR ET CANONICI DE LANDA SANCTI LEODEGARII : ESSEBY.—Sufficit unus cappellanus. Vicarius habebit nomine perpetue vicarie totum alteragium cum manso et preterea decimas valentes unam marcam certo loco per Archidiaconum assignandas, et solvet sinodalia. Canonici vero procurabunt hospicium Archidiaconi. Martinus, cappellanus, admissus est et institutus cum onere et pena vicariorum.

[*"Valentes" onwards has been altered to :—*]" . . . . valentes unam marcam, videlicet tertiam decime garbarum de dominicis I. de Craunford et Leodegarii de Dive, et decimam unius virgate terre et dimidie, quam R. de Harwedon' tenet, et in manso quem dicti Prior et Canonici habent ex dono Hugonis Heredis. Vicarius vero solvet sinodalia. Canonici procurabunt hospitium Archidiaconi. Et valet vicaria v marcas et amplius."

[*One chaplain suffices for Weldon. The vicarage is set out. A subsequent addition states that the vicarage is otherwise ordained in the roll of the 17th year.*]

MEDIETAS ECCLESIE DE WELEDONE.—Sufficit unus cappellanus. Vicarius habebit nomine perpetue vicarie totum alteragium cum manso et preterea quadraginta denarios annuos certo loco per archidiaconum assignandos, et solvet sinodalia. Canonici vero procurabunt. Aliter ordinatum est, ut habetur[1] in rotulo cartarum anni xvii.

[*One chaplain suffices for Weston. The vicarage is set out.*]

WESTONE.—Sufficit unus cappellanus. Vicarius habebit nomine perpetue vicarie totum alteragium cum manso et viginti solidos annuos assignandos per Archidiaconum et solvet sinodalia. Canonici vero hospitium Archidiaconi procurabunt.

[*One chaplain suffices for Greetham, Rutland. The vicarage is set out.*]

CANONICI SANCTI SEPULCRI DE WAREWIC : GRETHAME.— Sufficit unus cappellanus. Vicarius habebit nomine perpetue vicarie totum alteragium cum manso competenti, reddendo inde annuatim unam marcam argenti et solvet sinodalia. Canonici vero hospitium Archidiaconi procurabunt.

[*One chaplain suffices for Fotheringhay. The vicarage is set out. The Nuns of De la Pré, Northampton, shall entertain the Archdeacon.*]

MONIALES SANCTE [MARIE DE] PRATO NORHAMPTON' : [FOD]RINGEA.—Sufficit unus cappellanus. Vicarius habebit nomine perpetue vicarie totum alteragium cum manso competenti, reddendo inde annuatim unam marcam argenti per annum et solvet sinodalia. Moniales autem hospitium Archidiaconi procurabunt.

[*One chaplain suffices for Hemington. The vicarage is set out. The Monks of St. Neot's shall entertain the Archdeacon.*]

PRIOR ET MONACHI DE SANCTO NEOTO : HEMING[ETONE].— Sufficit unus cappellanus. Vicarius habebit nomine perpetue vicarie totum alteragium et totam terram dominicam ecclesie. [Habebit etiam mansum competentum et unam marca]m' annuam

---

[1] This word is indistinct. The whole sentence is a subsequent addition.

per Archidiaconum Nor[hamptonie] certo loco assignandam et solvet sinodalia. Monachi vero hos[pitium Archidiaconi procurabunt. Assignata est hec marc]a[1] in decimis garbarum de duabus virgatis terre in Torp' quas Robertus filius Sewini et Wi[llelmus Belle et Hugo de Tiringham et Galfridus tenuerunt].[1]

[*On the dorse* :—]
[*The vicarage of Catesby is ordained as that of Chacombe. Robert, chaplain, is instituted vicar.*]

PRIORISSA ET MONIALES DE [CATESBY][2]: [KAT]TEBY.—Vicaria potest ordinari sicut illa de Chaucumba. Hic sufficiunt vicario quindecim solidi annui pro stipendiis. Item vicarius habebit obventiones ad confessiones in quadragesima et moniales invenient clericum. Robertus cappellanus admissus est et institutus cum onere et pena vicariorum.

[*The vicarage of Helidon has all altarage, and pays one mark annually to the Nuns of Catesby.*]

HEYLEDONE.—Vicarius de Heilidone presentandus per Moniales easdem habebit totum alteragium et solvet unam marcam annuam monialibus.

[*Inquisition taken upon the vicarage of St. John the Baptist, Peterborough, after the death of R. de Pasten, vicar there.*]

[PETERBOROUGH.]—Inquisitio super vicaria ecclesie beati Johannis Baptiste de Burgo beati Petri per R., Officialem Archidiaconi Norhamptonie post decessum R. de Parten', vicarii ejusdem.

Consistit vicaria in tertia parte decimarum lane et lini, agnorum, porcellorum, pullorum, vitulorum, aucarum, et tercia parte decimarum mercatorum, et tercia parte omnium candelarum oblatarum, et in medietate omnium denariorum missalium, preterquam apud Thorp, ubi vicarius percipiet omnes denarios missales, et in tercia parte omnium aliarum oblationum, excepto pane cum companagio et decima lactis et ortorum, que vicarius totaliter percipiet; exceptis etiam toto cyragio et omnibus oblationibus cum corpore presenti provenientibus, et primo testamento, que sacrista percipiet. Habebit etiam ipsa vicar[ia] mansum competens et xxiii acras terre

---

[1] Restored from *Liber Antiquus*, p. 32.   [2] Conjectural from *Liber Antiquus*.

arabilis et corredium unius monachi ad mensam Abbatis, vel ad domum suam deferendum cum voluerit. Valet autem tertia pars decime lane viii*s.*, lini xviii*d.*, agnorum v*s.*, porcellorum et aucarum ii*s.*, vitulorum et pullorum v*s.* et tertia pars decimarum mercatorum et oblationum, in quibus sacrista participat,[1] per annum iiii marcas. Sunt preterea quedam in quibus sacrista non participat, videlicet oblationes omnes de sancto Botulfo, que valent i marcam, denarii confessionum utrobique, quorum summa est xxii*s.*, decima lactis xxx*s.*, denarii dominicis diebus et candele in festo Purificationis et aliis purificationibus per annum, que valent i marcam; de ovis et ortis et aliis minutis decimis iiii*s.*; de pane et companagio et gildis et purificationibus i marcam. De testamentis per annum x*s.* Corredium ad mensam Abbatis valet ii marcas. Terra vero cum manso valet xiiii*s.* Unde secundum istam estimationem exceptis denariis missalibus valet vicaria xi libras et xviii*d.* Super illo articulo, que de jure salvanda sunt sacriste et ab antiquo percepta, nichil aliud respondet capitulum nisi quod vicaria longo tempore talis extitit.

---

[1] *Liber Antiquus*, p. 31, inserts "non". In several other small points it differs from this ordination.

INDEX.

Rotuli Hugonis de Welles Episcopi Lincolniensis.

[*This roll bears the modern reference number 3.*]

[M. 1.]

ARCHIDIACONATUS OXON.[1]

[*Robert de Hich', presented by the Abbess of Elstow, instituted parson of Clanfield.*]

OXON': CLENEFELDE.—Robertus de Hich', presentatus per Abbatissam et conventum de Alnest[ow] ad ecclesiam de Clenefelde vacantem per resignationem Magistri Simonis factam in manus R., Archidiaconi Huntingdon' tunc Officialis domini Lincolniensis, facta etiam inquisitione per eundem Officialem, per quam negotium fuit in expedito, admissus est et in ea canonice persona institutus, salva dictis Abbatisse et conventui annua unius marce pensione de eadem; et injunctum est Officiali Oxon[iensi] tunc presenti quod ipsum in corporalem illius ecclesie possessionem inducat.

[*Osbert de Wycombe, presented by the Abbot of Eynsham, instituted vicar of South Stoke; he must be ordained sub-deacon at the next ordination.*]

OXON': STOKES.—Magister Osbertus de Wycombe, presentatus per Abbatem et conventum de Eigneshame ad perpetuam vicariam ecclesie de Stokes, quam Radulphus proximo tenuit in eadem, facta prius inquisitione per I., Archidiaconum, per quam negotium fuit in expedito, admissus est et in ea vicarius perpetuus institutus, cum onere ad proximos ordines veniendi, in ordinem subdiaconi promovendus, et sic de ordine in ordinem successive, donec in presbiterum ordinetur, ut extunc dicte ecclesie in propria persona ad mandatum domini Episcopi deserviat in officio sacerdotali. Et injunctum est R., Officiali Archidiaconi Oxon', quod secundum formam premissam etc.; provideatque quod per idoneum capellanum ipsi ecclesie interim competenter ministretur.

---

[1] The heading of the next part of the membrane, p. 5 *post*, shows that this portion belongs to "annus undecimus".

[*Adam, clerk, collated by the Bishop with the authority of the Council, instituted parson of Fringford.*]

OXON': FERINGEFORD.—Adam, clericus, nepos Magistri Gilberti de sancto Albano, cui dominus Episcopus contulit auctoritate Concilii ecclesiam de Feringeforde, admissus est et in ea canonice persona institutus. Et mandatum est Archidiacono Oxon' quod, etc.

[*Otuel, deacon, presented by the monks of Ivry in Normandy, instituted vicar of Asthall. The vicarage is described.*]

OXON': ESTHALLE VIC[ARIA].—Otuel, diaconus, presentatus per monachos de Ibreio ad vicariam ecclesie de Esthalle, facta prius inquisitione per I., Archidiaconum Oxon', per quam, etc., admissus est, et in ea perpetuus vicarius institutus. Consistit autem ipsa vicaria in omnibus obventionibus altaris cum manso, quod fuit monachorum de Ibreio, que appreciate sunt pro iii marcis, et in omnibus decimis garbarum de dominico, quod jacet ex illa parte aque, qua sita est ecclesia, videlicet in campo orientali de tribus hydis et viii acris et dimidia, et xxiiii acris, quas quatuor bubulci tenent de eodem dominico: et in campo occidentali percipiet decimas de ii hydis et xxvi acris de dominico, et de xxiiii acris quas dicti bubulci tenent; que quidem appreciate sunt ad ii marcas. Debet autem vicarius sustinere omnia onera illius ecclesie debita et consueta, preter hospitium Archidiaconi, quod dicti monachi procurabunt; et habet idem vicarius inducias usque ad ordines sancti Michaelis, ut tunc in sacerdotem promoveatur. Et mandatum est dicto Archidiacono Oxon', quod secundum formam premissam, etc.

[*Adam, chaplain, presented by the Prior of Norton, Cheshire, is instituted vicar of Pyrton. The vicarage is described.*]

OXON': PERITONE.—Adam, cappellanus, presentatus per Priorem et conventum de Nortone ad vicariam ecclesie de Peritone, de novo juxta Concilii statuta ordinatam, admissus est, et in ea canonice perpetuus vicarius institutus. Consistit autem dicta vicaria in omnibus obventionibus altaris de Peritone et in omnibus decimis preter garbas, et in omnibus obventionibus et decimis tam garbarum quam aliarum rerum apud Stanidelf, cum uno manso apud Stanidelf cum una dimidia virgata terre et prato adjacentibus, et cum alio manso apud Peritone, cum dimidia hyda terre de dominico Canonicorum et prato ad ipsam terram pertinente, simul cum decimis et husbote et heibote in bosco eorum, et in omnibus aliis libertatibus communibus. Debebunt autem dicti Canonici hospicium Archidiaconi procurare, et injunctum est Officiali dicti Archidiaconi, etc.

[*This entry has been crossed out, and* "vacat" *written against it.*]

[*William de Henred, clerk, presented by Richard Henred his brother, is instituted parson of a mediety of the church of Lower Heyford.*]

MEDIETAS ECCLESIE DE HEYFORDE.—Willelmus de Henrede, clericus, presentatus per Ricardum Henred fratrem suum ad medietatem ecclesie de Heyforde, que fuit G. de Croppery, facta prius inquisitione per Archidiaconum Oxon' per quam, etc., admissus est et persona institutus. Et mandatum est dicto Archidiacono quod ipsum, etc., et injungat eidem ut ad proximos ordines apud Graham' veniat, in subdiaconum ordinandus. Institutus debet nobis exhibere litteras present[ationis].

[*On the dorse :*—] Custodiam medietatis ecclesie de Heyforde in Archidiaconatu Oxon' die dominica proxima ante festum beati Barnabe commissa est Willelmo de Henred, clerico, ad quam presentatus est, et mandatum est Archidiacono Oxon', quod in capitulo locy diligenter inquirat, a quo tempore et per quem dicta ecclesia ceperit sectionem. Postea idem Willelmus est admissus et institutus.

[*Return to the face of the roll :*—]

[*Dionisius, clerk, presented by the Bishop of Winchester, is instituted parson of Witney, on the resignation of Humfrey de Midlieres.*]

WITTHENEIA.—Dionisius, clericus, presentatus per dominum Wintoniensem ad ecclesiam de Witteneia, facta prius inquisitione per R., clericum Archidiaconi Oxon', per quam, etc., Magistro Humfrido de Midlieres, qui ejusdem ecclesie custodiam habuit, resignante per litteras suas patentes totum jus quod habuit in eadem, admissus est et persona institutus in eadem. Et mandatum est Archidiacono Oxon' [etc.].

[*Henry, chaplain, presented by the Prior of Wallingford, is instituted vicar of Aston Rowant, with the chapelry of Stokenchurch. The vicarage is described.*]

OXON': ESTONE VICARIA.—Henricus, cappellanus, presentatus per Priorem et conventum de Walingeforde ad perpetuam vicariam ecclesie de Estone, ordinatam auctoritate Concilii, facta prius inquisitione per Magistrum Willelmum de Linc', per quam negotium fuit in expedito, admissus est et in ea canonice vicarius perpetuus institutus. Consistit autem dicta vicaria in omnibus obventionibus, oblationibus et minutis decimis matricis ecclesie de Estone et cappelle de Stockenecherche spectantis ad eandem, et in decimis garbarum de octo virgatis terre in Copincote : de qua terra Angerus tenet tres virgatas, Andreas duas virgatas, Rogerus duas, Robertus Parvus unam. Vicarius autem deserviet matrici ecclesie et cappelle et solvet sinodalia, et in omnibus pro vicaria sua respondebit. Prior vero et conventus facient hospitium Archidiaconi, et pro sua portione prout ratio postulaverit respondebunt. Et mandatum Officiali Archidiaconi Oxon', quod, etc.

[*Walter de Prestecote, clerk, presented by Genteschiu Pauper and Emma de Podiis, is instituted parson of Tackley.*]

OXON : THACKELE.--Magister Walterus de Prestecote, clericus, presentatus per Genteschiu Pauperem et Emmam de Podiis, mulierem, ad ecclesiam de Thackele, facta prius inquisitione per Magistrum S., Officialem Archidiaconi Oxon', per quam, etc., admissus est et in ea canonice persona institutus. Et mandatum est dicto Officiali, quod, etc.

[*Elyas, chaplain, presented by Walter de Verdun, Knight, to a third of the tithes of his demesne in Bloxham, is instituted to it.*]

OXON': BLOKESHAME : TERTIA PARS DECIMARUM.—Elyas cappellanus, presentatus per Walterum de Verdun, militem, ad tertiam partem decimarum de dominico suo in Blokeshame, facta prius inquisitione per Magistrum S., Officialem Archidiaconi Oxon', per quam, etc., et Abbatissa de Godestowe, que super eisdem decimis jus sibi prius vendicabat, easdem decimas omnino relaxante dicto Waltero, et super hoc litteras suas patentes exhibente, admissus est et institutus. Et injunctum est ipsi Officiali presenti quod dictum capellanum, etc.

[*Marginal note :—*] Non recepi inquisitionem : set Magister S. eam faciet habere nobis.

[*Richard, clerk, presented by Robert de Brinton, canon of Salisbury, holding the prebend of Shipton-under-Wychwood, is instituted to the chapel of Swinbrook ; a pension of 1 mark a year is due to the mother church.*]

OXON: SWINBROC.—Ricardus, clericus, presentatus per magistrum Robertum de Brintone, canonicum Sarr[esbirie], patronum cappelle de Swinbroc racione prebende sue Sarr[esbiriensis] de Siptone, ad eandem cappellam, facta prius inquisitione per R., clericum Archidiaconi Oxon', per quam, etc., admissus est et institutus, salva dicte ecclesie de Siptone unius marce annua pensione de ipsa cappella solvenda, prout in litteris patentibus domini Sarr[esbiriensis] et capituli ejusdem loci domino Episcopo super hoc directis plenius continetur. Et mandatum est dicto R., clerico Archidiaconi Oxon', quod, etc.

[*Jordan, deacon, presented by Walter de Prestecote, parson of Tackley, is institutea vicar of Tackley. The vicarage is described.*]

TACKELE VICARIA.—Jordanus, diaconus, presentatus per magistrum Walterum de Prestecote, personam ecclesie de Tackele, ad perpetuam vicariam ejusdem ecclesie de consensu Gentechiu Pauperis et Emme de Podiis, patronorum, admissus est et in ea canonice vicarius perpetuus institutus. Consistit autem vicaria ejus ecclesie in omnibus obventionibus altaris et in omnibus minutis decimis preter decimas molendinorum et feni et in manso competenti. Vicarius omnia onera episcopalia debita et consueta sustinebit preter hospitium Archidiaconi, quod quidem ipse rector ejusdem ecclesie procurabit. Et mandatum est magistro S., tunc Officiali Archidiaconi Oxon', etc.

ANNUS XII[us]

[*Roger de Munvirun, clerk, presented by Ralf de Sausei, knight, ts instituted parson of Asterley in Kiddington. He is to be ordained sub-deacon at the next ordination.*]

OXON': ESTERLEGH'.—Rogerus de Munvirum, clericus, presentatus per Randulfum de Sausei, militem, ad ecclesiam de Esterlegh', vacantem per resignacionem Jacobi de Solers, qui eam proximo possedit, per litteras suas patentes factam, prout magister Edmundus de Abbendone, H., Archidiaconus Bath[onie], et Thomas, Decanus Herefordensis, per litteras suas patentes testificantur, facta etiam inquisitione per Archidiaconum Oxon', etc., admissus est et postea institutus. Et injunctum est Radulfo, clerico dicti Archidiaconi, etc. Idem autem clericus veniet ad proximos ordines ordinandus in subdiaconum.

[*Richard, chaplain, presented by the Abbot of Oseney, is instituted vicar of Great Barton, alias Steeple Barton.*]

BERTONE.—Ricardus, cappellanus, presentatus per Abbatem et conventum Oseneye ad perpetuam vicariam ecclesie de Bertone, ad eam est admissus, et in ea canonice vicarius perpetuus institutus. Et injunctum est magistro S., Officiali Archidiaconi Oxon', etc. Hec autem vicaria ordinata fuit anno viii° pontificatus domini Episcopi, ut in registro cartarum continetur.

[*Roger, chaplain, presented by the Abbot of Oseney, is instituted vicar of Sandford St. Martin.*]

SANFORDE.—Rogerus, cappellanus, presentatus per eosdem ad perpetuam vicariam cappelle de Sanforde, ordinatam predicto anno ut in prefato regestro[1] similiter continetur, admissus est et institutus. Et injunctum est dicto Officiali, etc.

[*Henry de Glaston', clerk, presented by the Abbot of Westminster, is instituted parson of Islip. William de Faucunberge renounces his claim.*]

IGHTESLEPE.—Henricus de Glaston', clericus, presentatus per Abbatem et conventum de Westmonasterio ad ecclesiam de Ighteslepe, facta prius inquisitione, per quam, etc., admissus est et in ea canonice persona institutus, salva Gilberto cappellano vicaria quam habet in eadem, quamdiu honeste se habuerit. Et mandatum est R., Officiali Archidiaconi Oxon' [*sic*]. Willelmus autem de Faucunberge, clericus, qui prius ad eam fuerat presentatus, juri quod habuit ex eadem presentatione ante institutionem dicti Henrici renunciavit.

[*Roger, chaplain, presented by Philip de Hastinges, is instituted parson of the chapel of Yelford, on the resignation of Thomas de Muttone.*]

ELEFORDE.—Rogerus, cappellanus, presentatus per Philippum de Hasting[es] ad cappellam de Eleforde, facta prius inquisitione per R., Officialem Archidiaconi Oxon', et magistro Thoma de Muttòne, qui prius eam possedit, ipsam cappellam in manus domini Episcopi apud Eigneshame resignante, admissus est, et in ea canonice persona institutus cum onere residencie. Et injunctum est dicto R., Officiali, etc.

[*Warin, chaplain, presented by the Abbot of Dorchester, is instituted vicar of Shirburn. The vicarage is described.*]

SIREBURNE.—Warinus, cappellanus, presentatus per Abbatem et conventum Dorkecestrie ad vicariam ecclesie de Sireburne, ordinatam auctoritate Concilii, facta prius inquisitione per R., Officialem Archidiaconi Oxon', etc., admissus est et vicarius perpetuus institutus. Consistit autem dicta vicaria in omnibus obventionibus altaris ejusdem ecclesie cum minutis decimis totius parochie. Et habebit vicarius duos solidos annuos pro manso ab Abbate, donec Abbas ipsi vicario mansum competens providerit. Et solvet vicarius sinodalia, et Abbas et conventus hospitium Archidiaconi procurabunt. Et mandatum est dicto Officiali, etc.

---

[1] "Regesto" in MS.

[*Elias, physician, presented by Ralf son of Robert, is instituted parson of Ardley.*]

ERDOLVESLE.—Magister Hel[ias], phisicus, presentatus per Radulfum filium Roberti ad ecclesiam de Erdolvesle, facta prius inquisitione per Radulfum, Officialem Archidiaconi Oxon', etc., admissus est et persona institutus. Et mandatum est dicto Officiali, etc. Idem autem magister Hel[ias] faciet nobis habere litteras presentationis.

[*On the dorse :—*]

ANNUS DUODECIMUS, OXON'.—Magister Helyas, phisicus, presentatus per Radulfum filium Roberti ad ecclesiam de Ardolvesle, custodiam ejusdem ecclesie est adeptus usque ad proximos ordines celebrandos ante Natale, anno pontificatus domini Episcopi xii°, ut tunc veniat in subdiaconum ordinandus. Et scripsit dominus Episcopus domino Wigorniensi ut interim cum voluerit ipsum ordinet in acolitum. Postea idem magister H., veniens apud Buggedene, ordinatus est ibidem in acolitum a domino Episcopo. Et mandatum est Officiali, Oxon'.

[*Return to the face of the roll :—*]
[*William de Esseburne, vicar of Godington, collated by the Bishop by authority of the Council, is instituted parson of Godington, and the vicarage and parsonage are united.*]

GODINTONE.—Willelmus de Esseburne, cui dominus Episcopus auctoritate Concilii contulit personatum ecclesie de Godintone, consolidando personatum vicarie, cum idem W. prius esset vicarius ejusdem ecclesie, admissus est et in ea canonice persona institutus, salvo in posterum jure uniuscujusque, etc. Et mandatum est R., Officiali Archidiaconi, etc.

OXON', ANNUS XIII[us]

[*Geoffrey de Rudeham, clerk, collated by the Bishop by the authority of the Council, is instituted parson of Checkenden. He is to attend the schools. The living had been vacant for six months owing to a lawsuit about the patronage between Geoffrey Marmiun and the Prior of Coventry.*]

OXON', CHAKENDENE.—Galfridus de Rudeham, clericus, cui dominus Episcopus auctoritate Concilii contulit ecclesiam de Chakendene, salvo in posterum jure uniuscujusque, etc., persona est institutus in eadem ; cui sub debito prestiti juramenti injunctum est ut scolas exerceat, alioquin dominus Episcopus ipsum eadem ecclesia in institutione sua privavit [*sic*]. Et mandatum est Archidiacono Oxon', etc. Fuit autem contentio super patronatu predicte ecclesie inter Gaufridum Marmiun defortiantem et Priorem de Coventr[ia] petentem, qui post tempus semenstre dictum patronatum in curia domini Regis contra prefatum Galfridum Marmiun evicit, et super hoc domino Episcopo litteras domini Regis detulit.

[*Andrew de Lintone, clerk, collated by the Bishop by the authority of the Council, is instituted parson of Ducklington; he is to attend the schools.*]

DUKELINTONE.—Andreas de Lintone, clericus, cui dominus Episcopus auctoritate Concilii contulit ecclesiam de Dukelintone, salvo in posterum jure uniuscujusque, etc., admissus est et persona institutus, cui injunctum sub debito prestiti juramenti quod scolas exerceat: alioquin dominus Episcopus ipsum privavit, etc. Et mandatum est Archidiacono Oxon, etc.

[*Robert de Wicheford, acolyte, presented by Roger Pippard, is instituted parson of Haseley; he is to be ordained sub-deacon at the next ordination.*]

HASELLE.—Robertus de Wicheforde, acolitus, presentatus per Rogerum Pippard ad ecclesiam de Heselle, facta prius inquisitione per A., Archidiaconum Oxon', per quam, etc., admissus est et persona institutus, salva Willemo de Niwent perpetua vicaria sua quam habet in eadem, que assignata est in rotulo viii anni, et injunctum est dicto Roberto ut ad proximos ordines post Pentecost' veniat, in subdiaconum ordinandus; et mandatum est Archidiacono Oxon, etc. Subd[iaconus] est.[1]

[*Ralf, late Official of the Archdeacon of Oxford, presented by the proctor of the house of St. Thomas of Acres, is instituted parson of Somerton.*]

SUMERTONE.—Radulfus, quondam Officialis Archidiaconi Oxon', presentatus per fratrem Jordanum, procuratorem domus sancti Thome martiris de Acon, ad ecclesiam de Sumertone, cujus advocacionem Robertus Arsic dicte domui dedit et concessit, admissus est et in ea canonice persona institutus, salvo jure domui de Medleia, si contigeret quod de consensu domini Episcopi et capituli Linc[olniensium] et Abbatis et conventus de Fiskanno, matricis ecclesie loci, fundetur; cui domui de Medleia dicta domus de Acon ad sustentationem fratrum ejusdem loci dictam ecclesiam concessit. Et mandatum est Archidiacono Oxon', etc.

---

[1] The last two words are written with different ink.

[*Wibert, clerk, presented by the Count of Dreux, is instituted parson of Mixbury.*]

MIXEBIR[Y].—Wibertus, clericus, presentatus per nobilem virum Comitem Drucarum ad ecclesiam de Mixebir[y], facta prius inquisitione per A., Archidiaconum Oxon', per quam, etc., admissus est et persona institutus. Et mandatum est dicto Archidiacono, etc.

[*John de Verdun, clerk, presented by Walter de Verdun, knight, is instituted to a third part of the tithes of his demesne in Bloxham.*]

[DE TER]TIA PARTE DECIMARUM DOMINICI [IN] BLOKESHAM.—Johannes de Verdun, clericus, presentatus per Walterum de Verdun, militem, ad tertiam partem decimarum de dominico suo in Blokesham, admissus est et institutus in eisdem. Mandatum est Archidiacono Oxon', etc.

[*Ralf de Amaur', vicar of Swalcliffe, presented by the Lady Extranea de Swaleclive, is instituted parson of Swalcliffe. The Prior of Chalcombe renounces his claim.*]

SWALECLIVE.—Radulfus de Amaur', vicarius de Swaleclive, presentatus per dominam Extraneam de Swaleclive ad personatum ejusdem ecclesie, facta prius inquisitione, etc., et Priore de Chaucumbe, qui pro se et conventu suo prius appellavit contra prefatum R., ne admitteretur ad dictam ecclesiam, renuntiante per litteras suas et conventus sui patentes predicte appellationi, ad ipsum personatum admissus est, et in eadem ecclesia canonice institutus. Et mandatum est Archidiacono Oxon', etc.

[*On the dorse :—*]

ANNUS XIII[us]

[*Custody of the church of Combe is given to William de Haverhulle, clerk, presented by the Abbot of Eynsham.*]

CUMBA.—Custodia ecclesie de Cumba commissa est, quamdiu placuerit domino Episcopo, Willelmo de Haverhulle, clerico, ad eam per Abbatem de Einesham presentato. Et mandatum est Archidiacono Oxon', etc.

[*Return to the face of the roll :—*]

ANNUS QUARTUS DECIMUS. OXONIA.

[*William de Paris, presented by William, Archdeacon of London, by virtue of the wardship of the heir of Robert de Chesterton, is instituted parson of Chesterton on the death of G. de Barri; the parsonage is to consist of five and a half marks a year, paid him by Ralf de Besaciis, the vicar.*]

CESTRETONE.—Willelmus de Paris, clericus, presentatus per Willelmum archidiaconum Lond[iniarum], ratione terre et heredis

Roberti de Cestretone in manu sua existentium, ad ecclesiam de Cestretone, facta prius inquisitione per Archidiaconum Oxon', etc., et domino Episcopo certiorato per litteras patentes Decani Herefordensis de morte magistri G. de Barri, proximo rectoris ejusdem ecclesie, admissus est et in ea canonice persona institutus, salva perpetua vicaria magistri Ranulfi de Besaciis, quam habet in eadem; totam dictam ecclesiam cum pertinaciis quoadvixerit tenebit, nomine vicarie sue, reddendo inde dicto Willelmo de Paris, tanquam persone, quinque marcas et dimidiam nomine pensionis. Et mandatum est dicto Archidiacono Oxon', ut ipsum W. juxta formam premissam, etc.

[*In the margin :—*] Exigantur littere presentationis.

[*William de Penbroc, clerk, presented by the Abbot of Eynsham, is instituted parson of Brizenorton. The abbey claims a pension of 4s. a year.*]

NORTONE.—Magister Willelmus de Penbroc, clericus, presentatus per Abbatem et conventum de Eyneshame ad ecclesiam de Nortone, facta prius inquisitione per A., Archidiaconum Oxon', etc., susceptis etiam litteris domini Regis sigillo domini Martini de Pateshulle signatis, quod Abbas de Eyneshame in curia domini Regis coram Justic[iariis] domini Regis apud Westmonasterium recuperavit saisinam suam per Stephanum de Frutewelle[1] et Johannem le Brune de advocacione ecclesie de Nortone per assisam ultime presentationis, etc., et quod ad presentationem ipsius Abbatis idoneam personam ad eandem ecclesiam admittat, Magistro etiam Waltero de Ailesbir[y], prius ad eandem ecclesiam per dictum Abbatem et monachos presentato, renuntiante prius per litteras suas patentes toti juri, quod habebat ex ipsa presentatione, per que omnia negotium fuit in expedito, admissus est et in ea canonice persona institutus, cum onere ad proximos ordines post Natale celebrandos anno pontificatus domini Episcopi xiiii⁰ veniendi, ut tunc in subdiaconum ordinetur. Injunctum est item ei quod pensionem quatuor solidorum quam dicti Monachi[2] exigunt in eadem ecclesia, eis non solvat donec probaverint eam esse debitam et antiquam. Et mandatum est Archidiacono Oxon', etc.

[*Magister Silvester de Cornubia, clerk, presented by the Prior of St. Frideswide. is instituted vicar of St. Michael's, at Northgate, Oxford ; he is to be ordained sub-deacon at the next Lent ordination.*]

ECCLESIA SANCTI MICHAELIS AD PORTAM AQUILONAREM IN OXONIA.—Magister Siluester de Cornubia, clericus, presentatus

---

[1] Perhaps "Frittewelle".   [2] "Monachii", MS.

per Priorem et conventum de sancta Frideswida de Oxon' ad perpetuam vicariam ecclesie sancti Michaelis ad portam aquilonarem in Oxon', facta prius inquisitione per A., Archidiaconum Oxon', per quam, etc., admissus est et in ea canonice vicarius perpetuus institutus, salva dictis Canonicis de eadem ecclesia dicta et antiqua pensione, cum onere et pena vicariorum. Injunctum est etiam ei quod nullam pensionem eisdem Canonicis persolvat de eadem ecclesia donec constiterit domino Episcopo pensionem quam exigunt esse debitam et antiquam. Injunctum est etiam eidem quod ad ordines quos dominus Episcopus Sarr[esbiriensis][1] celebrabit in jejunio quatuor temporum proximo post cineres, ordinetur in subdiaconum, et postea ad mandatum domini Episcopi primo in diaconum et postea in presbiterum ordinetur, ut vicarie sue in propria persona deservire possit in officio sacerdotali. Et mandatum est A., Archidiacono, etc.

[*In the margin :*—] Archidiaconus Huntingdon' habet litteras inquisitionis.

[*John de Oxonia, clerk, presented by the Prior of St. Frideswide, is instituted parson of St. Michael's, at Southgate, Oxford; the Bishop will summon him to be ordained; the Priory claims a pension.*]

ECCLESIA SANCTI MICHAELIS AD PORTAM AUSTRALEM IN OXON'.—Johannes de Oxon', clericus, presentatus per Priorem et conventum de sancta Frideswida Oxon' ad ecclesiam sancti Michaelis ad portam australem in Oxon' facta prius inquisitione, etc., admissus est, et in ea canonice persona institutus, salva eis de eadem ecclesia debita et antiqua pensione, ita quod ad mandatum domini Episcopi veniat ordinandus. Injunctum est etiam Johanni, quod nullam pensionem dictis Canonicis persolvat de eadem ecclesia, donec constiterit domino Episcopo pensionem quam exigunt esse debitam et antiquam. Et mandatum est Archidiacono, etc.

[*William le Kenteis, clerk, presented by the Abbot of Winchcombe, is instituted parson of Enstone, Walter de Bannebiry resigning his claim thereto.*]

ENNESTANE.—Vacante ecclesia de Ennestane et Waltero de Bannebiry, qui se dicebat esse personam ejusdem ecclesie, totum jus quod habebat in eadem ecclesia sponte, simpliciter et pure in manus Lincolniensis Episcopi Hugonis secundi postea resignante, Abbas et conventus de Winchecumbe Willelmum le Kenteis,

---

[1] This word is inserted above the line.

clericum, ad eandem ecclesiam presentaverunt. Ad presentationem igitur ipsorum Abbatis et conventus idem Willelmus le Kenteis ad prefatam ecclesiam cum pertinentiis suis admissus est, et in ea canonice persona institutus, salva dictis Abbati et conventui debita et antiqua pensione de eadem ecclesia. Et injunctum est Archidiacono Oxon', etc. Actum sexto Kalendas Octobris.

[*On the dorse :—*]
[*Walter de Clere, clerk, presented by the Abbot of Eynsham, is granted custody of the church of Little Rollright; he is to be ordained sub-deacon at the next ordination, being first examined in singing.*]

[ROLLINDRITH].—Custodia ecclesie de Rollindrithe commissa est Waltero de Clere, clerico, ad eam per Abbatem et conventum de Einesham presentato, usque ad proximos ordines post Natale, anno pontificatus domini xiiii°, ut tunc veniat in subdiaconum ordinandus: prius tamen de cantu examinandus. Et mandatum est Archidiacono Oxon', quod si ad dictos ordines non venerit, privet eum dicta custodia.

[*On the dorse :—*]
[*Roger de Thurberville, clerk, is given the custody of the church of Oddington until next Easter, within which time William, son of Thurald, who has been presented to it, is to come to receive institution, if he be fit.*]

OTTINDONE.—Custodia ecclesie de Ottindone commissa est Rogero de Thurberville, clerico, usque ad Pascha anno pontificatus, etc., xiiii°, et vocatus est Willelmus filius Thuraldi, prius presentatus ad eandem, ut interim veniat institutionem suam, si idoneus fuerit, recepturus; et constitutus est terminus predictus eidem peremptorius.

[*Return to the face of the roll :—*]
[*Roger de Thurbelville, presented by Genteschiw le Poure, is instituted parson of Oddington.*]

OTTINDONE.—Octavo Kalendas Octobris, Rogerus de Thurbelville, subdiaconus, presentatus per Genteschiw le Poure ad ecclesiam de Ottindone, facta prius inquisitione per Archidiaconum Oxon', per quam, etc., admissus est, et in ea canonice persona institutus. Et injunctum est Archidiacono ut, etc.

[*Robert de Garinges, chaplain, presented by the Prioress of Goring, is instituted vicar of Crowmarsh. The vicarage is described; the Bishop reserves the right of increasing it.*]

CROUMERSE.—Quinto Kalendas Novembris, Robertus de Garinges, cappellanus, presentatus per Priorissam et moniales de

Garinges ad perpetuam vicariam ecclesie de Crawemerse, facta prius inquisitione per A., Archidiaconum Oxon' per quam, etc., admissus est et in ea vicarius perpetuus institutus, salva ordinatione domini Episcopi super eadem vicaria si secundum facultates ipsius ecclesie fuerit augmentanda. Et mandatum est dicto Archidiacono, etc. Consistit autem dicta vicaria in toto alteragio et in decimis decem acrarum cum manso.

[*In the margin:*—] Non habemus litteras presentationis.

[*Hugh de Hintone, chaplain, presented by the Abbess of Godstow, is instituted parson of Easington. The abbey has a pension of two marks a year.*]

ESINDONE.—Octavo decimo Kalendas Decembris, Hugo de Hintone, cappellanus, presentatus per Abbatissam et conventum de Godestow ad ecclesiam de Esindone, facta prius inquisitione per Archidiaconum Oxon' per quam, etc., admissus est et in ea canonice persona institutus cum onere residentiam faciendi, et ei in ordine sacerdotali in propria persona deserviendi, salvis dictis Abbatisse et conventui duabus marcis annuis per manum ipsius qui pro tempore fuerit in ea persona, nomine perpetui beneficii, percipiendis. Et mandatum est Archidiacono, etc.

[*Roger de Arderne, acolyte, presented by Thomas de Arderne, knight, is instituted parson of Drayton, near Banbury. He is to attend the schools, and also to be ordained sub-deacon when the Bishop commands.*]

DRAITONE.—Quarto decimo Kalendas Decembris, Roggerus de Arderne, accolitus, presentatus per Thomam de Arderne, militem, ad ecclesiam de Draitone, facta prius inquisitione, per quam, etc., admissus est et in ea canonice persona institutus; ita tamen quod scolas frequentet et in eis addiscat; quod si non fecerit, beneficio suo privabitur. Veniet etiam ad mandatum domini Episcopi in subdiaconum ordinandus.

[*Joseph de Farnhame, chaplain, presented by the King, is instituted parson of Stonesfield.*]

STONTESFELD.—Joseph de Farnhame, cappellanus, presentatus tercio Kalendas Decembris per dominum Regem ad ecclesiam de Stontesfeld, facta prius inquisitione per Archidiaconum Oxon', etc., admissus est et in ea canonice persona institutus cum onere residenciam faciendi in eadem, et eidem in officio sacerdotali in propria persona deserviendi. Et mandatum est dicto Archidiacono quod secundam formam premissam, etc.

[*Ralf de Jorni, presented by Walter son of Robert of Wouburne, is instituted parson of Stoke-Talmage.*]

STOKE TALEMASCHE.—Tertio nonas Decembris, Radulfus de Jorni,[1] clericus, presentatus per Walterum filium Roberti de Wouburne ad ecclesiam de Stokes Talemasche, facta prius inquisitione per Archidiaconum Oxon', etc., admissus est et in ea canonice persona institutus: et mandatum est dicto Archidiacono, etc.

ANNUS QUINTUS-DECIMUS.

[*John de Bercholt, chaplain, presented by Geoffrey de Saukeville, knight, is instituted parson of Emmington.*]

AMINTONE.—Johannes de Bercholt', cappellanus, presentatus per Galfridum de Saukeville, militem, ad ecclesiam de Middeltone[2] facta prius inquisitione per A., Archidiaconum Oxon', per quam, etc., admissus est et in ea canonice persona institutus cum onere vicariorum et pena, et mandatum est Archidiacono Oxon', etc. Actum decimo Kalendas Marcii.

[*Nicholas son of John, acolyte, presented by John son of Richard, knight, is instituted parson of Heythrop. He is to attend the schools, and to be ordained sub-deacon when the Bishop directs.*]

HETHROPE.—Nicolaus, filius Johannis, accolitus, presentatus per Johannem, filium Ricardi, militem, ad ecclesiam de Hestrop' [*sic*], facta prius inquisitione per A., Archidiaconum Oxon', per quam, etc., ad eandem admissus est et in ea canonice persona institutus. Injunctum est etiam ei sub pena amissionis beneficii sui predicti, quod scolas frequentet quamdiu domino Episcopo placuerit, et ad mandatum domini Episcopi veniat in subdiaconum ordinandus; et si ista non fecerit, sponte, simpliciter et absolute in manus domini Episcopi post suam institutionem, quic quid juris habuit in ecclesia memorata, resignavit, ut tunc fiat de ea tanquam vacante, remota appellatione. Et mandatum est Archidiacono Oxon', ut secundum hanc formam, etc.

[*Benedict de Sancto Edmundo, chaplain, collated by the Bishop by the authority of the Council, is instituted vicar of Minster-Lovell. The vicarage consists of one half of the living, the Monks of Ivry, Normandy, taking the other half.*]

VICARIA DE MINISTRE.—Benedictus de sancto Edmundo cappellanus, cui dominus Episcopus vicariam ecclesie de Munistre

---

[1] Or "Joeni".

[2] *Sic*, but Amintone is meant. The Sackville family were lords of Emmington, but not of Middleton, Great Milton, or Milton-under-Wychwood.

auctoritate contulit Concilii, ad eandem admissus est et in ea cum onere et pena vicariorum perpetuus vicarius institutus. Consistit autem dicta vicaria in medietate totius ecclesie. Monachi vero de Ibreio, tenentes aliam medietatem illius ecclesie in propriis usibus, et vicarius predictus omnia[1] onera ejusdem ecclesie tam ordinaria quam extraordinaria quilibet scilicet pro sua portione sustinebunt. Et injunctum est Archidiacono presenti ut, etc.

[*Walter de Cler', deacon, presented by the Abbot of Eynsham, is instituted parson of Little Rollright.*]

ROLLINDRITHE.—Walterus de Cler', diaconus, presentatus per Abbatem et conventum de Eynesham ad ecclesiam de Parva Rollendrit, facta prius inquisitione per A., Archidiaconum Oxon, per quam, etc., admissus est et in ea canonice persona institutus cum onere residencie, ita quod in propria persona in officio sacerdotali deserviat in eadem. Et injunctum est dicto Archidiacono ut, etc., salva dictis monachis decem solidorum pensione, cum eam probaverint esse debitam et antiquam.

[*Hugh de Fulforde, sub-deacon, presented by the Abbot of Reading, is instituted vicar of Stanton Harcourt. The abbey has a pension of 20 marks a year.*]

STANTON'.—Hugo de Fuleforde, subdiaconus, presentatus per Abbatem et conventum Reding[ie] ad ecclesiam de Stantone, facta prius inquisitione per A., Archidiaconum Oxon', per quam, etc., admissus est et in ea canonice persona institutus, salvis dictis Abbati et monachis de ea viginti marcis annuis nomine perpetui beneficii per dominum Episcopum et Capitulum suum Linc[olnienses] eisdem concessis et confirmatis. Et injunctum est dicto Archidiacono, etc.

[*Hugh Salvage, sub-deacon, presented by the Abbot of Eynsham, is instituted parson of Merton; he is to attend the schools. The abbey claims a pension.*]

MERITONA.—Hugo Salvag[ius], subdiaconus, presentatus per Abbatem et conventum de Eyneshame ad ecclesiam de Meritone, facta prius inquisitione per A., Archidiaconum Oxon', per quam, etc., admissus est et in ea canonice persona institutus, ita quod scolas frequentet[2] et addiscat, salva dictis Abbati et monachis de eadem ecclesia pensione sua, cum eam probaverint debitam esse et antiquam. Et injunctum est dicto Archidiacono ut, etc.

---

[1] Apparently "vic" was written first, then it was altered to "onera", and lastly to "omnia".

[2] "Frequentat", MS.

[*William de Cnithun', sub-deacon, presented by Peter Fitz-Herbert, is instituted parson of St. John's, Oxford, in succession to John Ruffus, instituted parson of Inkpen, Berks. The parsonage consists of 2s. a year, paid by the vicar, Richard de Culun.*]

S. JOH[ANNIS], OXON.—Magister Willelmus de Cnithun',[1] subdiaconus, presentatus per Petrum filium Hereberti ad ecclesiam beati Johannis Oxon', facta prius inquisitione per A., Archidiaconum Oxon', et domino Sarr[esbiriensi] litteratorie significante quod Johannem Ruffum quondam ejusdem ecclesie personam ad ecclesiam de Ingepen', cui cura animarum annexa est, post Concilium admiserat et instituerat, per que negocium, etc., ad eandem admissus est et in ea canonice persona institutus, salva Ricardo de Culu[n] vicaria sua in eadem, qui totam ipsam ecclesiam nomine vicarie sue quoadvixerit tenebit, reddendo inde dicto W. duos solidos annuos nomine pensionis.

[*Thomas de Simili, acolyte, presented by Thomas de Arderne, knight, is instituted parson of Drayton, near Banbury. He is to attend the schools, and the Bishop will ordain a vicarage.*]

DRAYTON'.—Thomas de Simili, accolitus, presentatus per Thomam de Arderne, militem, ad ecclesiam de Dreitone, facta prius inquisitone per A., Archidiaconum, per quam, etc., admissus est et in ea canonice persona institutus ; ita quod scolas frequentet et addiscat, salva competenti vicaria per dominum Episcopum ord[inanda] in eadem. Et injunctum est Archidiacono ut, etc.

[*Godard, chaplain, presented by Thomas de Simili, parson of Drayton, is instituted vicar of Drayton. The parson is to receive 3 marks a year, the vicar all the rest of the living. If the vicarage becomes vacant it is to be consolidated with the Rectory, provided Thomas has attended the schools and studied properly.*]

SU[PER] VICAR]IA], DE DRAYTON'.—Godardus, cappellanus, presentatus per Thomam de Simili, personam ecclesie de Dreiton', de consensu Thome de Ardern' patroni ejusdem ecclesie, ad perpetuam vicariam ibidem a domino Episcopo ordinatam, ad eam admissus est et in ea vicarius perpetuus institutus cum onere et pena vicariorum, qui totam ipsam ecclesiam nomine vicarie sue quoadvixerit tenebit, reddendo inde dicto Thome persone et successoribus suis tres marcas annuas nomine pensionis. Ordinatum est autem quod si, vivente dicto Thoma persona, vicaria predicta vacaverit, et idem interim scolas frequentaverit et bene

---

[1] Not "Gurthum", as in Woods' *City of Oxon* (ed. Clark), iii, 87.

didiscerit, vic[aria] consolidabitur person[atui]. Sin autem, alium ad eandem vicariam presentabit admittendum. Et injunctum est dicto Archidiacono ut, etc.

[*Stephen de Lucy, collated by the Bishop by authority of the Council, is instituted by proxy parson of Henley.*]

HANLEYA.—Quarto decimo kalendas Novembris, magister Stephanus de Lucy, cui dominus Episcopus ecclesiam de Hanleg' auctoritate contulit Concilii, ad eandem admissus est et in ea canonice persona institutus, salvo in posterum vero patrono ejusdem jure suo, cum ipsa alias vacare contigerit. Et mandatum est Archidiacono Oxon', ut dictum magistrum S. per Henricum le Flemeng', clericum, procuratorem ad hoc constitutum, in corporalem, etc.

[*Benedict de Raleg', deacon, presented by Richard de Waterville, knight, by reason of the wardship of the heir of Ralph of Broughton, is instituted parson of Broughton, near Banbury.*]

BROCTONA.—Benedictus de Raleg', diaconus, presentatus per Ricardum de Waterville, militem, ad ecclesiam de Broctona, ratione custodie terre et heredis Radulfi de Brocton', facta prius inquisitione per A., Archidiaconum Oxon', per quam, etc., admissus est, et in canonice persona institutus. Et mandatum est dicto Archidiacono ut, etc.

OXON'. ANNUS XVI^{us}.

[*John de Claxeby, sub-deacon, presented by Roger Foliot, is instituted parson of Albury.*]

ALDEBIRIA.—Johannes de Claxeby, subdiaconus, presentatus per Rogerum Foliot ad ecclesiam de Aldebiria, facta prius inquisitione per A., Archidiaconum Oxon', per quam negotium fuit in expedito, ad eandem ecclesiam admissus est et in ea canonice persona est institutus. Et injunctum est dicto Archidiacono presenti ut dicto J. corporalem habere faciat dicte ecclesie possessionem.

[*Walter de Rissendone, chaplain, presented by the Prior of Kenilworth, is instituted parson of Iffley, on the resignation of John de Birmingham; the Priory claims a pension of two marks a year.*]

IFTELEYA.—Magister Walterus de Rissendone, cappellanus, presentatus per Priorem et canonicos de Kenilleworthe ad ecclesiam de Ifteleya vacantem per resignationem magistri Johannis de Burmingham', factam in manus domini Episcopi apud Rames[eiam], facta prius inquisitione per A., Archidiaconum Oxon', per quam, etc., admissus est, et in ea canonice persona institutus, salva dictis Priori et canonicis de eadem ecclesia annua duarum marcarum pensione, cum eam probaverint esse debitam et antiquam. Et mandatum est dicto Archidiacono ut, etc.

[*John de Middletone, sub-deacon, presented by the Abbot and Convent of Eynsham, is instituted parson of Sarsden; he is to attend the schools; a pension is due to the Abbot.*]

CERCEDEN'.—Johannes de Middletone, subdiaconus, presentatus per Abbatem et conventum Eynesh[amie] ad ecclesiam[1] de Cercedene, facta prius inquisitione per A., Archidiaconum Oxon', per quam, etc., ad eandem admissus est et in ea canonice persona institutus, salva dictis Abbati et conventui debita et antiqua pensione de eadem. Et injunctum est eidem Johanni ut scolas frequentet et addiscat. Et mandatum est dicto Archidiacono ut, etc.

[*Ingelram, chaplain, presented by Robert, Count of Dreux, and lord of* [*the barony of*] *St. Valerie, is instituted parson of Northleigh. As he does not know English, he is to provide a suitable chaplain.*]

NORDLEG'. — Ingelramus, cappellanus, presentatus per Robertum Comitem Drocarum et dominum de Sancto Walerico ad ecclesiam de Northleg', facta prius inquisitione per A., Archidiaconum Oxon', per quam, etc., ad eandem admissus est, etc., et injunctum est eidem quod, quia non novit linguam nostram, ecclesiam illam per idoneum cappellanum continue faciat officiari. Et mandatum est dicto Archidiacono ut, etc.

[*Hugh, chaplain, presented by the Abbot and Canons of Oseney, is instituted vicar of Hooknorton. A general description of the vicarages provided in the churches appropriated to Oseney in the see of Lincoln.*]

HOKENART[ONE].—Hugo, cappellanus, presentatus per Abbatem et canonicos Oseneye, ad perpetuam vicariam ecclesie de Hokenartone, per dominum Episcopum auctoritate Concilii de consensu eorum ordinatam, ad eandem admissus est, et in ea cum onere et pena vicariorum vicarius perpetuus institutus, et injunctum est Archidiacono presenti ut, etc. Et no[tan]dum, quod in omnibus ecclesiis quas iidem Abbas et canonici in propriis usibus optinent in Episcopatu Lincolniensi, ubi vicarie prius non fuerunt

---

[1] "Capellam" was written first, and scratched through.

ordinate per Episcopum, ipsorum interveniente consensu, provise sunt vicarie in hunc modum, videlicet quod vicarius presentandus per eosdem et ab Episcopo instituendus habebit nomine vicarie sue ad vestitum suum duas marcas per annum. Habebit etiam secundum legatum ad valenciam vi*d.* et quod ultra fuerit inter eosdem dimidiabitur. Habebit etiam de oblationibus ad altare provenientibus unum denarium missal[em], quociens celebraverit et denarius provenerit, et quicquid ex devotione fidelium e˙ rationabiliter fuerit collatum. Habebit etiam sufficientem exhibitionem, sicut canonicus, quoad victualia in mensa canonicorum ubi canonici moram facient. Canonici vero ei clericum idoneum et ejus obsequio et ecclesie ministerio devotum invenient, qui juramentum fidelitatis et devotionis ipsi cappellano ut vicario prestabit, salva fide ipsorum canonicorum, et idem canonici ipsi vicario similiter garcionem invenient, ejus obsequio deputatum ; quos ipsi in omnibus suis expensis procurabunt. Ubi autem non habent canonicos residentes, clericus, qui ut supradictum est expensis canonicorum procurabitur, clavem deferet in domo canonicorum et curam habebit liberam, ut per ipsum presbitero sufficienter et honorifice in victualibus necessaria ministrentur. Canonici quidem eidem cappellano equum invenient quociens pro negotiis eorum et ecclesie fuerit profecturus tam ad capitula quam ad alia loca: et ipsi canonici omnia onera ipsarum ecclesiarum sustinebunt.

[*Henry, chaplain, presented by the Abbot and Canons of Oseney, is instituted vicar of Chastleton.*]

CESTRETONA.—Henricus, cappellanus, presentatus per eosdem ad perpetuam vicariam ecclesie de Ceterton' [*sic*] ordinatam ut supra, ad eandem admissus est, et in ea cum onere et pena vicariorum vicarius perpetuus institutus. Et injunctum est A., Archidiacono presenti ut, etc.

[*Michael, chaplain, presented by the Abbot and Canons of Oseney, is instituted perpetual vicar of St. Mary Magdalene, Oxford.*]

MAGDAL', OXON'.—Michael, cappellanus, presentatus per eosdem ad perpetuam vicariam ecclesie Sancte Marie Magdalene de Oxon', ordinatam ut supra, nisi aliter inter ipsum et dictos canonicos convenerit, ad eandem admissus est, et in ea cum onere et pena vicariorum vicarius perpetuus institutus. Et injunctum est Archidiacono presenti ut, etc.

[*Thomas, chaplain, presented by the Abbot and Canons of Oseney, is instituted perpetual vicar of Kidlington.*]

CUDELINGTONE.—Thomas, cappellanus, presentatus per eosdem ad perpetuam vicariam ecclesie de Cudelintone, ordinatam ut supra, ad eandem admissus est et in ea cum onere et pena vicariorum vicarius perpetuus institutus. Et injunctum est Archidiacono presenti ut, etc.

[*Andrew, chaplain, presented by the Abbot and Canons of Oseney, is instituted perpetual vicar of Watlington.*]

WALTINGTONE [*sic*].—Andreas, cappellanus, presentatus per eosdem ad perpetuam vicariam ecclesie de Watlintone, ordinatam ut supra, ad eandem admissus est, et in ea cum onere et pena vicariorum vicarius perpetuus institutus. Et injunctum est Archidiacono presenti ut, etc.

[*Hugh de Wythindune, chaplain, presented by Ralph de Salceto, knight, is instituted parson of Asterley, in Kiddington.*]

ESTERLEYA.—Hugo de Wythindune, capellanus, presentatus per Radulfum de Salceto militem ad ecclesiam de Esterleg', facta prius inquisitione per A., Archidiaconum Oxon', per quam, etc., ad eandem sub pena et onere vicariorum admissus est et in ea canonice persona institutus. Et mandatum est dicto Archidiacono ut secundum formam premissam, etc.

ANNUS XVII.

[*William de London', chaplain, presented by the Prior and Convent of St. Frideswide, is instituted parson of St. Edward's, Oxford. Robert de Cukewald renounces his claim.*]

SANCTI EDWARDI, OXON'.—Willelmus de London', capellanus, presentatus per Priorem et conventum Sancte Fretheswyde, Oxon', ad ecclesiam Sancti Edwardi, Oxon', facta prius inquisitione per A., Archidiaconum loci, et Roberto de Cukewald', clerico, prius ad eam presentato, presentationi sue simpliciter renunciante, per que negotium factum fuit in expedito, ad eandem admissus est, et in ea cum onere ministrandi personaliter in eadem canonice persona institutus. Et mandatum est dicto Archidiacono, ut dictum W. in corporalem dicte ecclesie possessionem secundum formam premissam inducat.

[*Robert Foliot, sub-deacon, presented by Walter Foliot, is instituted parson of Ibstone.*]

YBBESTANE.—Robertus Foliot, subdiaconus, presentatus per Walterum Foliot ad ecclesiam de Ybbestan, facta prius inquisitione per W., Officialem Archidiaconi Oxon', per quam, etc., ad eandem admissus est et in ea canonice persona institutus, et mandatum est dicto Officiali ut, etc.

[*Bartholomew de Bedewind', chaplain, presented by the Prior and Convent of St. Frideswide, is instituted perpetual vicar of Fritwell. The vicarage is described.*]

FRETEWELLE VICARIA.—Bartholomeus de Bedewind', cappellanus, presentatus per Priorem et conventum Sancte Fretheswithe, Oxon', ad perpetuam vicariam in ecclesia de Fritewell' auctoritate Concilii ordinatam, facta prius inquisitione per A., Archidiaconum Oxon', per quam, etc., ad eandem admissus est, et in ea cum onere et pena vicariorum, etc.[1] Consistit autem dicta vicaria in omnibus obventionibus altaris et in omnibus minutis decimis totius parochie, et in decimis bladi et feni et omnibus aliis decimis provenientibus de tribus virgatis terre in eadem villa, scilicet quas Ricardus filius Radulfi tenet, et in uno crofto cum mesuagio, sine prato tamen adjacente; et mandatum dicto Archidiacono ut, etc.

[*Thomas de Brackel', chaplain, presented by the Abbot and Convent of Oseney, is instituted perpetual vicar of the chapel of Sandford St. Martin, with the chapel of Ledwell. The vicarage is described.*]

SAUNFORDE VICARIA.—Thomas de Brackel', cappellanus, presentatus per Abbatem et conventum de Oseneia ad perpetuam vicariam ecclesie de Saunforde, facta prius inquisitione per A., Archidiaconum Oxon', per quam, etc., admissus est et in ea cum onere et pena vicariorum, etc. Consistit autem vicaria ipsa in omnibus obventionibus altaris ejusdem capelle cum minutis decimis, et in quatuor acris et dimidia ad eandem capellam pertinentibus, et sustinebit vicarius omnia onera predicte capelle episcopalia et archidiaconalia consueta, preter hospicium Episcopi et Archidiaconi, et faciet capelle de Ledewelle prout debet deserviri, et percipiet tertiam partem omnium decimarum de Grava pro sustentatione capellani, et mandatum est dicto Archidiacono ut, etc.

---

[1] In the margin, "N[on] ha[bemus] li[tteras] pres[entationis]".

[*Robert de Briclesworthe, chaplain, presented by Elyas Ridell, canon of Sarum, rector of Shipton, with the consent of the patrons, is instituted perpetual vicar of Shipton-under-Wychwood. The vicarage is described.*]

SCIPTONE VICARIA.—Robertus de Briclesworthe, cappellanus, presentatus per Elyam Ridell' canonicum Sarresbiriensem, rectorem ecclesie Schiptone, venerabilis fratris R. Sarresbiriensis Episcopi et A. de Brimptone militis, ejusdem ecclesie patroni, interveniente consensu, ad perpetuam ipsius ecclesie vicariam taxatam auctoritate ordinationis facte inter prebendas de Briklesworth' et de Schiptone, facta prius inquisitione per A., Archidiaconum Oxon', per quam, etc., admissus est et in ea cum onere et pena vicariorum, etc. Consistit autem ipsa vicaria in una virgata terre cum manso, qui fuit W., quondam ejusdem loci decani, et in decimis garbarum x virgatarum terre de dominico canonici ejusdem ecclesie et de tenementis hominum suorum, et in decimis lane et obventionibus confessionum in quadragesima et omnibus oblationibus diei Pasche et in obventione panis ad altare per totum annum excepto die Parasceves; et valet vicaria c. solidos: vicarius autem habebit cappellanum socium in dicta parrochia secum continue ministrantem. Canonicus vero percipiet omnia alia emolumenta et idoneum clericum inveniet, et omnia alia onera sustinebit; et injunctum est dicto Archidiacono ut, etc.

[*Gilbert, son of Robert, sub-deacon, presented by Ralph son of Robert, is instituted parson of Wigginton.*]

WIGINTONE.—Gilebertus filius Roberti, subdiaconus, presentatus per Radulfum filium Roberti ad ecclesiam de Wigingtone per resignationem Widonis qui eam prius tenuit vacantem, facta prius inquisitione per A., Archidiaconum Oxon', per quam, etc. Et mandatum est dicto Archidiacono ut, etc.

[*Walter of St. Mary Magdalen, chaplain, presented by the Abbess and Convent of Godstow, is instituted perpetual vicar of St. Giles, Oxford. The vicarage is described.*]

SANCTI EGIDII, OXON'.—Walterus de Sancta Maria Magdalena, cappellanus, presentatus ad vicariam perpetuam ecclesie sancti Egidii, Oxon', per Abbatissam et conventum de Godestowe, auctoritate Concilii per Episcopum ordinatam, facta prius inquisitione per A., Archidiaconum Oxon', per quam, etc., admissus, etc., cum onere et pena vicariorum, etc., et mandatum est dicto Archidiacono. Percipiet autem idem Walterus vicarius nomine vicarie sue medietatem totius alteragii cum tota decima ortorum, exceptis lana, lino et agnis, et excepta candela in die Purificacionis beate

Virginis proveniente, que Abbatissa et moniales de Godestowe integre percipient : habebit etiam mansum ubi cappellanus ecclesie prefate solebat habitare, solvens inde dicte ecclesie vi denarios annuatim, et solvet sinodalia tantum.

[*Robert de Sparkeford, chaplain, presented by the Prior and Convent of Bicester, is instituted perpetual vicar of Bicester.*]

BERENCESTRIA.—Robertus de Sparkeford, cappellanus, presentatus per Priorem et conventum de Berencestria ad perpetuam vicariam ecclesie de Berencestria, per nos auctoritate Concilii ordinatam, ad eandem admissus est et in ea cum onere et pena vicariorum, etc. Consistit autem vicaria ipsa ut in rotulo vicariarum.

[*On the dorse :—*]
[*Hugh, monk, presented by the Abbot and Convent of Fécamp, is instituted Prior of Coggs.*]

Hugo monachus presentatus per Abbatem et conventum de Fiskanno ad prioratum de Coges vacantem per resignationem Rogeri monachi de Fiskanno, ad eundem admissus, et ibidem Prior institutus. Et injunctum est Waltero, Officiali Archidiaconi Oxon', ut, etc.

[*On the dorse :—*]
[*Robert, monk, presented by the Abbot and Convent of Ivry, is instituted Prior of Minster Lovell.*]

Robertus, monachus, presentatus per Abbatem et conventum de Ibreio ad prioratum de Ministre vacantem, ad eundem admissus est, et ibidem Prior institutus : et injunctum est Archidiacono Oxon', ut, etc.

ANNUS XVIII.

[*Gilbert de Wigintone, chaplain, presented by the Abbot and Convent of Oseney, is instituted to the vicarage of Watlington, void by the deprivation of Andrew.*]

WATHLINGETONE.—Gilbertus de Wigintone, capellanus, presentatus per Abbatem et conventum de Osneia ad vicariam ecclesie de Wathlingetune, quam Andreas, capellanus, ibidem optinuit, vacantem eo quod idem A. propter incontinentiam suam eadem vicaria sententialiter privatus est, cum de ordinatione presentati per litteras domini Eboracensis evidenter constaret, ad eandem est admissus, et cum onere et pena vicariorum in eadem vicarius institutus. Ordinata est vicaria, ut supra anno xvi ; et mandatum est Archidiacono Oxon' ut dictum G. in corporalem ipsius vicarie possessionem inducat.

[*Hugo de Bathonia, clerk, presented by the King, on the resignation of John de Wigenholte, is instituted to the church of North Stoke, a prebend of the King's chapel of Wallingford Castle.*]

STOKE-BASSETHE.—Hugo de Bathon[ia], clericus, presentatus per dominum Regem ad ecclesiam de Stoke-bassete, que est prebenda capelle ipsius domini Regis in castro de Walingforde, vacantem per resignationem Johannis de Wigenholte, facta prius inquisitione per A., Archidiaconum Oxon', per quam, etc., ad eandem admissus est, etc., et mandatum est dicto Archidiacono ut, etc.

[*Godfrey, deacon, presented by Ralph son of Robert, knight, is instituted parson of South Weston.*]

WESTONE.—Magister Godefridus, diaconus, presentatus per Radulfum filium Roberti, militem, ad ecclesiam de Westone, facta prius inquisitione per A., Archidiaconum Oxon., per quam, etc., ad eandem admissus est cum onere vicariorum, etc., et mandatum est dicto Archidiacono ut, etc.

[*William, chaplain, presented by Roger Folioth, is instituted parson of Albury.*]

ALDEBYR'.—Willelmus de [*blank*], capellanus, presentatus per Rogerum Folioth ad ecclesiam de Aldebiria facta prius inquisitione per A., Archidiaconum Oxon', per quam, etc., ad eandem admissus est cum onere vicariorum, etc., et injunctum est Officiali, hic et supra, ut, etc.[1]

[*William de Pochleya, sub-deacon, presented by Peter son of Oliver, proctor and steward in England for William Pippard, is instituted parson of Haseley, W. de Newent, chaplain, continuing as vicar.*]

HASELEYA.—Willelmus de Pochleya, subdiaconus, presentatus ad ecclesiam de Hasseleya per Petrum filium Oliveri generalem procuratorem et senescallum Willelmi Pippard in Anglia, et eodem W. id postea litteratorie ratum habente, facta prius inquisitione per A., Archidiaconum Oxon', et lite inter ipsum W. clericum et Ricardum de London' presentatum ad eandem sententialiter decisa, per que, etc., ad eandem admissus est et in ea canonice persona institutus, salva W. de Newent, capellano, vicaria sua quam habet in eadem, et injunctum est dicto Archidiacono presenti ut, etc.

---

[1] "De li[tteris] pre[sentationis]" is added; it probably means "Inquire for the letters'.

[*Robert de Turri, sub-deacon, presented by the Abbot and Convent of Eynsham, on the resignation of Robert, is instituted parson of a mediety of the church of Lower Heyford.*]

HAIFORD' MEDIETAS.—Robertus de Turri, subdiaconus, presentatus per Abbatem et conventum de Eynesham' ad medietatem ecclesie de Haiford', vacantem per resignationem Magistri Roberti in manus domini Episcopi Dorkecestr[ie] factam, qui quidem Magister ipsam proximo ante tenuerat, facta prius inquisitione per A., Archidiaconum Oxon' per quam, etc., ad eandem admissus est, etc., et injunctum est Archidiacono presenti ut, etc.

[*John de Comtone, chaplain, presented by the Prior and Convent of Wroxton, is instituted vicar of Wroxton with the chapelry of Balscott. The vicarage is described.*]

WROGSTAN'.—Johannes de Comtone, capellanus, presentatus per Priorem et conventum de Wrogstan' ad perpetuam vicariam ecclesie ejusdem ville, per dominum Episcopum auctoritate Concilii ordinatam, cum plene constaret de contingentibus, ad eandem admissus est cum onere vicariorum, etc. Consistit autem ipsa vicaria in duabus virgatis terre de hyda, quam Adam, clericus, tenuit, versus orientem, cum portione prati spectante ad eandem, cum mesuagio et edificiis, que fuerunt Sampsonis, juxta ecclesiam versus occidentem, et in toto alteragio, exceptis minutis decimis de curia canonicorum. Vicarius habebit capellanum socium secum et clericum idoneos, qui capellanus ibidem ministrabit et in capella de Belescot' successive, et inveniet idem vicarius luminaria competentia, et solvet sinodalia. Canonici vero omnia alia emolumenta percipient et omnia alia onera sustinebunt, et valet dicta vicaria x marcas, et injunctum est Archidiacono presenti ut, etc.

[*Reginald, chaplain, presented by the Prior of Bradenstoke, is instituted perpetual vicar of North Aston. The vicarage is described.*]

NORTH ESTON'.—Reginaldus, capellanus, presentatus per Priorem et conventum de Bradestok' ad perpetuam vicariam ecclesie de North Estone, auctoritate Concilii per dominum Episcopum ordinatam, cum plene constaret de contingentibus, ad eandem admissus est cum onere vicariorum. Consistit autem ipsa vicaria in toto alteragio et in manso et domibus pertinentibus ad eandem ecclesiam cum sex acris terre jacentibus juxta Caldewell' in campo orientali et in medietate decimarum de Neterekot' de terra Willelmi Bufin et Arnaldi de Neterekot' et in decimis duorum molendinorum Simonis Gambun. Ministrabit etiam dictus vicarius personaliter in dicta ecclesia, et inveniet clericum idoneum ad ministrandum in ecclesia, et luminaria compententia, solvendo sinodalia tantum. Canonici vero omnia alia onera ejusdem ecclesie sustinebunt, et valet dicta vicaria v marcas, et injunctum est Archidiacono presenti ut, etc.

[*John de Liuns, sub-deacon, presented by the Abbot and Convent of Eynsham, is instituted parson of Brize Norton.*]

NORTHON.—Magister Johannes de Liuns, subdiaconus, presentatus per Abbatem et conventum de Eignesham' ad ecclesiam de Norton', facta prius inquisitione per A., Archidiaconum Oxon', per quam, etc., ad eandem admissus est, sub pena Concilii, etc., et mandatum est dicto Archidiacono ut, etc.

[*Nicholas de Hanred, sub-deacon, presented by the Abbot and Convent of Abingdon, is instituted parson of Nuneham-Courtenay.*]

NEWHAM'.—Nicholaus de Hanred, subdiaconus, presentatus per Abbatem et conventum de Abbendone ad ecclesiam de Newham', facta prius inquisitione per A., Archidiaconum Oxon', per quam, etc., ad eandem admissus est, etc., et injunctum est dicto Archidiacono apud Bramton'[1] ut, etc.

[*Walter de Hida, chaplain, presented by the Abbot and Convent of Eynsham, is instituted vicar of South Stoke, in succession to Osbert.*]

STOKE.—Walterus de Hida, capellanus, presentatus per Abbatem et conventum de Egnesham' ad vicariam ecclesie de Stoke, quam Magister Osbertus ultimo tenuit, facta prius inquisitione per A., Archidiaconum Oxon', per quam, etc., ad eandem admissus est cum onere et pena vicariorum, etc., et mandatum est dicto Archidiacono ut, etc.

[*Walter de Cnoll', chaplain, presented by the Abbot and Convent of Eynsham, is instituted parson of St. Ebbe's, Oxford.*]

SANCTE EBBE, OXON'.—Walterus de Cnoll', capellanus, presentatus per Abbatem et conventum de Egnesham' ad ecclesiam Sancte Ebbe, Oxon', facta prius inquisitione per A., Archidiaconum Oxon', per quam, etc., ad eandem admissus est cum onere ministrandi personaliter in eadem, et mandatum est dicto Archidiacono ut, etc.

---

[1] Or "Bamton", the *a* being written above the line.

[*On the dorse :—*]

[*John de London, monk, presented by the Abbot and Convent of Fécamp, is instituted to the Priory of Coggs, on the resignation of Hugh.*]

Johannes de London, monachus, presentatus per Abbatem et conventum de Fiscamno ad prioratum de Koges vacantem per resignationem Hugonis, monachi, ad eundem admissus est, et ibidem prior institutus, et mandatum est A., Archidiacono Oxon', ut, etc. Forma autem presentationis est hec :—Venerabili patri et domino in Christo Karissimo Hugoni Dei gratia Lincolniensi Episcopo, R., dicta miseratione humilis Abbas Fiscan' et ejusdem loci conventus salutem in salutis auctore. Sanctitati vestre presentamus dilectum in Christo fratrem et monachum nostrum J., latorem presentium, ad prioratum de Coges, quem ei cum pertinentiis ejusdem, quantum in nobis est concessimus, supplicantes attentius paternitati vestre, quatinus ipsum ad eundem prioratum misericorditer velitis admittere. Valete.

Annus XIX.

[*Lucian de Cormeill', sub-deacon, presented by the King, who holds the land of Walter de Fontibus, which is of the fee of Robert, Count of Dreux, is instituted parson of a mediety of the church of Rowsham. He is to be ordained deacon when the Bishop wills.*]

Medietas Ecclesie de Rollesham'.—Lucianus de Cormeill', subdiaconus, presentatus ad medietatem ecclesie de Rolleshame per dominum Regem ratione terre Walteri de Fontibus, que est de feodo Roberti Comitis de Dreus', in manu sua existentis, a quinto die Decembris anno regni sui decimo, sicut idem significavit per litteras suas, inhibens ne aliquis ex parte W. de Fontibus presentatus ad dictam medietatem admittatur, cum vacans fuerit, post mandatum suum vic[ecomiti] Oxon' super hoc directum, facta prius inquisitione per A., Archidiaconum Oxon' per que, etc., ad eandem admissus est, etc., sub pena, quod cum dominus Episcopus voluerit, idem veniat ad ordines ulterius ordinandus ; et injunctum est W., Officiali presenti Norhamptonie ut, etc.

[*Hugh de Sancto Edmundo, presented by the Abbot and Convent of Eynsham, is instituted parson of Little Rollright.*]

Rollendrichte Parva.—Hugo de Sancto Edmundo, presentatus per Abbatem et conventum Einesham' ad ecclesiam de Parva Rollendricthe, facta prius inquisitione per A., Archidiaconum Oxon', per quam, etc., ad eandem admissus est cum onere et pena, etc., et mandatum est dicto Archidiacono ut, etc.

[*William de Buttone, sub-deacon, presented by the Abbot and Convent of Keynsham, is instituted vicar of Burford, with the chapelry of Fulbrook. The vicarage is described.*]

BUREFORD' VICARIA.—Magister Willelmus de Buttone, subdiaconus, presentatus per Abbatem et conventum de Kainesham' ad vicariam de Bureford, facta prius inquisitione per A., Archidiaconum Oxon', per quam, etc., ad eandem admissus est, cum onere et pena vicariorum. Consistit autem ipsa vicaria in tota terra matricis ecclesie et cappelle de Fulebroc cum mesuagio ad vicariam pertinente, et in omnibus aliis tam ad matricem ecclesiam quam ad dictam cappellam pertinentibus, exceptis omnibus et solis decimis garbarum cum capitali manso matricis ecclesie; et injunctum est dicto Magistro W., sub pena beneficii amittendi, appellatione remota, eodem in id consentiente, ut ad vocationem Episcopi veniat ordinandus in diaconum et sic ulterius, personaliter cum domino Episcopo placuerit ibidem ministraturus,[1] et mandatum est dicto Archidiacono ut, etc.

[*John de Limesey, sub-deacon, presented by Eva de Grey, is instituted parson of Stanlake.*]

STANLAKE.—Johannes de Limeseya, subdiaconus, presentatus per dominam Evam de Grey ad ecclesiam de Stanlache, facta prius inquisitione per A., Archidiaconum Oxon', per quam, etc., ad eandem admissus est, etc., et mandatum est dicto Archidiacono ut, etc.

[*Walter de Sancto Edmundo, sub-deacon, presented by the Abbot and Convent of Eynsham, is instituted parson of Westcot Barton, void by the preferment of Alexander. Richard de Eston, clerk, renounces his claim. Thomas de Barthon retains his vicarage, and the Abbot claims a pension.*]

BARTONE.—Walterus de Sancto Edmundo, subdiaconus, presentatus per Abbatem et conventum Eineshamie ad ecclesiam de Parva Bartone, vacantem eo quod Alexander ultimo rector ejusdem aliud recepit beneficium cui cura animarum est annexa, facta prius inquisitione per A., Archidiaconum Oxon', et receptis litteris patentibus Ricardi de Eston', clerici, prius ad eandem ecclesiam presentati, per quas presentationem de ipso factam ad eandem in manus domini Episcopi pure et absolute resignavit, per quam etc., ad ipsam admissus est, et in ea canonice persona institutus, salva Thome de Barthon' capellano vicaria sua quam habet in eadem, qui quidem totam illam ecclesiam tenebit quoadvixerit, reddendo

---

[1] "Ministrat*ur*", MS.

inde annuatim dicto W. et successoribus suis ejusdem ecclesie personis viginti solidos nomine pensionis; salva etiam Abbati et conventui memoratis pensione, si quam sibi deberi probaverint de eadem; et injunctum est dicto Archidiacono presenti ut, etc.

[William son of Alan, sub-deacon, presented by Roger d'Oylly, is instituted parson of Kencot. He is to attend the schools and be examined at the end of a year.]

KENIGCOT'.—Willelmus filius Alani, subdiaconus, presentatus per Rogerum de Oylly ad ecclesiam de Kenigcot', facta prius inquisitione per A., Archidiaconum Oxon', per quam, etc., ad eandem admissus est, etc., et injunctum est illi ut scolas frequentet et addiscat et post annum sub pena beneficii veniat examinandus. Injunctum est dicto Archidiacono presenti ut, etc.

[Reginald, sub-deacon, presented by Robert Mauduit, is instituted parson of Broughton-Pogis. He is to attend the schools, etc.]

BROUCTON'.—Reginaldus de [*blank*], subdiaconus, presentatus per Robertum Mauduit ad ecclesiam de Broucton', facta prius inquisitione per A., Archidiaconum Oxon', per quam, etc., ad eandem admissus est, etc. Injunctum est dicto Archidiacono presenti ut, etc. Injunctum est etiam dicto R. ut scolas frequentet et addiscat et post annum, ut supra.

[Elias de Glouernia, sub-deacon, presented by the Archdeacons of Winchester and Surrey, proctors of the Bishop of Winchester, is instituted parson of Witney. William son of Humphrey renounces his claim.]

WITTENEYE.—Magister Helyas de Glouernia, subdiaconus, presentatus per Magistrum Bartholomeum Winton[ie] et Lucam Surr[eie] Archidiaconos, domini Wintoniensis procuratores, ad ecclesiam de Witteneye, facta prius inquisitione per A., Archidiaconum Oxon', et Willelmo filio Umfridi in presentationem ipsam consentiente et appellacioni sue quam pro predicta ecclesia interposuerat renunciante, ad eandem admissus est, etc., et injunctum est dicto Archidiacono presenti ut, etc.

[Alexander [de Swerford], Archdeacon of Salop, vicar of Swerford, presented by the Abbot of Oseney, is instituted to the parsonage of Swerford, consisting of a pension of 40s., and the parsonage and vicarage are consolidated.]

SUEREFORD'.—Vacante pensione xl solidorum in ecclesia de Suereforde, cum Alexander Archidiaconus de Saloppesbiria ejusdem ecclesie vicarius per Abbatem et conventum Osneye ad pensionem ipsam esset presentatus, facta prius inquisitione per A., Archidiaconum Oxon', per quam, etc., dominus Episcopus, ipsi vicario pensionem ipsam assignans, personatum et vicariam duxit consolidandos.

[*Walter de Sancto Edmundo, sub-deacon, presented by Nicholas the Abbot and the Convent of Eynsham, is instituted parson of Woodeaton.*]

WODETON.—Walterus de Sancto Edmundo, subdiaconus, presentatus per Nicholaum Abbatem et conventum de Eynesham ad ecclesiam de Wodetone, facta prius inquisitione per A., Archidiaconum Oxon', per quam, etc., ad eandem admissus est, etc., et mandatum Archidiacono ut, etc.[1]

[*On the dorse* :—]
[*Elias, canon of St. Frideswide, is instituted Prior of St. Frideswide, with the King's consent.*]

Frater Helias, canonicus, Sancte Fretheswithe, Oxon', per conventum ejusdem domus in Priorem electus, facta prius inquisitione per Archidiaconum loci et per Priorem Oseneye super electione predicta secundum articulos consuetos, interveniente etiam assensu domini Regis ejusdem prioratus patroni, per que, etc., ad ipsum prioratum admissus est et in eo canonice prior institutus, et mandatum est Archidiacono Oxon', ut circa ipsius installationem quod suum est exequatur. Injunctum est etiam subpriori presenti, ut ipsi tanquam Priori suo decetero sit intendens et obediens, hoc idem ex parte domini Episcopi conventui injungens viva voce.

ANNUS XX[us].

[*Walter de Glouernia, sub-deacon, presented by the Prior of Deerhurst, is instituted parson of Taynton.*]

TEINTON'.—Magister Walterus de Glouernia, subdiaconus, presentatus per Priorem de Derherst'[2] ad ecclesiam de Teintone, facta prius inquisitione per A., Archidiaconum Oxon', per quam, etc., ad eandem admissus est, etc., et mandatum est dicto Archidiacono ut, etc.

[*Richard de Craumerse, chaplain, presented by the Prioress of Goring, is instituted vicar of Nuffield.*]

TOFELDE VICARIA.—Ricardus de Craumerse, capellanus, presentatus per Priorissam et moniales de Garing[es] ad vicariam de

---

[1] Then follows the beginning of the entry, which we have below, "Ricardus de Craumerse", etc., but it has been washed out.
[2] "Derhest'", MS.

Tofelde, ordinatam ut in veteri rotulo, facta prius inquisitione per A., Archidiaconum Oxon', per quam, etc., ad eandem admissus est cum onere et pena vicariorum, et mandatum est dicto Archidiacono ut, etc.

[*William de la Mare, deacon, presented by Henry de la Mare, is instituted parson of the chapel of Alvescot on the resignation of Amery de Hilcrombe.*]

CAPELLA DE ELFESCOT'.—Willelmus de la Mare, diaconus, presentatus per Henricum de la Mare, ad capellam de Elfescote vacantem per resignationem Amaur[ici] de Hilcrombe, facta prius inquisitione per A., Archidiaconum Oxon', per quam, etc., ad eandem est admissus et mandatum est ut supra.

[*John de Mora, chaplain, presented by the Prior of Deerhurst, is instituted to the church of Northmoor; some of the tithes belong to the Abbey of Eynsham.*]

MORA.—Johannes de Mora, capellanus, presentatus per Priorem de Derherst' ad ecclesiam de Mora, facta prius inquisitione per A. Archidiaconum Oxon' per quam, etc., ad eandem admissus est, etc., salva Abbati et conventui de Eynesham possessione sua, quam in quibusdam decimis et aliis ibidem habuerunt ab antiquo, et mandatum est dicto Archidiacono ut, etc.

ANNUS XXI.

[*Lucian de Cormeill', sub-deacon, presented by Richard son of John, is instituted to the church of Heythrop, void by the death of Nicholas.*]

HETHROP'.—Lucianus de Cormeill', subdiaconus, presentatus per Ricardum filium Johannis ad ecclesiam de Hetrop' vacantem per mortem Nicholai ultimo rectoris ejusdem, domino Exoniensi Episcopo per litteras suas id testificante, facta prius inquisitione per A., Archidiaconum Oxon', per quam, etc., ad eandem admissus est et in ea canonice persona institutus. Et mandatum est dicto Archidiacono ut, etc.

[*Robert de Braccon', chaplain, presented by Brother Hugh, the proctor of the Abbot of Aunay, is instituted vicar of Kirtlington.*]

KERTLINGTONE.—Robertus de Braccon', capellanus, presentatus ad vicariam de Kertlingtone per fratrem Hugonem de Alneto, Abbatis et conventus de Alneto procuratorem ad hoc constitutum, facta prius inquisitione per A., Archidiaconum Oxon', per quam, etc., ad eandem admissus est cum onere et pena vicariorum, etc. Et mandatum est dicto Archidiacono ut, etc.

[*Robert de Esthall', sub-deacon, presented by Richard, Earl of Poitou and Cornwall, as holding the lands of Robert Count of Dreux, is instituted parson of a mediety of the church of Rowsham, void by the preferment of Lucian.*]

ROLLESHAM.—Robertus de Esthall', subdiaconus, presentatus per R., Comitem Pictauie et Cornubie, ratione terrarum Roberti Comitis Drocarum in manu sua existentium, ad medietatem ecclesie de Rollesham, vacantem eo quod Lucianus ultimo rector ejusdem beneficii aliud admisit, cui cura animarum est annexa, facta prius inquisitione per A., Archidiaconum Oxon', per quam, etc., ad eandem admissus est ; et mandatum est eidem Archidiacono ut, etc.

[*William de Dun', sub-deacon, presented by the Prior of the Hospital of* [*St. John of*] *Jerusalem, is instituted parson of Westwell.*]

WESTIWELLE.—Magister Willelmus de Dun', subdiaconus, presentatus per Priorem Hospitalis Jerusalem in Anglia ad ecclesiam de Westwell', facta prius inquisitione per A., Archidiaconum Oxon' per quam, etc., ad eandem admissus est, etc. Et injunctum est eidem Archidiacono presenti ut, etc.

[*Nicholas de Wrocstane, sub-deacon, presented by Michael Belet, by reason of the wardship of the land and heir of Ralph de Broughton, is instituted parson of Broughton, near Banbury.*]

BROCTON'.—Nicholaus de Wrocst[ane], subdiaconus, presentatus per magistrum Michaelem Belet ratione custodie terre et heredis Radulfi de Brocton' ad ecclesiam de Brocton', facta prius inquisitione per A., Archidiaconum Oxon', per quam, etc., ad eandem admissus est, etc. Et injunctum est eidem Archidiacono presenti ut, etc.

[*On the dorse* :—]

[*Isabel de Henred, having been elected Prioress of Sandford (Littlemore), Thomas de Sandford, the patron, having also given his consent, is instituted.*]

LITTLEMORE.—Isabela de Henred, monialis de Saumford', electa per conventum ejusdem loci concorditer et canonice in Priorissam de Saumford', facta prius inquisitione per R., Archidiaconum Leicestrie et H. Priorem Osneye, Archidiacono Oxon' in remotis tunc agente, et Thoma de Saumford' patrono suum ad id adhibente consensum, per que, etc., admissa est et sollempniter instituta, et mandatum est Archidiacono Oxon' quod circa installationem ipsius quod suum est exequatur, injungens conventui et aliis ejusdem domus quod ipsi I., tanquam Priorisse sue, sint in posterum intendentes et obedientes.

Simonis, clerico, ad eandem presentato prius, ad ipsam sub pena Concilii admitti nolente, per que, etc., ad eandem admissus est, etc., et mandatum est dicto Archidiacono ut, etc.

[Arnold de Berkeley, sub-deacon, presented by the King, who had recovered the advowson, is instituted parson of Lillingstone Lovel, now in Bucks.]

LILLINGSTAN'.—Ernaldus de Berkelay, subdiaconus, presentatus ad ecclesiam de Lillingstane per dominum Regem ratione terrarum Normannorum in manu sua existentium, facta prius inquisitione per A., Archidiaconum Oxon', et receptis litteris ejusdem domini Regis, quod in curia sua coram justiciariis suis apud Westmonasterium per considerationem ejusdem curie recuperavit seisinam suam de advocatione ecclesie de Lillingstane versus Radulfum de Carevill' et Willelmum de Osevill', per que, etc., ad eandem admissus est, etc. Et mandatum est dicto Archidiacono ut, etc.

[John de Crakehale, collated by the Bishop, is instituted parson of Somerton, April 9, 1231, by the authority of the Council. Eustace de Greinville had presented his nephew Robert on Oct. 10, 1230.]

SOMERTONE.—Johannes de Crakehale [*blank*],[1] cui dominus Episcopus auctoritate Concilii contulit ecclesiam de Sumertone, ad eandem admissus est. Et mandatum est A., Archidiacono Oxon', ut, etc., salvo vero patrono, cum eam alias vacare contigerit, jure presentandi ad eandem. Notandum vero quod dicta ecclesia cepit vacare die Lune proxima post exaltationem sancte crucis, anno proximo preterito. Presentavit autem Eustachius de Greinvill' magistrum Robertum nepotem suum die Veneris proxima post festum sancti Dionisii proximo sequens, et fuit collata dicto J., quinto Idus Aprilis sequentis mane.

[Robert de Haya, presented by the Abbot and Convent of Eynsham, is instituted parson of Souldern. Robert de Wenlingburgh renounced his claim.]

SUTHORNE.—Robertus de Haya [*blank*],[2] presentatus per Abbatem et conventum de Eygnesham' ad ecclesiam de Sulthorn' Roberto de Wenlingburg prius presentato ad eandem juri suo sponte et absolute renuntiante, facta prius inquisitione per A., Archidiaconum Oxon', per que, etc., ad eandem admissus est, etc., et mandatum est dicto Archidiacono ut, etc., salva dictis Abbati et conventui annua centum solidorum pensione de eadem.

---

[1] "Clericus", originally written, has been erased.
[2] This space was left for a word to describe in what orders he was.

[*Richard de Herdewic', sub-deacon, presented by Richard de Prestecot', knight, is instituted parson of Blechingdon. He is to attend the schools.*]

BLECHESTONE.—Ricardus de Herdewic', subdiaconus, presentatus per Ricardum de Prestecot', militem, ad ecclesiam de Blechesdone, facta prius inquisitione per A., Archidiaconum Oxon', per quam, etc., ad eandem admissus est, et mandatum est dicto Archidiacono ut, etc. Injunctum est etiam dicto instituto sub debito juramenti et sub pena beneficii amittendi, ut scolas frequentet.

[*Adam de Moreville, sub-deacon, presented by Margery de Revers, is instituted parson of Crowell.*]

CRAUWEL.—Adam de Morevill', subdiaconus, presentatus per Margeriam de Revers ad ecclesiam de Crauwelle, facta prius inquisitione per A., Archidiaconum Oxon', per quam, etc., ad eandem admissus est, etc., et mandatum est dicto Archidiacono ut, etc.

ANNUS XXIII[us].

[*Ranulf de Cantilup', sub-deacon, presented by the Prior of St. Frideswide, is instituted parson of St. Peter-le-Bailey, Oxon.*]

ECCLESIA BEATI PETRI AD CASTRUM OXON.—Ranulfus de Cantilup', subdiaconus, presentatus ad ecclesiam beati Petri ad Castrum Oxon' per Priorem et conventum Sancte Fredewide Oxon', facta prius inquisitione per A., Archidiaconum loci, per quam, etc., ad eandem admissus est, et in ea canonice persona institutus. Et mandatum est dicto Archidiacono ut ipsum Ranulfum in corporalem ecclesie predicte possessionem inducat.

[*Geoffrey de Lestr', sub-deacon, presented by Robert de Pavilly, is instituted parson of Wendlebury.*]

WENDEBURG.—Galfridus de Lestr', subdiaconus, presentatus per Robertum de Pavilly ad ecclesiam de Wendlebur', facta prius inquisitione per A., Archidiaconum Oxon', per quam, etc., ad eandem admissus est, etc., et mandatum est dicto Archidiacono ut, etc.

[*Thomas (vicar) of Westcot Barton, chaplain, rural-dean, presented by Letitia de Saulceto, is instituted parson of Kiddington.*]

CUDINGTONE.—Thomas decanus de Barton', cappellanus, presentatus per Leticiam de Saulceto ad ecclesiam de Cudingtone, facta prius inquisitione per A., Archidiaconum, Oxon', per quam, etc., ad eandem admissus est, etc., et mandatum est dicto Archidiacono ut, etc.

[*On the dorse* :—]

[—— *de Auvers having been elected Prioress of Little Marlow, Agnes de Auvers, the patroness, having given her consent, is instituted.*]

BUCK'.—Vacante prioratu de Merlaue per mortem A., quondam Priorisse ejusdem loci, soror [*blank*] de Auvers, suppriorissa ibidem, per conventum electa concorditer et canonice, interveniente Agnetis de Auvers ejusdem prioratus patrone consensu, et facta inquisitione et examinatione per M., Archidiaconum loci cum adjuncto, per que negotium fuit in expedito, ad eundem prioratum admissa est et Priorissa instituta, sicut moris est. Et injunctum est magistro Willelmo de Beni[n]gworth' ut quod circa ipsius Priorisse installationem Archidiaconi Buck' est, ipsius vice prosequatur.

ANNUS XXII[us].

[*Elyas de Riselbergh', chaplain, presented by Richard, Earl of Cornwall, as holding the lands of the Count of Dreux, is instituted parson of Horspath.*]

HORSEPATHE.—Helyas de Riselbergh', capellanus, presentatus per R., Comitem Pictavie et Cornubie, ratione terrarum Roberti Comitis Drocarum in manu sua existentium, ad ecclesiam de Horspathe, facta prius inquisitione per A., Archidiaconum Oxon', per quam negotium fuit in expedito, ad eandem admissus est, et in ea canonice persona institutus, et mandatum est dicto Archidiacono ut ipsum H. in corporalem ecclesie predicte possessionem inducat.

[*John Walensis, chaplain, presented by the Abbot and Convent of Oseney, is instituted vicar of Cowley.*]

COUELE.—Johannes Walens[is], capellanus, [presentatus][1] per Abbatem et conventum Osneye ad vicariam de Couele, facta prius inquisitione per A., Archidiaconum Oxon', et receptis litteris Archidiaconi Gloucestrie et Magistri W. de Welleburn' super ydoneitate predicti J., per que, etc., ad eandem admissus est cum onere et pena vicariorum, etc., et mandatum est eidem Archidiacano Oxon' ut, etc. Consistit autem ipsa vicaria ut supra anno xvi° de vicaria de Hokenartone.

[*Nicholas de Anna, sub-deacon, presented by the Prioress and Convent of Studley, who had recovered the advowson, is instituted parson of Beckley.*]

BEKKEL'.—Nicholaus de Anna, subdiaconus, ut dicit, presentatus per Priorissam et conventum de Stodl[eg] ad ecclesiam de

---

[1] Not in MS.

Bekkel', salvis sibi x marcis in certis portionibus per dominum Episcopum et capitulum suum Linc[olnie] ipsis in eadem parrochia cum minutis decimis de curia earundem assignatis, receptis litteris domini Regis continentibus quod Priorissa de Stodlegh' recuperavit saisinam presentationis sue ad predictam ecclesiam de Bekkel' versus ipsum et versus Magistrum milit[ie] Templi in Anglia, salvo jure cujuslibet in posterum, facta etiam prius inquisitione per A., Archidiaconum Oxon' per quam, etc., ad eandem admissus est, etc., et mandatum est dicto Archidiacono ut, etc. De portionibus autem predictis habetur in rotulo cartarum hujus Archidiaconatus et in rotulo memorandorum anno xxii. Et injunctum est dicto presentato admisso sub juramenti prestiti debito, quod dictis monialibus super portionibus predictis molestiam contra ordinationem et assignationem predictam nequaquam inferat aut gravamen, eodem in id consentiente.

[*Robert de Hiche, sub-deacon, presented by the Abbess and Convent of Elstow, is instituted parson of Clanfield.*]

CLENFELD'.—Magister Robertus de Hiche, subdiaconus, presentatus per Abbatissam et conventum de Alnestouwa ad ecclesiam de Clenefeld', facta prius inquisitione per A., Archidiaconum Oxon', per quam, etc., ad eandem admissus est, etc., et mandatum est dicto Archidiacono ut, etc. De pensione supra anno ix°.

[*Robert de Cestretone, presented by Guy, son of Robert, is instituted parson of Shipton-on-Cherwell. He is commanded on oath to study, especially singing.*]

SIPTONE.—Robertus de Cestretone, presentatus per Wydonem filium Roberti ad ecclesiam de Sipton', facta prius inquisitione per A., Archidiaconum Oxon', per quam, etc., ad eandem admissus est, etc. Et mandatum est dicto Archidiacono ut, etc. Subdiaconus est, et injunctum est ei sub debito juramenti prestiti quod addiscat et maxime cantare.[1]

[*Robert de Segrave, sub-deacon, presented by Guy, son of Robert, is instituted parson of Wigginton, as Simon, son of Simon, who had previously been presented, was unwilling to be admitted under the conditions imposed by the Lateran Council.*]

WYGYNTON'.—Robertus de Segrave, subdiaconus, presentatus per Wydonem filium Roberti ad ecclesiam de Wigintone, facta prius inquisitione per A., Archidiaconum Oxon', et Simone filio

---

[1] In the margin, "[De] li[tteris] pre[sentationis] nich[il]".

Episcopi Lincolniensis. 39

[*Henry de Cantilup', sub-deacon, presented by the Prior and Convent of Kenilworth, is instituted parson of Hethe.*]

HECHERE [*sic*].—Henricus de Cantilup', subdiaconus, presentatus per Priorem et conventum de Keneilleword' ad ecclesiam de Hethre, facta prius inquisitione per A., Archidiaconum Oxon', per quam, etc., ad eandem admissus est, etc., et mandatum est eidem Archidiacono ut, etc.

[*Peter de Cancell', presented by the Bishop of Winchester, is instituted parson of Adderbury, by dispensation of Pope Gregory IX.*]

EBURBIR'.—Petrus de Cancell' [*blank*], presentatus per dominum Wintoniensem Episcopum ad ecclesiam de Eburbiria, facta prius inquisitione, et dispensante cum eo domino papa Gregorio nono, secundum quod a tergo perpendi poterit, per quam, etc., ad eandem admissus est per magistrum Radulfum de Appelb' procuratorem suum ad id constitutum, et mandatum est dicto Archidiacono ut, etc.

[*In the margin :—*] De obedientia.

[*On the dorse of this entry :—*]
[*Dispensation from Gregory, the pope, to Peter de Cancell', to hold one other benefice with cure of souls.*]

ABBERBURY.—Gregorius, Episcopus, servus servorum Dei, dilecto filio Petro de Cancell' salutem et apostolicam benedictionem. Qui ex beneficiis sibi collatis, quasi benefaciendi habentes materiam, exinde opera bona formant, ea in usus honestos dispositione provida disponendo, alia sibi cumulari merentur, ut aucta causa crescat laudabiliter et effectus. Cum igitur, sicut accepimus, nondum habeas in ecclesiasticis beneficiis unde decenter ac commode valeas sustentari, nos meritis tue probitatis inducti, necnon venerabilis fratris nostri P., Episcopi Wintoniensis, cui collaborasti fideliter in partibus transmarinis, precibus inclinati, tecum ut preter beneficia, que nunc optines, unicum aliud, etiam si curam habeat animarum annexam, adipisci valeas, dummodo tibi canonice conferatur, non obstante constitutione Concilii generalis, auctoritate apostolica de speciali gratia dispensamus : ita quod ubi non resides personaliter, facias per vicarium idoneum deserviri. Nulli ergo omnino, etc. Datum Laterani ii nonas Maii, pontificatus nostri anno quinto.

40   *Rotuli Hugonis de Welles*

[*Herbert de Findon', chaplain, presented by the Prior of Coggs, is instituted vicar of Coggs, and is to serve personally. The vicarage is described.*]

KOGES.—Herbertus de Findon', capellanus, presentatus per Johannem de Lond', Priorem de Koges, ad ejusdem loci vicariam, ordinatam auctoritate Concilii, facta prius inquisitione per A., Archidiaconum Oxon', per quam, etc., ad eandem vicariam admissus est cum onere et pena vicariorum. Consistit autem ipsa vicaria in toto alteragio et in omnibus obventionibus altaris, que valent annuatim lx solidos, et in dimidia virgata terre ejusdem ecclesie in villa de Koges cum duabus acris prati ; cujus dimidie virgate quinque acre jacent ad crucem versus domum Roberti de Rothomag[o], et due acre et dimidia ad viam juxta croftum Henrici Pincun, et due acre et dimidia juxta croftum Rogeri le Noreis, et due acre prati in Grimesmede inter molendinum de Koges et pratum le Flemeng', et in manso idoneo inter pomerium Prioris et vivarium dominorum de Koges, in quo Prior edificabit domum competentem per auxilium vicarii. Vicarius ministrabit in propria persona in dicta ecclesia, et inveniet clericum idoneum et luminaria competentia, et acquietabit annuatim sinodalia. Prior vero omnia alia onera ejusdem ecclesie sustinebit, et valet dicta vicaria v marcas. Et mandatum eidem Archidiacono ut, etc.

[*William de Horsam, chaplain, presented by the Prior and Convent of Merton, is instituted vicar of Dunstew.*]

DUNNUSTYWA.—Willelmus de Horsam, capellanus, presentatus per Priorem et conventum de Merton ad vicariam ecclesie de Dunnestywa, vacantem eo quod Osbertus, quondam vicarius ejusdem, aliud recepit beneficium curam habens, etc., facta prius inquistione per A., Archidiaconum Oxon', per quam, etc., ad eandem admissus est cum onere et pena vicariorum, etc., et mandatum est eidem Archidiacono, etc.

[*On the back of the first entry of this year :—*]
[*Richard, formerly Prior of St. James, Northampton, is instituted Prior of Wroxton with the consent of Michael Belet, the patron.*]

[WROXTON].—Frater Ricardus quondam Prior Sancti Jacobi Norhamton' per canonicos de Wrokstan in Priorem ibidem electus, facta prius inquisitione per A., Archidiaconum Oxon, et J. de Sancto Egidio, canonicum prebende de Bannebiry, secundum articulos consuetos super electione predicta, interveniente etiam assensu magistri Michaelis Belet, ejusdem prioratus patroni, per que, etc., ad ipsum prioratum admissus est, et in eo canonice Prior

Episcopi Lincolniensis. 37

[*Richard of St. Clement's, chaplain, presented by the Prior and Convent of St. Frideswide, is instituted parson of St. Clement's, Oxon.*]

ECCLESIA SANCTI CLEMENTIS IN SUBURBIO OXON'.—Ricardus de Sancto Clemente, capellanus, presentatus per Priorem et conventum Sancte Fredeswithe ad ecclesiam Sancti Clementis in suburbio Oxon', facta prius inquisitione per A., Archidiaconum Oxon', per quam, etc., ad eandem admissus est cum onere et pena vicariorum, et in ea canonice persona institutus. Et mandatum est eidem Archidiacono ut, etc.

[*John of St. Peter's, chaplain, presented by the Prior and Convent of St. Frideswide, is instituted parson of St. Mildred's, Oxford.*]

ECCLESIA SANCTE MILDREDE, OXON.—Johannes de Sancto Petro, capellanus, presentatus per Priorem et conventum Sancte Fredeswithe ad ecclesiam Sancte Mildride, Oxon', facta prius inquisitione per A., Archidiaconum Oxon', per quam, etc., ad eandem admissus est, et in ea canonice persona institutus cum onere et pena vicariorum, et mandatum est eidem Archidiacono ut, etc.

[*William de Well', chaplain, presented by the Abbot and Convent of Eynsham, is instituted parson of Stanton St. John. A pension is reserved to the Convent.*]

STAUNTONE.—Willelmus de Well', capellanus, presentatus per Abbatem et conventum Eynesham' ad ecclesiam de Stauntone, facta prius inquisitione per A., Archidiaconum Oxon', per quam, etc., ad eandem admissus est, et in ea canonice persona institutus, salva inde dictis Abbati et conventui debita et antiqua pensione; et mandatum est eidem Archidiacono ut, etc.

[*Roger de Riselbergh', sub-deacon, presented by the Abbot of Eynsham, is instituted parson of Combe.*]

CUMBE.—Rogerus de Riselbergh', subdiaconus, presentatus per Abbatem et conventum Eynesham' ad ecclesiam de Cumbe, facta prius inquisitione per A., Archidiaconum Oxon', per quam, etc., ad eandem admissus est, etc., salva dictis Abbati et conventui debita et antiqua pensione de eadem. Et mandatum est dicto Archidiacono ut, etc.

[*Ranulf Brito, said to be a deacon, instituted by proxy parson of Deddington, presented by Ralf Harenge in right of Alice his wife, who had recovered the advowson.*]

DADINGTONE.—Rannulfus Brito, diaconus, ut dicitur, presentatus per Radulfum Harenge, ratione Alicie uxoris sue, ad ecclesiam de Dadingtone, facta prius inquisitione per A., Archidiaconum Oxon, et receptis litteris domini Regis, quod dictus R. Hareng et Alicia uxor ejus in curia ejusdem domini coram justiciariis suis apud Westmonasterium recuperaverunt seisinam suam de advocacione ecclesie de Dadingtone versus Johannem de Bassingeburn' et Abbatem de Stanleg', per assisam ultime presentationis ibidem inter eos captam, per que, etc., ad eandem admissus est et in ea canonice persona institutus per Johannem de [*blank*] procuratorem suum ad hoc specialiter constitutum.

[*In the margin :*—] Littere pre*sentationis* et obed*ientie* et W. Hard'.

[*Richard de Eston, sub-deacon, presented by the Abbot of Eynsham, is instituted parson of Westcot Barton.*]

PARVA BARTONE.—Ricardus de Eston', subdiaconus, presentatus per Abbatem et conventum Eynesham' ad ecclesiam de Parva Barthona, facta prius inquisitione per W., Officialem Archidiaconi Oxon', per quam, etc., ad eandem admissus est, etc., et mandatum est A., Archidiacono Oxon', etc.

[*Martin de Nutley, chaplain, presented by the Prior of St. Frideswide, is instituted vicar of Over Winchendon, Bucks.*]

WYNCHENDONE [BUCKS].—Martinus de Nutleya, capellanus, presentatus per Priorem et conventum Sancte Fredeswithe Oxon', ad vicariam ecclesie de Winchendone, facta prius inquisitione per M., Archidiaconum Buck', per quam, etc., ad eandem admissus est, etc., cum onere et pena vicariorum. Et mandatum est eidem Archidiacono ut, etc.

[*Serlo, chaplain, presented by Reginald de Leonibus, is instituted parson of Begbroke, but Thomas, the chaplain, is to retain his vicarage, subject to a pension of a gold piece to the rectors.*]

BEKEBROK.—Serlo, capellanus, presentatus per Reginaldum de Leonibus ad ecclesiam de Beckebroc, facta prius inquisitione per A., Archidiaconum Oxon', per quam, etc., ad eandem admissus est cum onere et pena vicariorum, et mandatum est eidem Archidiacono ut, etc., salvo Thome, capellano, jure suo, si quod habet in ipsius ecclesie vicaria, qui quidem totam ecclesiam illam tenebit quoadvixerit, reddendo inde nomine pensionis unum aureum ejusdem ecclesie rectoribus, secundum quod apparet per cartam bone memorie W., quondam Lincolniensis Episcopi, quam in capitulo loci super institutione sua exhibuit.

facta prius inquisitione per A., Archidiaconum Oxon', per quam, etc., ad eandem admissus est, etc. Et mandatum est eidem Archidiacono ut, etc. Injunctum est etiam eidem J. quod ad proximos ordines post festum Sancti Michaelis anno pontificatus domini xxiiii° veniat in subdiaconum ordinandus.

[*Stephen de Newton, chaplain, presented by the Prior and Convent of Bicester, is instituted parson of Newton-Purcell on the resignation of William, chaplain.*]

NEWETONE.—Stephanus de Neuton', capellanus, presentatus per Priorem et conventum de Berencestria ad ecclesiam de Newetone, facta prius inquisitione per A., Archidiaconum Oxon', per quam, etc., ad eandem ecclesiam admissus est, etc., cum onere ministrandi personaliter in eadem. Et mandatum est ut, etc. Memorandum de resignatione Willelmi, capellani, facta Bedef[ordie], salvis sibi expensis necessariis ibi per eum factis.

[*Henry de Chamel, sub-deacon, presented by the Abbot and Convent of Reading, is instituted parson of Stanton Harcourt. A pension of 20 marks is due to Reading.*]

STANTONE.—Henricus de Chamel, subdiaconus, presentatus per Abbatem et conventum de Rading' ad ecclesiam de Stantone, facta prius inquisitione per A., Archidiaconum Oxon', per quam, etc., ad eandem admissus est, etc. Et mandatum est eidem Archidiacono ut, etc., salvo inde dictis Abbati et conventui annuo viginti marcarum benefitio sibi per dominum Episcopum.[1]

ANNUS XXV^{us}.

[*Herbert de Godstow, chaplain, presented by the Abbess and Convent of Godstow, is instituted vicar of St. Giles, Oxford.*]

ECCLESIA SANCTI EGIDII OXON.—Herebertus de Godestow, capellanus, presentatus per Abbatissam et conventum de Godestow ad perpetuam vicariam ecclesie Sancti Egidii Oxon', facta prius inquisitione per A., Archidiaconum Oxon', per quam cum [*sic*] negotium esset in expedito, ad eandem vicariam admissus est cum onere et pena vicariorum et in ea canonice vicarius perpetuus institutus; et mandatum est eidem Archidiacono, ut eundem H. in corporalem ipsius vicarie possessionem sub forma premissa inducat. Consistit autem ipsa vicaria ut supra institutione Walteri de Sancta Maria Magdalena prius ipsius ecclesie vicarii, anno xvii° instituti.

---

[1] *Sic*, perhaps "ordinato" has been omitted.

[*Thomas Esperun, sub-deacon, presented by Margery de Ripariis, Countess de l'Isle, is instituted parson of Crowell on the resignation of Adam de Moreville.*]

CRAUWELL.—Thomas Esperun, subdiaconus, presentatus per nobilem mulierem Margeriam de Ripariis, comitissam Insule, ad ecclesiam de Crauwell', vacantem per resignationem Ade de Morevill' ultimo rectoris ejusdem, facta prius inquisitione per A., Archidiaconum Oxon', et receptis litteris domini Bathoniensis, quod idem A. ad aliud beneficium curam habens animarum annexam admissus fuerat per eundem, per quam, etc., ad eandem ecclesiam de Crauwell' admissus est, etc., et mandatum est eidem Archidiacono ut, etc.

[*Ralf de Wulvel', sub-deacon, presented by William Buzun, in right of his wife, who had recovered the advowson, is instituted parson of Fringford.*]

RENNINGFORDE.[1]—Radulfus de Wuluel', subdiaconus, presentatus per Willelmum Buzun, ratione uxoris sue, ad ecclesiam de Feringeforde, facta prius inquisitione per A., Archidiaconum Oxon', et receptis litteris domini Regis quod Willelmus Buzun et Marg' uxor ejus coram justiciariis apud Westmonasterium in curia ejusdem domini recuperaverunt presentationem suam ad ecclesiam de Feringeforde versus Priorem de Coges, Eustach[ium] de Greinvill' et Johannam uxorem ejus, Thomam de Haya et Alex[iam] uxorem ejus, per assisam ultime presentationis, per quam, etc., ad eandem ecclesiam admissus est, etc. Et mandatum est eidem Archidiacono ut, etc.

[*Richard de Bassingburne, sub-deacon, presented by William de Dyve, is instituted parson of Ducklington.*]

DUKELINGTONE.—Ricardus de Bassingeburne, subdiaconus, presentatus per Willelmum de Dyva, militem, ad ecclesiam de Dukelintone, facta prius inquisitione per A., Archidiaconum Oxon', per quam, etc., ad eandem admissus est et in ea canonice persona institutus ; et mandatum est eidem Archidiacono ut, etc.

[*Walter de Gloucester, sub-deacon, presented by the Abbot of Gloucester, is instituted parson of Chipping Norton.*]

NORTONA.—Magister Walterus de Glouc[estria], subdiaconus, presentatus per Abbatem et conventum de Gloucestria ad ecclesiam de Nortona, facta prius inquisitione per A., Archidiaconum Oxon', per quam, etc., ad eandem admissus est et in ea canonice persona, etc. Et mandatum est dicto Archidiacono ut, etc.

---

[1] The scribe of these marginal names has misread F as R, and has taken the top stroke of the F to be the sign of an omitted "n".

institutus. Mandatum est autem Archidiacono predicto quod circa installationem ipsius quod suum est exequatur, et injunctum est Suppriori dicte domus presenti, ut ipsi tanquam Priori suo decetero sit intendens et obediens et hoc idem conventui injungat ex parte domini Episcopi viva voce.

Annus XXIIII.

[*Robert la Warr', sub-deacon, presented by Letitia de Salseto, is instituted parson of Kiddington. He is to attend the schools.*]

CUDINGTONE.—Robertus la Warr', subdiaconus, presentatus per Letitiam de Salseto ad ecclesiam de Cudintone, facta prius inquisitione per Adam, Archidiaconum Oxon', per quam cum [*sic*] negotium esset in expedito, ad eandem ecclesiam admissus est et in ea canonice persona institutus. Et mandatum est dicto Archidiacono ut corporalem predicte ecclesie possessionem habere faciat eidem Roberto, cui injunctum est quod scolas frequentet et addiscat.

[*William de Fenton', chaplain, presented by the Prior and Convent of Norton, Cheshire, is instituted vicar of Pyrton.*]

PERITONE.—Willelmus de Fenton', capellanus, presentatus per Priorem et conventum de Nortone ad vicariam ecclesie de Peritone, facta prius inquisitione, per quam, etc., ad eandem vicariam admissus est, cum onere et pena vicariorum, etc., et mandatum est dicto Archidiacono ut, etc.

[*Geoffrey de Sancto Leodegar', sub-deacon, presented by Jordan de Saukeville, is instituted parson of Emmington.*]

EMYTONE.—Galfridus de Sancto Leodegar', subdiaconus, presentatus per Jordanum de Saukevill' ad ecclesiam de Emitone, facta prius inquisitione per A., Archidiaconum Oxon', per quam, etc., ad eandem admissus est, etc., et mandatum est eidem Archidiacono ut, etc.

[*Roger de Ellendon', chaplain, presented by the Prior and Convent of St. Frideswide, is instituted vicar of Elsfield.*]

ELSEFELDE.—Rogerus de Ellendon', capellanus, [presentatus][1] per Priorem et conventum Sancte Fretheswithe Oxon', ad vicariam ecclesie de Elsefelde, facta prius inquisitione per A., Archidiaconum Oxon', per quam, etc., ad eandem admissus est cum onere et pena vicariorum, etc., et mandatum est dicto Archidiacono ut, etc.

---

[1] Not in MS.

[*Magister Adam of Senestane, presented by the Prior and Convent of Kenilworth, is instituted parson of Hethe ; he is to be ordained sub-deacon by the Bishop of Paris, being beneficed in those parts.*]

ECHA[1] [*sic*].—Magister Adam de Senestan' [*blank*], presentatus per Priorem et conventum de Kenildewr' ad ecclesiam de Etha, facta prius inquisitione per A., Archidiaconum Oxon', etc., per quam, etc., ad eandem ecclesiam admissus est, etc., et mandatum est dicto Archidiacono ut, etc. Scriptum etiam domino Episcopo Parisiensi, quod ipsum, in partibus istio benefic[ia]tum, vice domini Lincolniensis promovere velit in subdiaconum, et quid inde fecerit, dominum Episcopum Lincolniensem litteratorie reddat certiorem.

[*John de Coleham, chaplain, presented by the Prior and Convent of Bicester, is instituted vicar of Bicester.*]

BERNCEST'.—Johannes de Colha[m], capellanus, presentatus per Priorem et conventum de Berincestria ad vicariam ecclesie parochialis ibidem, per resignationem Roberti prius vicarii vacantem, facta prius inquisitione per A., Archidiaconum Oxon', per quam, etc., admissus est, etc., cum onere et pena vicariorum, et mandatum est dicto Archidiacono ut, etc.

[*Robert de Kington', sub-deacon, presented by Walter de Fontibus, is instituted parson of the mediety of Rowsham church which was held by Robert de Esthall', now beneficed in Rochester diocese.*]

ROSESHAM[1] [*sic*].—Robertus de Kington', subdiaconus, presentatus per Walterum de Fontibus ad illam medietatem ecclesie de Rollesham, quam Robertus de Esthall' tenuit, in diocesi Roffensi denovo beneficiatus, facta prius inquisitione per A., Archidiaconum Oxon', et receptis literis domini Roffensis, literis etiam dicti R. de Esthall', per que negotium fuit in expedito, ad eandem medietatem admissus est, etc., sub pena quod cum dominus Episcopus voluerit, veniet ad ordines ulterius ordinandus ; et mandatum est dicto Archidiacono ut, etc.

[*James de Kaworthe, presented by Ralf, son of Nicholas, knight, by reason of the wardship of the heirs of William Pipard, is instituted parson of Rotherfield Peppard. He is to be ordained sub-deacon.*]

RETHERESFELDE.—Jacobus de Kaworthe [*blank*], presentatus per Radulfum filium Nicholai, militem, ad ecclesiam de Retheresfelde Pipard, ratione custodie terrarum et heredum Willelmi Pipard,

---

[1] The names in the margin are added in a much later hand, and whoever added them did not look closely at the writing of the original scribe.

[*Return to the face of the Roll:—*]

[*Robert de Wendlebury, sub-deacon, presented by the Abbot and Convent of Eynsham, is instituted parson of Woodeaton.*]

WODEHETONE.—Robertus de Wendlingburg', subdiaconus, presentatus per Abbatem et conventum de Eynesham ad ecclesiam de Wodehetone, facta prius inquisitione per A., Archidiaconum Oxon', per quam, etc., ad eandem ecclesiam admissus est et in ea canonice persona institutus ; et mandatum est eidem Archidiacono ut, etc.

[*Robert de Bamtun, chaplain, presented by the Abbot of Oseney, is instituted vicar of Hook Norton.*]

HOCHENERTONE.—Robertus de Bamtune, capellanus, presentatus per Abbatem et conventum de Oseneya ad vicariam de Hochenertune, vacantem per resignationem Hugonis, vicarii ibidem, facta prius inquisitione per A., Archidiaconum Oxon', per quam, etc., ad eandem vicariam admissus est et in ea canonice vicarius perpetuus institutus, cum onere et pena vicariorum. Et mandatum est eidem Archidiacono ut, etc.

ANNUS XXVI.

[*Warin de Shirburn, chaplain, presented by Almaric, son of Robert, is instituted parson of Britwell Salome.*]

BRUTEWELLE.—Warinus de Schireburne, capellanus, presentatus per Almaricum filium Roberti ad ecclesiam de Brutewelle, facta prius inquisitione per A., Archidiaconum Oxon', per quam cum [*sic*] negotium esset in expedito, ad eandem ecclesiam admissus est et in ea canonice persona institutus cum onere ministrandi personaliter in eadem, et injunctum est dicto [Archidiacono ut eundem W. in corporalem possessionem ipsius ecclesie induci][2] faciat in forma premissa.

---

[1] "Sic[ut]" "du[m]", MS.; but with a dot beneath *dum*, for omission: perhaps *sicut* should come after *excedit*.

[2] These words are illegible, and restored conjecturally.

Rotuli Hugonis de Welles Episcopi Lincolniensis.

[*The roll here printed bears the modern reference number of 7.*]

[M. 1.]
ARCHIDIACONATUS BUKYNGEHAMIENSIS.

[*Robert, chaplain, instituted parson of Foxcote on the presentation of Walter de la Haye, knt., Hugh, a chaplain, of Buckingham, renouncing his claim thereto. Robert is to serve personally.*]

BUKINGEHAM : FOXCOTT.—Robertus, cappellanus, presentatus per Walterum de la Haye, militem, ad ecclesiam de Foxcote, facta prius inquisitione per Magistrum Th., Officialem Archidiaconi Bukyngehamiensis, super eadem, et Hugone, cappellano, de Bukingehame, juri quod se dicebat habere in ea renunciante prius, per que negotium fuit in expedito, admissus est, et in ea canonice persona institutus, cum onere eidem in officio sacerdotali personaliter deserviendi. Et mandatum est dicto Officiali quod ipsum Robertum, cappellanum, juxta formam premissam in corporalem, etc.

[*William de Neville, clerk, instituted parson of Chalfont St. Giles; presented by John, the Prior and Convent of Bradwell. Ralph Gibum, clerk, previously presented, first renounced his claim. William de Aubeigny and Agatha his wife released their right to this advowson as appears in the chirograph executed in the King's Court. William de Neville is to attend the schools, and the Official is to report to the Bishop if he fail to do so.*]

BUKINGEHAM : CHALFHUNTE.—Willelmus de Neville, clericus, presentatus per Johannem, Priorem, et conventum de Bradewelle, ad ecclesiam de Chalfunte, facta prius inquisitione per Magistrum Th., Officialem Bukingehamiensem, et Radulpho Gibum, clerico, qui prius erat ad eandem ecclesiam per ipsum Priorem et conventum presentatus, presentationi illi in capitulo loci coram ipso Officiali renunciante, susceptis etiam litteris domini Regis, quod Willelmus de Aubeigny et Agatha, uxor ejus, remiserunt et quietum clamaverunt de se et heredibus suis ipsi Priori et successoribus suis imperpetuum in Curia ejusdem domini Regis totum jus et clamium quod habuerunt in advocatione predicte ecclesie, etc., per que negotium fuit in expedito, de consensu dicti domini Willelmi et Agathe, uxoris sue, per quorum assensum dicti Prior et

[*Michael de Esseleya, sub-deacon, presented by Warin de Vernon, is instituted parson of Hanwell.*]

HANEWEYA.—Magister Michael de Esseleya, subdiaconus, presentatus per Warinum de Vernon, militem, ad ecclesiam de Haneweya, facta prius inquisitione per A., Archidiaconum Oxon', per quam, etc., ad eandem admissus est et in ea canonice persona institutus, et mandatum est eidem Archidiacono ut, etc.

[*John de Tyham, chaplain, presented by the Abbot and Convent of Oseney, is instituted vicar of St. Mary Magdalen, Oxford, on the resignation of Michael, the late vicar.*]

VICARIA ECCLESIE BEATE MARIE OXON.—Johannes de Tyham, capellanus, presentatus per Abbatem et conventum Oseneye ad vicariam ecclesie Sancte Marie Magdalene Oxon', facta prius inquisitione per A., Archidiaconum Oxon', per quam, etc., ad eandem vicariam admissus est cum onere et pena vicariorum, etc., et mandatum est eidem Archidiacono ut, etc. Vacavit autem eadem vicaria tempore institutionis ipsius J., per hoc quod Michael, capellanus, qui eam ultimo tenuit, ad beneficium curam habens animarum annexam in episcopatu Saresbiriensi fuerat assecutus, et per hoc quod ipsam in manus domini Episcopi litteratorie resignavit.

[*Walter de Sancto Edmundo, sub-deacon, presented by the Abbot and Convent of Eynsham, is instituted parson of Charlbury.*]

CHERLEBIR'.—Walterus de Sancto Edmundo, subdiaconus, presentatus per Abbatem et conventum de Eynesham ad ecclesiam de Cherlebiria, facta prius inquisitione per A., Archidiaconum Oxon', per quam, etc., ad eandem admissus est et in ea canonice persona institutus, salva inde dictis Abbati et conventui antiqua et debita pensione. Et mandatum est eidem Archidiacono, ut, etc.

[*Warin, chaplain, presented by the Prior of Bradenstoke, is instituted vicar of North Aston.*]

NORTHASTONE.—Warinus de [*blank*], capellanus, presentatus per Priorem et conventum de Bradenestok' ad vicariam ecclesie de Northestone, facta prius inquisitione per A., Archidiaconum Oxon', per quam, etc., ad eandem vicariam admissus est et in ea canonice vicarius perpetuus institutus, cum onere et pena vicariorum. Et mandatum est eidem Archidiacono ut, etc. Consistit autem ipsa vicaria in toto altalagio, etc., ut supra anno xviii°.

[*Ralph Dispensator, sub-deacon, presented by Thurstan Dispensator, is instituted parson of Great Rollright, Pope Gregory by dispensation allowing him to hold it, as well as Ewelm.*]

MAGNA ROLLINDRICHT.—Radulfus Dispensator, subdiaconus, presentatus per Thurstanum Dispensatorem ad ecclesiam de Magna Rollindricht, dispensante cum eo domino papa Gregorio, ut unicum beneficium simul cum illo, quod nunc optinet, recipere possit et retinere, non obstante Concilio (ut ex parte opposita), ad eandem admissus est, etc. Et mandatum est Archidiacono, etc.

[*On the dorse :—*]

[*Dispensation from Pope Gregory to Ralf Dispensator to hold two benefices with cure of souls.*]

Gregorius Episcopus, servus servorum Dei, dilecto filio Radulfo dicto Dispensatori, rectori ecclesie de Ewelm', Lincolniensis diocesis, salutem et apostolicam [benedictionem].[1] Personarum meritis sedes apostolica consuevit gracie sue munus impendere, ut quo majori quis virtute vivatur [*sic*], eo amplius ipsam sibi [favora]bilem sentiat et benignam. Quia igitur nobilitas generis, morum honestas, literarum scientia, que te decenter ador[nant], personam tuam reddunt multipliciter commendabilem, dignamque favore ac speciali benivolentia, nos, cum redditus beneficii [tui], viginti quinque marcarum valenciam sicut[1] non excedit, tibi ad sustentationem congruam non sufficiant et [. . . . . . .] ig' consuetudo patrie, et nobilitati tue conven[it] hospitalitati vacare, devotionis tue precibus inclinati, presentium tibi a[uctoritate] concedimus ut, constitutione generalis Concilii non obstante, unicum valeas accipere beneficium, si tibi canonice ess[et collatum, cum cura] animarum, et cum illo quod nunc optines retinere, proviso tamen quod animarum cura nullatenus neggligatur, ut ecclesie [. . . . .] non fraudentur. Nulli ergo omnino hominum liceat hanc paginam nostre concessionis infringere [. . . . .]. Si quis autem hoc attemptare presu[mpserit] indignationem omnipotentis Dei et beatorum Petri et Pauli apostolorum [noverit se incur]surum. Datum Laterani, quarto Idus Aprilis, pontificatus nostri anno octavo.

---

[1] The roll is much rubbed: illegible words are added in brackets. The document is entered among the Papal Letters. *See* Calendar of Papal Letters, vol. i, p. 140.

conventus toto tempore dicte Agathe debent presentare, ut in cyrographo in curia domini Regis confecto plenius continetur, admissus est, et in ea canonice persona institutus, cum onere ad proximos ordines veniendi, et ordinem suscipiendi. Et quoniam idem fuit minus sufficienter litteratus, obligavit beneficium illud domino Episcopo quod a festo Sancti Michaelis in antea scolas frequentabit. Et injunctum est dicto Officiali ut secundum formam premissam, etc.; et si scolas non frequentaverit ut dictum est, quod illud domino Episcopo significet.

[*Alexander, late vicar in the prebend in Waddesdon church, last held by Walter de Barres, is presented to the prebend by Matilda de Curtenay, and instituted thereto.*]

BUKINGEHAM: WOTTESDON.—Alexander, qui prius fuit vicarius in prebenda ecclesie de Wottesdone, quam Walterus de Barres proximo tenuit, ad eandem prebendam per dominam Matillidem de Curtenay presentatus, facta prius inquisitione per Officialem Archidiaconi Bukingehamiensis, per quam negotium fuit in expedito, admissus est, et in ea canonice institutus. Et mandatum est dicto Officiali, etc.

[*Thomas de Bensingtone, chaplain, is instituted perpetual vicar of Shabbington; presented by the Prior and Convent of Wallingford. The endowments of the vicarage are set out. The vicar shall pay the sinodals, and the monks shall entertain the Archdeacon, but the monks and the vicar shall be responsible proportionately for the fabric of the chancel, the ornaments and books.*]

BUKINGEHAM: SOBINTONE.—Thomas de Bensingtone, cappellanus, presentatus per Priorem et conventum de Walingeforde, ad perpetuam vicariam ecclesie de Sobintone, ordinatam auctoritate Concilii generalis, facta inquisitione per R., Archidiaconum Huntingdoniensem, Officialem domini Lincolniensem, admissus est, et in ea canonice perpetuus vicarius institutus. Consistit autem dicta vicaria in toto altaragio illius ecclesie, et in decimis decem virgatarum terre, scilicet, duarum virgatarum de dominico ecclesie et unius virgate quam Rogerus Suein tenet, et unius virgate quam Ricardus filius Herewardi tenet, et unius virgate quam Matiłł Comb tenet et unius virgate quam Hugo Auceps et Reginaldus Pelliparius tenent, et unius virgate quam Gilbertus filius Herewardi tenet et unius virgate quam Robertus Auceps et Hugo de la Heise tenent, et unius virgate quam Berta, vidua, tenet, et unius virgate quam Willelmus Sweing̃ tenet; consistit etiam in tribus annuis carectatis de feno monachorum. Vicarius autem sinodalia persolvet, et monachi hospitium Archidiaconi invenient. Ad fabricam vero cancelli et ad ornamenta et libros tam monachi quam vicarius pro portionibus suis proportionabiliter conferent. Et mandatum est Magistro Th., Officiali Archidiaconi Bukingehamiensis, ut ipsum Thomam, etc.

[*Richard, chaplain, instituted perpetual vicar to the newly ordained vicarage of the church of Lafford, worth 60s.*]

BUKINGEHAM: LUFFORDE.—Ricardus, cappellanus, presentatus per Magistrum G. Gibbewin, ad vicariam ecclesie de Lunforde, que est sexaginta solidorum, ordinatam de novo per dominum Episcopum, admissus est et in ea canonice vicarius perpetuus institutus. Et injunctum est Magistro Th., Officiali Bukingehamiensi, etc.

[*William de Engelby, chaplain, instituted parson of the church of Chalfont St. Giles; presented by the Prior and Convent of Bradwell with the consent of William de Aubiny and Helar his wife. William de Nevill, late parson of the same, having been instituted to the church of Bramtestone since the Council.*]

BUKINGEHAM: CHALFHUNTE.—Willelmus de Engelby, cappellanus, presentatus per Priorem et conventum de Bradewelle ad ecclesiam de Chalfunte, de consensu Willelmi de Aubiny et Helar', uxoris ejus, Willelmo de Neville, quondam persona ejusdem, in ecclesiam de Bramtestona, post Concilium instituto, admissus est et in ea canonice persona institutus. Et mandatum est Magistro Th., Officiali Archidiaconi Bukingehamiensis, etc.

[*Simon, chaplain, instituted perpetual vicar of Walton; presented by the Prior and Convent of Longueville. The endowment set out.*]

BUKINGEHAM: WALDON.—Simon, cappellanus, presentatus per Priorem et conventum de Longavilla ad perpetuam vicariam in ecclesia de Waldone, facta prius inquisitione per Magistrum Th. Officialem Bukingehamiensem, per quam, etc., admissus est et in ea vicarius perpetuus institutus. Que consistit per ordinationem Episcopi, factam de consensu Prioris et conventus, in omnibus proventibus altaris cum minutis decimis omnibus, tam de dominico Com[itis] quam de tota parrochia. Et solvet vicarius tantum sinodalia, monachi autem hospitium Archidiaconi procurabunt. Et mandatum est Officiali Archidiaconi Bukingehamiensis quod, etc.

[*Reiner, chaplain, instituted to the perpetual vicarage of Upton; presented by the Prior and Convent of Merton. The endowments of the vicarage set out.*]

BUKINGEHAM: UPTON.—Reinerus, cappellanus, presentatus per Priorem et conventum de Meretone ad perpetuam vicariam de Uptone, ordinatam auctoritate Concilii, facta etiam inquisitione per

Magistrum Th., Officialem Archidiaconi Bukingehamiensis, per quam, etc., admissus est, et in ea canonice vicarius perpetuus institutus. Que consistit in omnibus obventionibus altaris, cum omnibus minutis decimis totius parrochie, exceptis minutis decimis de curia dominica canonicorum, et cum dimidia virgata terre, et cum quodam mesuagio ad mansionem cappellani idoneo, et in omnibus garbis decimarum de leguminibus in ortis per totam parrochiam provenientium, exceptis ortis dominicis canonicorum. Vicarius autem solvet sinodalia, canonici vero hospitium Archidiaconi procurabunt. Et mandatum est Officiali, etc.

[*Adam de Walthame, clerk, instituted to a parsonage of 6os. in Great Hampden church; presented by the Earl of Salisbury as guardian of the heir of Reginald de Hampdene.*]

BUKINGEHAM: HAMDENE.—Adam de Walthame, clericus, presentatus per dominum Comitem Sarrisburiensem ad personatum sexaginta solidorum in ecclesia de Hamdene, ratione custodie terre et heredis Reginaldi de Hampdene, facta prius inquisitione per Magistrum Th., Officialem Archidiaconi Bukingehamiensis, per quam, etc., admissus est, et in ea canonice persona institutus. Et mandatum est dicto Officiali, etc.

[M. 1 dorse.]

ANNUS UNDECIMUS.

[*12 kal. June 4, Pope Honorius III. The Bishop visited the Priory of Tickford, by Newport.*]

Anno pontificatus domini Honorii Pape tertii quarto, duodecimo Kalendas Junii, dominus H., Lincolniensis Episcopus, veniens apud Prioratum Tikeford extra Neuporte causa visitationis ibidem faciende, hospitio ibi honorifice et cum processione sollempni susceptus est eo die, et in crastino, scilicet, die Veneris, prout moris est, in capitulo facto sermone ad fratres, officium suum libere et sine contradictione est executus, presentibus J., Archidiacono Bedefordiense, Thoma de Fiskertone, cappellano, Magistris S. de Cicestria et W. de Lincolnia, canonicis Lincolniensibus, Martino de Patehulle, Magistris W. de Cantia et N. de Eueshame et A. de Buggedene, Willelmo le Kenteis, clerico, et aliis.

[*On St. Etheldred's day, about 6 o'clock, in his hall at Buckden, the Bishop admitted brother William to be prior of Newport; presented by Hugh, Abbot of Marmoutiers, Tours, on the resignation of Hugh, late Prior.*]

Anno pontificatus domini Episcopi Hugonis secundi undecimo, die Sancte Etheldrede virginis circa horam sextam apud Buggedene in aula ejusdem Episcopi, ad presentationem Hugonis, Abbatis et conventus Majoris Monasterii, et ad resignationem fratris Hugonis, quondam Prioris de Neuport, per litteras eorum patentes, dictus Episcopus admissit fratrem Willelmum, monachum, ad prefatum prioratum de Neuport, eique curam et administrationem ejusdem domus, tam in spiritualibus quam in temporalibus, commisit, eundem per librum investiendo. Idem autem Willelmus, Prior, incontinenti et ibidem super sacrosancta evangelia juravit se eidem domino Episcopo, et successoribus et officialibus suis, canonicam obedientiam exhibiturum. Et mandavit dominus Episcopus Magistro Th., tunc Officiali Archidiaconi Bukingehamiensis, quod eundem Willelmum in corporalem dicti prioratus possessionem secundum formam premissam inducat; Conventui vero de Neuport, quod ipsi Willelmo tanquam priori suo imposterum sint intendentes et obedientes. Facta sunt autem hec coram Roberto, Archidiacono Hunttendoniense, tunc Officiali domini Lincolniensis, Thoma de Fiskertone et Magistro Stephano de Cicestria, cappellanis, Magistro Willelmo de Lincolnia, canonico Lincolniensi, Priori de Chaucumba, Magistro Petro, clerico Domini Albanensis, Magistro Rogero de Neuport, et Olivero de Chedneto, clericis, et aliis multis.

[*Walter Russel, clerk, presented by J. Russel to the parsonage of the church of Hardwick, obtained charge thereof till Michaelmas. Meanwhile he is to be ordained and then instituted.*]

Walterus Russel, clericus, presentatus per J. Russel ad personatum ecclesie de Herdewice, facta inquisitione per Magistrum Th., Officialem Archidiaconi Bukingehamiensis, per quam, etc., custodiam ejusdem personatus est adeptus, usque ad festum Sancti Michaelis ut interim ordinetur, et tunc ad dominum episcopum veniat instituendus. Et mandatum est dicto Officiali quod secundum formam, etc.

On the face of the roll :—

ANNUS DUODECIMUS.

[*Robert de Vernun, clerk, instituted parson of Adstock; he is under age and admitted by dispensation; presented by the Abbot and Convent of Leicester. A pension is reserved to the canons, and a perpetual vicarage of 5 marks is to be appointed. If the vicar appointed die within seven years Robert is to appoint another, but if his vicar shall die after the expiration of the seven years whilst Robert is studying in the schools, he need not appoint another vicar, but shall take the whole church.*]

BUKINGEHAM : ADDESTOK'.—Robertus de Vernun, clericus, presentatus per Abbatem et conventum Leircestriensem ad ecclesiam de Addestoke, facta prius inquisitione per Magistrum Th., Officialem Archidiaconi Bukingehamiensis, etc., cum minoris est etatis, ad eam dispensatere est admissus, et in eadem persona institutus, salva dictis Canonicis debita et antiqua pensione, et salva perpetua vicaria quinque marcarum in ea assignanda. Ordinavit etiam dominus Episcopus quod si vicarius, qui ad dictam vicariam admittetur, infra spatium septem annorum proximorum decesserit, dictus Robertus alium vicarium ad eandem vicariam presentabit, instituendum in eadem ecclesia, et sic semper vicarium post vicarium donec predicti septem anni fuerint completi. Quod si dictus R. fuerit addiscens in scolis et ejus vicarius ultra septennium predictum obierit, non oportebit eum alium vicarium presentare, set totam ecclesiam deinceps possidebit.

[*Miles, clerk, instituted parson of Drayton Beauchamp; presented by William de Beauchamp. A vicarage is to be appointed by the Bishop, and Miles, as he is under age, is to present a suitable clerk.*]

BUKINGHAM : DRAYTONE.—Milo, clericus, presentatus per Willelmum de Bello Campo ad ecclesiam de Draytone, facta prius inquisitione per Magistrum Th., Officialem Archidiaconi Bukingehamiensis, etc., admissus est, et in ea canonice persona institutus; salva quadam vicaria in eadem ecclesia juxta voluntatem domini Episcopi ordinandi, ad quam idem clericus clericum idoneum presentabit, vicarium instituendum in eadem, cum ipse clericus minoris sit etatis. Et injunctum est Ricardo clerico dicti Officialis, etc.

[*William, son of Robert, clerk, presented by G. Passelewe, the parson, with the consent of Simon Passelewe, the patron, is instituted vicar of Wavendon. The vicarage is set out and includes the house which Gilbert, son of Gilbert Passelewe, confirmed to the church of Wavendon by charter.*]

WAVENDONE.—Willelmus, filius Roberti, clericus, presentatus per G. Passelewe, personam ecclesie de Wavendene, de consensu Simonis Passelewe, patroni, ad vicariam ejusdem ecclesie, admissus est et in ea vicarius perpetuus institutus. Que consistit in omnibus proventibus ecclesie, exceptis decimis garbarum et feni, et excepta terra ecclesie et prato ad eandem terram pertinente. Habebit etiam vicarius mansum quod Gilbertus, filius Gilberti Passelewe, confirmavit ecclesie de Wauendene per cartam, et solvet sinodalia tantum ; persona autem omnia alia onera ordinaria ejusdem ecclesie sustinebit. Et injunctum est Magistro Th., Officiali Bukingehamiensi, etc.

[*Richard, chaplain, presented by R., Dean of Lincoln, is instituted to the perpetual vicarage of Buckland, which belongs to the prebend of Aylesbury. Richard is to have all the church, paying a pension of six marks to the dean of Lincoln.*]

BOCLANDE.—Ricardus, cappellanus, presentatus per R., Decanum Lincolniensem, ad perpetuam vicariam ecclesie de Boclande spectantis ad prebendam de Eylesbiry, ad eandem est admissus, et vicarius perpetuus institutus. Habebit autem idem Ricardus totam illam ecclesiam cum pertinentiis nomine vicarie, solvendo inde dicto Decano et successoribus suis dicte prebende de Eylesbiry canonicis annuam sex marcarum pensionem. Et mandatum est, etc.

[*Humphrey de Midliers, presented by the Bishop of Winchester, is instituted parson of Ivinghoe.*]

IVINGEHO.—Magister Humfredus de Midliers, presentatus per dominum Wintoniensem ad ecclesiam de Ivingeho, admissus est, et in ea canonice persona institutus. Et mandatum est Decano de Muresl . . . etc. [*In the margin:*—] Non habemus litteras presentationis vel inquisitionis.

[*On the vicarage of Wendover being vacant by the death of Eustace, who held it, the Prior and Convent of Southwark, patrons, and claiming two parts of the tithes in the name of the parsonage, presented Ralph de Mitcham, clerk, but Robert, chaplain, opposed that presentation, alleging that, by the grant of Eustace with the approval of H., late Bishop of Lincoln, he had obtained certain interests in the church. The following settlement was made before the Bishop. Robert resigned his right, but was to have all the altar offerings, etc., during the life of Ralph, paying to him yearly 20s. Robert was to minister in the church, but to claim no right after the death of Ralph.*]

WENDOURE.—Vacante vicaria de Wendoure per mortem Eustachii, qui eam tenuit, Prior et conventus de Sudwerc, patroni ejusdem ecclesie, et duas partes garbarum nomine personatus in eadem ecclesia optinentes, presentaverunt Radulphum, clericum, de Micham ad dictam vicariam. Ceterum Robertus, cappellanus, dicti Radulphi presentationi se opposuit, asserens se ex concessione ejusdem Eustachii et approbatione sancti recordationis H., quondam Lincolniensis episcopi, omnes obventiones altaris ipsius ecclesie, exceptis decimis et primo legato, fuisse assecutum. Contradictio inde ipsius Radulphi, in presentia domini Lincolniensis Episcopi, et ejusdem auctoritate, in hunc modum conquievit, scilicet, quod postquam idem Robertus totum jus, quod sibi in prefata ecclesia vendicavit, resignaverat, dictus Radulphus ad memoratam vicariam in solidum admissus quod idem Robertus,

Episcopi Lincolniensis. 55

filius Willelmi, clerici, cappellanus, habebit omnes obventiones altaris ecclesie de Wendoure et· primo legato, quam diu idem Radulphus de Micham̃, vicarius ejusdem ecclesie, vixerit, reddendo inde dicto Radulpho viginti solidos annuos. Et idem Robertus, pro emolumento dicte portionis quam percipiet, ministrabit in dicta ecclesia in propria persona. Et memoratus Radulphus inveniet suis sumptibus diaconum ibidem ministrantem, qui in eadem ecclesia similiter in officio sacerdotali ministrabit, hospitium Archidiaconi sicuti moris est procurando, et sinodalia solvendo. Post mortem vero dicti Radulphi vicarii pretaxatus Robertus nichil sibi in dicta portione altaris vendicabit.

[*Walter, chaplain, presented by the Abbot and Convent of Leicester, is instituted to a moiety of the church of Chesham.*]

CESTRESHAME.—Walterus, cappellanus, presentatus per Abbatem et conventum Leircestriensem ad vicariam medietatis ecclesie de Cestreshame, admissus est et vicarius perpetuus institutus, etc. [*In the margin:*—] Exigantur littere presentationis et inquisitionis.

[*Ralph de Kayn, clerk, presented by Luke de Kaynes to the church of Middleton Keynes, is instituted parson thereof.*]

MIDDELTONE.—Radulphus de Kay[nes], clericus, presentatus per Lucam de Kay[nes] ad ecclesiam de Middeltone, facta prius inquisitione per Magistrum Th., Officialem Archidiaconi Bukingehamiensis, etc., admissus est, et in ea canonice persona institutus. Et injunctum est R., clerico ejusdem Officialis, etc.

[*John Peinforier, clerk, presented by Philip de Girunda, is instituted parson of Dunton.*]

DUDINGTONE.—Johannes Peinforier, clericus, presentatus per Philippum de Girunda ad ecclesiam de Dudingtone, facta prius inquisitione per Magistrum Th., Officialem Archidiaconi Bukingehamiensis, admissus est, et in ea canonice persona institutus. Et mandatum est dicto Officiali, etc.

[*Robert de Haia, clerk, presented by Roger de Verly, is instituted to a parsonage of 2s. in the church of Woughton, vacant by the marriage of Luke de Kaines, who late held it.*]

WUKETONE.—Robertus de Haia, clericus, presentatus per Rogerum de Verly ad personatum duorum solidorum annuorum in ecclesia de Wuketone, vacantem eo quod Lucas de Kaines, qui proximo personatum illum habuit, publice uxorem duxit, facta prius inquisitione per Magistrum Th., Officialem Archidiaconi Bukingehamiensis, etc., admissus est, et persona institutus. Et mandatum est dicto Magistro Th., etc.

[*John de Essexia, presented by Robert Sorel by reason of the wardship of William le Chauceis, is instituted parson of Bow Brickhill with the consent of the King and the Abbot of Wooburn.*]

BOLLEBRICHULLE.—Johannes de Essexia, clericus, presentatus per Robertum Sorel, ratione custodie terre et heredis Willelmi le Chauceis, ad ecclesiam de Bollebrichulle, facta prius inquisitione per Magistrum Th., Officialem Archidiaconi Bukingehamiensis, etc., et domino Rege et Domino Abbate de Wouborne in hoc hac vice consentientibus, admissus est, et persona institutus, salvo inposterum jure cujuslibet qui jus patronatus, etc. Et mandatum est dicto Magistro Thome, etc. (Non habemus litteras inquisitionis.)

On the dorse of the roll :—

ANNUS DUODECIMUS.

[*For the charge of Horsenden, see in the Archdeacon of Lincoln's Roll 12th year.*]

HORSINGDONE.—De custodia de Horsindone require in rotulo archidiaconatus Lincolniensis, anno duodecimo.

[*The charge of the vicarage of 5 marks in Drayton [Beauchamp?] church is entrusted to Ralph, clerk, until Michaelmas in the 12th year.*]

DRAITONE.—Custodia vicarie quinque marcarum provise per Officialem Archidiaconi Bukinghamiensis in ecclesia de Draitone commissa est Radulpho, clerico, ad eam presentato, usque ad festum Sancti Michaelis proximum anno pontificatus dicti Episcopi duodecimo. Et mandatum est dicto Officiali, etc.

[*The charge of Bow Brickhill church is entrusted to John de Essexia, clerk, until the ordinations next before Michaelmas in the 12th year, when he is to be ordained.*]

BULEBRICHELLE.—Custodia ecclesie de Bulebrichelle commissa est Johanni de Essexia, clerico, ad ipsam presentato, usque ad proximos ordines ante festum Sancti Michaelis anno pontificatus dicti episcopi duodecimo, ut tunc veniat ordinandus. Et mandatum est Magistro Th., Officiali Bukingehamiensis, etc.

[M. 2.]

ANNUS TERTIUS DECIMUS. BUKINGEHAME.

[*Elias, subdeacon, presented by Richard de Grava, is instituted to the church of Grove, and is to serve personally. He is to be ordained deacon and to attend the schools for three years. Meanwhile a suitable chaplain is to officiate.*]

BUKEHINGEHAME. GRAVA.—Elias, subdiaconus, presentatus per Ricardum de Grava ad ecclesiam de Grava, facta prius inquisitione per Magistrum Th., Officialem Archidiaconi Bukingehamiensis, etc., admissus est, et persona institutus, cum onere deserviendi in eidem personaliter in officio sacerdotali. Et veniet ad proximos ordines in diaconum ordinandus. Date sunt autem ei indutie scolas frequentandi per proximum triennium sequens. Et mandatum est dicto Officiali Bukingehamiensi quod inducat eum in corporalem predicte ecclesie possessionem juxta formam premissam, et quod provideat ut ipsa ecclesia interim per cappellanum idoneum officietur. (Admissus fuit quarto Nonas Junii.)

[*Walter de Faucumberge, clerk, presented by the Abbot and Convent of Walden, is instituted parson of Amersham, reserving the rights of the monks of Hurley and any pension due to them. The vicarage is set out.*]

AUMODESHAME.—Walterus de Faucumberge, clericus, presentatus per Abbatem et conventum de Waledene ad ecclesiam de Aumodeshame, facta prius inquisitione per Magistrum Th., Officialem Bukingehamiensem, etc., admissus est sub pena Concilii, et persona institutus, salvo jure monachorum de Hurtleie, quod habere debent et consueverunt super tertia parte decimarum de dominico domini W. de Mandeville, et de pannagio de eodem dominico in Aumodeshame; salva etiam dictis monachis de Waledene pensione de eadem ecclesia, si qua fuerit debita et antiqua. Injunctum est etiam dicto Waltero in virtute obedientie quod dictam pensionem ipsis monachis de Waledene non solvat, donec probaverint coram domino Episcopo, vel officiali suo, ipsam esse debitam et antiquam. Et mandatum est Magistro Th., Officiali, quod secundum formam premissam, etc.

[*Alan de Netel, chaplain, presented by the Prior and Convent of Southwark, is instituted to the vicarage of Stoke Poges; the vicarage is described. The Bishop shall determine who is to entertain the Archdeacon.*]

STOKE.—Alanus de Netel, cappellanus, presentatus per Priorem et conventum de Suwerke ad perpetuam vicariam ecclesie de Stoke, facta prius inquisitione per Magistrum Th., Officialem Archidiaconi Bukingehamiensis, etc., admissus est, et vicarius perpetuus institutus, cum onere et pena vicariorum. Consistit autem dicta vicaria in omnibus obventionibus et minutis decimis ad ipsam ecclesiam de Stoke pertinentibus, exceptis minutis decimis curie ipsorum canonicorum in eadem villa, et in omnibus decimis garbarum de tota terra canonicorum, et in septem acris de terra ecclesie, quarum tres jacent juxta stagnum domini, ubi cappellani habitare solebant, et due acre jacent in Wur[res?], et due acre jacent in Appeltone ; et preterea dicta vicaria consistit in tota terra canonicorum, cum pertinentiis suis, que jacet inter dominicum domini versus aquilonam et moram. Reservavit autem sibi dominus potestatem ordinandi de hospitio archidiaconi, scilicet utrum predicti Prior et conventus vel vicarius debeant illud procurare. Et mandatum est dicto Officiali, etc.

Postea ordinavit dominus Episcopus quod dicti Prior et canonici sustineant hospitium Archidiaconi.

[Henry de Hoggeshale, chaplain, presented by the Hospital of St. John of Jerusalem, is instituted to the church of Addington, with the duty of residence and personal service. Ralph and Robert, sons of Bernard, renounce their claim to the patronage.]

ADINGTONE.—Henricus de Hoggeshale, cappellanus, presentatus per Priorem fratrum hospitalis Jerosolimitani in Anglia ad ecclesiam de Adingtone, facta prius inquisitione per Magistrum Th., Officialem Archidiaconi Bukingehamiensis, etc., et Radulpho et Roberto, filiis Bernardi, appellacioni sue prius facte pro dicte ecclesie patronatu per litteras suas patentes renuntiantibus, admissus est et institutus, cum onere in eadem ecclesia residendi, et eidem in officio sacerdotali deserviendi. Et mandatum est, etc.

[The charge of Haversham church is entrusted to Michael de Haversham, clerk, presented by Nicholas de Haversham, knight. The official is to enjoin the chaplain to warn him to come for institution.]

Custodia ecclesie de Haversham commissa est die Mercurii proxima ante festum sancti Dionisii Michaeli de Haversham, clerico, ad eam per Nicholaum de Haversham presentato, usque idem Michael ad dominum Episcopum venire possit institutionem suam recepturus. Et mandatum est Magistro T., Officiali Archidiaconi Bukingehamiensis, etc. Et postea mandatum est dicto Officiali ut injungat Capellano de Haversham quatinus premuniat Michaelem de Haversham, clericum, ut veniat ad dominum Episcopum infra proximum festum Natalis Domini anno pontificatus domini Episcopi quarto decimo institutionem suam recepturus alioquin extunc custodia careat ecclesie de Haversham. *[This entry is scored through on the roll.]*

[*Michael de Haversham, clerk, presented by Nicholas de Haversham, knight, is instituted parson of Haversham.*]

HAVERSHAM.—Michael de Haversham, clericus, presentatus per Nicholaum de Haversham, militem, ad ecclesiam de Haversham, facta prius inquisitione per Magistrum T., Officialem Archidiaconi Bugginhamiensis, etc., admissus est in ea et canonice persona institutus. Et mandatum est dicto Officiali, etc.

[*Warner, chaplain, presented by the Abbot and Convent of Coutours, is instituted perpetual vicar of Little Woolston church.*]

WLSISTONE.—Garnerius, cappellanus, presentatus per Abbatem et conventum de Cultura ad perpetuam vicariam ecclesie de Wlsistone, ordinatam a domino Episcopo de consensu eorundem, admissus est, et vicarius perpetuus institutus, cum onere et pena vicariorum. Et mandatum est Officiali Archidiaconi Bukinghamiensis, etc.

[*Thomas de Neuporte Painel, sub-deacon, presented by the Prior and Convent of Newport, is instituted to the perpetual vicarage of Astwood, the vicarage of which is set out. He is not to be instituted without the letters of presentation.*]

ESTWODE.—Thomas de Neuporte Painel, subdiaconus, presentatus per Priorem et conventum de Neuport ad perpetuam vicariam ecclesie de Estwode, que consistit in toto altaragio valente quinque marcas, admissus est, etc., et assignabitur ei mansus. Injunctum est clerico Officialis Archidiaconi Bukinghamiensis ut non inducat eum in possessionem dicte ecclesie nisi habeat litteras presentationis, quas quidem non habemus, nec inquisitionem.

[*Adam, chaplain, presented by the Prior of St. John of Jerusalem, is instituted to the church of Oving, saving any pension due to the Prior.*]

UVINGKE.—Adam, cappellanus, presentatus per Priorem Hospitalis Jerosolimitani in Anglia ad ecclesiam de Uvinge, facta prius inquisitione per Officialem Bukinghamiensem, admissus est et persona institutus, salva dicto Priori et fratribus Hospitalis Jerosolimitani debita et antiqua pensione si qua fuerit. Et mandatum est predicto Officiali, etc. Non habemus litteras presentationis.

[*Walter de Wintona, clerk, presented by the Abbess and Convent of Barking, is instituted to the church of Slapton on the Nones of August in the 14th year.*]

SLAPTONE.—Annus quartus decimus. Anno pontificatus domini Episcopi quartodecimo nonis Augusti, Walterus de Wintona, clericus, presentatus per Abbatissam et conventum de

Berkinges ad ecclesiam de Slaptone, facta prius inquisitione per Magistrum Theobaldum, Officialem Archidiaconi Bukinge-hamiensis, etc., admissus est et institutus. Et mandatum est dicto Officiali, etc.

[*Ralph de Norwico, clerk, presented by the King, who had recovered the presentation in a suit against the Prior and Convent of St. Frideswide, is instituted to the church of Oakley.*]

ACLEYA.—Radulfus de Norwico, clerico [*sic*], presentatus per dominum Regem ad ecclesiam de Acle cum pertinentiis, facta prius inquisitione per Magistrum Th., Officialem Bukinghamiensem, receptis etiam litteris domini Regis continentibus quod idem dominus Rex in curia sua coram justiciariis apud Westmonasterium recuperavit per judicium curie sue presentationem suam ad eandem ecclesiam versus Priorem et conventum sancte Frideswide, et quod dominus Episcopus, non obstante reclamatione ipsius Prioris, personam idoneam ad presentationem suam admittat, per que negotium, etc., ad eandem ecclesiam cum pertinentiis suis admissus est, etc., et mandatum est dicto Officiali ut, etc.

Annus Quartusdecimus.

[*John de Hornel', chaplain, presented by the Abbot and Convent of Medmenham, is instituted to the vicarage of Medmenham, newly ordained by the Bishop. The vicarage is set out.*]

MEDMEHAME.—Johannes de Horneł, cappellanus, presentatus per Abbatem et conventum de Medmeham ad perpetuam vicariam ecclesie parochialis de Medmehame, ordinatam de novo per dominum Episcopum, facta prius inquisitione per Officialem Bukinghamiensem, per quam, etc., admissus est, et vicarius perpetuus institutus, cum onere et pena vicariorum. Et consistit dicta vicaria in toto altaragio ejusdem ecclesie et in decimis garbarum unius hide quam Radulfus de Medmeham et tenentes sui tenent, et in decimis dimidie virgate quam idem Radulfus tenet de terra de Withemere, et in decimis dimidie virgate quam idem Radulfus tenet de Abbate de Medmeham, et vocatur Mullonde, et in decimis unius virgate quam Johannes et Thomas de Radeslo, homines Abbatis de Medmeham, tenent, et dimidie acre prati in Cherlemede, secundum quod fors singulis annis eandem optulerit, et in duabus acris terre arrabilis cum uno manso competente. Et mandatum est dicto Officiali, etc.

[*Thomas de Bardney, chaplain, presented by the Prior and Convent of Sandwell, is instituted parson of Ellesborough. The portion granted to the Prior and Convent is reserved to them.*]

ESELBERGE.—Anno pontificatus domini Episcopi quartodecimo sexto kalendas Junii Thomas de Bardeney, cappellanus, presentatus per Priorem et conventum de Sandwelle ad ecclesiam de Eselberge, admissus est et persona institutus in eandem. Salva portione dictis Priori et conventui per dominum Episcopum et Capitulum suum Lincolniensem eis concessa et confirmata, sicut in rotulo cartarum continetur. Et mandatum est Officiali Bukinghamiensi, etc.

[*Stephen de Eclesfeld, presented by the Abbot and Convent of St. Albans, is instituted to the church of Wingrave. He is to be ordained sub-deacon.*]

WENGRAVE.—Quinto nonas Julii Magister Stephanus de Eclesfeld, presentatus per Abbatem et conventum de Sancto Albano ad ecclesiam de Wengrave, admissus est et persona institutus in eadem, facta prius inquisitione per Magistrum T., Officialem Archidiaconi Bukinghamiensis, per quam, etc. Et injunctum est eidem ut veniat ad primos ordines post festum sancte Trinitatis in subdiaconum ordinandus. Et mandatum est Officiali Bukinghamiensi, etc.

[*John de Fiskertone, chaplain, is instituted, with the duty of residence, to the church of Fleet Marston, to which he was collated by the Bishop.*]

FLETEMERSTONE.—Johannes de Fiskertone, cappellanus, cui dominus Episcopus contulit ecclesiam de Fletemerstone, auctoritate concilii, facta prius inquisitione per Officialem Buggihamiensem, admissus est, et in eam canonice persona institutus, cum onere residentie, salvo jure unius cujusque, etc., et mandatum est, etc.

[*William Mansel, presented by Thomas Mansel, is instituted to a parsonage of 6 marks in the church of Shenly. He is to attend the schools. The vicarage of Ralph Tailebois is reserved.*]

SENLE.—Willelmus Mansel, presentatus per Thomam Mansel ad personatu[m] sex marcarum in ecclesia de Senle, facta prius inquisitione per Magistrum T., Officialem Bukinghamiensem, per quam, etc., admissus est et in ea persona canonice institutus, salva Radulpho Tailebois vicaria quam habet in eadem. Et injunctum est eidem ut scolas frequentat, alioquin dominus Episcopus per sententiam jam latam ipsum privabit ecclesia memorata. Et injunctum est Officiali presenti ut, etc. Actum sexto [*altered to* octavo] Kalendas Octobris.

[*Ralph de Hilpestorpe, chaplain, presented by Miles, parson of the church of Drayton Beauchamp, is instituted to the vicarage thereof with consent of William de Bello Campo, the patron. The vicarage is set out.*]

DREITONE.—Octavo Kalendas Octobris Radulphus de Hilpestorpe, cappellanus, presentatus per Milonem, personam ecclesie de Dreitone, de consensu Willelmi de Bello Campo, patroni, ad vicariam ejusdem ecclesie, facta prius inquisitione per Officialem Bukinghamiensem, admissus est et vicarius perpetuus institutus. Consistit autem dicta vicaria in toto altaragio ipsius ecclesie et in omnibus decimis ad eandem ecclesiam pertinentibus, que sunt ultra Waleweie ex parte meridionali, et in quodam manso quod est inter cimiterium et mansum ecclesie. Et injunctum est dicto Officiali, etc.

[*Walter Russel, presented by John Russel by virtue of the wardship of the lands and heir of James de Novo Mercato, and by John de Botrell in right of his wife, is instituted to the church of Hardwicke. Otto, the son of William, renounces his claim, and the vicarage of Adam the chaplain is reserved. Walter is to be ordained sub-deacon.*]

HERDEWIC.—Eodem die Walterus Russel, presentatus per Johannem Russel, ratione custodie terre et heredis Jacobi de Novo Mercato quam habet, et per Johannem de Botrell, ratione hereditatis uxoris sue, ad ecclesiam de Herdewic, Otone, filio Willelmi, qui jus sibi vendicavit in illa ecclesia, renuntiante prius eidem juri, et facta prius inquisitione per Officialem Bukinghamiensem, etc., admissus est et in ea canonice persona institutus, salva Ade, cappellano, quoadvixerit, vicaria sua quam habet in eadem. Et injunctum est dicto Officiali, etc., quod secundum formam premissam, etc. Idem autem Walterus ad mandatum domini Episcopi veniet ordinandus in subdiaconum. Venit quidem.

[*In the margin* :—] Non habemus litteras presentationis.

[*Henry, chaplain, presented by the Prior and Convent of Newport Pagnell, is instituted to the perpetual vicarage of Bradwell. The vicarage is set out.*]

BRADEWELLE.—Eodem die Henricus, cappellanus, presentatus per Priorem et conventum de Neuport ad perpetuam vicariam ecclesie de Bradewelle, facta prius inquisitione per Officialem Bukinghamiensem, etc., admissus est et vicarius perpetuus institutus. Et consistit illa vicaria in toto altelagio, et dimidia virgata terre et mesuagio ad ecclesiam pertinentibus, et in tertia parte garbarum decimis in ipsi parochia provenientibus. Et injunctum est Officiali Bukinghamiensi, etc., quod, etc.

[*Alan, chaplain, is instituted to the perpetual vicarage of the church of Willen. The vicarage is set out.*]

WILIES.—Eodem die Alanus, cappellanus, per eosdem ad perpetuam vicariam ecclesie de Wilies, facta prius inquisitione per Officialem Bukinghamiensem, etc., admissus est, et in ea vicarius perpetuus institutus. Et consistit illa vicaria in toto altelagio cum terra ecclesie et tofto ad ipsam ecclesiam pertinente, et medietate garbarum de decimis in ipsa parochia provenientium, et ad vicariam ecclesie de Bradewelle pertinebit totum altelagium, cum dimidia virgata terre et mesuagio ad ecclesiam pertinentibus, et tertia pars garbarum de decimis in ipsa parochia provenientium. Et mandatum est Officiali Bukinghamiensi, etc., quod, etc.

[*In the margin:*—] Exigantur littere presentationis istarum vicariarum [*marked as referring to the two last entries*].

[M. 3.]
[*Gilbert, sub-deacon, instituted to the vicarage of Hardmead; presented by the Prior and Convent of Merton.*]

HARLEMEDE.—Octavo Kalendas Octobris Gilbertus, subdiaconus, presentatus per Priorem et conventus de Mertone ad ecclesiam de Harlemede, facta prius inquisitione per Officialem Bukinghamiensem, per quam, etc., admissus est et in ea canonice persona institutus. Et mandatum est Officiali Bukinghamiensi, etc.

[*Gilbert de Haverringedune, chaplain, presented by the Prior and Convent of Southwark, is instituted perpetual vicar of Stoke Poges. The Prior and Convent are to take nothing by this admission.*]

VICARIA DE STOKES.—Sexto Idus Novembris, Gilbertus de Haverringedune, cappellanus, presentatus per Priorem et conventum de Sutwerc ad perpetuam vicariam ecclesie de Stokes, facta prius inquisitione per Magistrum T., Officialem Bukinghamiensem, per quam, etc., admissus est et in ea perpetuus vicarius institutus, et taxata est supra in anno terciodecimo. Institutus est ita, tamen, quod Priori et conventui de Suwerc nichil juris accrescat per hanc admissionem et institutionem. Et mandatum est dicto Officiali quod, etc.

BUKINGHAME.—ANNUS QUINTUS DECIMUS.

[*Geoffrey Mansor, sub-deacon, presented by Irvois Malet, knight, who had recovered the patronage from the Prior of St. John of Jerusalem and Roger de Wimberville, is instituted parson of Quainton.*]

QUENTONE.—Galfridus Mansor, subdiaconus, presentatus ad ecclesiam de Quentone per Irvoium Malet, militem, qui contra

Priorem Hospitalis Jerosolimitani in Anglia et Rogerum de Wimberville ipsius ecclesie patronatum in curia domini Regis enitit, ad eandem ecclesiam admissus est, et in ea canonice persona institutus. Et injunctum est Archidiacono presenti quod, etc. Actum pridie Kalendars Aprilis.

[*Walter de Ailesbire, deacon, presented by the Abbot and Convent of Missenden, is instituted to the perpetual vicarage of Chalfont St. Peter. The vicarage is set out. He is to be ordained priest.*]

SUPER VICARIA DE CHALFHUNTE.—Magister Walterus de Ailesbire, diaconus, presentatus per Abbatem et conventum de Messendene ad perpetuam vicariam ecclesie de Chalfhunte, facta prius inquisitione per Magistrum Tho., Officialem Archidiaconi Bukinghamiensis, per quam, etc., admissus est et in ea vicarius perpetuus institutus, cum onere et pena vicariorum. Ita quidem quod ad mandatum domini Episcopi veniat in presbiterum ordinandus. Consistit autem eadem vicaria in toto altelagio, et in omnibus terris cum mesuagiis et aliis pertinentiis ad eandem terram ecclesie pertinentibus, excepto mesuagio quod Radulfus quondam sacerdos et persona ecclesie memorate, cum grava proxima eidem mesuagio tenuit, et excepto mesuagio quod olim tenuit Ricardus, presbiter, cum crofta. Decime autem garbarum totius parochie, exceptis decimis garbarum terre ecclesie, ad Abbatem et conventum pertinent. Vicarius respondet de sinodalibus, et canonici de hospitio Archidiaconi. De aliis vero exactionibus vicarius pro vicaria sua respondebit, et Abbas et conventus pro sua portione. Et injunctum est Archidiacono presenti ut, etc.

[*Richard de Wlfey, sub-deacon, presented by the Abbot and Convent of Fougeres to the Church of Twyford, is instituted parson thereof. The right of William the chaplain to the vicarage is reserved, and also that of the Abbot and Monks to a pension of 6 marks when proved due.*]

TWYFORDE.—Ricardus de Wlfey, subdiaconus, presentatus per Abbatem et conventum de Feugeres ad ecclesiam de Twifforde, facta prius inquisitione per M., Archidiaconum Bukinghamiensem, per quam, etc., admissus est, et in ea canonice persona institutus; salvo Willelmo, cappellano, jure suo quod habet in ejusdem ecclesie vicarie, salva etiam Abbati et monachiis [*sic*] pensione sua sex marcarum quam petunt, cum probaverint eam esse debitam et antiquam. Et mandatum est dicto Archidiacono, ut, etc.

[*Adam de Berkinges, chaplain, presented by the Abbess and Nuns of Barking, is instituted parson of Slapton, under the rule of the Council.*]

SLAPTONE.—Adam de Berkinges, cappellanus, presentatus per Abbatissam et moniales de Berckinges ad ecclesiam de Slaptone, facta prius inquisitione per M., Archidiaconum Bukinghamiensem, per quam, etc., admissus est sub pena concilii, et in ea canonice persona institutus. Et mandatum est dicto Archidiacono ut, etc.

[*Robert, the son of Randolph de Luda, clerk, whom the Bishop, by authority of the Council, collated to the church of Cheddington, void by the death of W., son of Fulk, late Archdeacon of Stowe, is instituted parson thereof, the right of any patron being reserved.*]

CHEDINDONE.—Robertus filius Randulfi de Luda, clericus, cui dominus Episcopus, auctoritate Concilii contulit, ecclesiam de Chedindone, octavo Idus Octobris, facta prius inquisitione per Officialem Archidiaconi Bukinghamiensis, per quam constitit ipsam per mortem W., filii Fulconis, quondam Archidiaconi Stowe vacasse, sine contradictione, anno fere elapso, ad eandem admissus est et in ea canonice persona institutus; salvo in posterum vero patrono jure suo cum vacaverit. Et mandatum est Archidiacono Bukinghamiensi ut, etc.

[*Robert Haldein, of Banbury, clerk, whom the Bishop collated to the church of Grendon Underwood, is instituted parson thereof, the right of any patron being reserved, and also the right of John the vicar to his perpetual vicarage, subject to a pension of 2 marks to Robert. The church had been vacant at least a year and a half.*]

GRENEDONE.—Robertus Haldein de Bannebiri, clericus, cui dominus Episcopus auctoritate concilii contulit ecclesiam de Grenedone, ad eandem admissus est, et in ea canonice persona institutus; salvo in posterum vero patrono jure suo cum alias ipsam vacare contigerit. Salva etiam Johanni, vicario, perpetua vicaria sua quam habet in eadem, qui totam illam ecclesiam tenebit quoadvixerit, reddendo inde dicto Roberto et successoribus suis, ejusdem ecclesie personis, duas marcas annuas nomine pensionis. Et injunctum est Archidiacono predicto ut, etc. Actum octavo Idus Octobris, facta prius inquisitione per Archidiaconum sepedictum, per quam constitit ipsam vacasse anno elapso et dimidio ad minus.

[*Ralph Hurberd, sub-deacon, presented by Robert de Ferrers, knight, to the chapel of Cippenham, in Burnham, is instituted parson thereof.*]

CHIPHAM.—Radulphus Hurberd, subdiaconus, presentatus per Robertum de Ferrers, militem, ad capellam de Chipham, facta prius inquisitione per Magistrum Theobaldum, Officialem Archidiaconi Bukinghamiensis, per quam, etc., admissus est et in ea canonice persona institutus. Et mandatum est Archidiacono Bukinghamiensi ut, etc. Non habemus literas presentationis.

BUKINGHAME.—ANNUS SEXTUS DECIMUS.

[*Roger de Brai, chaplain, presented by Godfrey de Limhoud to a mediety of the church of Walton, is instituted parson thereof, subject to the burden of the vicars.*]

WALTONA.—Rogerus de Brai, cappellanus, presentatus per Godefridum de Limhoud ad medietatem ecclesie de Waltona, facta prius inquisitione per M., Archidiaconum Bukinghamiensem, per quam negotium est in expedito, admissus est, et in ea medietate canonice persona institutus, cum onere et pena vicariorum. Et injunctum est Archidiacono presenti ut dictum Rogerum cappellanum in corporalem ejusdem medietatis possessionem, secundum formam premissam, induci faciat.

[*Robert, chaplain of Elstow, presented by the Abbess and Convent of Elstow, is instituted to the perpetual vicarage of Westbury.*]

WESTBIRI VICARIA.—Robertus, capellanus de Alnestowe, presentatus per Abbatissam et conventum de Alnestowe ad perpetuam vicariam ecclesie de Westbiri, ordinatam per dominum auctoritate Concilii, facta prius inquisitione per M., Archidiaconum Bukinghamiensem, per quam, etc., ad eandem admissus est, et in ea cum onere et pena vicariorum vicarius perpetuus institutus. Et injunctum est dicto Archidiacono presenti ut, etc. Non habemus literas inquisitionis.

[*William de Upton, chaplain, presented by the Abbot and Convent of Missenden to the perpetual vicarage of the Church of Caversfield [Oxon], is instituted thereto, Richard de Eilesbiri, clerk, resigning his claim thereto.*]

KAVERESFELDE.—Willelmus de Uptone, cappellanus, presentatus per Abbatem et conventum de Messendene ad perpetuam vicariam ecclesie de Kaveresfelde, ordinatam per dominum Episcopum, auctoritate Concilii, facta prius inquisitione per Magistrum Theobaldum, Officialem Archidiaconi Bukinghamiensis, et Ricardo de Eilesbiri, clerico, jus, si quod in eadem vicaria habuit, resignante, per que negotium, etc., ad eandem vicariam admissus est, et in eadem cum onere et pena vicariorum vicarius perpetuus institutus. Et mandatum est M., Archidiacono Buckinghamiensi, ut ipsum, etc., provisurus quod mansus competens et cetera in ipsius vicarie ordinatione contenta ipsi vicario assignentur.

[*Nicholas de Estone, chaplain, presented by the Prioress and Convent of Goring, is instituted to the perpetual vicarage of Stanton Barry. He is to have the manse and croft which was assigned to John his predecessor.*]

STANTONE VICARIA.—Nicholaus de Estona, cappellanus, presentatus per Priorissam et conventum de Garinges ad perpetuam vicariam ecclesie de Stantone, ordinatam auctoritate Concilii, facta prius inquisitione per M., Archidiaconum Buckinghamiensem, per quam, etc., ad eandem admissus est, et in ea, cum onere et pena vicariorum, vicarius perpetuus institutus. Et injunctum est dicto Archidiacono presenti ut, etc., et ut provideat quod mansus cum crofta Johanni, predecessori suo, in initio assignatus cum integritate eidem Nicholao assignetur.

[*Alan de Burminghame, chaplain, presented by the Prior and Convent of Sandwell to the portion of Thomas de Bardneia in the church of Ellesborough, is instituted parson thereof. Alan de Maidewelle, knight, renounced his claim to the advowson of that mediety.*]

ESELBERGE.—Alanus de Burminghame, cappellanus, presentatus per Priorem et conventum de Sandwelle ad portionem que fuit Magistri Thome de Bardeneia in ecclesia de Eselberge, facta prius inquisitione per M., Archidiaconum Bugkinghamiensem [*sic*], Alano etiam de Maidewelle, milite, appellationi sue renuntiante, quam super ejusdem medietatis advocatione interposuerat, per que, etc., ad eandem admissus est, et in eadem, sub onere et pena vicariorum, canonice persona institutus. Et injunctum est Magistro L. [*sic*], Officialem dicti Archidiaconi, ut, etc.

[*Philip de Crof', sub-deacon, presented by William son of Warren, in right of his wife, Agnes de Wahille, to the church of Ravenston, void by the resignation of John son of Warin, clerk, is instituted thereto. The vicarage of Walter de Ravenstone, consisting of the whole church, is reserved, subject to a pension of 40s. to the said Philip.*]

RAVENESTONE.—Philippus de Crof', subdiaconus, presentatus per Willelmum filium Warini, militem, rationis Agnetis de Wahilla, uxoris sue, ad ecclesiam de Ravenestone, vacantem per resignationem Johannis filii Warini, clerici, factam Londiniis in manu domini Episcopi, facta prius inquisitione per Magistrum L., Officialem Archidiaconi Buckinghamiensis, per quam, etc., ad eandem admissus est, etc. Salva Waltero de Ravenestone, vicaria sua quam habet in eadem, qui totam ecclesiam illam tenebit quoadvixerit, reddendo inde dicto Philippo et successoribus suis annuos quadraginta solidos nomine pensionis. Et mandatum est M., Archidiacono, ut, etc. Et injunctum est predicto Philippo, renuncianti prefato beneficio inperpetuum si non venerit ad proximos ordines celebrandos die beati Mathie Leicestrie ordinandus in subdiacono ; et venit.

BUKINGHAME.—ANNUS SEPTIMUS DECIMUS.

[*Hubertin de Conslantia, presented by the Prior and Convent of Kenilworth to the church of Stukeley, on the certificate of Otho, the Pope's Nuncio, that it was vacant, is instituted parson thereof.*]

STIVELEY.—Hubertinus de Consl[? fl]encia, presentatus per Priorem et Conventum de Kenilwurthe ad ecclesiam de Stiveley, facta prius inquisitione per M., Archidiaconum Buckinghamiensem, et Magistro Otone, nuncio domini Pape super vacatione ejus testificanteper que, etc., ad eandem admissus est, et in ea sub pena Concilii canonice persona institutus. Et mandatum est dicto Archidiacono ut, etc.

[*Robert de Tiwe, acolyte, presented by John de Tiwe, knight, to the church of Ickford, by reason of his custody of the land and heir of Geoffrey de Appeltone, is instituted thereto. The vicarage of John, subject to a pension of 40s. to Robert, is reserved, and Robert is to be ordained sub-deacon at the next ordination. The resignation of R., Rector of Appeltone, already presented to the said pension, is to be noted.*]

IKEFORDE.—Robertus de Tiwe, acolitus, presentatus per Johannem de Tiwso, militem, ad ecclesiam de Ikeforde, ratione custodie terre et heredis Galfridi de Appeltone quam habet, cum per M., Archidiaconum Bukinghamiensem, et Officialem suum contaret omnia esse in expedito, ad eandem admissus est, etc. Salva Magistro Johanni vicaria sua quam habet in eadem, qui totam illam ecclesiam tenebit quoadvixerit, reddendo dicto Roberto et successoribus suis quadraginta solidos annuos nomine pensionis, et injunctum est dicto Roberto, sub pena amissionis beneficii, ut ad proximos ordines celebrandos proximo post festum sancti Michaelis anno pontificatus nostri septimo decimo veniat [*Inserted here:* Et quidem venit] tunc ordinandus in subdiacono. Et mandatum est dicto Archidiacono ut, etc. Memorandum de resignatione R., rectoris ecclesie de Appeltone, cappellani, presentati prius ad predictam pensionem.

[*Henry de Hurnle, deacon, presented by Alexander de Hamdene, knight, is instituted to the church of Great Hampden. The vicarage of W. the vicar is reserved, subject to a pension of 60s. to Henry. The resignation of A., now rector of Bereford, is to be noted.*]

HAMPDENE.—Henricus de Hurnle, diaconus, presentatus per Alexandrem de Hamdene, militem, ad ecclesiam de Hamdene, facta prius inquisitione per Archidiaconum Bukinghamiensem, per quam, etc., ad eandem admissus est, etc. Salva W., vicario, vicaria sua quam habet in eadem, qui totam ecclesiam ipsam quoadvixerit tenebit, reddendo inde dicto Henrico et successoribus suis sexaginta solidos annuos nomine pensionis. Et mandatum est dicto Archidiacono ut, etc. Memorandum de resignatione A., nunc rectoris ecclesie de Bereforde.

[*William de Burtone, chaplain, presented by John Marescallus, knight, to the church of Hogston, in virtue of his charge of the vill of Hoggeston, which he has by reason of an exchange made with William de Brienn, knight, who married John's sister, is instituted thereto, with the burden of personal service.*]

HOGGESTONE.—Willelmus de Burtone, cappellanus, presentatus ad ecclesiam de Hoggestone per Johannem Marescallum, militem, ratione custodie ville de Hoggestone quam habet, per excambium factum inter ipsum et Willelmum de Brienñ, militem, qui sororem ipsius Johannis duxit in uxorem, facta prius inquisitione per M., Archidiaconum Bukinghamiensem, dicto etiam Willelmo habente litteratorie ratum et gratum quod per dictum Johannem super donatione et presentatione ecclesie memorate factum fuerit, per que, etc., admissus est, etc., cum onere ministrandi personaliter in eadem. Et mandatum est dicto Archidiacono ut, etc.

BUKINGHAME.—ANNUS OCTAVUS DECIMUS.

[*Thurstan Bassett, previously rector of Hawridge, presented by William Maudoit, knight, to the church of Hanslape, is instituted thereto. The vicarage of Ralph, a chaplain, is reserved.*]

HAMSLAPE.—Thorstanus Bassett, prius rector ecclesie de Haulrigge, presentatus per Willelmum Maudoit, militem, ad ecclesiam de Hamslape, facta prius inquisitione per M., Archidiaconum Bukinghamiensem, per quam, etc., ad eandem sub pena Concilii admissus est, etc., salva Ricardo, cappellano, vicaria suam quam habet in eadem. Et mandatum est dicto Archidiacono ut, etc.

[*John de Daventre, chaplain, presented by the Prior and Convent of Cumbwell to the vicarage of Little Brickhill, is instituted thereto. The vicarage consists of the altarage, 10a. of land, and one acre of meadow, and is worth barely 4 marks, because it was constituted before the Council.*]

PARVA BRICHILLE.—Johannes de Daventre, capellanus, presentatus per Priorem et conventum de Cumbewelle ad vicariam de Parva Brichille, facta prius inquisitione per M., Archidiaconum Bukinghamiensem, per quam, etc., ad eandem admissus est, et cum onere et pena vicariorum institutus. Consistit autem ipsa vicaria in toto altalagio et decem acris terre et una acra prati, et valet vix quatuor marcas, quia taxata fuit ante Concilium. Et mandatum est dicto Archidiacono ut, etc.

[*Robert de Eddeshowre, sub-deacon, presented by the Abbot and Convent of Leicester to the vicarage of Adstock, is instituted thereto.*]

ADESTOKE.—Robertus de Eddeshowre, subdiaconus, presentatus per Abbatem et conventum de Leicestria ad ecclesiam de Adestoke, facta prius inquisitione per M., Archidiaconum, per quam, etc., ad eandem admissus est, etc. Et mandatum est dicto Archidiacono ut, etc.

[*Robert de Wendoure, chaplain, presented by the Prior and Convent of Southwark, is instituted to the vicarage of Wendover. The vicarage is set out.*]

WENDOURE VICARIA.—Robertus de Wendoure, capellanus, presentatus per Priorem et conventum de Suwercke ad vicariam ecclesie de Wendoure, facta prius inquisitione per M., Archidiaconum Bukinghamiensem, per quam, etc., ad eandem admissus est, et cum onere et pena vicariorum institutus. Consistit autem ipsa vicaria in toto altaragio et in tertia garba decimarum de tota villa, et sustinebit vicarius omnia episcopalia et archidiaconalia debita et consueta. Et mandatum est eidem Archidiacono ut, etc.

[*Walter de Rathomagum, sub-deacon, presented by William Mauduithe, the King's Chamberlain, to the church of Hauridge, after a suit of darreen presentment as to the advowson against Richard de Tingehurst, is instituted thereto. The right, if any, of R. de Tingehurst is reserved.*]

HAURIGE.—Walterus de Rothomago, subdiaconus, presentatus per Willelmum Mauduithe, domini Regis Camerarium, ad ecclesiam de Haurige, facta prius inquisitione per M., Archidiaconum Bukinghamiensem, et receptis litteris domini Regis, continentibus quod, cum idem Willelmus in curia sua peteret adversus Ricardum de Tingehurst advocationem ecclesie predicte per assisam ultime presentationis, idem Richardus in eadem curia presentationem suam ad eandem ecclesiam ei remisit et concessit, per quam, etc., ad eandem admissus est, etc. Salvo jure Magistri R. de Tingehurste, si quod habet ibidem. Et injunctum est dicto Archidiacono presenti ut, etc.

[*Roger de Wardone, chaplain, presented by Henry de Braibroch, knight, to the church of Horsendon, is instituted thereto. W. de Northampton, already presented, resigns his claim.*]

HORSINDONE.—Rogerus de Wardone, capellanus, presentatus per Henricum de Braibroch, militem, ad ecclesiam de Horsendone, facta prius inquisitione per M., Archidiaconum Bukinghamiensem, et Magistro W. de Norhamptone, prius ad eandem presentato, sponte se absentante, nec volente admitti propter onus annexum, unde negotium fuit in expedito, ad eandem cum onere et pena vicariorum admissus est, etc. Et injunctum est dicto Archidiacono ut, etc.

[*In the margin :—*] Littere presentationis.

[*Ralph de ———, sub-deacon, presented by Amery de Nuhers to the church of Gay hurst, is instituted thereto.*]

GAHIRST.—Radulphus de [*blank*], subdiaconus, presentatus per Amauricum de Nuhers ad ecclesiam de Gaihurste, facta prius inquisitione per M., Archidiaconum Bukinghamiensem, per quam, etc., ad eandem admissus est, etc. Et injunctum est Officiali presenti ut, etc.

[*Hugh de Wintona, chaplain, presented by Richard de Grava to the church of Grove, is instituted thereto.*]

GRAVA.—Hugo de Wintone, capellanus, presentatus per Richardum de Grava ad ecclesiam de Grava, facta prius inquisitione per M., Archidiaconum Bukinghamiensem, per quam, etc., ad eandem admissus est, et cum onere et pena vicariorum institutus. Et mandatum est dicto Archidiacono ut, etc.

[*Richard de Eilesbiri, deacon, presented by Osbert de Santredone, is instituted to the church of St. Mary, Sanderton, with the liability of finding a suitable chaplain to serve with him. He is to pay to H., rector of St. Nicholas in the same town, one mark annually.*]

SANCTA MARIA DE SANTERDONA.—Ricardus de Eilesbiri, diaconus, presentatus per Osbertum de Santredone ad ecclesiam Sancte Marie in eadem villa, facta prius inquisitione per M., Archidiaconum Bukinghamiensem, per quam, etc., ad eandem admissus est, etc., cum onere habendi idoneum capellanum socium secum in ea continue ministrantem. Et solvet Magistro H., rectori ecclesie beati Nicholai in eadem villa, unam marcam annuam, secundum quod in autentico inter eos inde confecto continetur. Et mandatum est dicto Archidiacono ut, etc.

[M. 4.]

[*Simon le Bretone, chaplain, presented by Hugh de Chastellone to the church of Leckhamstead, void by the resignation of Ranulph le Bretone, is instituted thereto.*]

LECHAMSTEDE.—Simon le Bretone, capellanus, presentatus per Hugonem de Chastellone ad ecclesiam de Lechamstede, vacantem eo quod Ranulfus le Bretone ipsam in manu domini Episcopi resignavit, facta prius inquisitone per M., Archidiaconum Bukinghamiensem, per quam, etc., ad eandem admissus est, etc. Et mandatum est dicto Archidiacono ut, etc.

[*Peter de Esfordebi, sub-deacon, presented by the Prior and Convent of Bradwell to the church of Padbury, is instituted thereto, —— clerk, previously presented, renouncing his presentation.*]

PADEBIRI.—Magister Petrus de Esfordebi, subdiaconus, presentatus per Priorem et conventum de Bradewelle ad ecclesiam de Padebyri, facta prius inquisitione per M., Archidiaconum Bukinghamiensem [*blank*], clerico, prius ad eandem presentato, presentatione sue renuntiante, per que, etc., ad eandem admissus est, etc. Et injunctum est dicto Archidiacono presenti prout, etc.

[*Henry de Wendoure, chaplain, presented by the Abbot and Convent of Missenden to the vicarage of the church of Great Kimble, (Richard, the chaplain, having been previously deprived by sentence), is instituted thereto.*]

KENEBELLE VICARIA.—Henricus de Wendoure, capellanus, presentatus per Abbatem et conventum de Messendene ad vicariam ecclesie de Kenebelle, facta prius inquisitione per M., Archidiaconum Bukinghamiensem, et Ricardo, capellano, propter incontinentiam ea prius sententialiter privato, per que, etc., ad eandem admissus est, et cum onere et pena vicariorum, etc. Et injunctum est dicto Archidiacono presenti ut, etc.

[*James, chaplain, presented by the Prior and Convent of St. Frideswide to the vicarage of the church of Over Winchendon, is instituted thereto. The vicarage is set out.*]

WICHENDONE VICARIA.—Jacobus, capellanus, presentatus per Priorem et conventum Sancte Fredeswide ad vicariam ecclesie de Winchendone, facta prius inquisitione per M., Archidiaconum

Bukinghamiensem, per quam, etc., ad eandem admissus est, etc., et cum onere et pena, etc. Consistit autem ipsa vicaria in toto altaragio ipsius parrochie, exceptis minutis decimis de curia Prioris et in decimis garbarum dimidie hide terre, quam Robertus filius Gervasii tenet, cum decimis feni ejusdem terre, et in decimis garbarum et feni dimidie virgate terre quam Walterus Tresbon tenet, et in manso competente. Et mandatum est dicto Archidiacono ut, etc.

BUKINGHAME.—ANNUS NOVUS DECIMUS.

[*Richard de Tan', chaplain, presented by the Prior and Convent of Newnton Longville to the church of Great Horwood, the medieties of which were united with their consent, is instituted thereto. Richard had previously been presented to a vacant mediety by the same patrons.*]

HOREWODE.—Ricardus de Tañ, capellanus, presentatus per Priorem et conventum de Longville ad ecclesiam de Horewode de ipsorum consensu unitam, facta prius inquisitione per M., Archidiaconum Bukinghamiensem, per quam, etc., ad eandem admissus est, etc. Et mandatum est dicto Archidiacono ut, etc. Et sciendum quod idem Ricardus ad unam medietatem ex dudum vacantem per predictos patronos prius fuerat presentatus.

[*William de Ingeham, chaplain, presented by William de Engelby, rector of Chalfont St. Giles, is instituted to the vicarage thereof with the assent of the patrons, the Prior and Convent of Bradwell.*]

CHAUFUNT VICARIA.—Willelmus de Ingeham, capellanus, presentatus per Willelmum de Engelby, rectorem ecclesie Sancti Egidii de Chaufont, ad ipsius ecclesie vicariam, interveniente Prioris et conventus de Bradewelle, patronorum, assensu, facta prius inquisitione per M., Archidiaconum Bukinghamiensem, per quam, etc., ad eandem admissus est, et in ea cum onere et pena vicariorum canonice vicarius institutus. Consistit autem ipsa vicaria in omnibus obventionibus altaris, et minutis decimis, et in decimis garbarum dimidie virgate terre pertinentis ad ecclesiam, salvis persone omnibus decimus bladi et leguminum cum [*from* cum *to* feni *inserted*] terra [ecclesie?] et decimis feni. Et mandatum est dicto Archidiacono, etc.

[*John Dryw, chaplain, presented by the Prior and Convent of Southwark, is instituted to the church of Stoke Poges.*]

STOKES VICARIA.—Johannes Dryw, capellanus, presentatus per Priorem et conventum de Suwerch ad vicariam ecclesie de Stokes juxta Windlesoram, facta prius inquisitione per M., Archidiaconum Bukinghamiensem, per quam, etc., ad eandem admissus est cum onere et pena, etc. Et mandatum est Magistro P., Officialem Archidiaconi Bukinghamiensis, ut ipsum, etc. Consistit autem ipsa vicaria ut supra anno tertio decimo.

[*William de Saleforde, chaplain, presented by Gilbert de Passelewe, parson and patron, to the vicarage of the church of Wavendon, is instituted thereto. The vicarage consists of the altarage, with a suitable residence.*]

WAUENDONE VICARIA.—Willelmus de Saleforde, cappellanus, presentatus per Gilbertum Passelewe, personam et patronum, ad vicariam ecclesie de Wauendone, facta prius inquisitione per M., Archidiaconum Bukinghamiensem, per quam, etc., ad eandem admissus est, cum onere et pena, etc. Et mandatum est Magistro L., Officialem Bukinghamiensem, etc. Consistit autem ipsa vicaria in toto altaragio ipsius ecclesie cum manso competente.

[*William de Westone, chaplain, presented by William Mauduit, the King's Chamberlain, to the church of Hawridge, after the receipt of the king's letter that Richard de Tingehurst, had released to William his presentation, is instituted thereto.*]

HAULRIG'.—Willelmus de Westone, capellanus, presentatus per Willelmum Maudoit, domini Regis Camerarium, ad ecclesiam de Haulriġ, facta prius inquisitione per M., Archidiaconum Bukinghamiensem, receptis etiam [litteris] domini Regis continentibus quod Magister Ricardus de Tingehurst presentationem suam predicto Willelmo in curia ipsius domini Regis prius remiserat, et quod non obstante reclamatione ipsius Magistri Ricardi, etc., per que, etc., ad eandem admissus est, et in ea canonice cum onere et pena vicariorum persona institutus.

ANNUS VICESIMUS.

[*Ralph de Berchamstede, chaplain, presented by the Prior and Convent of Newport Pagnell to the vicarage of the church of Bradwell, is instituted thereto. The vicarage is set out, and was worth 5 marks, but has now deteriorated by reason of the subtraction of certain small tithes.*]

BRADEWELLE VICARIA.—Radulfus de Berchamstede, capellanus, presentatus per Priorem et conventum de Neuport ad vicariam ecclesie de Bradewelle, facta prius inquisitione per Magistrum P., Officialem Archidiaconi Bukinghamiensis, per quam negotium fuit in expedito, ad eandem admissus est, et in ea canonice, cum onere et pena vicariorum, vicarius institutus. Consistit autem ipsa vicaria in toto altaragio, et dimidia virgata terre, cum manso competenti, et in tertia garba decimarum totius ville, preter quam de dominico P. Barre ; et valuit vicaria in prima taxatione quinque marcas, set modo deteriorata est per subtractionem quarundam minutarum decimarum, ut habetur in inquisitione, nec scitur per quem fuerit ordinata. Et mandatum est dicto Officiali ut, etc., simul cum decimis subtractis ut dicitur.

[*William de Cuille, sub-deacon, presented by Thomas Mansell, is instituted to the church of Shenley ; the vicarage of Ralph Taillebois is reserved, subject to a pension of 6 marks to the rector.*]

SCHENLE.—Willelmus de Cuille, subdiaconus, presentatus per Thomam Manselle ad ecclesiam de Schenle, facta prius inquisitione per Magistrum P., Officialem Bukinghamiensem, per quam, etc., ad eandem admissus est, etc., salva Radulfo Tailleboys, vicario, vicaria sua quam habet in eadem, qui quidem totam illam ecclesiam tenebit quodvixerat, reddendo dicto Willelmo et successoribus suis, ejusdem ecclesie personis, sex marcas annuas nomine pensionis. Et mandatum est dicto Officiali ut, etc.

[*William de Estone, chaplain, presented by the Prior and Convent of St. Frideswide, Oxford, is instituted to the vicarage of Worminghall, ordained by the authority of the Council. The vicarage is set out; it is worth 5 marks. William de Cotes, priest, renounces his claim.*]

WIRMEHALE VICARIA.—Willelmus de Estone, cappellanus, presentatus per Priorem et conventum sancte Fritheswide Oxoniensis ad vicariam ecclesie de Wirmehale, auctoritate Concilii per nos ordinatam, facta prius inquisitione per Magistrum P., Officialem Bukinghamiensem, et Willelmo de Cotes, presbitero, prius presentato ad eandem, juri quod habuit in ea non sine causa renuntiante, per que, etc., ad eandem admissus est et in ea canonice vicarius perpetuus institutus, cum onere et pena vicariorum. Consistit autem ipsa vicaria in competenti domo et in toto altaragio, exceptis minutis decimis de curia Prioris, et in decimis tam feni quam bladi unius hide terre in villa de Thomele, illius scilicet hide que fuit monachorum de Straforde. Canonici autem sancte Frideswide tenent in dominico unam virgatam de illa hida, Godefridus Bissope unam, Ricardus Colewis unam, Willelmus Oliver quartam. Habebit vicarius quatuor vaccas et viginti quatuor oves in pastura Prioris. Sustinebunt etiam dicti Canonici omnia onera episcopalia, exceptis sinodalibus. Et valet dicta vicaria quinque marcas. Et mandatum est dicto Officiali ut, etc.

[*Berard, writer to the Pope, is instituted to the church of Cheddington, on the presentation of the Prior and Convent of St. Oswald of Nostley. Ralph and Elias de Chaendoit renounce their claims to the advowson.*]

CHETINGDONE.—Magister Berardus, domini Pape scriptor, presentatus per Priorem et conventum Sancti Oswaldi de Nostl ad ecclesiam de Chetingdone, facta prius inquisitione per Magistrum P., Officialem Bukinghamiensem, Radulfo et Helia de Chaendoit appellationi quam super advocatione illius ecclesie interposuerant renuntiantibus, per que, etc., ad eandem admissus est. Et mandatum est dicto Officiali ut, etc.

[*William de Graham, on the presentation of the Abbot and Convent of St. Albans, is instituted to the church of Wingrave, void by the preferment of Stephen, late rector.*]

WENGRAVE.—Magister Willelmus de Graham, presentatus per Abbatem et conventum Sancti Albani ad ecclesiam de Wengrava, vacante eo quod Magister Stephanus, ultimo rector ejusdem, aliud recepit beneficium cum cura animarum, facta prius inquisitione per Magistrum P., Officialem Bukinghamiensem, per quam, etc., ad eandem admissus est, etc. Et mandatum est dicto Magistro P. ut, etc.

[*William de Linton, chaplain, collated thereto by the Bishop, is instituted to the church of Woburn. Thereout 15 marks annually are reserved to the Dean and Chapter of Lincoln.*]

WOUBURNE.—Willelmus de Lintone, capellanus, cui dominus Episcopus ecclesiam de Woburne, que est de advocatione sua, contulit, canonice in ea persona est institutus, cum onere ministrandi personaliter in eadem. Salvis dilectis filiis decano et capitulo Lincolniensi quindecim marcis annuis de eadem per manum ipsius Willelmi et successorum suorum, ipsius ecclesie personarum, in quatuor anni terminis, de concessione et confirmatione ipsius domini Episcopi percipiendis. Et mandatum est Decano de Wicumbe ut vice Archidiaconi, etc.

[*Ralph, son of Roger, chaplain, on the presentation of M., the rector, with the consent of Sir W. de Beauchamp, patron, is instituted to the vicarage of Drayton Beauchamp.*]

DREYTONE VICARIA.—Radulfus filius Rogeri, capellanus, presentatus per M., rectorem ecclesie de Dreytone, ad vicariam ejusdem ecclesie, interveniente domini W. de Bello Campo, patroni ejusdem, assensu, facta prius inquisitione per Magistrum P., Officialem Bukinghamiensem, per quam, etc., ad eandem admissus est, cum onere et pena vicariorum. Consistit autem ipsa vicaria ut supra anno quarto decimo. Et mandatum est dicto Officiali ut, etc.

[*Robert de Messeworde, chaplain, presented by Henry, a monk, proctor of the Abbot of St. Nicholas of Angers, is instituted to the lately ordained vicarage of Wing.*]

WENGE VICARIA.—Robertus de Messeworde, capellanus, presentatus per Henricum, monachum, Abbatis Sancti Nicholai Andegavensis generalem procuratorem in Anglia, ad vicariam ecclesie de Wenge exdudum ordinatam, facta prius inquisitione per Magistrum P., Officialem Bukinghamiensem, per quam, etc., ad eandem admissus est cum onere et pena vicariorum. Et mandatum est dicto Officiali ut, etc.

ANNUS PRIMUS ET VICESIMUS.

[*Silvester de Anagn', on the presentation of the Abbot and Convent of Gloucester, is instituted to the church of Wraysbury by his proxy, Berard, the Pope's writer. Richard de Mountfichet renounces his claim to the advowson, and Stephen, the Pope's chaplain, renounces his claim to the presentation. As to a pension claimed the Bishop is to decide if it be due and ancient.*]

WIREDEBIRI.—Magister Silvester de Anagñ [*blank*], presentatus per Abbatem et conventum Gloucestriensem ad ecclesiam de Wiredebiria, facta prius inquisitione per Magistrum P., Officialem Buckinghamiensem, et Ricardo de Muntfichet appellationi quam pro dicte ecclesie advocatione interposuerat renuntiante, et Magistro Stephano, domini Pape capellano, prius presentato ad eandem presentationi sue similiter renuntiante, et rogante quod Magister Berardus, scriptor domini Pape, nomine dicti Magistri Silvestri in ipsa investiretur, ad eandem admissus est, et per dictum Magistrum Berardum sic institutus. Et mandatum est dicto Officiali, etc. De pensione nichil fiet donec constiterit domino Episcopo si sit debita et antiqua.

[*Thomas de Scyreford, sub-deacon, presented by the Prior and Convent of Newport Pagnell, who had recovered the advowson in the King's Court from John de Karun, is instituted to the church of Sherrington.*]

SYRINTONE.—Thomas de Scyreforde, subdiaconus, presentatus per Priorem et conventum de Neuport ad ecclesiam de Syrintone, facta prius inquisitione per Magistrum P., Officialem Buckinghamiensem, et receptis litteris domini Regis continentibus quod dictus Prior coram Justiciariis apud Westmonasterium recuperavit seisinam suam versus Johannem de Karun de advocatione dicte ecclesie per assisam ultime presentationis, etc., per que, etc., ad eandem admissus est, etc. Et mandatum est dicto Officiali ut, etc.

[*Hamon de Stoktone, deacon, presented by Gilbert Passelewe, is instituted to the church of Wavendone, void by the resignation of Gilbert. Hamon is enjoined to study and to attend the schools.*]

WAVENDONE.—Hamo de Stoktone, diaconus, presentatus Gilbertum Passelewe ad ecclesiam de Wavendone, vacantem per resignationem ejusdem Gilberti, qui eam ultimo tenuit, facta prius inquisitione per M., Archidiaconum Bukynghamiensem, per quam, etc., ad eandem admissus est, etc., et mandatum est dicto Archidiacono ut, etc. Preterea injunctum est eidem Hamoni sub debito juramenti prestiti quod addiscat et scolas frequentet.

[*Robert de Raleghe, sub-deacon, is instituted to the church of Marsh Gibbon on the presentation of the Abbot and Convent of Grestein, who had recovered the advowson from Warin Basset and Katherine his wife. The King's letter directing the Bishop to admit the Abbot's nominee is recited, and is dated 9 February 1230.*]

MERSE.—Robertus de Raleghe, subdiaconus, presentatus per Abbatem et conventum de Grestenge ad ecclesiam de Merse, receptis litteris domini Regis in hec verba : Henricus, Dei gratia Rex, etc. Episcopo Lincolniensi, etc. Ostensum est nobis ex parte Abbatis de Gresteng quod cum ipse teneat manerium de Mershe cum advocatione ecclesie ejusdem manerii et omnibus aliis pertinentiis suis, quod manerium Warinus Basset et Katerina, uxor ejus, in curia nostra coram Justiciariis nostris apud Westmonasterium petunt versus eundem Abbatem, ut jus ipsius Katerine, et clericum suum nobis presentaverit ad eandem ecclesiam, que vacat ut dicitur, idem Warinus et Katerina clericum suum nobis presentaverunt ad eandem ecclesiam, desicut non sunt in seisina de eodem manerio nec de aliquibus ejusdem manerii pertinentiis ; et presentationem predicti Abbatis impediunt sicut predictus Warinus cognovit nuper coram prefatis Justiciariis nostris apud Westmonasterium. Et quia constat nobis quod predicti Warinus et Katerina non sunt in seisina de predicto manerio, vobis mandamus quod non obstante reclamatione predictorum Warini et Katerine ad presentationem predicti Abbatis idoneam personam ad eandem ecclesiam admittatis. Teste S. de Segrave apud Westmonasterium nono die Februarii anno regni nostri quarto decimo ; per que, etc., ad eandem admissus est, etc. Et mandatum est M., Archidiacono Buckinghamiensi, ut, etc.

[*Robert de Beaconsfield, chaplain, on the failure of the patrons, the Nuns of Goring, to present, is collated to the vicarge of Stanton Barry.*]

STANTONE.—Robertus de Bekenesfelde, capellanus, cui Episcopus vicariam ecclesie de Stantone propter negligentiam monialium de Garinges, ejusdem ecclesie patronarum, auctoritate Concilii, contulit, in eandem institutus est, cum onere et pena vicariorum. Et mandatum est M., Archidiacono Buckinghamiensi, ut, etc., salvo dictis monialibus jure presentandi ad eandem cum ipsam alias vacare contigerit. Actum apud Tinghurste octavo Kalendas Julii.

[*Geoffrey de Ulecote, sub-deacon, presented by William Bavel, is instituted to the church of Shalston. Geoffrey is to study and attend the schools.*]

SALDESTONE.—Galfridus de Ulecote, subdiaconus, presentatus per Willelmum Baivel' ad ecclesiam de Saldestone, facta prius inquisitione per Magistrum P., Officialem Bukinghamiensem, per quam, etc., ad eandem admissus est, etc. Et injunctum est dicto Officiali ut, etc. Injunctum est etiam dicto Galfrido, clerico, quod scolas frequentet, et addiscat.

[*Walter de Wottesdone, sub-deacon, on the presentation of Robert de Curtenay, knt., is admitted to the prebend of Waddesdon, formerly H. de Curtenay's.*]

WOTTESDONE.—Walterus de Wottesdone, subdiaconus, presentatus per Robertum de Curtenay, militem, ad illam prebendam de Wottesdone que fuit H. de Curtenay, facta prius inquisitione per Magistrum P., Officialem Bukinghamiensem, per quam, etc., ad eandem admissus est; et injunctum est dicto Officiali ut, etc.

[*In the margin :*—] Non habemus litteras presentationis.

[*Richard Malclerc, sub-deacon, on the presentation of Simon de Borard, who had recovered the advowson from Alice, Prioress of Stamford, is instituted to the church of Clifton. The King's letter dated 20 May 1230 is recited.*]

CLIFTONE.—Ricardus Malclerc, subdiaconus, presentatus per Simonem de Borard, militem, ad ecclesiam de Cliftone, facta prius inquisitione per M., Archidiaconum Buckinghamiensem, et receptis litteris domini Regis in hac forma : H., Dei gratia Rex Anglie, etc. Episcopo Lincolniensi, etc. Sciatis quod cum assisa ultime presentationis summonita esset coram Justiciariis nostris apud Westmonasterium inter Simonem de Borarde, querentem, et Aliciam, Priorissam de Staumforde, deforciantem, de advocatione ecclesie de Cliftone, eadem Priorissa venit in eadem curia coram eisdem Justiciariis, et recognovit eidem Simoni advocationem predicte ecclesie, et remisit et quietum clamavit de se et aliis Priorissis, que ei succedent, predicto Simoni et heredibus suis totum jus et clamium quod habuit in advocatione predicte ecclesie imperpetuum. Et ideo vobis mandamus quod, non obstante reclamatione predicte

Priorisse, ad presentationem predicti Simonis ad eandem ecclesiam idoneam personam admittatis. Teste W. de Raleghe apud Westmonasterium vicesimo die Maii anno regni nostri quarto decimo. Per que, etc., ad eandem admissus est, etc. Et mandatum est eidem Archidiacono ut, etc.

[*Simon de Sancton, sub-deacon, on the presentation of Nicholas de Verdone, is instituted to the church of Farnham.*]

FARNHAME.—Simon de Sancton, subdiaconus, presentatus per Nicholaum de Verdone ad ecclesiam de Farnhame, facta prius inquisitione per M., Archidiaconum Bukinghamiensem, per quam, etc., ad eandem admissus est, etc., et mandatum est dicto Archidiacono ut, etc.

[*Abel, chaplain, on the presentation of Geoffrey Briton is instituted to the church of Cholesbury. He is to serve personally.*]

CHEREWOLDEBIRI.—Abel, capellanus, presentatus per Galfridum Britonem ad ecclesiam de Cherewoldebiria, facta prius inquisitione per M., Archidiaconum Buckinghamiensem, per quam, etc., ad eandem admissus est, et in ea canonice persona institutus, cum onere ministrandi personaliter in eadem. Et mandatum est eidem Archidiacono ut, etc.

[M. 13.]

ANNUS SECUNDUS ET VICESIMUS.

[*Thomas de Bosco, sub-deacon, presented by Ralph, Bishop of Winchester, the King's Chancellor, by reason of his custody of the land and heir of Duncan de Lasceles, is instituted to one mediety of the church of Burnham, and to the other mediety on the presentation of Hugh de Hodeng.*]

BURNHAME.—Thomas de Bosco, subdiaconus, presentatus per venerabilem fratrem, Radulphum, Cicestrensem Episcopum, domini Regio Cancellarium, ad unam medietatem ecclesie de Burnhame, ratione custodie terre et heredis Dunecani de Lasceles in manu sua existentis, et per Hugonem de Hodeng ad aliam medietatem ecclesie de Burnham, facta prius inquisitione per Magistrum Willelmum de Glovernia, Decanum de Burnhame, per quam omnia sunt inexpedito, ad eandem ecclesiam admissus est, et in eadem canonice persona institutus. Et mandatum est M., Archidiacono Bukinghamiensi, ut dictum Thomam de Bosco, in dicte ecclesie de Burneham possessionem induci faciat.

[*Philip de Limuntone, chaplain, on the presentation of Geoffrey de Kauz, is instituted to the church of Simpson. He is to reside and have an assistant chaplain.*]

SIWINESTONE.—Philippus de Limuntone, capellanus, presentatus per Galfridum de Kauz ad ecclesiam Siwinestone, facta prius inquisitione per M., Archidiaconum Bukinghamiensem, per quam, etc., ad eandem admissus est, etc., cum onere residendi personaliter in eadem, et habendi capellanum idoneum secum continue ministrantem. Et mandatum est dicto Archidiacono ut, etc.

[*Thomas de Verdune, sub-deacon, presented by Nicholas de Verdune, is instituted to the church of Farnham Royal. He is to attend the schools and to study.*]

FERNHAM.—Thomas de Verdune, subdiaconus, presentatus per Nicholaum de Verdune ad ecclesiam de Fernhame vacantem, facta prius inquisitione per M., Archidiaconum Bukinghamiensem, per quam, etc., ad eandem admissus est, etc. Et mandatum est eidem Archidiacono ut, etc. Injunctum est admisso quod scolas frequentet et addiscat.

[*John de Blarewike, sub-deacon, presented by Ralph de Greseley, is instituted to the church of Middle Claydon, with the burden which belongs to so small a benefice.*]

PARVA CLAYDONE.—Johannes de Blarewike, subdiaconus, presentatus per Radulphum de Greseley, militem, ad ecclesiam de Parva Clayndone, facta prius inquisitione per M., Archidiaconum Bukinghamiensem, per quam, etc., ad eandem admissus est., cum onere quod ad tantillum beneficium pertinet, etc. Et mandatum est dicto Archidiacono ut, etc.

[*William Haranges, chaplain, presented by Geoffrey de Luctone, is instituted to the church of Little Loughton.*]

PARVA LUTONE.—Willelmus Haranges, capellanus, presentatus per Galfridum de Luctone ad ecclesiam de Parva Luctone, facta prius inquisitione per M., Archidiaconum Bukinghamiensem, per quam, etc., ad eandem admissus est, etc., cum onere et pena vicariorum. Et mandatum est dicto Archidiacono ut, etc.

[*Henry de Beche, on the presentation of the Prior and Convent of Cumbwell, is instituted to the church of Little Woolston. He has an indulgence of one year to attend the schools and is then to be ordained priest.*]

PARVA WOLSISTONE.—Henricus de Beche [*blank*], presentatus per Priorem et conventum de Cumbewelle ad ecclesiam de Parva Wlsistone, facta prius inquisitione per M., Archidiaconum Bukinghamiensem, per quam, etc., ad eandem admissus est, cum onere et pena vicariorum. Et mandatum est dicto Archidiacono ut, etc. Habet inducias unius anni scolas frequentandi ut tunc veniat ordinandus in presbiterum.

[*John de Neville, sub-deacon, presented by R., Bishop of Chichester, the King's Chancellor, by reason of the custody of the land and heir of Duncan de Lascelles, is instituted to one mediety of the church of Burnham, and to the other mediety with the assent of Hugh de Hodenge.*]

BURNHAM.—Johannes de Neville, subdiaconus, presentatus per venerabilem Fratrem R., Cycestrensem Episcopum, domini Regis Cancellarium, ad unam medietatem ecclesie de Burnham, ratione custodie terre et heredis Dunecani de Lascelles in manu sua existentis, et de assensu Hugonis de Hodenge, ad aliam medietatem dicte ecclesie de Burnham, facta prius inquisitione per M., Archidiaconum Buckinghamiensem, per quam, etc. Et mandatum est dicto Archidiacono ut, etc.

[*Robert le Mansel, sub-deacon, on the presentation of John le Mansel, is instituted to the church of Soulsbury. He is to attend the schools and to study, and if, after a year, he is found incompetent he is to present a chaplain to a competent vicarage which the Bishop shall ordain. Witness, John de Birmingeham, at Tevelby, 6 Nones of October.*]

SULEBIRI.—Robertus le Mansel, subdiaconus, presentatus per Johannem le Mansel ad ecclesiam de Sulebiry, facta prius inquisitione per M., Archidiaconum Buckinghamiensem, per quam, etc., ad eandem admissus est, etc. Et mandatum est dicto Archidiacono ut, etc. Injunctum etiam est eidem Roberto, sub debita juramenti et sub pena beneficii amittendi, quod scolas frequentet et addiscat, et quod post annum completum veniat examinandus, ita quod si tunc minus idoneus repertus fuerit, presentet idoneum capellanum ad vicariam competentem per dominum Episcopum in eadem ecclesia ordinandam, per eundem dominum admittendum Teste Magistro Johanne de Birmingeham, tunc, scilicet sexto Nonas Octobris, apud Tevelby presente.

[*Richard de Bray, sub-deacon, on the presentation of Willian de Rikespaut, is instituted to a mediety of the church of Walton near Bletchley, reserving to Roger de Bray, parson of the other mediety, a vicarage of the first mediety assigned with the assent of the said Richard the parson and William the patron. Roger is to pay to Richard and his successors an annual pension of 20s., and also to Richard half a mark for life.*]

WALTONE.—Ricardus de Bray, subdiaconus, presentatus per Willelmum de Rikespaut ad medietatem ecclesie de Waltone, facta prius inquisitione per M., Archidiaconum Bukinghamiensem, per quam, etc., ad eandem medietatem admissus est, etc., salva Magistro Rogero de Bray, alterius medietatis persone, vicaria dicte medietatis eidem, de assensu dictorum Ricardi, persone, et Willelmi, patroni, assignata ; qui quidem Rogerus totam illam medietatem tenebit quoadvixerit, reddendo inde dicto Ricardo et successoribus suis, ipsius medietatis personis, viginti solidos annuos nomine pensionis. De dono etiam domini Episcopi solvet idem Rogerus dicto Ricardo quamdiu vixerit dimidiam marcam annuam [de camera *inserted above the line*]. Et mandatum est dicto Archidiacono ut, etc.

[*Gilbert de Hida, sub-deacon, on the presentation of Robert de Chetwode, knight, is instituted to the church of Chetwode.*]

CHETWODE.—Gilbertus de Hida, subdiaconus, presentatus per Robertum de Chetwode, militem, ad ecclesiam de Chetwode, facta prius inquisitione per M., Archidiaconum Buckinghamiensem, per quam, etc., ad eandem admissus est, etc., et mandatum est dicto Archidiacono ut, etc.

[*On the dorse of the membrane for the twenty-second year:—*]
[*Robert de Sancta Brigida, canon, presented by Hubert de Burgh, Justiciar of England, by reason of his custody of the land and heir of the Earl of Arundel, is instituted to the Hermitage of Cotesmore. The Archdeacon shall enjoin the Brethren of that place to be obedient to Robert as the warden.*]

Robertus de Sancta Brigida, canonicus, presentatus per dominum Hubertum de Burgo, Justiciarium Anglie, ratione terre et heredis Comitis de Arundell' in manu sua existentium, ad heremitagium de Cotesmore, facta prius inquisitione per M., Archidiaconum Buckinghamiensem, per quam, etc., ad idem admissus est, et in eo canonice custos institutus. Et mandatum est dicto Archidiacono ut ipsum Robertum in corporalem heremitagii predicti possessionem inducat, injungens ejusdem loci fratribus quod eidem Roberto tanquam custodi sui sint intendentes et obedientes.

BUKINGHAME.—ANNUS TERTIUS ET VICESIMUS.

[*Richard de Polesworthe, chaplain, is instituted parson of Radnage on the presentation of Brother Robert de Sandforde, the Master, and the Brethren of the Knights Templars.*]

RADENACCHE.—Ricardus de Polesworthe, capellanus, presentatus per Fratrem Robertum de Sandforde, Magistrum, et fratres militum Templi in Anglia ad ecclesiam de Radenacche, facta prius inquisitione per M., Archidiaconum Buckinghamiensem, per quam negotium fuit in expedito, ad eandem admissus est, et in ea canonice persona institutus. Et mandatum est eidem Archidiacono ut ipsum Ricardum in corporalem ecclesie predicte possessionem inducat.

[*Simon de Gumecestre, chaplain, is instituted to the Vicarage of Upton Royal on the presentation of the Prior and Convent of Merton, but is to have a suitable chaplain as his associate until he himself is competent. The vicarage is described.*]

UPTONE.—Simon de Gumecestre, capellanus, presentatus per Priorem et conventum de Mertone ad vicariam ecclesie de Uptone, facta prius inquisitione per M., Archidiaconum Buckinghamiensem, per quam, etc., ad eandem vicariam admissus est, etc., cum onere et pena vicariorum. Consistit autem ipsa vicaria in toto altalagio et dimidia virgata terre, et manso competenti; et valet communibus annis sex marcas. Et mandatum est eidem Archidiacono ut, etc. Et notandum quod idem Simon habebit ibi capellanum idoneum socium donec per se sufficiat.

[*Simon de Wotesdone, chaplain, is instituted to the vicarage of Kingsey Chapel on the presentation of Brother William, the sacristan of Rochester, as proctor for the Prior and Convent thereof.*]

KYNGESEYA.—Simon de Wotesdone, capellanus, presentatus per Fratrem Willelmum, Sacristam Roffensem, procuratorem Prioris et conventus ejusdem loci ad hoc specialiter constitutum, ad vicariam capelle de Kingeseya, facta prius inquisitione per M., Archidiaconum Buckinghamiensem, per quam, etc., ad eandem admissus est, etc., cum onere et pena vicariorum. Et mandatum est eidem Archidiacono ut, etc. Consistit autem ipsa vicaria ut in rotulo cartarum anni xxij.

[*Richard de Gatesdene, sub-deacon, is instituted parson of Lathbury on the presentation of Ermeiarda de Bydun. The Abbot of Laund had claimed the advowson but had acknowledged the right of Ermeiarda in the King's court. Robert, son of Geoffrey, co-owner with Ermeiarda, had released to her his right, and William de Hocht, who had arraigned against Ermeiarda an assize of d'arrein presentment, withdrew his claim by leave of the court.*]

LATEBIRY.—Ricardus de Gatesdene, subdiaconus, presentatus per Ermeiardam de Bydun, ad ecclesiam de Latebiry, facta prius inquisitione per M., Archidiaconum Buckinghamiensem, et receptis litteris domini Regis, quod, cum Ermeiarda de Bydun in curia sua, coram justiciariis suis apud Westmonasterium, summonita esset ad respondendum Abbati de Lauend quare impedit eum presentare idoneam personam ad ecclesiam de Lattebiry, idem Abbas venit in eadem curia coram eisdem justiciariis, et recognovit et concessit advocationem predicte ecclesie esse jus ipsius Ermeiarde, et quod Robertus, filius Galfridi, particeps ipsius Ermeiarde, presens fuit in eadem curia coram eisdem justiciariis, et remisit eidem Ermeiarde et heredibus suis, de se et heredibus suis, totum jus et clameum quod habuerunt in predicta advocatione. Item receptis ejusdem domini litteris, quod, cum Willemus de Hocht in curia eadem coram dictis justiciariis, arainiasset assisam ultime presentationis versus dictam Ermeiardam de ecclesia predicta, idem Willemus venit in eadem curia, et per licentiam se retraxit, et dixit quod noluit prosequi assisam illam de predicta ecclesia versus eam. Et ideo non obstante reclamatione dictorum Abbatis, Roberti et Willelmi, dominus Episcopus ad presentationem dicte Ermeiarde ad eandem ecclesiam idoneam personam admitteret ; per que, etc., ad eandem ecclesiam admissus est, et in ea canonice persona institutus. Et mandatum est dicto Archidiacono ut, etc.

[*John de Chednete, sub-deacon, instituted to the church of Isenhampstead Chenies on the presentation of Alexander de Chednete.*]

ISENHAMSTEDE.—Johannes de Chednete, subdiaconus, presentatus per Alexandrum de Chednete ad ecclesiam de Isenhamstede, facta prius inquisitione per M., Archidiaconum Bukinghamiensem, per quam, etc., ad eandem admissus est, etc. Et mandatum est eidem Archidiacono ut, etc.

[*William de Godesdone, sub-deacon, is instituted to the church of Drayton Parslow on the King's presentation after a suit of quare impedit against Gilbert Passelewe.*]

DRAITONE.—Willelmus de Godesdone, subdiaconus, presentatus per dominum Regem ad ecclesiam de Draytone, facta prius inquisitione per M., Archidiaconum Bukinghamiensem, et receptis litteris ejusdem domini Regis, continentibus quod, cum Gilbertus Passelewe summonitus esset coram justiciariis suis apud Westmonasterium ad respondendum ei quare impedit ipsum presentare idoneum personam ad ecclesiam de Draytone, que vacabat et ad suam spectabat donationem ratione terre de Draitone, que fuit in manu sua, idem Gilbertus venit coram predictis justiciariis suis, et cognovit eidem domino Regi presentationem suam ; per que, etc., ad eandem admissus est, etc. Et mandatum est dicto Archidiacono ut, etc.

[*William de Haya, sub-deacon, on the presentation of Roger de Verly, is instituted to the church of Woughton. To William de Bukingham is reserved his vicarage in the whole church. He pays an annual pension of 2s. to William de Haya.*]

WÔKETONE.—Magister Willelmus de Haya, subdiaconus, presentatus per Rogerum de Verly, militem, ad ecclesiam de Woketone, facta prius inquisitione per M., Archidiaconum Bukinghamiensem, per quam, etc., ad eandem admissus est, etc., salva Willemo de Bukingham, capellano, vicaria sua quam habet in eadem, qui quidem totam illam ecclesiam tenebit quoadvixerit, reddendo inde annuatim memorato Magistro Willelmo de Haya duos solidos nomine pensionis. Et mandatum est dicto Archidiacono Bukinghamiensi ut secundum formam prenotatam, etc.

[*Eustace de Offeley, chaplain, collated by the Bishop, is instituted to the church of Isenhamstead Chenies. The right of the true patron is reserved.*]

ISELHAMSTEDE.—Eustachius de Offeley, capellanus, cui dominus Episcopus ecclesiam de Iselhamstede contulit auctoritate concilii, salvo imposterum patrono vero jure presentandi ad ipsam, ad eandem admissus est, etc., cum onere et pena vicariorum. Et mandatum est M., Archidiacono Buckinghamiensi, ut secundum formam premissam, etc.

[*Nicholas de Embertone, chaplain, is instituted to the vicarage of Lavenden on the presentation of the Abbot and Convent of Lavenden. The vicarage is set out. The Bishop retained the power to vary it. As to the Lord's Chapel in Lavenden Castle, service is due two days a week.*]

LAVENDONE.—Nicholaus de Embertone, capellanus, presentatus per Abbatem et conventum de Laundone ad vicariam ecclesie de Lavendone, auctoritate concilii ordinatam, facta prius inquisitione per M., Archidiaconum Buckinghamiensem, per quam, etc., ad eandem admissus est, etc., cum onere et pena vicariorum. Consistit autem ipsa vicaria in tota altaragio, et manso competenti, exceptis decimis feni molendini, agnorum et lane, et primo legato. Canonici vero omnia onera ipsius ecclesie sustinebunt. Et mandatum est eidem Archidiacono ut, etc. Retinuit autem dominus potestatem ordinandi aliter ipsam vicariam si viderit expedire.

[*Written above:*—] Fuit annus sufficiens.

Memorandum de capella domine in castro de Lavendone in ipsa ordinatione, in qua debitur servicium ut dicitur per duos dies in ebdomada, ad quod abbas tenetur, donec aliter fuerit ordinatum.

[*In margin:*—] Littere presentationis.

[*Martin de Noteley, chaplain, on the presentation of the Prior and Convent of St. Frideswide, Oxford, is instituted to the church of Over Winchendon.*]

WINCHEDONE.—Martinus de Noteley, capellanus, presentatus per Priorem et conventum Sancte Frideswide Oxoniensis ad vicariam ecclesie de Winchedone, facta prius inquisitione per M., Archidiaconum Bukinghamiensem, per quam, etc., ad eandem admissus est, cum onere et pena vicariorum, etc. Et mandatum est eidem Archidiacono ut, etc.

[*The church of Slapton, assigned by the Pope's authority to Amicus, clerk of St. Mary Rotund, is to be placed on the memoranda, and meanwhile sequestration is to be made.*]

SLAPTONE.—De ecclesia de Slaptone per J. de Ferent, auctoritate domini Pape, Amico, clerico Sancte Marie Rotunde, assignata habetur in memorandis, et interea sequestratio facta.

[*On the dorse of the roll :—*]

[*The Priory of Newport Pagnell having been vacant since Wednesday after the feast of St. Mary Magdalene, by the resignation of William, the late Prior, John de Kolna, a monk of Spalding, was collated thereto by the Bishop on ix Kal. February next ensuing, and was admitted Prior, reserving the right of the patron when it fell vacant otherwise.*]

Cum prioratus de Neuport vacasset a die mercurii proxima post festum Sancte Marie Magdalene per resignationem Willelmi quondam Prioris ibidem, factam in forma subscripta, Johannes de Kolna, monachus Spaudingensis, cui dominus Episcopus prioratum illum nona Kalendas Februarii sequentis proximo auctoritate contulit concilii, ad ipsum prioratum admissus est, et in eo prior ut moris est institutus, salvo jure cujuslibet in posterum, cum ipsum alias vacare contigerit. Et scriptum est domino W. de Bello campo, ejusdem prioratus patrono, in forma subscripta. Scriptum est etiam Archidiaconi loci, item Suppriori et conventui ibidem, ut inferius.

[*Letters patent of resignation of Brother W., Prior of Newport.*]

Omnibus Christi presentes litteras visuris vel audituris, Frater W., divina permissione Prior de Neuporte, eternam in domino salutem. Noverit universitas vestra me die mercurii proxima post festum Sancte Marie Magdalene resignasse prioratum de Neuporte in manu Magistri Ricardi de Valle Guidonis, Generalis Procuratoris Abbatis et conventus Majoris Monasterii in Anglia, et specialiter deputati ad suscipiendum resignationem meam, unde juri meo in hac parte renuncio, ut liceat conventui de Neuporte virum idoneum eisdem in pastorem secundum dominum creare. In hujus igitur rei testimonium, has litteras meas patentes singulis eas inspecturis transmitto. Valete.

[*Letter of the Bishop to William de Bello campo reciting that the Priory having been vacant more than six months, the appointment devolved upon him, the Bishop, and he accordingly recommended the appointment of John de Colna.*]

Hugo, dei gratia Lincolniensis Episcopus, dilecto in Christo filio et amico karissimo, domino Willelmo de Bello campo, salutem, etc. Cum ordinatio prioratus de Neuporte, per sex menses et amplius vacantis, juxta statuta concilii ad nos hac vice sit devoluta, nos eidem domui paterna sollicitudine juxta nostri debitum officii prospicere cupientes, ipsum prioratum Johanni de Colna, monacho Spaudingensi, viro quidem honesto, provido et discreto, auctoritate concilii, contulimus. Vos autem ordinationem predictam, quantum in vobis est, gratiam habentes et acceptam, eundem Johannem, cum ad vos, tanquam ad patronum ejusdem domus venerit, habeatis si placet commendatum. Valete.

[*Letter of the Bishop to the Sub-prior and Convent of Newport Pagnell announcing the appointment of John de Colna as Prior.*]

Hugo, dei gratia, etc., Suppriori et conventui de Neuporte, salutem, etc. Cum voster prioratus de Neuporte jam per sex menses vacaverit et amplius, et ordinatio ejusdem ad nos per lapsum temporis secundum statuta Concilii sit hac vice devoluta, nolentes quod diutius cura vobis desit pastoralis, ipsum prioratum dilecto in Christo filio, Johanni de Colna, monacho Spaldingensi, viro quidem bono, provido, sicut creditur, ac honesto, auctoritate concilii contulimus ipsum vobis in priorem et patrem eadem auctoritate preficientes, vobis igitur mandamus firmiter injungentes quod eidem Johanni tanquam patri et priori vestro, tam in spiritualibus quam in temporalibus, intendentes sitis et obedientes. Valete.

[*Letter of the Bishop to the Archdeacon of Buckingham directing him to instal John de Colna as Prior.*]

Hugo, dei gratia [etc.], Archidiacono Bukinghamiensi salutem, etc. Cum nos prioratum de Neuporte, jam per sex menses et amplius vacantem, de consilio virorum prudentum et peritorum, auctoritate concilii, contulimus dilecto in Christo filio, Johanni de Colna, monacho de Spaudinge, viro quidem religioso, sicut creditur, et discreto, vobis mandamus quam circa ipsius installationem cum debita solempnitate, prout moris est, faciendam, et alia que vos contingunt, quod vestrum est exequamini.

[*Further letter of the Bishop to the Prior of Bradwell directing him to instal John de Colna as Prior in case of the absence of the Archdeacon.*]

Scriptum est etiam pro installatione predicta Priori de Bradewelle, ut si predictus archidiaconus non reperiatur in archidiaconatu, ipse, assumpto decano loci, predictum mandatum exequatur vice ipsius archidiaconi.

BUKINGHAME.—ANNUS XXIIIJ^{us}.

[*William de Lysuris, sub-deacon, on the presentation of Isabella, Countess of Oxford, is instituted to the church of Calverton.*]

KALVERTON.—Willelmus de Lysuris, subdiaconus, presentatus per Isabellam, Comitissam Oxonie, ad ecclesiam de Kalvertone facta prius inquisitione per Matheum, Archidiaconum Buckinghamiensem, per quam cum negotium esset in expedito ad eandem ecclesiam admissus est, et in ea canonice persona institutus. Et mandatum est eidem Archidiacono ut ipsum Willelmum inducat in corporalem ecclesie predicte possessionem.

[*Richard de la Thurne, sub-deacon, on the presentation of William de Mauduit, is instituted to the church of Hawridge.*]

HAURIGGE.—Ricardus de la Thurne, subdiaconus, per Willelmum Mauduit, militem, ad ecclesiam de Haurigge presentatus, facta prius inquisitione per Matheum, Archidiaconum Buckinghamiensem, per quam, etc., ad eandem admissus est, etc. Et mandatum est dicto Archidiacono ut, etc.

[*Robert de Notingeham, sub-deacon, on the presentation of Peter de Goldington, who had recovered the advowson at a grand assize before the Justices in Eyre at Wycombe, is instituted to the church of Stoke Goldington.*]

STOKES.—Robertus de Notingeham, subdiaconus, presentatus ad ecclesiam de Stokes per Petrum de Goldington, facta prius inquisitione per Matheum, Archidiaconum Buckinghamiensem, et receptis litteris domini Regis quod dictus Petrus de Goudintone in curia domini Regis coram Justiciariis suis apud Wycumbe itinerantibus, recuperavit seisinam suam de advocatione ecclesie de Stokes cum pertinenciis versus Priorem Huntingdoniensem per recognitionem magne assise ibi inde inter eos captam, in quam assisam idem Prior posuit se, et quod non obstante ipsius Prioris reclamatione dominus Episcopus ad ipsius Petri presentationem personam idoneam admitteret, per que negotium erat in expedito, ad eandem ecclesiam de Stokes admissus est salvo jure cujuslibet, et in ea persona canonice institutus. Et mandatum est dicto Archidiacono ut ipsum Robertum sub forma predicta in ecclesie predicte possessionem inducat.

[*Eustace de Rocheford, sub-deacon, on the presentation of Stephen de Haia, is instituted to the church of St. Leonard, Foscott.*]

FOXCOTE.—Eustachius de Rocheforde, subdiaconus, presentatus per Stephanum de Haia ad ecclesiam Sancti Leonardi de Foxcote, facta prius inquisitione per Matheum, Archidiaconum Buckinghamiensem, per quam, etc., ad eandem admissus est, etc. Et mandatum est eidem Archidiacono ut, etc. Injunctum est etiam eidem Eustachio quod scolas frequentet et addiscat sub debito juramenti.

[*William de Hikelinge, sub-deacon, on the presentation of Robert de Dyva, Master of the Templars, is instituted to the church of Oving. A pension is reserved to the Templars.*]

UVINGE.—Magister Willelmus de Hikelinge, subdiaconus, presentatus per Fratrem Robertum de Dyva, Priorem Fratrum Hospitalis Jerusolimitani in Anglia ad ecclesiam de U[vinge] facta prius inquisitione per Matheum, Archidiaconum Buckinghamiensem, per quam, etc., ad eandem admissus est, etc. Salva inde predictis Fratribus debita et antiqua pensione. Et mandatum est eidem Archidiacono ut, etc.

[*Walter de Estone, chaplain, on the presentation of J., the parson of Aston Clinton, is instituted to the vicarage thereof with the assent of William de Clinton, patron. The Vicarage is set out.*]

ESTONE.—Walterus de Estone, capellanus, presentatus per J., personam ecclesie de Estone ad vicariam ipsius ecclesie, facta prius inquisitione per Matheum, Archidiaconum Buckinghamiensem et interveniente assensu Willelmi de Clintone, ejusdem ecclesie patroni, per que, etc., ad eandem vicariam admissus est cum onere et pena vicariorum, etc., et mandatum est Archidiacono predicto ut, etc. Consistit autem ipsa vicaria in decimis molendinorum et decimis prati ad curuum molendinarii et manso competenti, et in toto altaragio exceptis decimis agnorum et lane. Vicarius solvet tamen synodalia et inveniet tertiam partem librorum et ornamentorum, persona alia onera ordinaria debita et consueta sustinebit.

[*Lawrence Dairel, sub-deacon, on the presentation of Henry Dairel, is instituted to the church of Lillingston Dayrell. He is to attend the school and to study.*]

LILLINGSTANE.—Laurentius Dairel, subdiaconus, presentatus per Henricum Dairel ad ecclesiam de Lillingstane facta, prius inquisitione per Matheum, Archidiaconum Buckinghamiensem, per quam, etc., ad eandem ecclesiam admissus est, etc. Et mandatum est eidem Archidiacono ut, etc. Et injunctum est eidem Laurentio quod scolas frequentet et addiscat.

[*Nicholas de Bladintone, chaplain, on the presentation of the Prioress and Convent of Goring, is instituted to the church of Moulsoe as vicar. A pension of 60s. is reserved to the Nuns.*]

MULESHO.—Nicholaus de Bladintone, capellanus, presentatus per Priorissam et conventum de Garinges ad ecclesiam de Mulesho, facta prius inquisitione per Matheum, Archidiaconum Buckinghamiensem per quam, etc., ad eandem ecclesiam admissus est cum onere et pena vicariorum, etc., salvi inde dictis monialibus sexaginta solidis annuis per manus dicti Nicholai et successorum suorum percipiendis, secundum quod in carta domini et capituli Lincolniensis predictis monialibus inde facta plenius continetur. Et mandatum est eidem Archidiacono ut, etc.

[*Alan de Swaby, chaplain, presented by the Prior and Convent of Dunstaple is instituted to the church of North Marston with the burden of personal residence.*]

NORMERSTONE.—Magister Alanus de Swaby, capellanus, presentatus per Priorem et conventum Danest . . . . ad ecclesiam de Normerstone, facta prius inquisitione per A., Archidiaconum per quam, etc., ad eandem ecclesiam admissus est et in ea canonice persona institutus cum onere residendi ibidem personaliter. Salva dictis Priori et conventui gratia domini episcopi si quam eis inde facere voluerit de consensu capituli sui. Et mandatum est dicto Archidiacono ut dictum magistrum sub forma predicta, etc.

[*Geoffrey de Berkinges, sub-deacon, on the presentation of the Abbot and Convent of Westminster, is instituted to the church of Denham. Comanus Lumbardus renounces his claim to the church.*]

DENHAM.—Magister Galfridus de Berkinges, subdiaconus, presentatus per Abbatem et conventum Westmonasteriensem ad ecclesiam de Denham, facta prius inquisitione per Matheum, Archidiaconum Buckinghamiensem, et Comano Lumbardo appellatione sue pro ecclesia ipsa prius interposite et omni juri quod in ecclesia ipsa habuit vel habere videbatur renunciante, per que, etc., ad eandem ecclesiam admissus est dictus Galfridus, etc. Et mandatum est eidem Archidiacono ut, etc.

[*Alan de Wycumbe, chaplain, on the presentation of the Abbot and Convent of Great Missenden, is instituted to the vicarage thereof.*]

MESSINDENE.—Alanus de Wycumbe, capellanus, presentatus per Abbatem et conventum de Messindene ad vicariam ecclesie

Beati Petri de Messinden, facta prius inquisitione per Matheum, Archidiaconum Bokinghamiensem per quam, etc., ad eandem vicariam admissus est cum onere et pena vicariorum, etc. Et mandatum est eidem Archidiacono ut, etc.

[*John de Escures, deacon, on the presentation of William de Clinton, is instituted to the church of Aston Clinton. The vicarage of Walter de Estone, chaplain, is reserved.*]

ESTON.—Johannes de Escures, diaconus, presentatus per Willelmum, militem, de Clinton ad ecclesiam de Eston, facta prius inquisitione per Matheum, Archidiaconum Bokinghamiensem per quam, etc., ad eandem ecclesiam admissus est, etc., et mandatum est eidem Archidiacono ut, etc. Institutus est autem salva Waltero de Estone, capellano, vicaria sua ibidem quamdiu vixerit.

[*William de Lillestun, on the presentation of William Mauduit, the King's Chamberlain, is instituted to the church of Hawridge.*]

HAURIGGE.—Willelmus de Lillestune [*blank*], presentatus per Willelmum Mauduit, domini Regis Camerarium, ad ecclesiam de Haurigge, facta prius inquisitione per Matheum, Archidiaconum Buckinghamiensem, per quam, etc., ad eandem admissus est et in ea canonice persona institutus, et mandatum est eidem Archidiacono ut, etc.

[*Elias de Bello campo, deacon, on the presentation of Isabella, Countess of Oxford, is instituted to the church of Calverton.*]

KALVERTON.—Helyas de Bello campo, diaconus, presentatus per nobilem mulierem Isabellam, Comitissam Oxonie, ad ecclesiam de Kalvertone, facta prius inquisitione per Matheum, Archidiaconum Buckinghamiensem per quam, etc., ad eandem ecclesiam admissus est, etc., et mandatum est eidem Archidiacono ut, etc.

[*Walter, son of Teric de Colon., citizen of London, is collated by the Bishop to the church of Fingest.*]

TINGHERST.—Walterus filius Terici de Colon', civis Londoniensis [*blank*], cui dominus Episcopus ecclesiam de Tingeherst contulit, ad eandem ecclesiam admissus est, et in ea canonice persona institutus. Et mandatum est Matheo Archidiacono Buckinghamiensi ut, etc.

[*On the dorse of the roll :—*]

[*As to the Priory of Newport in the 24th year. On Tuesday after St. Denis, 1233, on the resignation of John de Colna, late Prior, Stephen, of the Holy Trinity, York, and Maurice de Malliaco, Priors, proctors of the Abbot and Convent of Marmontier in England, presented to the vacant Priory Robert Hamelin, monk, whom the Archdeacon admitted to the Priory (the right of William de Bello campo, the patron, being reserved) and installed by the dean of Newport. Canonical obedience to the Bishop is done by the Prior. The monks are enjoined to be obedient to Robert as Prior. The chapel of Eastwood, which belongs to the Priory [worth about 3 marks], is assigned to John de Colna for his maintenance. The witnesses are named.*]

Acta super Prioratum de Newporte anno quarto et vicesimo. Die martis proxima post festum Sancti Dionisii anno gratie millesimo ducentesimo tricesimo tertio, resignatione prioratus de Newport pure et absolute secundum formam ordinationis inferius in manus Archidiaconi Lincolniensis, auctoritate domini Lincolniensis, hac vice a Johanne de Colna, quondam Priore ejusdem loci, solempniter facta, S., Sancte Trinitatis Eboracensis, et M. de Malliaco, Priores, procuratores Abbatis et conventus Majoris Monasterii in Anglia, presentaverunt domino Lincolniensi, per literas suas patentes, Robertum Hamelin, monachum, ad dictum prioratum vacantem, quem quidem Robertum dictus Archidiaconus, auctoritate premissa, salvo jure Domini W. de Bello campo, patroni ejusdem, ad prefatum prioratum admisit, et priorem instituit in eodem, qui quidem, cum solempni decantatione ; *Te Deum laudamus*, ad ecclesiam deductus est, et per Decanum de Neuport, gerentem vices Archidiaconi Buckinghamiensis, installatus, et locus in capitulo eidem est assignatus per eundem, et . . . tandem ab eodem Priore canonica obedientia Domino Lincolniensi et successoribus suis et ecclesie Lincolniensi, pure et absolute et absque omni adjectione facta est. Injunctum est monachis ejusdem loci eadem auctoritate ut eidem Roberto tanquam priori suo in omnibus de cetero intendentes sint et obedientes. Et tandem assignata est dicto Johanni de Colna, ad sustentationem et augmentum sustentationis sue, capellam de Estwode, que spectans est ad dictum prioratum, in qua memoratus Archidiaconus Lincolniensis eundem Johannem, auctoritate ordinationis memorate, una cum dicto Priore de Neuporte [*illegible*]ter induxit. Facta sunt hec apud Neuporte dicto die martis, presentibus dicto Decano de Neuporte, Elia, capellano dicti Archidiaconi Lincolniensis, Willelmo et Waltero de Heyt, Radulpho Basset et Johanne de Chelbaunt, clericis ejusdem, Gervasio de Pavilt, Rogero le Deen, et aliis. In hujus rei testimonium dictus Archidiaconus Lincolniensis et tunc Domini Lincolniensis Officialis, presenti scripto sigillum suum apposuit.

[*Deed recording the resignation of John de Colna.*]

Universis Christi fidelibus ad quos presens scriptum pervenerit Lincolniensis et Norhamptoniensis Archidiaconi salutem in Domino. Noveritis quod cum ab Abbate et conventu Majoris Monasterii Johanni de Colna, Priori de Newporte Paynel, coram Magistro Johanne de Cadamo, auctoritate apostolica super dicto prioratu, necnon etiam super administratione temporalium et spiritualium in eodem, et bonis ad ipsum pertinentibus, et super quibusdam aliis, officium et jurisdictionem Domini Lincolniensis contingentibus, moveretur, tandem dictis Abbate et conventu per Priores Stephanum, scilicet Sancte Trinitatis Eboracensis, et Mauricium de Malliaco procuratores per literas de rato ad litigandum et componendum et omnia alia eos in Anglia contingentia constitutos, et dicto Priore de Neuporte personaliter coram nobis comparentibus, dicti procuratores et dictus Prior de Neuporte liti super predictis mote omnino renuntiantes, se sponte, pure et absolute nostre subjacerunt ordinationi. Nos autem, salvo in omnibus jure et possessione domini Episcopi Lincolniensis et ecclesie Lincolniensis, in eodem prioratu ita ordinavimus, videlicet, quod predictus Prior, eo quod sonsit [*sic*] dictum prioratum, ut dicebat, onere debitorum intolerabiliter pergravari, pure et absolute dicto cedat prioratui et domino Lincolniensi, a quo curam recepit ejusdem, resignet, et omnia bona ejusdem, mobilia et immobilia in se moventia integre et sine diminutione in manus nostras restituat, dicto prioratui per nos assignanda. Ordinavimus etiam quod idem Johannes de Colna, quamdiu vixerit, aut donec aliquam dignitatem abbatie vel prioratus adeptus fuerit, ad sustentationem et augmentum sustentationis, habeat et teneat capellam de Estwode et proventus ejusdem, cum omnibus suis pertinentiis, que circiter triginta marcas valere dicuntur annuatim ; ita ut dictos proventus in alio loco religioso et honesto ad hoc deputato, in quo moretur et regulariter vivat, expendat, ne ob hoc materiam habeat evagandi ; salvis tribus marcis annuis ex dicta capella adicto Johanne dicto prioratui in festo Sancti Michaelis et ad Pasca persolvendis. Dicto vero Johanne decedente, vel dicte capelle (*sic*) cedente, vel dignitatem, ut predictum est, assequente, dicta capella ad dictum prioratum pleno jure revertetur, nec dictus Johannes procurabit quominus ut dictum est revertatur. Providimus insuper ordinando quod decem marce pro expensis autumpni a futuro Priore infra novem dies post ejus admissionem dicto Johanni persolvantur, atque omnes alias expensas autumpni, et universa ejusdem domus debita idem futurus Prior similiter adquietabit. Denique per hanc ordinationem nostram costituimus quod neutra partium aliquod in foro ecclesiastico vel seculari contra hoc quod ordinavimus impetrabit. Reservavimus quoque nobis aut alteri nostrum jurisdictionem, cohertionem, modificationem et interpretationem super premissis, si forte aliqua partium ordinationi nostre aliquo tempore adversetur, vel super ea obscuritas vel ambiguitas oriatur. Porro dicti procuratores et Johannes de Colna, sacramento corporali prestito, juraverunt hanc ordinationem nostram se fideliter observaturos. Injunctum est etiam, ejusdem ordinationis auctoritate, dictis procuratoribus quod infra tempus canonicum personam idoneam domino Lincolniensi Episcopo presentent. Alioquin post lapsum temporis in perficiendo Priore officii sui debitum exequatur. Ordinalia pridem a Priore de Dunestaplia et me, Archidiacono Norhamtoniense, tunc Archidiacono Bedefordiense, facta super statu dicti prioratus suo robore duratura. Item, per hanc ordinationem statutum est, quod ejectis et penitus exclusis monachis illis per quos scandalum in prefata domo non mediocriter fuit exortum, et per quos prefatum monasterium in temporalibus et in spiritualibus miserabiliter est collapsum assinuantur per Priorem honeste et bone conversationis, puritatis et opinionis viri, qui sub habitu regulari secundum regulam Beati Benedicti ibidem Deo deserviant, ita quod infra annum duodecim monachi ibidem colocentur ad minus, preter Priorem. Et ut hec ordinatio suprascripta perpetue firmitatis robur obtineat, nos presenti scripto tripartito, in modum cyrografi confecto, cujus una pars penes dominum Lincolniensem, altera penes dominum Johannem, tertia penes dictum Abbatem Majoris Monasterii vel dictos ejusdem procuratores remanebit, sigilla nostra una cum sigillis predictarum partium apponi fecimus. Acta sunt hec anno gratie millesimo ducentesimo trigesimo tertio, die lune proxima ante festum Sancti Michaelis ad hospitale Bedefordiense. Presentibus Magistro Waltero de We . . . ., Willelmo de Winebelc̃, canonicis Lincolniensibus, Galfrido de C . . . ris, Stephano de Castello, clericis domini Lincolniensis, Elia, capellano Archidiaconi Lincolnie, ..., clerico ejusdem, et aliis.

[*Appointment by the Brethren of Marmontier in Tours of Stephen de Eboraco and Maurice de Malliaco as their Proctors in England.*]

Henrico, Dei gratia illustrissimo Regi Anglorum, Duci Normannie et Aquitanie, Comiti Pictavie, Domino Hibernie, Archiepiscopis, Episcopis et omnibus aliis ecclesie prelatis et universis ad [quos] presentes litere pervenerint, Fratres, capellani, Majoris

Monasterii Turonensis et Frater G., permissione divina minister humilis eorundem, salutem in domino. Noverit universitas vestra quod nos mittimus dilectos et fideles fratres nostros Stephanum de Eboraco et Mauricium de Malliaco, Priores nostros in Anglia, pro negotiis ecclesie nostre s . . . . procurandis et pro omnibus causis quas habemus in Anglia, motis et movendis, et specialiter pro prioratu nostro de Neuport, plenariam potestatem eisdem concedentes . . . . in omnibus causis motis et movendis, quicquid egerint, litigando, compariendo seu alio modo ratum et gratum habentes, et pro eis solvi permittimus judicatum, et hoc . . . . . . omnibus qui se opposuerunt, vel quibus duximus nos opponendos per literas nostras patentes significamus. Datum in crastino festi Beati Martini Estivalis anno gratie millesimo ducentesimo tricesimo tertio.

[*Letters of Presentation, by the Proctors of the abbey of Marmontier, of Robert Hamelin to the Priory of Newport.*]

Venerabili in Christo Patri, Domino Hugoni, dei gratia Lincolniensi Episcopo, devoti sui, S., Sancte Trinitatis Eboracensis, et M. de Malliaco, Priores, Abbatis et conventus Majoris Monasterii procuratores, salutem, et devotam, cum debita subjectione, reverentiam. Ex . . . Abbatis et conventus Majoris Monasterii Sancte P (. . . cati?) present . . . . Hamelin commonachum patrem ad prioratum de Neuporte, vacantem per resignationem Johannis de Colna factam et admissam per Archidiaconum Lincolniensem . . . . vestrum de vestro speciali mandato, supplicantes humiliter ac devote quatinus vos circa personam ipsius quod ad vestrum spectat officio ex . . . . . Valete.

[*On the face of the roll:*—]

BUKINGHAME.—ANNUS QUINTUS ET VICESIMUS.

[*Jeremiah, chaplain, on the presentation of Robert de Chetwode, is instituted to the church of St. Martin, Chetwode.*]

CHETWODE.—Jheremias, capellanus, presentatus per Robertum de Chetwode ad ecclesiam Beati Martini de Chetwode, facta prius inquisitione per M., Archidiaconum Bukinghamiensem, per quam negotium fuit in expedito, ad eandem admissus est, cum onere ministrandi personaliter in eadem. Et mandatum est eidem Archidiacono ut, etc.

[*Gerald, chaplain, on the presentation of the Prior and Convent of St. Bartholomew, London, is instituted to the vicarage of Mentmore. The vicarage consists of all the altarage and the tithes of half a hide of land at Broke. By an assize before the King's Justices, the Prior and Convent lost the manse belonging to the vicarage. The vicarage ordinarily is worth 4 marks yearly, and the vicar pays synodals only.*]

MENTEMORE.—Geroldus, capellanus, presentatus per Priorem et conventum Sancti Bartholomei Londinensis ad vicariam ecclesie de Mentemore, facta prius inquisitione per M., Archidiaconum Bukinghamiensem, per quam, etc., ad eandem admissus est, cum onere et pena vicariorum. Consistit autem ipsa vicaria in toto altaragio et in decimis unius dimidii hidate terre apud Broke; Prior vero et conventus amiserunt per assisam coram justiciariis domini Regis mansum ad dictam vicariam pertinentem. Valet autem dicta vicaria communibus annis . . . . . quatuor marcas, et solvit vicarius sinodalia tantum. Et mandatum est eidem Archidiacono ut, etc.

[*William de Lincolnia, sub-deacon, on the presentation of the Prior and Convent of Longville, is instituted to the church of Oakley.*]

ACLE.—Willelmus de Lincolnia, subdiaconus, presentatus per Priorem et conventum de Longa villa ad ecclesiam de Acle, facta prius inquisitione per M., Archidiaconum Bukinghamiensem, per quam, etc., ad eandem admissus est, etc., et mandatum est eidem Archidiacono ut, etc.

[*Peter de Draitone, chaplain, on the presentation of William de Bello Campo, is instituted to the church of Drayton Beauchamp.*]

DRAITONE.—Petrus de Draitone, capellanus, presentatus per Willelmum de Bello campo ad ecclesiam de Draitone, facta prius inquisitione per M., Archidiaconum Bukinghamiensem, per quam, etc., ad eandem admissus, etc. Et mandatum est eidem Archidiacono ut, etc.

Archidiaconatus Norhamptonie.

Annus Undecimus.

[*William de Lincolnia is instituted to the church of Stanford on the presentation of the Abbot and Convent of Selby.*]

STANFORD.—Magister Willelmus de Lincolnia, presentatus per Abbatem et conventum de Seleby ad ecclesiam de Stanforton', facta prius inquisitione per R., Archidiaconum Norhamptonie, per quam negotium fuit in expedito, ad eandem est admissus et in ea canonice persona institutus. Et injunctum est dicto Archidiacono tunc presenti quod ipsum W[illelmum] in corporalem illius ecclesie possessionem inducat.

[*The Bishop confers on Robert de Hamelden, clerk, the portion in the church of Eydon which had been held by Philip the parson, concerning which there has been a dispute about the patronage between Richard Fitz-Wale and the Abbot of Leicester.*]

SUPER PORCIONE ECCLESIE DE HEYDON?— Dominus Episcopus contulit auctoritate Concilii Lateranensis portionem ecclesie de Heydon', quam Philippus persona tenuit in eadem, Roberto de Hamelden', clerico ; super qua contentio mota est inter Abbatem Leirc' et Ricardum filium Gual[e] de Heydon' super jure patronatus. Et mandatum est Archidiacono Norhamptonie quod Willelmum de Tinghurst capellanum loco ipsius in corporalem dicte portionis possessionem inducat, salvo imposterum jure unius-cujusque qui jus patronatus evicerit in eadem.

[*William de Dudelegh, clerk, is instituted to the church of Haselbech on the presentation of William Burdet; to be inducted by the rural dean of Arthingworth.*]

HESELBECH'.—Willelmus de Dudelegh' clericus, presentatus per Willelmum Burdet ad ecclesiam de Heselbegh', facta prius inquisitione per R., Archidiaconum Norhamptonie, per quam negotium fuit in expedito, admissus est et in ea canonice persona institutus cum onere ad proximos ordines veniendi. Et mandatum est Decano de Erningeworth' ut ipsum clericum in corporalem illius ecclesie possessionem juxta formam premissam inducat.

[*John, clerk, is instituted to the church of Rockingham on the presentation of the Queen.*]

ROCKINGHAM.—Johannes, clericus, presentatus per dominam I[sabellam] Reginam Anglie ad ecclesiam de Roking[ham], vacantem eo quod Walleranus, clericus, qui proximo eam possedit, aliam ecclesiam suscepit post Concilium, facta prius inquisitione per R., Archidiaconum Norhamptonie, per quam negotium fuit in expedito, admissus est et in ea canonice persona institutus. Et mandatum est eidem Archidiacono, etc.

[*William de Raelegh', clerk, presented by Vitalis Engaigne, is instituted to the church of Holy Trinity, Blatherwycke, Simon de Laxton' renouncing his claim to it.*]

SANCTA TRINITAS DE BLAERWIK'.—Willelmus de Raelegh', clericus, presentatus per Vitalem Engaigne militem ad ecclesiam Sancte Trinitatis de Blatherwic', facta prius inquisitione per R., Archidiaconum Norhamptonie, et Simone de Laxton', clerico, qui per quandam cartam quam exhibuit dixit se esse personam illius ecclesie de Blatherwic', renunciante coram R., Archidiacono Huntingdonie toti juri quod se dicebat habere in eadem ecclesia, et cartam predictam in manus ipsius Archidiaconi relinquente, per quam negotium fuit in expedito, admissus est sub pena Concilii et in ea canonice persona institutus. Et mandatum est eidem Archidiacono Norhamptonie, etc.

[*The Bishop confers the church of Bugbrooke on Amauricus de Buggeden', clerk, saving a pension to the monks of Grestein in Normandy.*]

BUKEBROC.—Magister Amauricus de Buggeden', clericus, cui dominus Episcopus contulit ecclesiam de Bukebroc auctoritate Concilii, salvo jure unius-cujusque patroni qui jus patronatus evicerit in eadem, admissus est et in ea canonice persona institutus; salva monachis de Greistein pensione, si qua fuerit debita et antiqua. Et mandatum est Decano loci quod ipsum, etc.

[*William de Cant' is instituted to the church of Whissendine, Rutland, on the presentation of the Abbot and Convent of Lindores, saving to them a pension of 10 marks.*]

WISSENDEN'.—Magister Willelmus de Cant', presentatus per Abbatem et conventum de Lundor' ad ecclesiam de Wissenden', facta prius inquisitione per Archidiaconum Norhamptonie per quam negotium fuit in expedito, admissus est et in ea canonice persona institutus ; salva dictis Abbati et conventui annua x marcarum pensione. Et injunctum est Archidiacono, etc.

[*Clement de Melcheburne is instituted to the church of Stoke Dry, Rutland, on the presentation of the Prior of the Hospitallers, who had proved his right of patronage against Gilbert de Hauvill' ; Ralph de Wicham also had renounced his claim.*]

DRIE STOKE.—Magister Clemens de Melcheburne, presentatus per Priorem Fratrum Hospitalis Jerosolimitani in Anglia ad ecclesiam de Drie-Stoke', facta prius inquisitione per Archidiaconum Norhamptonie, etc., susceptis et litteris domini Regis quod idem Prior evicit jus patronatus in curia sua contra Gilbertum de Hauvill' et quod non obstante reclamatione, etc., Radulfo etiam de Wicham juri quod se dicebat habere in dicto patronatu renuntiante, admissus est et in ea canonice persona institutus, cum onere ad proximos ordines veniendi ut in subdiaconum ordinetur ; et injunctum est Archidiacono presenti, etc.

[*William de Nevill' is instituted to the church of Braunston, Northants, on the presentation of William de Aubeigny, William de Ros and Hylaria Trussebut.*]

BRANTESTON'.—Willelmus de Nevill', presentatus per Willelmum de Aubeigny, Willelmum de Ros et Hylariam Trussebut ad ecclesiam de Branteston, facta prius inquisitione per R., Archidiaconum Norhamptonie, per quam, etc., admissus est et in ea canonice persona institutus cum onere ad proximos ordines veniendi et scolas frequentandi; alioquin, etc., et injunctum est Archidiacono, etc.

[*Robert, deacon, presented by Roger de Cantilupo, by reason of the custody of the land and heir of John de Fraxineto, is instituted to the parsonage of Clipsham, Rutland, consisting of 100/- a year paid by Richard, the Vicar.*]

KILPESHAM.—Robertus diaconus, presentatus ad ecclesiam de Kilpesham per Rogerum de Cantilupo ratione custodie terre et heredis Johannis de Fraxineto, facta prius inquisitione per R., Archidiaconum Norhamptonie, per quam, etc., admissus est et in ea canonice persona institutus ; salva Ricardo cappellano vicaria quam habet in eadem ; qui dictam ecclesiam tenebit quoadvixerit, reddendo inde centum solidos annuos, nomine pensionis, ipsius ecclesie personis; ita tamen quod si ipsi vicaria non sufficiat ad sui sustentationem, augmentetur secundum dispositionem Episcopi. Et mandatum est Archidiacono, etc.

[*William, deacon, is instituted to the perpetual vicarage of Wollaston on the presentation of the Abbess and Nuns of St. Mary de la Pré.*]

VICARIA DE WILLAUESTON'.—Willelmus diaconus, presentatus per Abbatissam et moniales Sancte Marie de Prato extra Norhamptoniam ad perpetuam vicariam ecclesie de Willeueston' ordinatam auctoritate Concilii, facta prius inquisitione per R., Archidiaconum Norhamptonie, per quam, etc., admissus est et in ea canonice vicarius perpetuus institutus; que consistit in toto altaragio preter annuum redditum xx solidorum de ipso alteragio in certo loco subtrahendum. Idem autem vicarius solvet sinodalia et moniales hospicium Archidiaconi procurabunt; et injunctum est Archidiacono presenti,[1] etc.

[*Thomas de Gnoushal', clerk, is instituted to the church of Broughton on the presentation of the Abbess and Nuns of de la Pré, Stephen, the previous parson, having entered religion.*]

BRUCTON'.—Thomas de Gnoushal', clericus, presentatus per Abbatissam et moniales de Prato extra Norhamptoniam ad ecclesiam de Bructon', vacantem eo quod Stephanus proximo in ea ministrans assumpsit habitum religionis, facta etiam inquisitione super eadem per R., Archidiaconum, per quam, etc., admissus est et in ea canonice persona institutus. Et mandatum est dicto Archidiacono, etc. Subdiaconus est.

[*Richard Giffard, clerk, is instituted to the church of Cosgrove on the presentation of Hugh de Alneto, Prior of the Hospitallers, Hugh Revel renouncing his claim to the patronage.*]

COVESGRAVA.—Ricardus Giffard', clericus, presentatus ad ecclesiam de Covesgrava per fratrem Hugonem de Alneto Priorem Fratrum Hospitalis Jerosolimitani in Anglia, facta prius inquisitione per R., Archidiaconum Norhamptonie, per quam, etc., et Hugone Revel qui in eadem ecclesia jus patronatus vendicavit, eidem juri in

---

[1] In the margin:—" Non habemus inquis[itionem]."

pleno capitulo coram ipso Archidiacono renunciante, admissus est et in eadem ecclesia persona institutus. Et injunctum est eidem Archidiacono presenti, etc., ita tamen quod dictus clericus veniat ad proximos ordines ordinandus.[1]

[*Martin, clerk, nephew of the lord Martin de Pateshulle, is instituted to the church of Dallington, on the presentation of the Prioress and Nuns of Woodchurch, alias Flamstead, Geoffrey de Lucy renouncing his claim to the patronage.*]

DAYLINTONE.—Martinus, clericus, nepos domini Martini de Pateshulle, presentatus per Priorissam et moniales de Wudecherch' ad ecclesiam de Daylintone, facta inquisitione per R., Archidiaconum Norhamptonie, per quam, etc., et Willelmo filio Benedicti de Londonia clerico, prius ad eandem ecclesiam per dictas moniales presentato, resignante per litteras suas patentes quicquid juris habuit in ea per prefatam presentationem; Hugone etiam de Sancto Philiberto, senescallo domini Gaufridi de Lucy, qui pro jure quod dominum suum predictum dicebat habere in patronatu ipsius ecclesie prius appellaverat, dicte appellationi et dicto juri per litteras suas patentes renunciante; admissus est et in ea canonice persona institutus, salva prefatis monialibus de ipsa ecclesia annua duarum marcarum pensione et reservata domino Episcopo [2] eisdem monialibus gratiam in ipsa ecclesia faciendi, prout duxerit faciendum. Et injunctum est Archidiacono quod ipsum M[artinum], etc.

[*Robert Butevilein, clerk, is instituted to the church of Cottesbrooke on the presentation of Robert Butevilein.*]

COTTESBROC.—Robertus Butevilein, clericus, presentatus per Robertum Butevilein militem ad ecclesiam de Cottesbroc, facta prius inquisitione per R., Archidiaconum Norhamptonie, etc., admissus est et in ea canonice persona institutus. Et mandatum est dicto Archidiacono, etc.

[*Roger de Well' is instituted to the church of Tinwell, Rutland, on the presentation of the Abbot and Convent of Peterborough.*]

TINEWELL.—Magister Rogerus de Well', presentatus per Abbatem et conventum de Burgo ad ecclesiam de Tinewell', ad

[1] In the margin:—"Faciet nobis habere litteras presentationis."
[2] Some such word as "potestate" is required after "Episcopo."

eandem est admissus et in ea canonice persona institutus. Et mandatum est Archidiacono Norhamptonie, etc.

[*On the dorse :—*]

[*Nov. 12, 1220, the Bishop is placed in charge of the Priory of Daventry, in accordance with the decision passed at Reading on Oct. 29 by judges delegated by the Pope.*]

Anno pontificatus domini Episcopi xj°, die Jovis, scilicet in crastino Sancti Martini, missus fuit idem Episcopus, auctoritate judicum a domino Papa delegatorum, in possessionem subjectionis prioratus de Davintria, causa rei servande, per Archidiaconum Norhamptonie executorem mandati memorati, Decano loci agente vices domini Episcopi in hoc usque ad adventum Magistri Th[ome] de Warewic'. Fuit autem adjudicata ista missio apud Radinges in crastino Apostolorum Simonis et Jude.

Annus Duodecimus.

[*John de Einvill', clerk, is instituted to the church of Ridlington, Rutland, on the presentation of William de Cantilupo, by reason of the custody of the land and heir of Thurston de Monteforti.*]

RIDLINGTON'.—Johannes de Einvill', clericus, presentatus per dominum Willelmum de Cantilupo ad ecclesiam de Ridlington' ratione custodie terre et heredis Thurstani de Monteforti, facta prius inquisitione per Archidiaconum Norhamptonie, etc., admissus est et persona institutus. Et mandatum est dicto Archidiacono, etc.

[*Richard de Flora, chaplain, is instituted to the perpetual vicarage of Draughton on the presentation of Cecilia, the Abbess, and the Convent of de la Pré; the nuns are to receive 5 marks from the church.*]

DRACTON'.—Ricardus de Flora, cappellanus, presentatus per Ceciliam Abbatissam et conventum Sancte Marie de Prato Norhamptonie ad perpetuam vicariam ecclesie de Dracton', facta prius inquisitione per R., Archidiaconum Norhamptonie, per quam, etc., admissus est et vicarius perpetuus institutus, cum onere et pena vicariorum. Habebit autem vicarius nomine vicarie totam ecclesiam illam cum pertinentiis reddendo inde dictis monialibus quinque marcas annuas nomine pensionis. Et mandatum est dicto Archidiacono, etc.

[*The Bishop confers the church of Sibbertoft on William Blundus, who also is subsequently presented by the Abbot and Convent of Sulby, when they had proved their right to the patronage.*]

SIBETOFT'.—Magister Willelmus Blundus de Linc[olnia], cui dominus Episcopus contulit ecclesiam de Sibetoft' auctoritate Concilii, salvo imposterum jure unius-cujusque qui jus patronatus evicerit in eadem, admissus est et in ea canonice persona institutus. Et mandatum est Decano de Erningeworth', quod ipsum in corporalem, etc. Postea Abbas et conventus de Suleby evicerunt jus patronatus ejusdem ecclesie in curia domini Regis; et ad presentationem ipsorum admisit et personam instituit ipsum Magistrum Willelmum in eadem. Et mandatum est Archidiacono Norhamptonie.

[*Henry de Campania, clerk, is instituted to the church of Ecton on the presentation of William de Ferrariis, Earl of Derby, by reason of the custody of the land and heir of William de Monte Gumeri.*]

EKETON'.—Henricus de Campania, clericus, presentatus per Willelmum de Ferrariis Comitem Dereby ratione custodie terre et heredis Willelmi de Monte Gumeri ad ecclesiam de Eketon', susceptis prius litteris patentibus magistri Stephani de Eketon' quondam persone ejusdem ecclesie quod nichil juris vendicavit in eadem, et facta inquisitione per R., Archidiaconum Norhamptonie, etc., admissus est et in ea canonice persona institutus, sub pena Concilii, et etiam sub pena incontinentibus inflicta. Et mandatum est dicto Archidiacono, etc.

[*Ralph, chaplain, is instituted to the perpetual vicarage of Little Billing on the presentation of the Prior and Convent of St. Andrew's, Northampton.*]

BILLING.—Radulfus, cappellanus, presentatus per Priorem et conventum Sancti Andree Norhamptonie ad perpetuam vicariam ecclesie de Parva Billing', facta prius inquisitione per R., Archidiaconum Norhamptonie, etc., admissus est, et vicarius perpetuus institutus. Habebit autem vicarius nomine vicarie sue totam ecclesiam predictam preter terram dominicam ipsius ecclesie, reddendo inde annuatim xx solidos annuos monachis memoratis. Et mandatum est dicto Archidiacono, etc.

[*William, clerk, presented by the Abbot and Convent of Westminster, is instituted to the parsonage of Sudborough, which consists of 2s. a year paid by Samson, the vicar.*]

SUTBURG'.—Willelmus, clericus, presentatus per Abbatem et conventum Westmonasterii ad ecclesiam de Suthburg', facta prius inquisitione per R., Archidiaconum Norhamptonie, etc., admissus est et persona institutus, salva Sansoni de Essewell vicaria sua quam habet in eadem, qui totam ecclesiam predictam nomine vicarie sue quoadvixerit tenebit, reddendo inde duos solidos annuos nomine pensionis. Et injunctum est A[de] Officiali Archidiaconi predicti apud ord[ines] Leircestrie, etc.

[*Richard de Gnoshal', clerk, is instituted to the church of Clay Caton on the presentation of the Abbot and Convent of Leicester.*]

COTES.—Ricardus de Gnoshal', clericus, presentatus per Abbatem et conventum Leircestrie ad ecclesiam de Cotes, facta prius inquisitione per Archidiaconum Norhamptonie, etc., admissus est et in ea canonice persona institutus, salva dictis Abbati et conventui de eadem ecclesia annua xx solidorum prestacione. Et injunctum est apud ord[ines] Leircestrie Ade Officiali, etc.

[*For Pilton, Rutland, see in the roll of Lincoln institutions.*]

PILKINTON.—Require in rotulo Lincolnie.

[*Peter de Wakering', clerk, is instituted to the church of Rockingham on the presentation of the King, in whose hands was the dowry of the Queen.*]

ROKING'.—Petrus de Wakering', clericus, presentatus per dominum Regem ad ecclesiam de Roking[ham], facta prius inquisitione per R., Archidiaconum Norhamptonie, etc., admissus est et in ea canonice persona institutus, ratione dotis domine I[sabelle] Regine in manu ipsius Regis existentis. Et injunctum est ei ut ad mandatum domini Episcopi veniat in subdiaconum ordinandus. Et mandatum est Archidiacono ut secundum formam premissam, etc. Et recepta est prius probatio quod Johannes qui prius tenuit eandem ecclesiam mortuus fuit.

[*William de Scotere, clerk, is instituted to the church of Tinwell, Rutland, on the presentation of the Abbot and Convent of Peterborough.*]

TINWELL.—Magister Willelmus de Scotere, clericus, presentatus per Abbatem et conventum de Burgo ad ecclesiam de Tinewell, admissus est et persona institutus, salva dictis Abbati et conventui de eadem ecclesia debita et antiqua pensione. Et mandatum est Archidiacono Norhamptonie, etc.

[*Adam de Ivelcestria, clerk, is instituted to the church of Stoke Bruerne on the presentation of William Briwerr'.*]

STOK'.—Adam de Ivelcestria, clericus, presentatus per dominum Willelmum Briwerr' ad ecclesiam de Stoke', facta prius inquisitione per R., Archidiaconum Norhamptonie, per quam, etc., admissus est et in ea canonice persona institutus, ita quod ad proximos[1] domini Episcopi vel domini Bathoniensis ante festum Sancti Michaelis veniat ordinandus in subdiaconum. Et mandatum est dicto Archidiacono, etc.

[*Henry is instituted to the church of St. Mary by the Castle (a church now demolished) on the presentation of the Prior and Convent of St. Andrew's.*]

ECCLESIA SANCTE MARIE JUXTA CASTRUM NORHAMPTONIE. —Henricus vicar[ius] Arch[idiaconi] Nor[hamptonie], presentatus per Priorem et conventum Sancti Andree Norhamptonie ad ecclesiam Sancte Marie juxta Castrum, facta prius inquisitione per R., Archidiaconum Norhamptonie, etc., admissus est, et in ea persona institutus cum onere residentie, salva dictis Priori et conventui de eadem ecclesia antiqua xx solidorum pensione et salvis xx solidis dictis monachis de gratia domini Episcopi percipiendis de ipsa quam diu domino Episcopo placuerit. Et mandatum est dicto Archidiacono, etc.

[*Ralph, clerk, is instituted to the vicarage of the chapel of Evershaw, Bucks, on the presentation of the Prior and Convent of ¦Luffield, to whom he is to pay one mark a year.*]

EVERESAWE.—Radulfus, clericus, presentatus per Priorem et conventum de Luff[eld] ad vicariam cappelle de Everesawe de consensu eorum ordinatam, etc., admissus est et institutus cum

---

[1] The word "ordines" is required.

onere, etc. Qui totam illam cappellam nomine vicarie sue tenebit, reddendo inde dictis Priori et conventui unam marcam argenti. Et injunctum est Ade clerico Archidiaconi Norhamptonie, etc.

[M. 2.]
[*Peter de Hinton', clerk, on the presentation of Richard de Hinton', is instituted to a mediety of the tithes of his demesne in Woodford.*]

WUDEFORD.—Petrus de Hinton', clericus, presentatus per Ricardum de Hinton' militem ad medietatem decimarum de dominico suo in Wudeford, facta prius inquisitione per Archidiaconum Norhamptonie, etc., admissus est et institutus. Et mandatum est dicto Archidiacono,[1] etc.

[*Nicholas son of Stephen, chaplain, is instituted to the perpetual vicarage of Rothwell on the presentation of the Abbot and Convent of Cirencester.*]

ROWELL.—Nicholaus filius Stephani, cappellanus, presentatus per Abbatem et conventum de Cirencestria ad perpetuam vicariam ecclesie de Rowell, admissus est et vicarius perpetuus institutus. Et mandatum est Archidiacono Norhamptonie, etc. Littere presentationis ad eandem vicariam et presentationis ad ecclesiam de Wutton in Archidiaconatu Bedeforde et presentationis ad ecclesiam de Remilde in Archidiaconatu Leircestrie sunt in scriniis domini Episcopi.

[*Vitalis Brito, clerk, is instituted to the church of St. Mary Magdalen, Blatherwycke, on the presentation of the Prior and Convent of Laund.*]

BLATHERWIC'.—Vitalis Brito, clericus, presentatus per Priorem et conventum de Landa ad ecclesiam Sancte Marie Magdalene de Blatherwic', facta prius inquisitione per Archidiaconum Norhamptonie, etc., admissus est et persona institutus cum onere ut ad mandatum domini Episcopi veniat ordinandus. Et mandatum est dicto Archidiacono, etc.

[*Humphrey de Midliers is instituted to the church of Overstone by papal dispensation, on the presentation of William de Midliers; saving a pension of 5 shillings to the monks of Grestein.*]

OVISTON'.—Magister Humfredus de Midliers, presentatus per dominum Willelmum de Midliers ad ecclesiam de Oviston', facta

---

[1] In the margin:—"Non habemus litteras presentationis."

inquisitione per R., Archidiaconum Norhamptonie, etc., dispensante etiam cum eo domino Papa cum alias esset beneficiatus, etc., admissus est et persona institutus, salvo jure monachorum de Grestein si quod habent, super quinque solidis annuis quos de eadem ecclesia perceperunt. Et mandatum est, etc.

[*William de Stokes, clerk, is instituted to the church of* [?] *Stoke-Doyle on the presentation of Robert de Stokes.*]

STOKES.—Willelmus de Stokes, clericus, presentatus per Robertum de Stokes militem ad ecclesiam de Stokes, facta prius inquisitione per R., Archidiaconum Norhamptonie, per quam, etc., admissus est et persona institutus; et mandatum est dicto Archidiacono, etc.

[*Ralph de Blebir', clerk, is instituted to the church of Syresham on the presentation of the Abbot and Convent of Leicester.*]

SIGHERESHAM'.—Radulfus de Blebir', clericus, presentatus per Abbatem et conventum Leircestrie ad ecclesiam de Sigheresham vacantem per resignationem Roberti de Dunelmia, clerici, admissus est et persona institutus, salva dictis Abbati et conventui debita et antiqua pensione; et injunctum est Archidiacono Norhamptonie presenti ut, etc. Nulla facta fuit inquisitio.

[*Robert de Bathonia, clerk, is instituted to the church of St. Peter's, Northampton, on the presentation of the Prior and Convent of St. Andrew's.*]

ECCLESIA SANCTI PETRI NORHAMPTONIE.—Magister Robertus de Bathonia, clericus, presentatus per Priorem et conventum Sancte Andree Norhamptonie ad ecclesiam Sancti Petri Norhamptonie cum pertinentiis, domino Rege prius per litteras suas domino Episcopo mandante quod non obstante presentatione quam fecit de Johanne de Pavelli clerico dictus dominus Episcopus idoneam personam ad presentationem dicti Prioris ad eandem ecclesiam admittat, ad ipsam ecclesiam admissus est et canonice persona institutus, salva ordinatione quam dominus Episcopus in eadem ecclesia duxerit faciendam. Et mandatum est Archidiacono Norhamptonie, etc.

[*Ralph de Tynemua, clerk, is instituted to the church of Earl's-Barton on the presentation of the Abbess and Convent of de la Pré.*]

BARTON'.—Radulfus de Tynemua, clericus, presentatus per Abbatissam et conventum Sancte Marie de pratis Norhamptonie ad ecclesiam de Barton, domino Rege prius mandante quod quia eedem moniales contra Comitem Cestrie, etc., dominus Episcopus idoneam personam, etc., ad ipsam ecclesiam admissus est sub pena Concilii, et in eadem persona institutus; salva dictis monialibus de ipsa ecclesia debita et antiqua pensione; et injunctum est A., clerico Archidiaconi Norhamptonie ut, etc.

[*Martin, chaplain, is instituted parson of the perpetual vicarage of Stretton, Rutland, on the presentation of the Master of the Templars.*]

STRATTON'.—Martinus, cappellanus, presentatus per Magistrum Milicie Templi in Anglia ad perpetuam vicariam de Stratton, facta prius inquisitione per R., Archidiaconum Norhamptonie, etc., admissus est et in ea canonice persona institutus. Consistit autem illa vicaria in toto altaragio illius ecclesie et quinquaginta quinque acris terre de novo adjectis. Et injunctum est clerico Archidiaconi, etc.

[*John de Stanton', chaplain, is instituted to the perpetual vicarage of Brigstock with Stanion on the presentation of the Abbot and Convent of Cirencester. The vicarage is described.*]

VICARIA DE BRIGESTOK'.—Johannes de Stanton', cappellanus, presentatus per Abbatem et conventum de Cyrencestria ad perpetuam vicariam ecclesie de Brickestock, ordinatam per dominum Episcopum auctoritate Concilii, ad eandem admissus est et in ea cum onere et pena vicariorum canonice vicarius perpetuus institutus. Habebit autem vicarius nomine vicarie sue totum altaragium ecclesie de Brikestoke et totum altaragium cappelle de Stanherne cum mansis competentibus et totam terram dominicam ipsius ecclesie et preterea redditum assisum viginti duorum solidorum pertinentem ad ecclesiam de Brickestock', et solvet sinodalia. Canonici vero hospicium Archidiaconi procurabunt. Et mandatum est Archidiacono predicto ut, etc.

[*On the dorse :—*]

[*May 30, 1222, Richard de Ludintone, presented by the Prior of Kenilworth, is admitted to the post of Prior of the house of Brooke, Rutland, and invested with the administration of it.*]

ANNUS TERTIUS DECIMUS.

NORHAMTONIA.—Anno pontificatus domini Episcopi xiij° die Veneris proxima ante Pentecosten apud Kildebi in aula ejusdem Episcopi circa horam diei primam, frater Ricardus de Ludintone, canonicus de Kenilleworthe, presentatus per Priorem de Kenilleworthe, admissus est ad prioratum domus de Broc in Rotelande, et a domino Episcopo per librum ejusdem prioratus administratione investitus. Qui sic admissus incontinenti domino Episcopo, successoribus et officialibus suis, ut moris est, canonicam obedientiam se juravit exhibiturum. Acta sunt hec presentibus domino J. Bathoniensi, Thoma de Fiskertone, capellano, Magistris Ricardo de Kenilleworthe, Willelmo de Lincolnia et Ada de Clenefeld et Olivero de Chedñ, clerico.

[M. 3.]

[*Nicholas de Breute, clerk, is instituted to the church of Geddington on the presentation of the King.*]

NORHAMPTONIA ANNUS QUARTUS DECIMUS.

GEITINTON'.—Nicholaus de Breute, clericus, presentatus per dominum Regem ad ecclesiam de Geitinton', facta prius inquisitione per Archidiaconum Norhamptonie, etc., per quam, etc., admissus est sub pena Concilii et in ea persona institutus. Et mandatum est Archidiacono Norhamptonie quod ipsum N[icholaum] in corporalem illius ecclesie possessionem per Ricardum rectorem ecclesie de Sandleia inducat.

[*John de Bannebir', clerk, is instituted to the church of Litchborough on the presentation of the Abbot and Convent of St. James's, Northampton; the pension due to the Abbey is increased from ten to twenty shillings.*]

LICHEBERWE.—Johannes de Bannebir', clericus, presentatus per Abbatem et conventum Sancti Jacobi Norhamptonie ad ecclesiam de Licheberewe, facta prius inquisitione per Decanum de Fardingeston', etc., admissus est et in ea canonice persona institutus; salvis dictis Abbati et conventui de eadem ecclesia x solidis annuis quos de consensu W. Decani et capituli nostri eis de novo contulimus per manum dicti Johannis et successorum suorum nomine perpetui beneficii annuatim percipiendis, una cum decem solidis annuis quos prius de eadem ecclesia percipere consueverunt. Et mandatum est, etc. Non habemus litteras presentationis.

[*John de Eynesham, chaplain, is instituted to the perpetual vicarage of Earl's Barton, on the presentation of Ralph de Tynemue, the parson.*]

BARTON'.—Johannes de Eynesham, cappellanus, presentatus per Radulfum de Tynemue personam ecclesie de Barton ad vicariam ejusdem ecclesie, de consensu Abbatisse et conventus Sancte Marie de pratis juxta Norhampton, facta prius inquisitione per Archidiaconum Norhamptonie, etc., admissus est et in ea canonice vicarius perpetuus institutus. Et consistit illa vicaria in toto altaragio ejusdem ecclesie et in uno manso competente, et preterea in redditu unius marce singulis annis recipiendo de redditu quem Simon de Landen debet pro terra quam tenet. Et mandatum est Archidiacono, etc.

[*Vivian, clerk, son of Roger, is instituted to the church of Edgecote, on the presentation of Theobald de Breute and Matilda his wife.*]

ECHECOTT'.—Vivianus filius Rogeri, clericus, presentatus per Teobaldum de Breute militem ratione dotis Matilde uxoris sue ad ecclesiam de Echecott', facta prius inquisitione per Archidiaconum Norhamptonie, etc., per quam, etc., susceptis etiam litteris domini Regis quod dicti Teobaldus de Brae [*sic*] et Matilda uxor ejus in curia ipsius domini Regis coram justiciariis suis apud Westmonasterium per judicium ejusdem curie recuperaverunt saisinam suam versus Thomam Murdac de presentatione sua versus predictam ecclesiam, etc., Roberto etiam de Chaucumbe milite renuntiante juri suo quod dicebat se habere in eadem ecclesia, admissus est et in ea canonice persona institutus ; ita quod in scolis sit et addiscat et ad mandatum domini Episcopi veniat in subdiaconum ordinandus. Vult tamen dominus Episcopus ei ad tempus parcere super ordinis susceptione, quia juvenis est et scolaris. Et mandatum est dicto Archidiacono quod secundum formam premissam, etc.

[*Richard de Maverthin, clerk, presented by William de Breaut' by reason of the wardship of the land of Guy de Wick', is instituted to the church of Wick Dyve, alias Wicken.*]

WICKA.—Quinto decimo Kalendas Maii magister Ricardus de Maverthin, clericus, presentatus per dominum Willelmum de Breaut' ad ecclesiam de Wick' ratione custodie quam habet de terra que fuit Wydonis de Wick', facta prius inquisitione per R., Archidiaconum Norhamptonie, etc., admissus est et persona institutus in eadem cum onere residentiam faciendi in eadem, et eidem in officio sacerdotali deserviendi; et mandatum est dicto Archidiacono, etc., ut ipsum in corporalem.[1]

[*Walter de Stiuecle is instituted to the church of Southwick, on the presentation of the Prior and Canons of Huntingdon.*]

SUDWIC'.—Tercio Nonas Maii magister Walterus de Stiuecle presentatus per Priorem et canonicos de Huntingdon' ad ecclesiam de Sudwic, facta prius inquisitione per Archidiaconum Norhamptonie, etc., admissus est et in ea canonice persona institutus, salvis sexaginta solidis annuis dictis Priori et canonicis de eadem ecclesia nomine perpetui beneficii per manum dicti W. et successorum suorum percipiendis, et salvis decem solidis annuis Willelmo de Avalone canonico prebende Lincolnie de Nessinton' et successoribus suis ejusdem prebende canonicis a dicto Waltero et successoribus suis nomine perpetui beneficii de ecclesia memorata persolvendis. Injunctum est etiam eidem Waltero quod ad ordines ante festum Sancti Michaelis celebrandos anno pontificatus domini Episcopi quartodecimo veniat in subdiaconum ordinandus. Et mandatum est Archidiacono Norhamptonie quod, etc. Subdiaconus est.

[*Edward de Westmonasterio, presented by William de Kantilupo by reason of the custody of Peter de Monteforti, is instituted to the church of Ridlington.*]

RATLINGTON.—Octavo Kal. Octobris Eadwardus de Westmonasterio, subdiaconus, presentatus per dominum Willelmum de Kantilupo ratione custodie quam habet de Petro de Monteforti ad ecclesiam de Ratlington', facta prius inquisitione per Archidiaconum Norhamptonie, etc., admissus est et in ea canonice persona institutus; et injunctum est Radulfo clerico Archidiaconi, etc.

---

[1] In the margin:—"Non habemus litteras presentationis."

INDEX TO VOLUME I.

ABBOTS Ripton. *See* Ripton Abbots
Abel, chaplain; 113
Abrincensis. *See* Avranches
Absalom, chaplain; 143
Aby [co. Lincs]; 167
Acherou. *See* Edgcott
Achurch [co. Northants]; 5
Adam, chaplain; 47, 84
Addington, Little [co. Northants]; 17, 130
Aghtorpa, Robert de; 111
Agnes, widow; 131
......*cancellaria*; 47
Aiete, John de; 138
Ailentona. *See* Elton
Ailesham [co. Lincs], prior of; 12
Ailestona. *See* Aylestone
Ailive, William son of; 201
Ake. *See* Noke
Alan, Peter son of; 8
......, William son of; 12 (bis)
......, *magister*; 109
......, vicar; 79
Alban, deacon; 193
Albiniaco, Nicholas de; 1
......, Philip de; 153
......, William de; 1, 19
Albo Monasterio, Reginald de; 173
...., Alice, wife of; 173
Albury [co. Oxon]; 92
Albus, Roger son of Robert; 73
Alconbury [co. Hunts]; 191
Aldebiry. *See* Albury
Aldenham, [co. Herts]; 137
Alderton [co. Northants]; 56
Aldringtona. *See* Alderton
Alecestria, William de; 91
Alexander, John son of; 57
......, chaplain; 117
Alfeldewike. *See* Haultwick
Alkborough [co. Lincs]; 202
Alneto, Henry de; 117
......, Hugh de, prior of the Brethren of St. John of Jerusalem; 67, 77
Alost, Hubert de; 128
Alvingham [co. Lincs]; prioress and nuns of, 128
Ambly, Ralph de; 127
Ampthill [co. Beds]; 187
Anderby [co. Lincs]; 3, 57, 138
Anderby, Robert de; 138
Andrew, chaplain; 114
......, clerk; 148, 149
Angers, abbot of St. Nicholas of; 100
.. ...., ..., vice-gerent of; 100
Appleby [co. Lincs]; 201
Arderne, Adam de; 1
Ardley [co. Oxon]; 68 (*corrig.*)
Ardulvelle. *See* Ardley (*corrig.*)
Arescy, Norman de; 134, 135

Argentein, William de; 141
Arki, Gilbert de; 16
Arraby, Robert de; 62
Ascelino, William de; 107
......, ..., Juliana, heiress of; 107
......, ..., Colomba, heiress of; 107
........, ..., ..., Geoffrey son of; 107
Asekirke. *See* Achurch
Ashby [co. Northants], prior of; 4, 44
......, canons of; 151, 204
Ashby St. Ledgers [co. Northants]; 207
Ashwell [co. Rutland]; 79 (*corrig.*)
Askeby, Robert de; 201
Asterley [co. Oxon]; 23
Aston, North [co. Oxon]; 25, 183
Aston Rowant [co. Oxon]; 22
Aston Sandford [co. Bucks]; 156
Aston, Steeple [co. Oxon]; 132
Aswarby [co. Lincs]; 168
Aswella, Sampson de; 66
Atteberga, Richard de; 123
Attenestona, Robert de; 117, 118
Audenhame. *See* Aldenham
Aumeri, Ralph de; 148
Aunay, abbot and convent of; 83, 148
Auno, William de; 77
Aurelian, Joscelin de; 35
Avers, Ralph de; 122
Avranches, J., canon of; 121
Aylestone [co. Leics]; 41
Aylintona. *See* Elton

BACUN, Robert; 170
Badelesdone, Leonard de; 137
Badelesdone. *See* Battlesden
Baggerigge, Gilbert de; 16
Bagianus, John, George son of; 92
Baldac. *See* Baldock
Baldindona. *See* Baldon, Marsh
Baldock [co. Herts] J. dean of; 59
Baldon, Marsh [co. Oxon]; 102, 103
Baldric, chaplain; 161
Baldwin, Richard son of; 83
Baldwin, clerk; 147, 148
Bamburgha. *See* Baumber
Bamburgo, Simon de; 53, 116
Bampton [co. Oxon]; 129
Banastre, William; 172
Banbury [co. Oxon]; 37, 38, 46, 115
...... Castle of; 53
Bannebiria. *See* Banbury
Bannebiria, Thomas de; 71
Barbeflet, Stephen de; 139
Bardney [co. Lincs], Matthew, abbot, and convent of; 2, 55, 69, 70, 71, 86, 87, 89 (bis), 111, 132, 147, 160, 161, 164, 174
......, charge of church at; 71
Baresworthe. *See* Husbands Bosworth

Barjonas, chaplain; 44
Barkston [co. Leics]; 88
Barkwith [co. Lincs]; 125 (*corrig*.)
Barlings [co. Lincs], Robert abbot of; 107
......, abbot and convent of; 125, 175, 201
Barnack [co. Lincs]; 82, 110
Barnetby-le-Wold [co. Lincs]; 149, 150
Barnwell [co. Cambs], prior and monks of; 62
Barrowby [co. Lincs]; 99, 100
Barton [co. Northants]; 74
Barton, Great [co. Oxon]; 65, 180 (*corrig*.)
Basingehamia, Richard de; 34
......, Robert de; 13, 60, 61
......, Roger de; 13
Baslingehama. *See* Bassingham
Basset, Robert; 110
......, T.; 101
Bassingham [co. Lincs]; 13, 60, 61
Bastun, Nicholas; 128
Bath [co. Somerset], bishopric of; 109
Bath and Glastonbury, Joscelin bishop of; 109, 115, 140
Bathonia, Hugh de; 112
Battlesden [co. Beds]; 137
Baumber [co. Lincs]; 116
Beachampton [co. Bucks]; 68
Beaulieu [co. Hants], prior and monks of; 4, 50, 58, 187
Beauport (dioc. Avranches), abbot and convent of; 157, 158, 159
Beby. *See* Beeby
Bec [co. Norf], abbot of; 28
......, monks of; 28, 206
Bechamptona. *See* Beachampton
Bechamptona, William de; 68
Bechebroca. *See* Begbrook
Beckingham [co. Lincs]; 15, 82
Bedeforda, Hugh de; 109
Bedford, A., archdeacon of; 7, 45, 47, 49, 50, 53, 58, 64, 69, 73, 80, 93, 96, 97, 104, 107, 108, 109, 113, 114
......, J., archdeacon of; 168, 170, 188
Bedford, S., official of archdeacon of; 136, 137, 143, 153, 160, 162, 163, 166, 168, 170, 174
......, church of St. Cuthbert in; 153
......, church of St. Mary in; 109
......, church of St. Peter in; 107, 160
Bedford, castle of, siege of; 192
Beeby [co. Leics]; 34
Beech, William de; 42
Beelsby [co. Lincs]; 158
Beesby-in-the-Marsh [co. Lincs]; 3, 77, 124, 159
Begbroke [co. Oxon]; 126 (*corrig*.)
Belesby, Ivo de; 159
Belle, William; 209
Belleau [co. Lincs]; 78, 102
Bello Campo, Geoffrey de; 101
......, John de; 7
......, Richard de; 96
......, Roger de; 96

Bello Campo, William de; 7, 114
Bellus Locus. *See* Beaulieu
Benedict, Geoffrey son of; 18
......, John son of; 18
Benington. *See* Bennington
Benington, Geoffrey de; 12
......, Alan de; 12, 83
Bennington [co. Lincs]; 12, 57, 78, 83
Benningwortha, William de; 70, 111
Berchamsteda. *See* Berkhamsted
Bereford, Pain de; 179
Bergeby. *See* Barrowby.
Berkhamsted [co. Herts], church of St. Mary in; 112
Bermondsey, House and convent of St. Saviours of; 144
Bernaka. *See* Barnack
Bernake, Hugh de; 111
Bernay, abbot and convent of; 45, 173
Bernecestria. *See* Bicester
Bernetby, Robert de; 29, 45
Berneteby. *See* Barnetby-le-Wold
Beseby, Thomas de; 111
Beseby. *See* Beesby-in-the-Marsh
Bicester [co. Oxon]; 177
Bicleswand, Simon de; 178
Bilsby [co. Lincs]; 101
Bilesby, William de; 101
Birmingham [co. Warwick]; 38
Birminghama, John de; 38
Biskele, W. de; 71
Blaby [co. Leics]; 126
Bladerwica. *See* Blatherwick
Blancfrund, Osbert; 137
Blatherwick [co. Northants]; 52
Blechesdene. *See* Blechingdon
Blechingdon; 148
Blechuit, Gilbert de; 126
Bleisa, R. de, official of the Archdeaconry of Leicestershire; 1, 11, 19, 37, 40 (bis), 41, 44, 55, 58, 73, 88, 108, 112, 154, 155, 157, 164, 169
Bletchley [co. Bucks]; 169
Bletsoe [co. Beds]; 166
Bloet, Alda; 24
......, Ralph, son of; 24
Bloxham [co. Oxon]; 179
Bluet, Walter; 154
Blunde, John; 15 (bis)
Bluntisham [co. Hunts]; 129
Boclanda, G. de, canon of Salisbury; 32, 35, 66, 144
......, Roger de; 66
Boddington [co. Northants]; 53, 75, 151
Bolebec, I. de, countess of Oxford; 114
Bolingbroke [co. Lincs], A. dean of; 18, 19, 134
......, church of; 83
Boothby [co. Lincs]; 48
Bosco, William de; 9
Bosco, prioress and convent Sancte Trinitatis de; 188
Boston, Sanctus Botulfus [co. Lincs], Hospital outside; 115, 116, 172
Botendene. *See* Boddington
Botendone, Hugh de; 151

Botheby. *See* Boothby
Botlesford. *See* Bottesford
Bottesford [co. Leics]; 1
Boultham [co. Lincs]; 86, 87
Bourn, abbot and convent of; 169, 170, (*corrig.*)
Brackele, Ranulph de; 203
......, Richard de; 146
Brackeleia, Richard de; 141
Brackeleya, Robert de; 27, 112
Bradeham, Lambert de; 120
Bradenham [co. Bucks]; 117
Bradenstoke [co. Wilts], canons of; 183
Bradewell [co. Bucks], J. Prior, and convent of; 93, 94, 103
Bradewelle, John de; 183
Bradwell [co. Oxon]; 183
Braibroca, Henry de; 62, 69
Braitone, Elias de; 134
Brakenberga, Jordan de, William son of; 85
Bramfield [co. Herts]; 29
Bramforda, Geoffrey de; 118
Bramptone, Richard de; 189, 193
Brancestona. *See* Branston
Brancewella, Alexander de; 58
......, William de; 1, 4, 8, 11, 12 (bis), 13 (bis), 15, 33, 35, 43, 53, 57, 66, 87
Brand, canon of St. Paul's, London; 58
Branston [co. Leics]; 88
Brantefeld. *See* Bramfield
Brant Broughton [co. Lincs]; 118
Branton' [pratum]; 191
Bray, Henry de; 167
Breaute, F. de; 133
Breaute, Fulk de, Nicholas brother of; 92
Bredhame. *See* Bradenham
Brevecurt, Benedict de; 154 (bis)
Brian, Alan son of; 85
......, Roger son of; 59
Brickhill [co. Bucks]; 101
Bridelintuna. *See* Bridlington
Bridlington [co. Yorks], prior and convent of; 53
......, ..., prior of; 116
Brigele. *See* Brigsley
Brigsley [co. Lincs]; 159
Brigstock [co. Northants]; 206
Brikehelle. *See* Brickhill.
Brincl', R. de, official of the archdeacon of Lincoln; 147, 148
Bristollia, Roger de, canon of Lincoln; 115, 149
Brito, Ranulf; 109
Briwara. *See* Briwer
Briwer, William; 8, 56, 98, 99, 169
Brocklesby [co. Lincs], William, dean of; 133, 144
Broxholme [co. Lincs]; 152, 153
Bructona. *See* Brant Broughton
Bruere, Ralph de; 15 (bis)
Bucella, William de; 28, 29
Buckden [co. Hunts]; 79, 105, 189 (*corrig.*)

Buckinghamshire, archdeacon of. *See* Tintona, W. de
......, ..., Theobald, official of; 114, 122, 134, 145, 156, 164, 165, 169, 171, 174, 175, 196, 197, 198. *See* Cantia, T. de
Bucknall [co. Lincs]; 155
Buckworth [co. Hunts]; 164
Buggedena. *See* Buckden
Bukeby, dean of; 123
Bullingbroca. *See* Bolingbroke
Bullington [co. Lincs]; G., prior, and nuns of; 103, 104, 171
Bultehamia. *See* Boultham
Bunnintona. *See* Bennington
Burdet, Robert; 41, 44, 118
......, William; 40
Burewella. *See* Barnwell
Burgh, Hubert de; 26
Burgo, Geoffrey de; 146
......, Thomas de; 103
Burgundiensis, Hugh; 123
Burgus. *See* Peterborough
Burgus. *See* Burrough
Burnham [co. Bucks]; 8, 98
......, dean of; 59
Burnhame, Ralph de; 171
Burrough [co. Leics]; 146
Burton [co. Lincs]; 12
Burton, Black [co. Oxon]; 74
Burton. *See* Barton [co. Oxon]
Burton; 33, 130, 202 (*corrig.*)
Burtuna. *See* Burton
Bury [co. Suff], St. Edmunds, abbot of; 114, 115
Buselingthorpa, William de; 43
Buslingthorpe [co. Lincs]; 43
Butemunt, Hugh de; 41 (*corrig.*)
Bytham [co. Lincs]; 118 (*corrig.*)
......, prebend of; 128

CADDINGTON [co. Beds]; 58
Cadney [co. Lincs]; 119
Cadomo, Roger de; 5, 18, 83, 85, 144
Calceto, Roger de; 169
Caldecot [co. Hunts]; 49, 50
Caldwell [co. Beds], prior and convent of; 45, 73, 137
......, prior of; 116
Calkwella. *See* Kalkwella
Calswath, dean of. *See* Malberthorpa, W. de
Cambio, H. de; 121
Camelingehame. *See* Cammeringham
Cameltone. *See* Campton
Camerarius, Roger, son of William; 12
Cammeringham [co. Lincs]; 133
......, Robert, prior of; 133
Campton [co. Beds]; 50
Candeleshoe, R. de; 134
Cantebrigia, Stephen de; 171
Canteis, William le; 128
Canterbury, Archbishop of; 135
Cantia, Alexander de; 60
......, Richard de; 63

Cantia, Theobald de, official of the archdeacon of Bucks; 115, 116, 117, 133
......, W. de, archdeacon of Stow; 201
Cantilupo, Jordan de; 155
......, Walter de; 155
......, William de; 27, 112, 155
Careby [co. Lincs]; 154 (bis)
Carlton [co. Leics]; 49
Carlton, Little [co. Lincs]; 64
Carlton Scroop [co. Lincs]; 176
Carsintone, *See* Cassington
Cassington [co. Oxon]; 52, 184
Cassinthorpa. *See* Casthorpe
Casthorpe [co. Lincs]; 99
Castilune, Hugh de; 8, 109
......, ..., Hugh son of; 109, 110
......, Richard de; 110
......, ..., Hugh son of; 110
Catesby [co. Northants]; 209
......, prioress and nuns of; 209
Cauer, William de; 128
Caversfield [co. Oxon]; 196
Caversham [co. Oxon]; 182
Cennora, William de; 16
Cennore. *See* Chinnor
Certeseia. *See* Chertsey
Cesteltone. *See* Chastleton
Cestrehama *See* Chesham
Cestretone. *See* Chesterton
Cestria, R. de, official of the bishop of Lincoln; 30, 57, 66, 85, 87
......, ..., letters patent of; 30, 31
......, William de; 158
Chalcombe [co. Northants]; 202
......, prior and canons of; 53, 75, 111, 202
Chalfont [co. Bucks]; 196
Chalgrave [co. Beds]; 188
Charwelton [co. Northants]; 1
Chastleton; 179 (*corrig.*)
Chategrava, John de; 128
Chaucumba. *See* Chalcombe
Chaurcis, Adam de; 7
Cheddington [co. Bucks]; 134
Chedindone. *See* Cheddington
Chelewentone. *See* Chellington
Chellington [co. Beds]; 136
Chertsey [co. Surr]; 36, 37, 59
Chesham [co. Bucks]; chapel of St. Leonards of; 9
......, church at; 60
Chester, Earl of; 37, 51
Chesterton [co. Hunts]; 46
Chesterton [co. Oxon]; 151
Chevel, John de; 179
Chicksands [co. Bed]; 185
......, prior and monks of; 185, 186
Chinnor, [co. Oxon]; 126
Cibeceya. *See* Sibsey
Cicestria, Stephen de; 30, 87, 131, 171.
Cirencester [co. Glouc], canons of; 26, 27, 60, 206, 207
Citerton; 121
Claipol. *See* Claypole
Clanefelda, Adam de; 62, 69
Clapton [co. Northants]; 160

Claxby [co. Lincs]; 18
Claxby, William de, Henry son of; 18
Claydon [co. Bucks]; 17, 60
Claypole [co. Lincs]; 69
Cleindone. *See* Claydon
Clement, clerk; 169
Cleveland [co. York], William, archdeacon of; 153
Clifton [co. Beds]; 93
Clipsham [co. Rutland]; 61
Clophill [co. Beds]; 187
Cloptone, William de; 161
Cnoweshale, Ralph de; 107
Coates [co. Lincs]; 202
Cockepol. *See* Cople
Cogges [co. Oxon]; 183
Coleman, William; 179
Colemere, John de; 32
Colevilla, Henry de; 89 (bis)
Colewella, Henry de; 70
Colmworth [co. Beds]; 168
Colombers, Robert de; 47
Colsterworth [co. Lincs]; 128
Coningsby, North [co. Lincs]; 134, 135
Constantiis, Ralph de; 12
Cople [co. Beds]; 185
Corby [co. Lincs]; 106
Corby [co. Northants]; 4
Coreby, Robert de; 4
Cornay, Richard de; 151, 152
Cosmorde. *See* Colsterworth
Costein, Alan; 67, 90, 98
Costentin, Nigel; 81, 147
Cotes [co. Leics]; 76
Cotesford. *See* Cottisford
Cottisford [co. Oxon]; 28
Cotun. *See* Nun Coton
Councils; 2, 14, 16, 26, 30, 33, 39, 40, 44, 46, 50, 54, 58, 60, 63, 65, 87, 90, 98, 101, 103, 104, 105, 106, 107, 109, 110, 124, 125, 126, 127, 128, 142, 144, 146, 151, 153, 160, 162, 163, 164, 165, 168, 169, 171, 175, 177-195, *passim.*
Coutances, Stephen, archdeacon of; 86
......, bishop of; 86
Covenham [co. Lincs]; 60
Coventry [co. Warwick], bishop of; 38
Coventria, Robert de; 119
Cowley [co. Oxon]; 180
Cranesle, Elyas de; 47
......, Ralph de; 47
Cranford [co. Northants]; 65
Cranwell [co. Lincs]; 2
Craumerse. *See* Crowmarsh Gifford
Craunford, I. de; 207
Crawel, Hugh de; 96
Crawley, Little [co. Bucks]; 198
Creslow [co. Bucks]; 105
Croft [co. Leics]; 94
Croillandia. *See* Crowland
Croppere, Geoffrey de; 39
Crowelton. *See* Charwelton
Crowland [co. Linc], abbot and convent of; 4, 5, 34, 85, 106, 117, 144
Crowmarsh Gifford [co. Oxon]; 68
Croxby [co. Lincs]; 81, 131, 132

Index.

Croxeby, Ralph de; 131, 155
Croxton [co. Leics], abbot and convent of; 73
Croyland. *See* Crowland
Crux Roheisia. *See* Royston
Cuddington [co. Bucks]; 71
Cudentona. *See* Kiddington
Culne, Richard de; 36 (*corrig.*)
Cumba, Peter de; 70
Cumberworth [co. Lincs]; 11, 57, 134
Cumton, John de; 184
Curia regis; 87, 98, 110, 139, 175
Curtlingtone. *See* Kirtlington
Cuxwold [co. Lincs]; 100

DACUS, Hugh; 161
Dalby, Little [co. Leics]; 87
Danz, Richard de; 63
Daventry [co. Northants]; 204
......, prior and convent of; 25, 169, 204, 205
......, ..., James, procurator of; 55
David, clerk; 33, 34
Davintre, Hugh de; 160
Dean [co. Beds]; 163
Denehamia. *See* Denham
Denham [co. Bucks]; 59
Denningwortha, William de; 43
Derefelde, Hugh de; 149, 150
Diddington [co. Hunts]; 67
Digeneswella, Guy de; 127
Digeneswella. *See* Digswell
Digswell [co. Herts]; 127
Dinton [co. Bucks]; 35, 195
Dirintone. *See* Dorrington
Dive, Ledger de; 207
Doddeford, Geoffrey de; 25 (bis)
Doddington [co. Lincs]; 128
Dorchester [co. Oxon], abbot of; 103, 177
Dorkecestria. *See* Dorchester
Dorney [co. Bucks]; 122
Dorrington [co. Lincs]; 157
Drayton [co. Leics]; 39
Drifelda, Walter de; 53
Dubrig, Gilbert de; 125
Dudingtona. *See* Diddington
Duket, Richard; 154
Dultinge, G. de; 70, 129
Dunelma, Robert de; 10, 63, 126
Dunestorpe, Peter de; 50 (*corrig.*)
Dunigtone, Walter de; 136, 169
Dunington. *See* Dinton
Dunstaple [co. Beds] prior and convent of; 48, 60, 107, 109, 115, 153
......, canons of, vicarages belonging to; 188
Dunsthorpe [co. Lincs]; 50 (*corrig.*)
Duntone, Robert de; 162
......, William de; 61
Dunville, Geoffrey de; 33
Durham, prior and convent of; 72 (bis)
Dur..., Robert de; 122

EASINGTON [co. Oxon]; 16, 74, 143
Easton [co. Hunts]; 93
Easton [co. Northants]; 139
Eastwell [co. Leics]; 62, 97

Eastwick [co. Herts]; 126
Eaton Bray [co. Beds]; 163
Eaton [co. Oxon]; 71
Eawelma. *See* Ewelme
Eddlesborough [co. Bucks]; 55, 164
Edenham [co. Lincs]; 116 (bis)
Edgcott [co. Bucks]; 51 (*corrig.*)
Edith Weston [co. Rutland]; 2 (*corrig.*)
Edolveberga. *See* Eddlesborough
Eileshama. *See* Ailesham
Einesfordia, William de; 72
Eketone, Stephen de; 170
Elias, chaplain; 45, 56, 203
......, clerk; 159, 160
Ellenstowa. *See* Elstow
Elsfield [co. Oxon]; 181
Elstow [co. Beds], abbess and convent of; 64, 186, 191, 197, 203
Elton [co. Hunts]; 63
Elton, Hugh de; 19
Ely, R., bishop elect of; 129
Emberton [co. Bucks]; 93, 145
Embertone, Robert de; 145
Enderby, Alan de; 84
......, ..., Thomas, *filius* R., son of; 84
Enderby, Mavis [co. Lincs]; 19 (*corrig.*)
Engayne, William; 113
Eringwortha, Luke de; 105
Ermentiers, David de; 135
Esindone. *See* Easington
Esle. *See* Estleigh
Esseby. *See* Ashby
Esseby, A. de; 47
Essefordeby, Simon de; 152
Essewella. *See* Ashwell
Essex, Adam de; 3
Esthalle; 184
Estleigh [co. Northants]; 63
Estone; 184
Estone, Matthew de; 132, 133
Estrelega. *See* Asterley
Estuna. *See* Aston Rowant
Estwic, Henry de; 22
Eudo, bailiff; 125
......, clerk; 100
Eu'm'. *See* Wilsford
Eustace, chaplain; 112
......, clerk; 72, 166
Evenley [co. Northants]; 203
Everdon [co. Northants]; 45, 171, 173 (*corrig.*)
Everdone, Ranulf de; 45, 171, 173
Eveshama, Elias de; 73
......, Nicholas de; 127
Evington [co. Leics]; 136
Ewelme [co. Oxon]; 24
Ewerby [co. Lincs]; 43
Exeter, chapter of; 129
Eye [co. Suffolk]; prior and convent of; 99, 157
Eynsham [co. Oxon]; 49, 69, 70, 71, 115
......, abbot and convent of; 20, 27, 52, 133, 170, 172, 184
Eytone. *See* Eaton Bray
E., chaplain; 159

FALCONARIUS, Henry; 137
Falesle, John de; 205
Fareforda. *See* Farforth
Farforth [co. Lincs]; 111
Farlestorpa, Eudo de; 57, 101
......, Richard de; 101
Farley, [co. Wilts], prior of; 8 (bis)
Farndish, [co. Beds]; 123, 153
Farningham [co. Northants]; 41
Faukote. *See* Fewcott
Fauvel, John; 111
Fawsley [co. Northants]; 205
Fécamp, monks of; 183
Fenton [co. Lincs]; 15 (bis), 82
Ferebraz, William; 133
Fernedis. *See* Farndish
Fernesthorpe, Eudo de; 11
Fernhame, Nicholas de; 137
Fewcott [co. Oxon]; 182
Finch, William; 181
Finedon, [co. Northants]; 104
Fingest [co. Bucks]; 43, 70, 197 (*corrig.*)
Fiskertona, Thomas de; 122
Flitton [co. Beds]; 186
Flitwick [co Beds]; 3
Folebecha. *See* Fulbeck
Foleville, Ralph de; 154
......, William de; 154
Foliot, John; 91
......, Walter; 147
Foresthill [co. Oxon]; 180
Fossa Nova, Stephen de; 124
Fotheringhay [co. Northants]; 208
Fraxeneto, John de; 61
Frellesworthe. *See* Frowlesworth
Friseby, Roger de; 83
Fritwell [co. Oxon]; 180
Frowlesworth [co. Leics]; 111, 112
Fulbeck [co. Lincs]; 33
Fulk, William, son of; 134
Furnivalle, Manasser de; 152

GADDESDEN, Little [co. Herts]; 192
Gainsborough [co. Lincs]; 201
Garinges. *See* Goring
Gartree [co. Leics], Joscelin, dean of; 86, 121
Gate Burton [co. Lincs]; 144
Gatesdene, Richard de; 73, 137
Gayton [co. Northants]; 51 (*corrig.*)
Gaytre, Joscelin, dean of. *See* Gartree
Geiteburtone. *See* Gate Burton
Geldene Mortone. *See* Guilden Morden
Geldesfuntaine, nuns of; 178
Geoffrey, chaplain; 190
......, clerk; 10, 95, 101
......, *magister*; 29, 30
Geoffrey, Robert son of; 111
Germundthorpa. *See* Grainthorpe
Gerold, G. son of; 48
......, Warin son of; 33
Gertre, dean of; 121
Gervasius, Robert son of; 199

Gervase, clerk; 80
Gibuin, *magister*; 6 (*corrig.*)
Gidding, Great [co. Hunts]; 190, 194
Gidding, Thomas de; 194
Gidneto, R. de; 167
......, William de; 167
Gilbert, chaplain; 6, 60
......, clerk; 78, 102
......, monk; 175
......, parson; 61
Gildeby. *See* Kilby
Gisnay, Robert de; 80
Glameford, Roger de; 6
Glatton [co. Hunts]; 30
Glentworth [co. Lincs]; 200
Glooston [co. Leics]; 40
....., Robert, dean of; 40
Glorestone. *See* Glooston
Gloucester, abbot and convent of; 82, 122, 174, 175
Godarville, Eustace de; 151
......, Walter de; 151
Godfrey, chaplain; 118
Godmanchester [co. Hunts]; 73, 190
Godstowe [co. Oxon]; 178
......, abbess and nuns of; 16, 21, 35, 74, 75, 143, 178, 179, 195
Gokeswauda. *See* Cuxwold
Goring [co. Oxon]; 179
......, prioress and convent of; 15, 68, 179, 197
Gosberton [co. Lincs]; 123
Gosebertchirka. *See* Gosberton
Goseworthe, Robert de; 138
Gra, *magister*; 4
Graham. *See* Grantham.
Grainthorpe [co. Lincs]; 127
Grantham [co. Lincs], prebend of; 34, 35, 88, 120 (*corrig.*)
Gravela, Henry de; 127 (*corrig.*)
......, Robert de; 2, 29, 30, 32, 45, 48, 87
Gravenhurst [co. Beds]; 73
Great Steeping. *See* Steeping
Greenfield [co. Lincs], prioress and nuns of; 78, 124, 167
Greetham [co. Rutland]; 208
Greetwell [co. Lincs]; 84
Gregory, cardinal deacon of S. Theodore; 169
Gresting, abbot and convent of; 112
Grettewella. *See* Greetwell
Grimsby, dean of; 158
Grisneto, William de; 58
Gualo, papal legate in England; 26, 27, 28, 30, 31, 35, 36, 37, 51, 52, 55, 58, 72, 92, 104, 105, 113, 114, 117, 120, 121, 122, 128, 132, 133, 137, 146
.. .., clerk of. *See* Sancto Nicholao, Laurence de
Gu'ay, Hugh de; 158
Guilden Morden [co. Cambs]; 150, 151
Gumecestre. *See* Godmanchester
Gunnes, Geoffrey de; 134
Gymer, chaplain; 206
Gynnay, William de; 80

Index.

HACCONBY [co. Lincs]; 142
Hackthorn [co. Lincs]; 200
Haddenham [co. Bucks]; 71
Haddon, West [co. Northants]; 205
Haderington. *See* Addington
Hagworthingham [co. Lincs]; 147
Hagworthingham [co. Lincs]; R. dean of; 18, 84
Hagworthinghamia, R. de, dean of Hill; 50
Hailes, John de; 164, 165
......, R. de, archdeacon of Huntingdon; 191
Hailholme. *See* Haverholme
Halintone, William de; 168
Haliwelle. *See* Holwell
Haliwell, prioress and convent of; 135
Halton, West [co. Lincs]; 165, 168
Hambleden [co. Bucks]; 139
Hamby, Herbert de; 43
Hampole [co. Yorks], prioress and convent of; 84, 85
Hamlin, *quondam* dean; 64
Hammes, William de, precentor of Wells; 106
Hamo, William son of; 3, 156
Hampton Gay [co. Oxon]; 180
Hamtone, Henry de; 139
......, Philip de; 139
Hanewrdha. *See* Hanworth
Hanley, Richard de; 17
Hanworth, Cold [co. Lincs.]; 81, 147
Harcourt, J. de; 55
......, W. de; 31, 40, 41, 54, 108
Hardres, Robert de; 116
Harenge, Ralph; 36
Harewecurta, W. de. *See* Harcourt
Haringtona, H. de; 40
Harpendene, Robert de; 172, 173
Harpsden [co. Oxon]; 172
Harringworth [co. Northants]; 203
Harrold [co. Beds]; 186
Hartford [co. Hunts]; 79
Hartwell [co. Bucks]; 133
Harweden, R. de; 207
Haseley [co. Oxon]; 46
Hasewrtheshurn, Henry dean of; 89
Hastinges, Geoffrey de; 92
Hatcliffe [co. Lincs]; 158
Hatfelde, Hugh de; 176
Haultwick [co. Herts]; 95
Haumeden, Nicholas de; 204
Haunthulle. *See* Ampthill
Hausteda, William de; 37
Haverholme [co. Lincs]; prior and convent of; 58
......, nuns of; 167
Hayles, Robert de, archdeacon of Lincoln, letter from; 194
Haynes [co. Lincs]; 185
Headington [co. Oxon]; 181
Heckington [co. Lincs]; 89 (bis)
Heddendone. *See* Headington
Hedenham. *See* Edenham
Hedenhamia. *See* Haddenham
Heghame, Nicholas de; 167

Heit, Robert de, archdeacon of Huntingdonshire; 9, 10, 14, 21, 42, 50, 59, 67, 79, 94, 95, 112, 116, 127
Hekingtona. *See* Heckington
Helgelo. *See* Belleau
Helias, chaplain; 198
Hellidon [co. Northants]; 209
Hellow. *See* Belleau
Hemingby [co. Linc]; 92
Hemingford Gray [co. Hunts]; 6, 189, 193
Hemmingforde, William de; 193
Hemington [co. Hunts]; 42, 208
Hemington [co. Leics]; 92
Hengfelda, A. de; 51
Hengstewrde. *See* Hinxworth
Henlow [co. Beds]; 108
Hennes. *See* Haynes
Henry, chaplin; 35, 153, 166, 205
......, clerk; 24, 38, 156
......, vicar; 105
Henry III, King of England; 28, 83, 87, 98
Herbert, Peter son of; 36
Herefordia, William de; 174
Hersefeld, Peter de; 28
Hertford, church of St. Mary in; 138
......, church of St. Nicholas in; 2
......, prior and convent of; 138
.. ..., St. Mary of, prior and convent of; 145
......, Earl of; 140
Hertwelle, Barnabas de; 133
Hetrop. *See* Heythrop
Heward, Osbert son of; 181
Heyforde, William de; 196 (*corrig.*)
Heyford, Lower [co. Oxon]; 39, 170, 196 (*corrig.*)
Heythrop [co. Oxon]; 23
Hibaldstow [co. Lincs]; 29, 45
High Wycombe. *See* Wycombe, High
Hill [co. Lincs], dean of. *See* Hagworthingham, R. de
Hinxworth [co. Herts]; 155
Hitchin [co. Herts]; 191
Hoby, Ralph de; 30, 31
Hoby, [co. Leics]; 31
Hockliffe [co. Beds]; 97
......, Thorold, warden, and brethren of the hospital of; 97
Hocton. *See* Houghton Conquest
Hoctona, John de; 63
Hodenge, Ralph de; 98, 99
Hoke, Geoffrey; 111
Holcutt [co. Northants]; 109 (*corrig.*)
Hole [co. Lincs]; 70
Holewella, Stephen de; 49, 50
Holland [co. Lincs], dean of. *See* Cadomo, R. de
Holwell [co. Oxon]; 183 (*corrig.*)
Hook Norton [co. Oxon]; 180
Horbling [co. Lincs]; 125
Horkestowa, J. de, official of the Archdeaconry of Lincoln; 62, 72, 78, 79, 83, 84, 86, 99, 100, 101, 102, 106, 111, 118, 119, 121, 125, 134, 136, 138, 141, 150, 166

Horkestowa, William de; 134
Horton [co. Bucks]; 34
Horton, Richard de; 39
......, ..., Evelyn, wife of; 39
Horwde, Ralph de; 198
Hotot, Hugh de; 7, 114
Houghton Conquest [co. Beds]; 7, 113
Houghton Regis [co. Beds]; 187
Hoylande, John de; 142
Huch, Robert de; 86
Hugh, Henry son of; 26
Hugh, chaplin; 119, 201
......, *sutor*; 77
Hulcote [co. Beds]; 109 (*corrig.*)
Hulding, Ralph; 8
Humeto, Robert de; 154 (bis)
Hungerton [co. Lincs]; 8
Huntingdon, archdeacon of; 129, 132, 136, 137, 138, 141, 143, 144, 145, 146, 152, 155, 162, 165, 170. *See* Heit, Robert de
......, ..., W. official of; 66, 91, 93, 139, 140, 161. *See* Walpole, William de
.... E. dean of; 14
......, institution held at; 13
Huntingdon, church of All Saints in; 14
......, church of St. Mary in; 190
......, prior and canons of; 14, 95, 96, 189, 190, 191, 193, 203. *See* Cloptone, William de
......, sacrist of; 189, 190, 193, 194
Husbands Bosworth, [co. Leics]; 40, 41
......, B. dean of; 41
Husborne Crawley [co. Beds]; 188
Huwella. *See* Hole
Huwella, G. de; 69, 70
Hylle, John de; 126
H. clerk; 3

IBSTONE [co. Oxon]; 147
Ickleford [co. Herts]; 145, 146
Iffley [co. Oxon]; 38
Ingham [co. Lincs]; 125, 171
Ingleby [co. Lincs]; 200
Ingoldsby [co. Lincs]; 5, 144, 163
Innocentibus, Gilbert de, dean of Lincoln City; 3, 32, 48, 55, 81, 84, 87, 106, 120, 122, 132, 139, 142, 147
Insula, Robert de; 162
Isaac, clerk; 72
Ivetela. *See* Iffley
Ivry, abbot and convent of; 175, 184
Iwarby. *See* Ewerby

JAMES, chaplain; 5, 175
......, monk; 55
Jerusalem, Hospital of St. John of; 116
......, ..., prior of; 171. *See* Alneto, Hugh de
......, ..., prior and brethren of; 68, 172

John, King of England; 4, 7, 28, 32, 33, 51, 52, 104
John, archdeacon; 129
......, chaplain; 12, 15, 24, 36, 61, 98, 114, 191
......, deacon; 197
......, parson; 76
......, physician; 173
Jone, Gilbert de, dean of city of Lincoln; 125
Jordan, chaplain; 48, 148, 197
Joyce, chaplain; 51
J., parson; 93

KADENAY. *See* Cadney
Kadendona. *See* Caddington
Kagworth, Richard de; 37
Kaisho. *See* Keysoe
Kaldeby; 80
Kalkewella, Laurence de; 162
......, Ranulf de, dean of Louth; 18, 19, 26, 57, 60, 62, 64, 86, 132, 136, 162
Kamel, Henry de; 31, 93
......, Thomas de; 31
Karletona, Hugh de; 82, 110
Karsintona. *See* Cassington
Kateby, Simon dean of; 54
Kavenedis, Richard de; 18 (bis)
Keal, West [co. Lincs]; 106
Kegworth [co. Leics]; 37
Kelby [co. Lincs]; 100
Keles, Aveirun de; 26 (bis)
Kelmscot; 183 (*corrig.*)
Kemeshame, William de, canon of Wells; 157
Kempston [co. Beds]; 64 (*corrig.*)
Kenebaltone. *See* Kimbolton
Kenilworth [co. Warwick], prior and convent of; 38
Kerselowa. *See* Creslow
Kesteven, [co. Lincs]; 120
Ketstefneia. *See* Kesteven
Kettering [co. Northants]; 4
Kettleby [co. Leics]; 90, 98
Keysoe [co. Beds]; 186
Kiddington [co. Oxon]; 22, 42
Kidlington [co. Oxon]; 180
Kilby [co. Leics]; 46, 81, 121, 144
Kilpeshame. *See* Clipsham
Kimble, Great [co. Bucks]; 196
Kimbolton [co. Hunts]; 144
......, castle of; 144
King, the. *See* John, king. *See* Henry III, king
Kirchama, Walter de; 129
Kirketuna. *See* Kirton
Kirkstead [co. Lincs], abbot and convent of; 146
Kirtlington [co. Oxon]; 148
Kirton [co. Lincs]; 116, 171, 172
Kislingbury [co. Northants]; 135
Kyme [co. Lincs], prior and convent of; 13, 43, 83.
Kynillewortha. *See* Kenilworth
Kyrketona, Warin de; 83

Index.

LACELES, Duncan de; 8, 98
Lacelle, Robert de; 121
Lacy, Godfrey de; 129
Lafford, Geoffrey de; 197
Laffordia. *See* Sleaford
Lamberga. *See* Limber
Lambert, chaplain; 201
Lamport [co. Northants]; 98
Landa, prior and convent of; 52, 67, 90, 97, 98, 105
......, canons of; 207, 208
Langetone, Gilbert de; 166
......, Walter de; 39
Langetuna. *See* Launton
Langley [co. Leics], prioress and convent of; 87
Langley Marish [co. Bucks], 174, 175
Langton [co. Lincs]; 166
Lanthony [co. Gloucs], prior and convent of; 108
......, canons of; 146
Lascy, Matilda de; 165, 168
Lashbrook [co. Oxon]; 178
Laughton, Great [co. Leics]; 157
Launton [co. Oxon]; 70
Laventona, H. de; 102
Lec, John de; 94
Lechebroc. *See* Lashbrook
Leckhampstead [co. Bucks]; 8, 109, 110
Lectone. *See* Laughton, Great
Ledet, Guiscard; 146
Ledger [Guiberti]; 131
......, clerk; 54, 55
Lega, John de; 4
Legha, Robert de; 139
Leicester; 13, 19, 55, 57, 59, 60, 139, 142
......, archdeacon of; 11, 19, 31, 34, 39, 40, 49, 58, 61, 80, 87, 90, 91, 94, 112, 131, 137, 146
......, ..., official of. *See* Bleisa, Robert de
Leicester, abbot and convent of; 40, 41, 62, 76, 94, 97, 131, 136
Leicestria, Peter de; 94
......, Ralph de; 7
......, William de; 92
Lekeborne, Gilbert de; 136
Lenton. *See* Linton
Leo, *magister*; 86
Leonibus, William de; 126 (*corrig.*)
Leth, Robert de; 87
Leu, Roger de; 47
Leuekenora, Henry de; 36, 37
Lidiarde, Ralph de; 105
Limber [co. Lincs]; 83, 84, 104
Lincoln; 69, 131, 152
......, bishop and chapter of; 141, 142, 143
......, bishop of. *See* Welles, Hugh de, *passim*
......, ..., official of. *See* Cestria, Robert de
......, canon of. *See* Neville, Thomas de
......, chapter of; 26, 53, 97, 115, 116
......, church of St. Peter at Arches in; 101

Lincoln, church of St. Peter at Pleas in; 105
......, dean of the city of. *See* Innocentibus, Gilbert de
......, dean and chapter of; 74, 75, 76, 78, 87, 95, 106, 113, 150, 172
......, G., precentor of; 174
......, ..., John, nephew of; 88
......, hospital of the Holy Sepulchre in; 199, 200
......, Hugh the first, bishop of; 90, 136
......, J., sub-dean of; 87
......, R., dean of; 163, 168
......, W., one time bishop of; 136, 166
Lincolnshire, archdeacon of; 26, 43, 53, 58, 89, 100, 149, 153, 154, 155, 156, 157, 158, 159, 160, 161, 163, 166, 167, 168, 172, 174, 175, 176
......, ..., official of. *See* Horkestowa, J. de. *See* Hardres, Robert de
Lincolnia, John de; 160
......, William de; 115, 116, 117, 131, 201
Linden, William de; 120
Linley [co. Hunts]; 7
Linton [co. Cambs]; 67, 146
Lira, prior and convent of; 39
Little Addington. *See* Addington
Littleboria, John de; 67
Livetona, Nicholas de; 97
London; 196
......, A., dean of; 39
......, letters patent dated at; 141
......, Old Temple in; 138, 141
......, St. Paul's church in, Brand canon of; 58
London, William de; 132
Longespee, W. de, Earl of Salisbury; 107
Longo Campo, William de; 165, 168
Loseby [co. Leics]; 44
Loughton, Little [co. Bucks]; 156
Louth [co. Lincs]; 81
......, dean of. *See* Kalkewella, R. de
Lowick [co. Northants]; 13
Luda, Walter de; 101
Luddington [co. Northants]; 167 (*corrig.*)
Ludesca. *See* Louth
Luffenham, North [co. Rutland]; 51
Lufwica. *See* Lowick
Luhtona, J. de; 59
......, Simon de; 59
Luke, clerk; 170
......, chaplain of H. de Burgh; 26, 27
......, chaplain; 42
Lullingtone. *See* Loddington
Lusby [co. Lincs]; 160
Lutheona, Richard de; 60
Luton [co. Beds]; 59, 173, 174
Lutterworth [co. Leics], hospital in; 152
Luvaine, John de; 99, 100
Luvet, William; 176

MAGHELINES, Godescall de; 28
Maidford [co. Northants]; 40, 117, 118
Maidwell [co. Northants], church of St. Peter's at; 63
Malberthorpa, W. de, dean of Calswath; 57 (bis)
Malcovenant, Laurence; 64
......, Thomas; 64
......, William; 64
Malebise, William; 19
......, Robert, son of; 19, 20
Malesoeures, G.; 25, 28
......, Peter; 84, 98
Malfe, William; 42
Malherbe, John; 97
Maltby [co. Lincs]; 162
Manasses, clerk; 68
Manby [co. Lincs]; 163
Mandeville, William de; 144
Manneby, William de; 163
Mannecestria, Stephen de; 76
Manneton, Robert de; 2
Mansel, T.; 91
......, William le; 77
Manton [co. Lincs]; 79 (*corrig.*)
Manton [co. Rutland]; 56, 159
Mapledurham [co. Oxon]; 178
Mara, Peter de la; 102
Marchant, Roger; 207
Marescallus, John; 133
......, William; 35
Marholme [co. Northants]; 5, 61 (*corrig.*)
Marisco, Richard de; 31, 129
Markby [co. Lincs], prior and convent of; 77, 78, 119, 134
......, canons of; 124
Markfield [co. Leics]; 54
Marlow [co. Bucks]; 39
......, prioress and convent of; 39, 76
Marston [co. Oxon]; 181
Marston [co. Northants]; 6
Martel, William; 126
Martin, chaplain; 207
......, rector; 50
Marton [co. Lincs]; 200
Matilda, Richard son of; 203
Matthew, chaplain; 42
Maubertorpe, Walter de; 134, 167
Maudlor, Robert; 164
Mauduit, Isabella; 24
......, John; 56
Maufrais, Richard; 95
Maunecestre, W. de; 9
Mavis Enderby. *See* Enderby, Mavis
Maxey [co. Northants]; 90
Meauteby. *See* Maltby
Medbourne [co. Leics]; 92
Merkenfelde. *See* Markfield
Merstuna, Robert de; 17
......, William de; 112
Merton, prior and convent of; 73, 74, 80, 143, 160, 163, 190, 191, 198
Messingham [co. Lincs]; 201
Meydewelle. *See* Maidwell
Michael, clerk; 15
Middleton, Robert de; 4

Middelton. *See* Milton Ernest
Middleton Stoney [co. Oxon]; 107 (*corrig.*)
Midlecumbe, John de; 21
Milcombe [co. Oxon]; 179
Milet, William; 129
Millbrook [co. Beds]; 187
Milton Ernest [co. Beds]; 4 (*corrig.*)
Ministre; 184
Missenden [co. Bucks]; 196
......, abbot and convent of; 30, 196
......, abbot of; 177
Moel, Simon de; 33, 130
Monachus, William; 77
Monasteriis, William de; 60
Monteacuto, John de; 17
Monte Begonis, Roger de; 118
Montiforti, Turstan de; 27, 28, 112
Mora, Richard de; 109
Morell, R.; 6
Morin, Robert; 56, 139
Mortimer, R. de; 20 (bis)
Morton Pinkney [co. Northants]; 150 (note)
Morton [co. Leics]; 54, 108
Mosecothe; 206
Moulton [co. Lincs.]; 120 (*corrig.*)
Muckton [co. Lincs]; 128
Mudelingtona. *See* Milton
Muletona. *See* Moulton
Multona, Thomas de; 116
Mulvertona, Peter de; 88
Mumby, Alan de; 11, 57, 134
Munden [co. Herts]; 151
......, Little [co. Herts]; 94
Munfichet, William de; 1
Munjoie, Ralph; 62
Muston [co. Leics]; 19
M., chaplain; 22

NAUESBY, Henry de; 204
Newhouse [co. Lincs]; 104 (*corrig.*)
......, abbot of; 12, 200
......, canons of; 200
Nettleton [co. Lincs]; 124
Neville, Elias de; 14
......, Henry de; 104
......, Nicholas de; 13, 14
......, Robert de; 14
......, Thomas de, canon of Lincoln; 8 (bis), 9
Newark [co. Lincs]; 82
Newbottle [co. Northants]; 48
Newenhama, Richard de; 96
Newent, William de; 46
Newercu. *See* Newark
Newnham [co. Beds], prior and convent of, 73, 113
Newport [co. Bucks]; 199
Newstead [co. Lincs], prior and convent of; 45, 149 (*corrig.*), 150
Newton-on-Trent [co. Lincs.]; 199 (*corrig.*)
Nicholas, chaplain; 49, 163
......, parson; 94
Noke [co. Oxon]; 16

Norhestone. *See* North Aston
Norman Cross [co. Hunts], O., dean of; 9
Normanneby, Ralph de ; 10
Normanton [co. Leics] ; 1
Northampton ; 63, 118
......, archdeacon of; 4, 5, 7, 10, 21, 24, 25, 27, 28, 41, 42, 45, 47, 48, 52, 56, 61, 65, 66, 67, 80, 90, 91, 98, 105, 111, 112, 118
......, ..., Theobald, official of ; 6, 13, 14, 17, 25, 27, 28, 40, 41, 45, 55, 56
Northampton, R., archdeacon of; 130, 135, 142, 151, 160, 161, 167, 168, 169, 170, 171, 172
......, abbot and convent of St. James in ; 65, 192, 193
......, church of St. Giles in ; 142
......, church of St. Peter in ; 122, 123
......, master and brethren of the Hospital of the Holy Trinity in ; 166
....., nuns of St. Mary de la Pré in ; 208
......, prior and convent of St. Andrew in ; 9, 10, 65, 91, 122, 123, 142
......, Savaricus, late archdeacon of ; 142
North Aston [co. Oxon] ; 183
Northburgh [co. Northants]; 75
Northorpe [co. Lincs] ; 126
Nortona, J. de ; 5
......, Robert de ; 55
......, Thomas de ; 78, 124
Norton [co. Northants] ; 55, 206
Norton [co. Oxon] ; 129
Norton, prior and convent of ; 202
Novo Mercato, Adam de ; 176
Novus Locus. *See* Newstead
Nuers, Robert de ; 13
Nuffield [co. Oxon] ; 15
Nun Coton [co. Lincs] ; 100
Nutley, canons of ; 182

ODELL [co. Beds] ; 162
Odo, chaplain ; 164
Offelega. *See* Offley
Offley [co. Herts] ; 127
Oger, Peter son of; 178 (note)
Oildebof, Ralph de ; 168
Orby [co. Lincs]; 84
Ordingeberga. *See* Orby
Oretona, Thomas de ; 130
Orewella, Alan de ; 113
Ormesby [co. Lincs], prior and convent of ; 120
Orreby, John de ; 15
......, Philip de ; 82
Orton-on-the-Hill [co. Leics]; 11, 155
Orton [co. Northants]; 207
Osberneby, Hugh de ; 106
Osbert, *carpentarius* ; 47
Osbert, Richard son of ; 1
Osney [co. Oxon], abbot and convent of ; 38, 74, 147, 198
......, abbot and canons of ; 179
......, ..., churches belonging to ; 180
Osolvestone. *See* Ouston
Ouneby, Ralph de ; 50

Ounegestona, Philip de ; 41
Ouston, abbot and convent of ; 146
Overtona, Robert de ; 93
Overton. *See* Orton-on-the-Hill
Oxcombe [co. Lincs]; 125, 136
Oxendon [co. Northants] ; 26
Oxford ; 16, 21, 22, 23, 24, 27
......, archdeacon of ; 5, 16, 20, 21, 24 (*passim*), 28, 31, 32, 33, 36, 38, 39, 43, 46, 48, 52, 54, 65, 68, 70, 92, 95, 107, 108, 110, 129, 133, 143, 147, 151, 170, 172, 175
......, official of ; 20, 148, 149, 175
......, church of All Saints in ; 5
......, church of St. Frideswide in ; 182
......, church of St. George in ; 54
......, church of St. John Baptist in ; 36
......, Council at; 198
......, Earl of. *See* Vere, R. de
......, prior and canons of St. Frideswide in ; 180, 181, 182, 199
Oxonia, Hamo de ; 51
......, Martin de ; 29
......, Richard de ; 69, 196
Oyly, Henry de ; 117

PADBURY [co. Bucks]; 93
Paganus, of Spridlington ; 104
Pagan, William son of; 93, 145
Pantulf, William ; 87
Paris, university at ; 54, 82
Parlebien, Richard ; 18
Parten, R. de ; 209
Parteshilla, Geoffrey de ; 93
Parvus, Robert ; 27
Passelew, Robert ; 92
Paston [co. Northants] ; 7
Pateshulla, Martin de ; 122
Patric, Robert ; 37
Pattishall [co. Northants]; 21, 75, 115
Paulinus, chaplain ; 46
Pavely, Gervase de ; 107
Pavelly, Geoffrey de ; 151
Peritone. *See* Pirton
Peterborough, [co. Northants] ; 114
......, abbot and convent of ; 4, 7, 82, 110, 111, 123, 153, 160, 161, 210
......, church of St. John Baptist in ; 209
......, R., dean of ; 82, 90, 110, 111
Peter, Thomas son of ; 118
Peter, chaplain ; 139
Petronilla. *See* Pirot
Philip, chaplain ; 159
Pickwell [co. Leics]; 58
Pickworth [co. Rutland] ; 80, 167
Pigebon, Richard ; 77
Pikewella, Theobald de ; 58
Pilatis, Thomas ; 167
Pilesgatha, Adam de ; 90
Pilsford [co. Northants] ; 28
Pimmaunt, Adam ; 1
Pincham, A ; 95
Piparde, Ledger ; 108, 109
......, Richard ; 47
Pipewell [co. Northants], abbot of ; 63
Piria, Robert de ; 198

224 *Index.*

Pirot; 110
Pirton [co. Herts]; 145, 146
Pirun, Hamo; 1
Poictier, treasurer of. *See* Thoarc', Geoffrey de
Pollard, William; 131
......, ..., Agnes, wife of; 131
Polluxhill; 188
Polus, Walter; 201
Ponte Audomari, Henry de; 1
Ponte, William de; 105
Pope, the scribe of; 128
......, legate of in England. *See* Gualo
......, nephew of chamberlain of; 124
Porretanus, Osbert; 33, 130
Poteshulla, Martin de; 82
Potsgrove [co. Beds]; 188
Preston [co. Northants]; 27, 205 (*corrig.*)
Puttenham [co. Herts]; 44

QUADHAVERINGA. *See* Quadring
Quadring [co. Lincs]; 85
Quarrington [co. Lincs]; 58
Quartremares, W. de; 11
......, William de; 11
Quatuor Manis, William de, clerk; 155
......, William de, knight; 155
Queen, the; 79, 135, 159
Quency, Saer de, earl of Winchester; 157, 164
......, J., son of; 6
Quinton [co. Northants]; 9, 10

RABAZ, Peter; 63
Radbourne, William de; 135
Radcliva, Ralph de; 198
Radeby. *See* Raithby
Radewella, John de; 49
Radston [co. Northants]; 6
Radwell [co. Herts]; 161
Raeleghe, Ralph de; 157
Raithby [co. Lincs]; 25
Ralph, Guy son of; 172
......, Richard son of; 181
......, Roger son of; 54
......, William son of; 145
......, chaplain; 8, 71, 143, 160, 162
......, clerk; 9, 91
......, parson; 81
Ramesbiry, John de; 17
Ramewike. *See* Romerick, Old
Ramsey [co. Hunts], abbot and convent of; 10, 63, 91, 143, 170
......, abbot of; 6
......, prior of; 132
......, sacristan; 11, 91
Raveley [co. Hunts]; 10
Ravendale, West [co. Lincs]; 159
Ravensden [co. Beds]; 113, 165
Reading [co. Berks]; 31
......, abbot and convent of; 31, 93
Reddeshale, Robert de; 142
Reginald, Henry son of; 157
......, chaplain; 2
......, clerk; 156

Renham, John de; 158
Reston [co. Lincs]; 25 (*corrig.*)
Ribauda, William; 64
Richard, Henry son of; 161
......, chaplain; 64, 95, 96, 202
......, clerk; 27, 155, 156
......, parson; 61
Ridlington [co. Rutland]; 27, 112
Riparia, Ralph de; 145
Ripton Abbots [co. Hunts]; 10, 91
Risby [co. Lincs]; 200
Risenberega, William de; 9
Ristona, Richard de; 25
Robert, Gilbert son of; 32
......, John son of; 67
......, Ralph son of; 54, 65
......, Robert son of; 70
......, William son of; 34, 35
......, chaplain; 36, 62, 68, 85, 92, 147, 149, 201, 209
......, clerk; 73, 74, 93, 163, 172, 203
......, parson; 47, 115
......, physician; 157
......, vicar; 100, 206
Rochester [co. Kent], prior and convent of; 71
......, sacristan of; 71
Rockingham [co. Northants]; 56
Rodeston. *See* Radston
Roffa. *See* Rochester
Roffa, Richard de; 56
Roger, chaplain; 53, 97, 145, 146, 151
Romerick, Old [co. Herts]; 145, 146
Roresby, dean of; 34
Rotherby [co. Leics]; 3
Rothwell [co. Northants]; 206, 207
Rouceby, dean of; 58
Rouen, bishop of; 155
Rowelle, R. de, dean; 149
......, Robert de; 201
......, William de; 206
Roxton [co. Beds]; 45, 46
Royston [co. Herts], prior and convent of; 46
Royston, Richard de; 59
Rucot Fulconis. *See* Rycote
Rumley, prior and monks of; 127
Russel, Hugh; 205
Rycote [co. Oxon]; 47
R., chaplain; 72, 80, 85, 99

SACRESDONA. *See* Sarsden (*corrig.*)
Sagio, Simon de; 51
Saher, clerk; 67
Saild; 77
St. Albans [co. Herts], abbot and convent of; 173, 174
......, abbot of; 29, 197
......, monks of; 29, 30, 198
St. Evroult, A., prior of Ware, proctor of, in England; 49
......, Herbert, proctor-general of, in England; 6
St. Frideswide [co. Oxon], prior and convent of; 5

St. Fromond, prior and convent of; 2, 139
St. George of Boscherville, abbot and convent of; 2 (*corrig.*)
St. Germain (Paris); 140
St. Ives [co. Hunts], prior of; 132
......, monks of; 6
St. Karylefus, R., proctor-general of the abbot and convent of; 60
St. Lazars, brethren of; 44
St. Mary du Pré [co. Leics], abbot and convent of; 75, 76
......, [co. Northants], abbot and convent of; 74, 75
St. Neots [co. Hunts], prior and convent of; 42, 76, 77, 161, 208
St. Pierre de la Couture (Le Mans), abbot and convent of; 198
St. Sever, abbot and convent of; 165
... .., monks of; 168
St. Swithin, John de; 135, 136
Saldewella. *See* Shelswell
Salisbury, A., countess of; 148
Salisbury [co. Wilts], earl of. *See* Longespee, W. de
......, canon of. *See* Boclanda, G. de
......, dean and chapter of; 88
......, R., canon of; 88
......, Richard, chaplain to the bishop of; 120
Saltflettby, Richard de; 125
Salvagius, James; 139
......, Thomas; 56
Samson, chaplain; 78
......, clerk; 3
Sancto Albano, G. de; 111, 112
Sancto Edmundo, Benedict de; 183
Sancto Edwardo, David de; 128, 168
......, William de: 51, 52
Sancto Egidio, John de; 179
Sancto Germano, William de; 128
Sancto Johanne, Roger de; 139
Sancto Laudo, William de; 15 (bis), 82
Sancto Nicholao, Laurence de; 140
Sancto Sutthuno, John de. *See* St. Swithin, John de
Sandford St. Martin [co. Oxon]; 65, 180
Sandford [co. Oxon], prioress and nuns of; 44
Sandy [co. Beds]; 96
Sapertona, Nigel de, dean of Grantham; 88, 99
Sarracenus, Peter, John son of; 41, 121
Sarsden [co. Oxon]; 127 (*corrig.*)
Saucey, Lettice de; 22
......, Ralph de; 23
......, Robert de; 96
Saundeia. *See* Sandy
Sauvage, Thomas le; 139
Sawtry [co. Hunts], church of All Saints in; 128
Saxelby [co. Leics]; 154
Saxilby [co. Lincs]; 200
Say, Geoffrey de; 110
Scalariis, Andrew de; 94

Scalariis, William de; 94, 95
Scalford [co. Leics]; 169
Scalleby, Hugh de; 81, 147
......, S. de, official of the archdeacon of Stow; 12, 14, 29, 43, 45, 85, 104, 125
Scoteigny, Sybil de; 57
......, Thomas de; 57
......, William de; 57
Sothern [co. Lincs]; 201
Scotter [co. Lincs]; 153
Scotton [co. Lincs]; 14
Scotton, W. de; 14 (bis)
Scredecota, Robert de; 65
Scyptona, Orbert de; 59
Sedgebrook [co. Lincs]; 157
Sees; 48 (*corrig.*)
Segenhoe [co Beds]; 188
Seggebroc, William de; 157
Selby [co. Yorks], abbot and convent of; 86
Selvain, Richard; 88
Seman, clerk; 97, 98
Sempringham, order of; 149 (*corrig.*)
......, ..., churches belonging to; 199 200
......, ..., G., prior of; 103, 171
......, ..., prior and convent of; 29
Senebald, proctor of Stephen de Fossa Nova; 124
Serlo, Hugh son of; 47
Sewin, Robert son of; 209
Shelswell [co. Oxon]; 110
Shetlingdone. *See* Shillington
Shillington [co. Beds]; 170
Shiplake [co. Oxon]; 178
Shipton [co. Oxon]; 54
Shirburn [co. Oxon]; 177
Siberton [co. Northants]; 6
Sibsey [co. Lincs]; 50
Sidhestone. *See* Syston
Sifrewaste, William; 16, 40
Silvester, chaplain; 33
......, clerk; 173
......, deacon; 48
Simon, Geoffrey son of; 132, 133
......, Nicholas son of; 3, 21
......, Thomas son of; 93
......, chaplain; 55, 89, 116, 164, 201
......, clerk; 1, 79, 102
Sire, Osbert; 53
Siwella. *See* Sywell
Skendleby [co. Lincs]; 132
Sleaford [co. Lincs]; 69, 70, 87, 89
Snelland [co. Lincs]; 175
Solariis, James de; 23
Solomon, chaplain; 78
Souldern [co. Oxon]; 20
Spalding [co. Lincs], prior and convent of; 83, 120, 144, 202
......, prior of; 100
Spridlington [co. Lincs]; 103
Sproxton [co. Leics]; 58, 73
Sproxtuna, John de; 58
Stamford [co. Lincs], church of St. Mary de Binnewerk in; 72

Stamford, church of St. Mary by the Bridge in ; 72
——, church of St. Michael in ; 4
——, church of St. Paul in ; 1
——, church of St. Peter in ; 139
——, prioress and convent of St. Michael in ; 149
Standground [co. Hunts] ; 114
Standone, Simon de ; 172
——, William de ; 94
Stanes, Gregory de ; 66
Stanewica, Ascelin de ; 63
…. …, Laurence de ; 63
Stanford, Henry de ; 34
Stanion [co. Northants]; 206
Stantone, John de ; 206
Stanton Barry [co. Bucks]; 197
Stanton Harcourt [co. Oxon]; 31
Stapleford, Little [co. Lincs]; 118
Staverton [co. Northants]; 205
Stavertone, Richard de ; 205
Steeping, Great [co. Lincs]; 111, 161, 174
Steple Aston. *See* Aston, Steeple
Steeple Claydon [co. Bucks]; 198
Stenigot [co. Lincs]; 86
Stephen, chaplain ; 108
——, parson ; 170
Stevenage [co. Herts]; 21
Stevington [co. Beds]; 187
Stibbington [co. Hunts] ; 5
Stickford [co. Lincs] ; 119, 134
Stikeswauda [Geoffrey ?] de ; 117
Stilton [co. Hunts]; 128
Stitheneach. *See* Stevenage
Stixwould [co. Lincs], master, prioress, and nuns of; 155, 156
——, master of; 117
——, nuns of ; 115
——, prioress and convent of ; 9, 117
Stockton [co. Durh]; 72
Stokes, — de ; 6
Stoke [co. Bucks]; 95
Stoke [co. Oxon]; 32, 108 (*corrig.*)
Stoke Bruerne [co. Northants]; 56
Stoke Hammond [co. Bucks]; 103
Stoke Lyne [co. Oxon]; 182
Stoke [Rochford ?] [co. Lincs]; 32, 34
Stoke Talmage [co. Oxon] ; 175
Stoke, Walter de ; 32
Stone [co. Bucks]; 198 (*corrig.*)
Stotfold [co. Beds] ; 186
Stow [co. Lincs]; 81, 198
…… , archdeacon of ; 12, 103, 104, 115
——, ……, official of. *See* Scalleby, S. de
——, H., archdeacon of; 153, 165, 168, 171
——, W., archdeacon of ; 135
Stowa, Gilbert de ; 163
Stratton Audley [co. Oxon] ; 196
Stubton [co. Lincs], G. dean of ; 15, 33
Studham [co. Beds] ; 188
Stukeley, Great [co. Hunts]; 189, 193
Sudborough [co. Northants]; 3, 21, 66
Sudbrook [co. Lincs]; 125

Sudhamtona, Peter de ; 113
Sueneslunde. *See* Snelland
Suepestuna, R. de ; 41 (*corrig.*)
Sulby [co. Northants], abbot and convent of ; 130
Sulgrave [co. Northants] ; 65
Sulthorna. *See* Souldern
Sundon [co. Beds]; 188
Sunninges, Elias de ; 98
Superma, William de ; 104
——, Peter de ; 104
Suthbroca. *See* Sudbrook
Suthburga. *See* Sudborough
Sutheleya, John de ; 30
Sutluna, Alexander de ; 72
Sutterton [co. Lincs]; 85
Suttlingdone. *See* Shillington
Sutton [co. Beds]; 62, 69
Sutton [co. Lincs] ; 117
Suttona, Elias de ; 18
——, Robert de ; 39, 69
Swallow [co. Lincs]; 121 (*corrig.*)
Swanbourne [co. Bucks] ; 92
Swaton [co. Lincs] ; 153
Swineshead [co. Lincs]; 18, 85
Swithland [co. Leics] ; 80
Syston [co. Leics]; 164
Sywell [co. Northants]; 91
S., chaplain ; 93

TADEMERTONA, G. de ; 61
Tadlinctona, Robert de ; 84
Tailebois, Ralph ; 91
Takel, Walter ; 131
——, ……, Beatrice, wife of; 131
Talemasche, Peter ; 175
Talintona, Simon de ; 8, 80
Taney, Richard de ; 31
——, Walter de ; 2
Tantone, John de ; 150
Tebauville, Simon de ; 164
Templars, the ; 183, 192
——, .. …, Master of, in England ; 201
Temple, Richard de ; 48
Temple Dinsley [co. Herts] ; 192
Tetald, Octavian ; 125
——, ……, Andrew son of ; 125
Tethelby, Robert de, Henry son of ; 45
Teutonicus, Waleran ; 33, 56, 79
Thame [co. Oxon]; 137, 157
Thimbleby [co. Lincs]; 141, 146
Thinghurst. *See* Fingest
Thoarc', Geoffrey de, treasurer of Poictiers ; 104
Thoka, David de ; 175
Thomas, chaplain ; 28, 135, 143, 149, 164, 190, 203
——, clerk ; 38, 71, 79, 163, 169
——, deacon ; 51, 161, 174
——, physician ; 4
Thornby [co. Northants] ; 47
Thorney [co. Camb], abbot and convent of ; 5, 6, 14
Thornholme [co. Lincs], prior and convent of ; 119, 200, 201
Thornton [co. Lincs], abbot of ; 11

Index.

Thornton, abbot and convent of; 118
Thornton [co. Bucks]; 36
Thorold, clerk; 153
Thorpe [co. Lincs]; 15, 201
Thotintona. *See* Toynton St. Peter
Thrapston [co. Northants]; 169
Throcking [co. Herts]; 59
Thurbernus; 77
Thurlby [co. Lincs]; 149
Tingrith [co. Beds]; 3, 49
Tingrith, Nicholas de; 49
Tintona, John de; 166
......, Robert de; 13, 103
Tintona, W. de, archdeacon of Buckinghamshire; 9, 17, 34, 35, 36, 37, 39, 43, 44, 46, 51, 68-71 (*passim*), 92, 94, 96, 98-103 (*passim*), 105, 109, 110, 114, 117, 121, 122
Tiringham, Hugh de; 209
Togfeld. *See* Nuffield
Toriton, Walter de; 22, 23
Torneya. *See* Thorney
Torpel, Thomas de; 84
Totternhoe [co. Beds]; 188
Toynton St. Peter [co. Lincs]; 26 (*corrig.*)
Trailly, Walter de; 136
Trehamtone, Ralph de; 144
Trentham [co. Staffs], prior and convent of; 78, 86
Tresbon, Walter; 199
Tresgoze, Henry de; 17
Tring [co. Herts]; 127
Tuffield. *See* Nuffield
Tunnu, Robert; 133
Tupholme [co. Lincs], abbot and canons of; 121
Turkedena, William de; 38
Turvey [co. Beds]; 76
Turville [co. Bucks]; 197
Tuschet, Thomas; 79
Tusculum, Robert, nephew of bishop of; 70
Tyndena. *See* Finedon
Tyngdene. *See* Finedon
Tynghurst. *See* Fingest
Tyringham [co. Bucks]; 38
Tyringehamia, Richard de; 38
Tyrington, Richard de; 6
......, T. de; 5, 6

UIELESTON, Simon de; 192
Umframvilla, Richard de; 121
Undele, Reginald de; 171, 173
Upton [co. Bucks]; 198
Upwood [co. Hunts]; 10

VALONIIS, J. de; 3
Velletranus, J.; 121
Vere, R. de, Earl of Oxford; 35, 114
Verneia, Ralph de; 37
Vernun, Warin de; 101
......, ..., Ada, his wife; 101
Vexhame. *See* Wexham

WADDESDON [co. Bucks]; 31

Wahelle. *See* Odell
Wainfleet [co. Lincs], church of All Saints in; 13, 83
......, church of St. Mary in; 2, 114, 115
Walepol, William de; 132, 138
Walern, Ivo de; 206
Walgrave, [co. Northants]; 25
Wallingford [co. Berks], T. prior, and convent of; 22
......, monks of; 184
Walmsgate, [co. Lincs]; 62
Walter de Preston, Gilbert son of; 5
Walter, Robert son of; 66
......, Walter son of; 66
Walter, chaplain of archdeacon of Buckinghamshire; 88
Walter, chaplain; 54, 99, 179, 200, 205
......, clerk; 169
......, parson; 108
Walterville, Richard de; 5, 61
Walthamia, Henry de; 38
Waltham [co. Lincs]; 157
Waltham [co. Essex]; abbot and convent of; 132
Wanda, William de; 98
Warboys [co. Hunts]; 143
Warden [co. Beds]; 47
......, ..., abbot and convent of; 47
Ware [co. Herts], A. prior of; 49, 80
Warevilla, Ralph de; 127, 128
Warewica, Jordan de; 44, 49
Warin, John son of; 165
......, William son of; 165
......, ..., Agnes, his wife; 165
......, King's chaplain; 126
.. ..., chaplain; 105, 177
Warwick, Herbert prior of; 6
Waterperry [co. Oxon]; 180
Wath [co. Lincs]; 126
Watlington [co. Oxon]; 180
Wattona. *See* Whatton, Long
Wattonestone. *See* Waddesdon
Waud. *See* Wath
Weedon [co. Northants]; 206 (*corrig.*)
Welbeck [co. Notts], abbot and convent of; 202
Welby [co. Lincs]; 66
Weldon [co. Northants]; 67, 90, 98, 208
Welewes. *See* Welwyn
Well [co. Lincs]; 78, 102
Wella, Henry de; 123
......, William de; 102
......, ..., his chaplain; 78
......, ..., Matilda, mother of; 79, 102
Welles, Hugh de, bishop of Lincoln; *passim*
......, ..., letter to; 194
......, ..., letters patent of; 140
......, Matthew de; 126
......, Ralph de; 72, 73
......, William de; 30, 126
Wellingburna, Roger de; 85
Wells, canon of. *See* Kemeshame, William de
Welton [co. Lincs]; 120, 204
Welwyn [co. Herts]; 135, 136

Wendlebury [co. Oxon]; 151
Westbury [co. Bucks]; 197
West Haddon. *See* Haddon, West
West Keal. *See* Keal, West
Westminster, abbot and convent of; 3, 21, 59, 66, 70, 137
......, abbot of; 139
....., sacrist of; 137
Weston [co. Rutland]. *See* Edith Weston
Weston [co. Northants]; 208 (*corrig.*)
Weston [co. Oxon], 32, 180 (*corrig.*)
West Ravendale. *See* Ravendale, West
Westuna, Reginald de ; 42
Wexham [co. Bucks]; 171
Whately, Thomas de ; 52
Whatton, Long [co. Leic]; 131
Whipsnade [co. Beds]; 80, 143
Whitchurch [co. Bucks]; 35, 114
Whitchurch [co. Oxon]; 33, 48
Whitfield [co. Northants]; 172
Whitstuna, Richard de ; 77
Whitwell [co. Herts]; 63
Whitwick [co. Leics]; 91
Wibesneda. *See* Whipsnade
Widehaie, Richard de ; 20
Wierma. *See* Withern
Wigentona, W. de ; 65
Wigginton [co. Oxon]; 65
Wigod, chaplain ; 157
Wigthulla, Hugh de, Robert son of; 92
Wigtoft [co. Lincs]; 11, 12
Wiham, Gilbert de ; 154
Wike, prioress of ; 99
Wiketofta, Hugh de ; 11, 12
Wilbarston [co. Northants]; 203
Wilby [co. Northants]; 139
Wilcote, [co. Oxon]; 95
Wileweby, John de ; 11, 12
Wilgheby, Thomas de ; 168
William, chaplain ; 1, 6, 45, 50, 61, 65, 102, 103, 122, 144, 189
......, clerk ; 93, 156
William, Adam son of; 161
Willoughton [co. Lincs]; 201
Willires, Joscelin de ; 158
Wilsford, Eu'm' [co. Lincs], prior and convent of ; 2 (*corrig.*)
Winchcumbe, William de ; 191
Winchendon [co. Bucks]; 182, 199
Winchester, earl of. *See* Quency, Saer de
Windlesora, H. de ; 34
......, William de ; 34
Windsor, [co. Berks]; 58
Winewick, Geoffrey de ; 194
Wing ; 42, 100 (*corrig.*)
Winterton [co. Lincs] ; 199 (*corrig.*)
Winwick [co. Northants]; 190, 194
Wiridesbiri. *See* Wraysbury

Wirmington, Henry de ; 7
Wistow [co. Hunts] ; 10
Withcall [co. Lincs]; 67, 68
Withern [co. Lincs]; 79, 102
Wivelcote. *See* Wilcote
Wivelingehame, Gilbert de ; 133
......, J. de ; 133, 147
Wivilla, Robert de ; 99
Woburn [co. Beds], prior and convent of ; 92
Woodhall [co. Lincs] ; 166
Woodston [co. Hunts]; 9
Woolley [co. Hunts], church of St. Mary at ; 42
Woolston, Great [co. Bucks]; 198
Wootton [co. Lincs]; 53 (*corrig.*)
Worksop [co. Notts], prior and convent of ; 25, 26
Worminghall [co. Bucks]; 182, 199
Wotton [co. Oxon]; 148
Wouborne, Walter de ; 175
Wraysbury [co. Bucks]; 82, 122, 175
Wrmhale. *See* Worminghall
Wroxton [co. Oxon]; 184
......, prior and convent of; 184
Wttuna, Sarah de ; 53
Wudehale, Roland de ; 166
Wuderover, Walter ; 47
Wulveia, Richard de ; 26
Wyberstone. *See* Wilbarston
Wyberton [co. Lincs], church of St. Ledger at ; 18
Wycomba, Henry de ; 127
Wycombe, High [co. Bucks]; 141, 195
Wycumbe, Hubert de ; 195
Wyerme. *See* Withern
Wygentona, Henry de ; 68
Wyham [co. Lincs]; 53, 116
......, dean of ; 35
Wykenholt, John de ; 32
Wyke Hamon ; 3 (*corrig.*)
Wykes. *See* Flitwick
Wyleby, John de ; 139
Wymington [co. Beds]; 104
Wymondley [co. Herts] ; 192
Wymondley, Little [co. Herts]; 141
......, master of the Hospital of ; 141
Wyndleshora. *See* Windsor
Wyredebiria. *See* Wraysbury
Wyville [co. Lincs]; 8
W., chaplain ; 136
......, parson ; 95, 96

YARBOROUGH [co. Lincs]; 85
Ybestane. *See* Ibstone
York, archbishop of ; 31
Yvebiria ; 76
Ywareby, Robert de ; 43
......, W. de ; 15
Ywareby [co. Lincs]. *See* Ewerby

CORRIGENDA ET ADDENDA.

Page 2, Weston is Edith Weston, Rutland.
,, 2, line 7, *for* "Baskerville", *read* "Boscherville, Normandy".
,, 2, Under Huntedyn, the convent of Eu'm is Wilsford, Lincolnshire, founded by Hugh de Evermue. It was a cell of Bec in Normandy.
,, 3, line 13, *for* "tenebat", *read* "tenebit".
,, 3, Wikes is Wyke Hamon.
,, 4, Middelton is Milton Ernest.
,, 4, line 17, *for* "Gra", *read* "Gracia".
,, 6, ,, 8, *for* "constat", *read* "constitit".
,, 6, ,, 17, *for* "St. Ebrulf", *read* "St. Evroult".
,, 6, ,, 26, *for* "Gabnny", *read* "G. Gibuin".
,, 7, ,, 4, *for* "patron", *read* "patrons".
,, 7, ,, 17, *for* "Mandatum, &c.", *read* "Memorandum de Magistro Theobaldo, de ecclesia de Werpesgrave (*i.e.*, Warpsgrave, Oxon), de vicaria de [———]well".
,, 9, ,, 6 from foot, *for* "Prohibition to", *read* "Prohibition by".
,, 10, ,, 15, ,, ,, insert "presented" before "by".
,, 11, Cumberworth: cf. also page 57 *post*.
,, 12, line 30, after Burton insert "presented".
,, 13, ,, 8, from foot, *read* "Officialis" and "Norhamtoniensi" and delete [*sic*].
,, 14, ,, 10, after Thorney, insert "and of the other moiety, presented by the Prior of Huntingdon".
,, 14, ,, 11, *for* 2s., *read* 10s.
,, 14, ,, 9 and 2 from foot, *read* Feri (*i.e.*, Ferry in Scotton).
,, 15, ,, 1, *for* "placed in charge of", *read* "instituted to".
,, 18, ,, 19, "vel institutus" should come after "admissus est". *For* "eidem", *read* "eiusdem".
,, 19, ,, 8, *for* "Officiale", *read* "Officiali".
,, 19, Enderby is Mavis Enderby in Bolingbrook deanery.
,, 21, line 5, *for* "mark", *read* "gold piece".
,, 22, Aston Rowant is in Oxfordshire.
,, 25, line 22, *for* "excommunicatem", *read* "excommunicatum".
,, 25, *for* "Riston" in headnote, *read* "Reston".
,, 26, Membrane 5 must be of later date than 19 Oct. 1216, the date of King John's death; see entry of Pitsford, p. 28.
,, 26, Thotintona is Toynton St. Peter, Lincoln.
,, 27, line 7, *for* "Eigneshama", *read* "Eigneshamiam".
,, 27, Ridlington is in Rutland.
,, 29, ,, 9, *after* "Robert" insert "de".
,, 29, ,, 13, *after* "novi" add "[loci]".
,, 29, Hibaldestow; cf. also p. 45.
,, 30, line 11, *for* "Latin", *read* "Lateran".
,, 32, Weston is South Weston in Oxfordshire.
,, 32, Stoke, Oxon, is North Stoke.
,, 32, line 22, "sic" should read "fit".
,, 33, Whitchurch, cf. also page 48.

R

Corrigenda et Addenda.

Page 33, line 13 from foot, *for* "poiretani", *read* "Poiretani", and in l. 16 from foot, " Poiretanus".
,, 34, ,, 5 from foot, *for* "Graham", *read* "Grantham".
,, 36, ,, 6 and 14, *for* "Culya", *read* "Culne".
,, 36, ,, 10 from foot, *for* "ten", *read* "eleven".
,, 37, ,, 17, *for* " Ralph", *read* "Richard".
,, 38, ,, 3 from foot, *for* "Coventriensi", *read* "Coventrensi".
,, 39, ,, 2, *for* "H", *read* "A".
,, 41, ,, 5, *for* "Sarraceni Romani", *read* "Sarracenus Romanus".
,, 41, ,, 6, *for* "Serepstone", *read* "Suespestuna".
,, 41, ,, 9, *for* " Batemant ", *read* " Butemunt".
,, 41, ,, 16, MS. reads " Robertum de Suepestuna": therefore delete "[*sic*]".
,, 41, ,, 2 from foot, *for* "premissa", *read* "premissam".
,, 42, ,, 5, " Becch' " should probably be " Bath' ".
,, 42, Weng is probably Wing in Rutland.
,, 43, line 5, *for* "Tinghurst", *read* " Fingest", see p. 70.
,, 44, ,, 5, *for* "Sundford", *read* "Sandford", Littlemore, Oxon.
,, 45, Hibaldstow, cf. also p. 29.
,, 47, line 18, *for* "H", *read* "A".
,, 48, ,, 2, *for* "Sagio", *read* "Sees".
,, 48, Whitchurch, cf. also p. 33.
,, 48, line 18, G.=Guarini.
,, 48, ,, 19, G.=Galfridi.
,, 49, ,, 8, *for* " Ebrulph", *read* " Evroult ".
,, 50, Dunsthorpe is a lost vill in Haveringham.
,, 51, line 1, *for* "Achecote" and "Oxon", *read* " Edgcott" and "Bucks".
,, 51, Gayton is in Northants, not Gayton-le-Marsh.
,, 52, line 13, *for* " Laude", *read* " Lande".
,, 53, ,, 10 from foot, *for* "Wotton" and "Northants", *read* "Wootton" and "Lincs".
,, 57, ,, 2, *for* " Scotney", *read* "Scoteigny".
,, 57, ,, 20, insert "bargain" after "irregular".
,, 57, Cumberworth, cf. p. 11.
,, 57, line 2 from foot, " fuit" doubtless clerical error for " habuit".
,, 61, lines 8 and 9 from foot, *for* "Marham" and "Lincs", *read* " Marholme" and "Northants", cf. also page 5.
,, 62, line 5, delete notes of interrogation; so line 13 from foot and insert " Beds", cf. page 69.
,, 63, ,, 5 from foot, *for* " tota", *read* "toto".
,, 64, ,, 3, *for* "Cameston", *read* " Kempston".
,, 64, ,, 4, *for* "Abbot", *read* "Abbess".
,, 64, ,, 8 from foot, *for* "persona", *read* "personam", and place " in eadem ecclesia" after it.
,, 65, ,, 15 from foot, *for* "Barton [Westcot]", *read* "Great Barton".
,, 68, ,, 7, *for* "Adwell", *read* "Ardley".
,, 69, ,, 20, insert "a mediety of" before "the church".
,, 70, ,, 22, insert "is reserved" after " Robert".
,, 71, Bardney is in Lincs.
,, 74, line 21, *for* "1218", *read* " Dec. 28, 1217".
,, 74, ,, 4 from foot, *for* "du Pre", *read* "de Pré".
,, 75, ,, 7 ,, ,, ,, ,, ,, ,, ,, ,,
,, 75, ,, 9, *for* " Lib. Antiq. 97", *read* " Lib. Antiq. 84".
,, 75, ,, 19, *read* "[Dated Dec. 28, 1217; Lib. Antiq., 84.]"

Corrigenda et Addenda.

Page 75, line 30, *for* "1218", *read* "Dec. 28, 1217".
,, 78, ,, 13 from foot, *for* "clerk", *read* "chaplain".
,, 79, ,, 5, *for* "Hartford, Hunts", *read* "Hertford, Herts": Hartford in Hunts was the property of canons, not monks.
,, 79, ,, 7, *for* "Buggendena", *read* "Buggendenam".
,, 79, Manton is more probably the Rutland parish.
,, 79, Ashwell is in Rutland.
,, 80, Pickworth is in Rutland.
,, 80, line 19, *for* "from", *read* "on Wednesday after".
,, 82, ,, 8, *for* "p. 101", *read* "p. 110".
,, 83, ,, 2 from foot, *read* "Limberg": also p. 84, line 1, "Limberga".
,, 84, ,, 29, *read* "Hagworthingh[am]" and delete "[*sic*]".
,, 85, ,, 9 from foot, *for* "Yarburgh", *read* "Yarborough".
,, 86, ,, 16 from foot, *for* "Asgarby", *read* "Ashby".
,, 87, ,, 25, *for* "modo", *read* "animo".
,, 87, ,, 33, *for* "receptivam cum", *read* "receptis tamen".
,, 92, ,, 17, *for* "clericum. Archidiaconum Oxoniensem", *read* "clericum Archidiaconi Oxoniensis".
,, 92, line 24, Hemingby, Lincs., is meant.
,, 94, ,, 26, *for* "land and the tithes", *read* "land and the small tithes".
,, 95, ,, 12, *for* "Pincham", *read* "Pincernam".
,, 95, ,, 14, *read* Archidiaconi Oxoniensis.
,, 100, ,, 7, *for* "Anjou", *read* "Angers".
,, 100, ,, 1 from foot, *read* "medietate".
,, 104, ,, 16, *for* "Poitou", *read* "Poictiers".
,, 104, ,, 22, *for* "Nehus", *read* "Newhouse".
,, 105, Buckden is in Hunts. Little Bowden, Northants, is meant.
,, 107, line 1, *for* "Milton", *read* "Middleton Stoney".
,, 108, ,, 3 from foot, *for* "et", *read* "ut".
,, 109, Holecote may be Holcutt, Northants, or Hulcote, Beds.
,, 116, line 8, *read* "obtinenda magis quam de jure suo confidebat".
,, 116, ,, 14 from foot, *for* "forming", *read* "farming".
,, 116, ,, 9 from foot, *read* "dicit", *for* "dicunt".
,, 116, ,, 5 from foot, *read* "Promisit" *for* "similiter", and "veritatis" *for* "promissurus".
,, 116, ,, last line, delete "etiam".
,, 118, ,, 11, *for* "Byham", *read* "Bytham".
,, 120, Muletona is probably Moulton in South Lincolnshire, and not Melton Ross.
,, 120, line 18 from foot, *for* "now", *read* "long ago".
,, 121, Stretton is perhaps Sturton in Lincolnshire.
,, 121, line 21, *for* "Citertona", *read* "Overtone".
,, 121, ,, 26, *read* "Hugo de Cambio".
,, 121, ,, 5 from foot, *for* "Swaffield", *read* "Swallow".
,, 121, ,, 2 from foot, *read* "Thomas de Lacelle presentatus, etc.".
,, 121, ,, 1 from foot, *read* "Swalewe", *for* "Swafelda".
,, 122, ,, 1, "Officialis" is wrong. He was made bishop, not official.
,, 122, ,, 11, after "Cestrensis", *read* "factam".
,, 122, ,, 12, after "Avers", *read* "quam habet, ad personatum eiusdem [? presentatus]", etc.
,, 122, ,, 3 from foot, *for* "Abbot", *read* "Prior".
,, 123, ,, 11, *for* "ut portio", *read* "ut pote".
,, 123, ,, 12, *for* "esset", *read* "erat".
,, 124, ,, 6, *for* "hereafter should purchase", *read* "had purchased".

Corrigenda et Addenda.

Page 125, line 8, *for* "Bretworth", *read* "Barkwith", and insert [LINCS.]
,, 125, ,, 12, *for* "Tecald", *read* "Tetald".
,, 125, Sudbrook is in Lincs.
,, 126, line 16 from foot, *for* "Dunholma", *read* "Dunholmia".
,, 126, Bisbrook is probably Begbroke, Oxon.
,, 126, line 3 from foot, *for* "Leonis", *read* "Leon[ibus]".
,, 127, ,, 1, *for* "Graveley", *read* "Gravel", as p. 2.
,, 127, Sacresdona is doubtfully Sarsden, Oxon.
,, 132, line 6 from foot, *read* "Fawkes" *for* "Fulk".
,, 134, ,, 5 from foot, *read* "thirds" *for* "sheaves".
,, 137, ,, 7 from foot, *for* "patronis", *read* "patronos".
,, 143, ,, 27, delete "be ordained and".
,, 149, ,, 19 from foot, *for* "Sempringham", *read* "Newstead".
,, 160, ,, 15, *for* "Prior", *read* "Abbot".
,, 161, ,, 15, *for* "posterea", *read* "postea".
,, 164, ,, 14, *for* "Prior", *read* "Abbot".
,, 164, ,, 13, *for* "sheaves", *read* "thirds".
,, 165, ,, 5, *for* "marks", *read* "shillings".
,, 167, ,, 1, *for* "Loddington", *read* "Luddington".
,, 169, ,, 10 from foot, *for* "Brunne", *read* "Bourne", and for "marks" *read* "shillings".
,, 176, ,, 1, *for* "church", *read* "vicarage".
,, 179, ,, 4 from foot, *for* "Chesterton", *read* "Chastleton".
,, 182, ,, 3, Winchendon is Over Winchendon.
,, 183, ,, 15 from foot, *for* "Kelmstock", *read* "Kelmscot".
,, 183, ,, 14 ,, ,, *for* "Holywell", *read* "Holwell".
,, 185, ,, 1, *for* "Monks", *read* "Nuns".
,, 186, ,, 10, *for* "vicarage", *read* "church".
,, 191, ,, 3 from foot, *for* "Elston", *read* "Elstow".
,, 192, ,, 9, delete 1 after "inde".
,, 192, ,, 12, Dunesleya is now Preston.
,, 192, ,, 13, *for* "Archdeacon", *read* "Archdeacons".
,, 192, ,, 12 from foot, delete "[*sic*]" after "canons".
,, 196, ,, 19, *for* "Keyford", *read* "Heyford".
,, 196, ,, 6 from foot, Tinghurst is now Fingest.
,, 198, ,, 7 from foot, *read* "Stone" *for* "Staines".
,, 199, Wrmenhale is Worminghall in Buckinghamshire.
,, 199, line 6 from foot, Newton is Newton-on-Trent, Lincs.
,, 202, ,, 1, Burton is Burton-on-Stather, Lincs.
,, 202, ,, 17 from foot, *for* "Chacombe", *read* "Chalcombe".
,, 205, Preston is Preston Capes, Northants.
,, 206, Wedone is Weedon Bec, Northants.
,, 207, line 9, *for* "Ouertone", *read* "Overtone".
,, 208, last line, delete 1 after "marcam".
,, 208, Westone is Weston-by-Welland, Northants.
,, 209, line 15 from foot, *for* "Pasten", *read* "Parten".

[*Peter de Ruddeham, clerk, presented by Geoffrey de Armenters, is instituted to the parsonage of Kislingbury, consisting of 100/- a year, paid by Thomas the Vicar.*]

KISELINGBUR'.—XIIII Kal. Decembris Petrus de Ruddeham, clericus, presentatus per Galfridum de Armenters, militem, ad ecclesiam de Kiselingbur', facta prius inquisitione per Radulfum Officialem Norhamptonie, per quam, etc., admissus est, et in ea canonice persona institutus, salva Thome cappellano vicaria sua quam habet in eadem, qui totam ecclesiam illam tenebit nomine vicarie sue, reddendo inde dicto P. centum solidos. Et mandatum est R., Archidiacono quod, etc.

NORHAMPTONIA. ANNUS QUINTUS-DECIMUS.

[*Simon son of Goscelin, chaplain, is instituted to the perpetual vicarage of Hardingstone, collated by the Bishop with the assent of the patrons, the Prior and Convent of St. Andrew's, Northampton. The vicarage is set out.*]

HARDINGTHORN'.—VI Kal. Januarii Simon filius Goscelini de Norhamptonia, capellanus, cui dominus Episcopus de assensu Prioris et conventus Sancti Andree Norhamptonie, patronatorum ecclesie de Hardingestorn', contulit ejusdem ecclesie vicariam, facta prius inquisitione per Archidiaconum Norhamptonie, per quam, etc., admissus est ad eandem cum onere et pena vicariorum, et perpetuus vicarius in ea canonice institutus, et mandatum est Archidiacono Norhamptonie ut, etc.; salva dictis Priori et conventui debita et antiqua duorum solidorum pensione de eadem. Consistit autem dicta vicaria in toto altaragio preter agnos et in una virgata terre cum pertinentiis in eadem villa et in sexaginta travis bladi de quolibet blado ab ipso Priore percipiendis annuatim.

[*Robert de Lungevill', sub-deacon, is instituted to the church of All Saints, Aldwinckle, on the presentation of Henry de Aldewincle.*]

AUDEWINCLE.—Robertus de Lungevill', subdiaconus, presentatus per Henricum de Aldewincle, militem, ad ecclesiam Omnium Sanctorum de Audewincle', facta prius inquisitione per R., Archidiaconum Norhamptonie, per quam, etc., admissus est et in ea canonice persona institutus, ita quod scolas frequentet; et injunctum est R., Officiali presenti quod, etc.[1]

---

[1] In the margin: "Non habemus litteras presentationis".

[*Malis, acolyte, presented by W. de Alban' (=Albini), is instituted to the parsonage of Wilbarston, consisting of one mark, paid annually by Aubin the Vicar.*]

WILBERDSTOK'.—Malis, accolitus, presentatus per dominum W. de Alban' ad ecclesiam de Wilbernstock', facta prius inquisitione per R., Officialem Norhamptonie, per quam, etc., admissus est et in ea canonice persona institutus, ita quod scolas frequentet ; salva etiam Magistro Aubino vicaria sua quam habet in eadem, qui totam ipsam ecclesiam possidebit quoadvixerit, reddendo inde dicto Magistro tanquam persone et successoribus suis ejusdem ecclesie personis annuatim unam marcam nomine pensionis. Et injunctum est R., Officiali presenti quod, etc. Actum ut supra[1] [*sic*].

[*Thomas Basset, acolyte, is instituted to the chapel of Clay-Coton, on the presentation of the Abbot and Convent of Leicester. He is to attend the schools as long as the Bishop thinks fit.*]

COTES.—Thomas Basset, accolitus, presentatus per Abbatem et conventum Leircestrie ad capellam de Cotes, facta prius inquisitione per R., Archidiaconum Norhamptonie, per quam, etc., ad eandem admissus est et in ea canonice persona institutus. Injunctum est etiam ei sub pena amissionis beneficii sui predicti, quod scolas frequentet continue quamdiu domino Episcopo placuerit, et ad mandatum domini Episcopi veniat in subdiaconum ordinandus, et si ista non fecerit sponte, simpliciter et absolute in manus domini Episcopi post suam institutionem quicquid juris habuit in ecclesie memorata resignavit, ut tunc fiat de ea tanquam de vacante, remota apellatione ; et mandatum est Archidiacono Oxonie, ut juxta formam premissam, etc.

[*Ralph de Lugincott', acolyte, is instituted to the church of Edgcote on the presentation of Th. de Brai.*]

HOCHECOT'.—Radulfus de Lugincott', accolitus, presentatus per Th. de Brai, militem, ad ecclesiam de Hochecott' ratione dotis uxoris sue, facta prius inquisitione per R., Archidiaconum Norhamptonie, per quam, etc., admissus est et in ea canonice persona institutus ; ita ut ad mandatum domini Episcopi veniat in subdiaconum ordinandus. Et mandatum est dicto Archidiacono ut, etc. Subdiaconus est.

---

[1] In the margin : "Non habemus litteras presentationis".

[*Robert de Wicthell' is instituted to the church of Yelvertoft, on the presentation of Richard de la Huse.*]

GELVRETOFT'.—Robertus de Wicthell', subdiaconus, presentatus per Ricardum de la Huse, militem, ad ecclesiam de Gelvertoft, facta prius inquisitione per R., Archidiaconum Norhamptonie, per quam, etc., admissus est sub pena concilii et in ea canonice persona institutus. Et mandatum est dicto Archidiacono Norhamptonie, ut, etc. Datum vij kalend' Junii.

[*Robert de la Hay is instituted to the perpetual vicarage of Brackley, on the presentation of the Abbot and Convent of Leicester. The vicarage is set out.*]

BRACKEL'.—Robertus de la Hay, cappellanus, presentatus per Abbatem et conventum Leircestrie ad perpetuam vicariam ecclesie de Brackel', facta prius inquisitione per R., Archidiaconum Norhamptonie, per quam, etc., admissus est et in ea cum onere et pena vicariorum vicarius perpetuus institutus. Consistit autem dicta vicaria in tertia parte garbarum de Brackel' et de Halso et in medietate altaragiorum. Consistit etiam predicta vicaria in duabus garbis viij virgatarum terre in campo de Eveale et in decimis duarum virgatarum in Parva Witefeld cum curia domini Thome de Armenters quam nunc monachi de Bittlesden' excolunt. Et injunctum est R., Officiali Archidiaconi Norhamptonie ut, etc.

[*John de Burgo instituted to the church of Oundle, on the presentation of the Abbot and Convent of Peterborough.*]

UNDEL'.—Johannes de Burgo, subdiaconus, presentatus per Abbatem et conventum de Burgo ad ecclesiam de Undel', facta prius inquisitione per R., Archidiaconum Norhamptonie, per quam, etc., admissus est et in ea canonice persona institutus, ita quod scolas frequentet et addiscat; salva sacriste ejusdem domus de eadem ecclesia duarum marcarum pensione, si eam probaverit esse debitam et antiquam. Et injunctum est R., Officiali Archidiaconi Norhamptonie ut, etc.

[*W. de Wedon', chaplain, is instituted to the perpetual vicarage of Wedon Bec, on the presentation of the Abbot of Bec.*]

WEDON'.—W. de Wedon', cappellanus, presentatus per Abbatem de Becco ad perpetuam vicariam ecclesie de Wedon' facta prius inquisitione per R., Archidiaconum Norhamptonie, per quam, etc., admissus est et in ea cum onere et pena vicariorum vicarius perpetuus institutus ; ita tamen quod per illam institutionem nichil juris monachis de Becco crescat vel decrescat in ecclesia memorata. Consistit autem ipsa vicaria in toto altaragio preter primum legatum et in decimis garbarum duodecim virgatarum terre ; et auctoritate domini H., Lincolniensis Episcopi secundi jam tribus annis elapsis fuit ordinata. Et injunctum R., Officiali dicti Archidiaconi ut, etc.

[*Hugh de Maidewell, sub-deacon, is instituted to the church of Maidwell, on the presentation of Alan de Maidewell. The chapel of Kelmarsh, retained for a time in the hands of the Bishop, is subsequently granted to him as well.*]

MEYDELL'.—Hugo de Maidewell', subdiaconus, presentatus per Alanum de Maidewell', militem, ad ecclesiam de Maidewell', facta prius inquisitione per R., Archidiaconum Norhamptonie, per quam, etc., admissus est cum pertinentiis et in ea canonice persona institutus ; ita tamen quod cappella de Kelmerse remanet in manu domini Episcopi donec discussum sit ad quem pertineat jus patronatus ejusdem. Et injunctum est Radulfo Officiali ut, etc. Dicta autem cappella, postquam dictus A. eam in curia domini Regis evicerat, dicto Hugoni persone de Maidewell per Episcopum est restituta ; et mandatum est Archidiacono Norhamptonie ut, etc.

[*John de Thummeston', sub-deacon, is instituted to the church of Warkton, on the presentation of the Abbot of Bury St. Edmund's.*]

WERKETON'.—Johannes de Thummeston', subdiaconus, presentatus per Abbatem de Sancto Edmundo ad ecclesiam de Werketon', facta prius inquisitione per R., Officialem Archidiaconi Norhamptonie, per quam, etc., admissus est et in ea canonice persona institutus. Et mandatum est R., Archidiacono Norhamptonie ut, etc.

[*Adam de Esseb', clerk, on the presentation of the Bishop of Salisbury, is instituted to the church of Brixworth (=the prebend of Brixworth in Salisbury Cathedral).*]

BRIKELESWORD'.—Magister Adam de Esseb', clericus, presentatus per dominum Episcopum Sarrisburiensem ad ecclesiam de Brikelesworth' cum pertinentiis secundum ord[inationem] domini Bathoniensis et domini Lincolniensis et de consensu ejusdem domini Sarrisburiensis et Ade de Brimton' militis, quondam ipsius ecclesie patroni, factam tam super eadem ecclesia quam super ecclesia de Sipton' in Archidiaconatu Oxonie, admissus est et in ea secundum ord[inationem] predictam canonice persona institutus. Et mandatum est Archidiacono Norhamptonie ut, etc.

[*Vincent de Becco, proctor for P. nephew of D.,*[1] *cardinal deacon of St. Angelus, is to receive possession of the church of Wardley, Rutland, granted by the Bishop with the consent of the Prior and Convent of Laund.*]

WARLEYA.—Mandatum est Archidiacono Norhamptonie quod Magistro Vincencio de Becco procuratori P. nepotis D. Sancti Angeli Diaconi Cardinalis vel certo nuncio suo quem ob hoc destinaverit habere faciat corporalem possessionem ecclesie de Warleya cum pertinentiis quam dominus Episcopus de consensu Prioris et conventus de Landa patronatorum ejusdem eidem P. contulit; salva eidem Priori et conventui debita et antiqua unius marce annue pensione de eadem.

[*Luke de Erningworth', chaplain, is instituted to the church of Scaldwell, on the presentation of the Abbot of Bury St. Edmund's.*]

SCHALDEWELL'.—Lucas de Erningworth', cappellanus, [presentatus] per Abbatem Sancti Edmundi ad ecclesiam de Scaldewell, facta prius inquisitione per R., Archidiaconum Norhamptonie, per quam, etc., ad eandem admissus est et in eadem canonice persona institutus. Et mandatum est dicto Archidiacono, etc.

[*Wakelin de Norhamptonia, clerk, is instituted to the church of Harpole, on the presentation of Robert de Salceto.*]

HOREPOL.—Wakelinus de Norh[amptonia], clericus, presentatus per Robertum de Salceto, militem, ad ecclesiam de Horepol, facta prius inquisitione per R., Archidiaconum Norhamptonie, per quam, etc., admissus est et in ea canonice persona institutus. Et mandatum est dicto Archidiacono ut, etc. Non est subdiaconus.

---

[1] But Romanus Bonaventura was the cardinal deacon of St. Angelus from 1216 to 1235 (Eubel, *Hierarchia Catholica*, i, 4).

[*Geoffrey de Wlfward, clerk, is instituted to the church of Hannington, on the presentation of the Prior and Convent of Sempringham.*]

HANINTON'.—Galfridus de Wlfward', clericus, presentatus per Magistrum Priorem et conventum de Sempingham ad ecclesiam de Haninton', facta prius inquisitione per R., Archidiaconum Norhamptonie, per quam, etc., admissus est et in ea canonice persona institutus; salva eisdem Priori et conventui de eadem ecclesia annua unius marce pensione, cum eam probaverint esse debitam et antiquam. Et mandatum est dicto Archidiacono, etc. Non est subdiaconus.

[*Thomas de Insula, clerk, is instituted vicar of Brockhall, on the presentation of John Wac, the parson, with the assent of the Prior and Convent of Bromere, Hants.*]

SUPER VICARIA DE BROCHOL'.—Magister Thomas de Insula, clericus, presentatus per Johannem Wac, rectorem ecclesie de Brochol, de assensu Prioris et conventum de Brummor', ad perpetuam vicariam ejusdem ecclesie, facta prius inquisitione per R., Archidiaconum Norhamptonie, per quam, etc., admissus est et in ea sub onere et pena vicariorum vicarius perpetuus institutus in eadem; ita quod ad mandatum domini Episcopi veniet ordinandus. Qui totam ipsam ecclesiam nomine vicarie sue quoadvixerit tenebit, reddendo inde dicto J. et successoribus suis, ejusdem ecclesie personis, duas marcas annuas. Et mandatum est dicto Archidiacono ut, etc.

[*John de Rowell, acolyte, presented by the Prior and Convent of Laund, is instituted to the parsonage of Little Bowden, consisting of 20s. a year, paid by Henry, the vicar.*]

BUGEDON'.—Johannes de Rowell, acolitus, presentatus per Priorem et conventum de Landa ad ecclesiam de Bugedon', facta prius inquisitione per R., Archidiaconum Norhamptonie, per quam, etc., admissus est et in ea canonice persona institutus, salva Henrico, cappellano, vicaria sua quam habet in eadem; qui totam ipsam ecclesiam nomine vicarie sue quoadvixerit tenebit, reddendo inde dicto Johanni viginti solidos annuos nomine pensionis. Injunctum est eidem J. ut scolas sub periculo beneficii sui frequentet[1] et addiscat, et quod ad proximos ordines domini Episcopi veniat ordinandus. Et mandatum est dicto Archidiacono ut, etc., xviij° kal. Octobris. Subdiaconus est.

---

[1] "Frequentat", MS.

[*Hugh de Tichemers, clerk, is instituted to the church of Titchmarsh, on the presentation of Hascelinus de Siddenham'.*]

TYCHEMERS.—Hugo de Tichemers, clericus, presentatus per Hascelinum de Siddenham', militem, ad ecclesiam de Tichemers, facta prius inquisitione per R., Officialem Archidiaconi Norhamptonie, per quam, etc., admissus est et in ea canonice persona institutus; ita quidem quod nisi ad proximos ordines domini Episcopi post Nativitatem Beate Virginis anno pontificatus ejusdem domini xv^{mo} veniat ordinandus in subdiaconum et nisi scolas frequentet et cantare addiscat, appellatione et contradictione cessantibus, ecclesia ipsa spolietur. Et mandatum est dicto Archidiacono, etc.

[*Thomas de Sanford', clerk, is instituted to the church of Woodford-Halse, on the presentation of the Abbot and Convent of Rocester.*]

WUDEFORD.—Magister Thomas de Sanford, clericus, presentatus per Abbatem et conventum de Roucestria ad ecclesiam de Wudeford', facta prius inquisitione per R., Archidiaconum Norhamptonie, per quam negotium, etc., admissus est et in ea canonice persona institutus; et injunctum est eidem sub debito juramenti prestiti, ut ad proximos ordines domini Episcopi celebrandos per Dei gratiam ante Natale Domini anno pontificatus ejusdem xvj^{o} [veniat in subdiaconum ordinandus][1]. Et mandatum est dicto Archidiacono ut, etc. Subdiaconus est.

[*Nicholas de Say, sub-deacon, is instituted to the church of Easton-Neston, on the presentation of Henry Murdac.*]

ASTANESTON.—Nicholaus de Say,[2] subdiaconus, presentatus per Henricum Murdac, militem, ad ecclesiam de Astaneston', facta prius inquisitione per R., Archidiaconum Norhamptonie, per quam, etc., ad eandem admissus est et in ea canonice institutus persona. Et mandatum dicto Archidiacono, etc.

[*Bartholomew de Canvill', chaplain, is instituted to the church of Edith-Weston, Rutland, on the presentation of the Abbot and Convent of Boscherville, Normandy.*]

WESTON'.—Bartholomeus de Canvill', cappellanus, presentatus per Abbatem et conventum de Baukervill' ad ecclesiam de Weston', facta prius inquisitione per R., Archidiaconum Norhamptonie, per quam, etc., admissus est et in ea canonice persona institutus. Et mandatum est dicto Archidiacono, etc.

---

[1] The scribe has forgotten these words; cp. II, 12. It was afterwards discovered that Thomas was not "clericus" but "sub-diaconus".

[2] Miscalled N. de Gray by Bridges, *Hist. Northants*.

[*On the dorse :—*]

[*Dionisia de .... is appointed Prioress of Worthorp.*]

Dionisia de Col[. . .]ll,[1] sanctimonialis Sancti Michaelis Stanfordiensis, postulata in priorissam de Wridtorpe per moniales ejusdem domus, et de mandato domini Episcopi ab obligatione obedientie quam dicte domui Sancti Michaelis tenebatur absoluta, et sic demum per dictas moniales de Wridtorpe unanimiter et concorditer in Priorissam electa, facta prius inquisitione per R., Archidiaconum Lincolnie, Officialem domini Episcopi, et examinatione diligenti, per quam negotium fuit in expedito, per litteras ejusdem Archidiaconi, seriem negotii continentes, domino Episcopo presentata fuit, qui quidem dictam electionem canonicam auctoritate confirmavit episcopali, curam ei et custodiam in interioribus et exterioribus omnibus eandem domum contingentibus tanquam priorisse committendo. Et mandatum est subpriorisse et monialibus ibidem ut illi decetero sint intendentes et obedientes. Et mandatum est Archidiacono Norhamptonie ut, etc. Acta apud Dorkecestriam quarto Kalendas Junii anno pontificatus domini Episcopi quintodecimo.

NORTHAMPTONIA : ANNUS SEXTUSDECIMUS.

[*Ralph de Silvanectis, sub-deacon, is instituted to the church of Morcott, Rutland, on the presentation of Simon de Silvanectis, by reason of the custody of the land and heir of Richard Balistarius.*]

MORCOTA.—Radulfus de Silvanect[is], subdiaconus, presentatus per Simonem de Silvanect[is], ratione custodie terre et heredis Ricardi Balistarii, ad ecclesiam de Morcota, facta prius inquisitione per R., Archidiaconum Norhamptonie, per quam, etc., admissus est et in ea canonice persona institutus. Et injunctum est Officiali presenti ut, etc.

[*Ernald, chaplain, is instituted to the vicarage of Welford, on the presentation of the Abbot and Convent of Sulby. The vicarage is described.*]

WELLEFORD'.—Ernaldus, capellanus, presentatus per Abbatem et conventum de Suleby ad perpetuam vicariam ecclesie de Welleford', facta prius inquisitione per R., Archidiaconum Norhamptonie, per quam, etc., admissus est et in eadem cum onere et pena vicariorum perpetuus vicarius institutus. Consistit autem

---

[1] Bridge's *Hist. of Northants*, ii, 593, gives Dionisia de Caldwell; but the word does not look like Caldwell.

vicaria illa in toto altaragio ecclesie de Welleford cum minutis decimis, quod valet octo marcas; et reddet vicarius Abbati et conventui memoratis tres marcas annuas; et fuit ordinata per dominum Episcopum auctoritate concilii. De oneribus tamen nulla facta est mentio in ordinatione. Et injunctum est R., Officiali Archidiaconi, ut, etc. Non habemus litteras presentationis.

[*Richard de Walecot', acolyte, presented by Robert de Chendut, is instituted to two-thirds of the tithe of his demesne in West Farndon in the parish of Woodford-Halse.*]

XME DE FARND'.—Ricardus de Walecot', acolitus, presentatus per Robertum de Chendut ad duas partes decime garbarum de dominico suo de Farendun', facta prius inquisitione per R., Archidiaconum Norhamptonie, per quam, etc., ad easdem admissus est et in eisdem canonice institutus. Et injunctum est R., Officiali Archidiaconi Norhamptonie, ut, etc. Non habemus litteras presentationis.

[*William Westwell', clerk, is instituted to the church of Cosgrove on the presentation of the Prior of the Hospitallers.*]

COVESGRAVE.—Willelmus Westwell', clericus, presentatus per Priorem Hospitalis Jerosolomitani in Anglia ad ecclesiam de Covesgrave, facta prius inquisitione per R., Officialem Archidiaconi Norhamptonie, et Ricardo Giffard, clerico, prius resignante quicquid juris habuit in eadem ecclesia vel habere videbatur, per que, etc., ad eandem admissus est et in ea canonice persona institutus; ita tamen quod ad mandatum domini Episcopi veniat ordinandus in subdiaconum. Et injunctum est dicto R., Officiali presenti, ut secundum formam premissam, etc., provisurus quod ipsa ecclesia per idoneum cappellanum interim officietur.

[*John de Stokes, sub-deacon, is instituted to the church of Etton, on the presentation of R. de Stokes, saving the rights of Richard the vicar.*]

ETTONA.—Johannes de Stokes, subdiaconus, presentatus per R. de Stokes, militem, ad personatum ecclesie de Ettona, facta prius inquisitione per R., Officialem Archidiaconi Norhamptonie, per quam, etc., admissus est et in ea canonice persona institutus; salvo Ricardo cappellano jure suo, si quod habet in ejusdem ecclesie vicaria. Et injunctum dicto Ricardo Officiali presenti ut, etc.

[*Ralph, chaplain, is instituted to the church of Heyford, on the presentation of Roger de Heyford.*]

HEYFORD'.—Radulfus, cappellanus, presentatus per Rogerum de Heyford ad ecclesiam de Heyford', facta prius inquisitione per R., Officialem Archidiaconi Norhamptonie, per quam, etc., admissus est et in ea canonice persona institutus sub onere et pena vicariorum. Et injunctum est dicto Officiali presenti, etc.

[*Richard de Standon, chaplain, is instituted to the vicarage of Guilsborough on the presentation of the Hospitallers.*]

GILDESBURG'.—Ricardus de Standon', cappellanus, presentatus per Priorem et fratres Hospitalis Jerosolomitani in Anglia ad perpetuam vicariam ecclesie de Gildesburg', facta prius inquisitione per R., Officialem Archidiaconi Norhamptonie, per quam, etc., admissus est et in ea cum onere et pena vicariorum vicarius perpetuus institutus; ita quidam quod nichil juris accrescat dictis fratribus Hospitalis per istam admissionem vel decrescat in ecclesia memorata. Consistit etiam ipsa vicaria in toto altaragio et dimidia virgata terre cum pertinentiis et cum manso eidem vicario nondum assignato. Et injunctum est dicto Officiali presenti ut, etc., provisurus quod mansus competens dicto vicario assignetur.

[*Ranulfus de Ferar', clerk, is instituted to the church of Kettering, on the presentation of the Abbot and Convent of Peterborough.*]

KETERING'.—Ranulfus de Ferar', clericus, presentatus per Abbatem et conventum de Burgo ad ecclesiam de Ketering', facta prius inquisitione per R., Archidiaconum Norhamptonie, per quam, etc., admissus est et in ea sub pena concilii canonice persona institutus; salvis Magistro Gracie quondam rectori ejusdem ecclesie fructibus ipsius ei a domino pape per triennium concessis, et salva sacriste de Burg' de eadem debita et antiqua pensione. Injunctum est etiam eidem R[anulfo], quod ad mandatum domini Episcopi veniat in subdiaconum ordinandus. Et mandatum est dicto R., Archidiacono ut secundum formam premissam dictum R[anulfum], etc.

[*Richard de Selverleg', chaplain, is instituted to a mediety of the church of Tansor, on the presentation of Ralph de Kameis.*]

THANESOUR'.—Ricardus de Selverleg', cappellanus, presentatus per Radulfum de Kameis, militem, ad medietatem ecclesie de

Thanesovere, facta prius inquisitione per R., Officialem Archidiaconi Norhamptonie, per quam, etc., ad ipsam medietatem admissus est et in ea cum onere et pena vicariorum canonice persona institutus, salvis prebende de Nessinton duabus marcis annuis et dimidia de eadem medietate. Et mandatum est dicto Archidiacono ut secundum formam premissam, etc.

[*Ralph le Wayleys, clerk, is instituted to the church of Glaston, Rutland, on the presentation of the Prior and Convent of Laund.*]

GLASTONA.—Radulfus le Waleys, clericus, presentatus per Priorem et conventum de Landa ad ecclesiam de Glaston', facta inquisitione per R., Archidiaconum Norhamptonie, per quam, etc., admissus est et in ea canonice persona institutus; et injunctum est ei ut ad mandatum domini Episcopi veniat ordinandus in subdiaconum. Et mandatum est dicto R., Archidiacono ut, etc.

[*Warin de Kenet, clerk, is instituted to the church of Benefield, on the presentation of N. de Bassingburg'.*]

BENINGFELD'.—Warinus de Kenet, clericus, presentatus per N. de Bassingburg' [*sic*], militem, ad ecclesiam de Bennfeld', facta prius inquisitione per R., Officialem Archidiaconi Norhamptonie, per quam, etc., admissus est sub pena concilii, etc., et injunctum est eidem ut ad proximos ordines ad festum Sancti Michaelis veniat ordinandus in subdiaconum. Et mandatum est dicto Archidiacono ut, etc. Non habemus litteras presentationis.

[*Adam de Sancta Brigida is instituted to the church of Walgrave, on the presentation of W. de Saleburg', the Prior of Daventry, and the Convent.*]

WALDEGRAVA.—Magister Adam de Sancta Brigida, presentatus per W. de Saleburg', Priorem, et conventum de Daventre ad ecclesiam de Waldegrave, per mortem Magistri G. de Doddeford' vacantem, ad eandem admissus est et in ea canonice persona institutus. Et mandatum est R., Archidiacono Norhamptonie ut, etc.

[*Robert de Aketon', clerk, is instituted to the church of Aston-le-Walls, on the presentation of the Prior and Convent of Chacomb.*]

ESTONA.—Robertus de Aketon', clericus, presentatus per Priorem et canonicos de Chaucumb' ad ecclesiam de Eston' post resignationem Magistri A. de Sancta Brigida qui eam prius tenuit, ad eandem admissus est et in ea canonice persona institutus; salva eisdem Priori et canonicis de eadem annua quadraginta solidorum pensione. Et mandatum est Archidiacono Norhamptonie ut, etc.

[*Richard de Bechampton', clerk, is instituted to the vicarage of Exton, Rutland, on the presentation of the Prior and Convent of St. Andrew's, Northampton. The vicarage is set out.*]

EXTONA.—Ricardus de Bechampton', cappellanus, presentatus per Priorem et conventum Sancti Andree Norhamptonie ad perpetuam vicariam ecclesie de Exton' ordinatam auctoritate concilii, facta prius inquisitione per R., Archidiaconum Norhamptonie, per quam, etc., admissus est et in ea vicarius perpetuus institutus, cum onere et pena vicariorum. Consistit autem ipsa vicaria in toto altaragio ipsius ecclesie et in decimis de Bernalideshull cum manso conpetente; et solvet vicarius sinodalia tantum et duas marcas annuas monachis memoratis, qui quidem hospitium Archidiaconi procurabunt. Et mandatum est dicto Archidiacono ut, etc. Et quia mansus minus sufficiens est quam deceret, mandatum est Archidiacono et mansum decentiorem faciat assignari.

[*Ralph de Collingham, clerk, is instituted to the church of Stanwick, on the presentation of the Abbot and Convent of Peterborough.*]

STANEWIG'.—Magister Radulfus de Collingham, clericus, presentatus per Abbatem et conventum de Burgo ad ecclesiam de Stanwig', facta prius inquisitione per R., Archidiaconum Norhamptonie, per quam, etc., admissus est et in ea canonice persona institutus; salva sacriste de Burgo de eadem ecclesia viginti solidorum pensione, si eam probaverit esse debitam et antiquam. Et injunctum est Officiali presenti ut, etc. Subdiaconus est.

[*Peter de Irincestr', sub-deacon, is instituted to the church of Abington on the presentation of Isabella de Lusurs, to whom Nicholas de Bassingburn had granted the presentation.*]

ABINTON'.—Petrus de Irincestr', subdiaconus, presentatus per dominam Isabellam de Lusurs ad ecclesiam de Abinton', facta prius inquisitione per R., Archidiaconum Norhamptonie, per quam, etc., susceptis etiam litteris domini Regis, quod cum assisa ultime presentationis summonita esset in curia domini Regis coram justiciariis suis apud Norhampton inter eandem dominam I[sabellam] et Nicholaum de Bassingburn', idem N[icholaus] venit in eadem curia domini Regis et concessit eidem I[sabelle] presentationem suam ad eandem ecclesiam, admissus est et in ea canonice persona institutus. Et injunctum est Officiali presenti ut, etc.

[*Robert de Nevill,' junior, sub-deacon, is instituted to that portion in the church of Roade which had been held by Gerbold, on the presentation of Robert Lupus.*]

RODES.—Robertus de Nevill, junior, subdiaconus, presentatus per Robertum Lupum ad illam portionem que fuit Gerboldi in ecclesia de Rodes, facta prius inquisitione per R., Archidiaconum Norhamptonie et cassata presentatione Petri Lupi, ad ipsam prius presentati, propter litterature insufficientiam, per que, etc., ad eandem portionem admissus est et in ea canonice persona est institutus. Et injunctum est R., Officiali Archidiaconi Norhamptonie presenti ut, etc. Non habemus litteras presentationis.

[*Nicholas, clerk, presented by the Prior and Convent of Merton, with the assent of the heir of William de Kaynes, is instituted to the church of Greatworth.*]

GRETEWRDE.—Nicholaus, cappellanus, presentatus per Priorem et conventum de Merton' ad ecclesiam de Gretteworth', interveniente assensu heredis Willelmi de Kaynes, facta prius inquisitione per R., Archidiaconum Lincolnie, per quam, etc., admissus est et in ea canonice persona institutus. Et injunctum est Archidiacono presenti ut, etc.

[*Robert de Botindon, deacon, is instituted to the vicarage of Boddington, on the presentation of Roger the rector, with the consent of the Prior and Convent of Tickford, the patrons.*]

BOTIND' VICARIA.—Robertus de Botindon, diaconus, presentatus per Rogerum, cappellanum, rectorem ecclesie de Botindon', ad vicariam ejusdem ecclesie, Priore et conventu de Neuport patronis duarum partium conscentientibus, ad eandem admissus est et in ea cum onere et pena vicariorum vicarius perpetuus institutus. Habebit autem dictus vicarius nomine vicarie sue totam illam portionem quam Hugo frater ejus tenuit ibidem; reddendo inde prefato Rogero tanquam persone et successoribus suis tredecim marcas annuas nomine pensionis, et sustinebit omnia onera ordinaria illius ecclesie debita et consueta. Et injunctum est Officiali presenti ut, etc.

[*Stephen de Luffenham', clerk, is instituted to the church of Pilton, Rutland, on the presentation of Bartholomew de Pilton.*]

PILTONA.—Stephanus de Luffenham', cappellanus, presentatus per Bartholomeum de Pilton' ad ecclesiam de Pilton' facta prius inquisitione per R., Officialem Archidiaconi Norhamptonie, et Waltero fratre ipsius B[artholomei] prius presentato propter litterature insufficientiam sententialiter refutato, per que, etc., ad eandem admissus est et in ea cum onere et pena vicariorum canonice persona institutus. Et mandatum est Archidiacono Norhamptonie ut, etc. Non habemus litteras presentationis.

[*William de Watford, chaplain, is instituted to the vicarage of St. John the Baptist, Peterborough, on the presentation of the Abbot and Convent. The vicarage is set out.*]

VICARIA DE BURG'.—Willelmus de Watford, cappellanus, presentatus per Abbatem et conventum de Burgo Sancti Petri ad perpetuam vicariam ecclesie Sancti Johannis Baptiste in eadem villa, facta prius inquisitione per R., Officialem Archidiaconi Norhamptonie, per quam, etc., ad eandem admissus est et in ea cum onere et pena vicariorum vicarius perpetuus institutus. Consistit autem ipsa vicaria in tertia parte decimarum lane et lini, agnorum, purcellorum, pullorum, vitulorum, aucarum, et tertia parte decimarum mercatorum et tertia parte omnium candelarum oblatarum et in medietate omnium denariorum missalium preterquam apud Thorp ubi vicarius percipit omnes denarios[1] missales et in tertia parte omnium aliarum oblationum excepto pane cum companagio et exceptis oblationibus ad confessionem provenientibus et excepta decima lactis et ortorum que vicarius totaliter percipit et excepta ut in parte[2] opposita [verte folium]; exceptis etiam toto cyragio et omnibus oblationibus cum corpore presenti provenientibus et primo testamento, que sacrista percipit. Consistit etiam in xxiij acris terre arabilis cum manso competente vicario ad inhabitandum assignato et in cotidiano corredio unius monachi, ita quidem quod vicarius illud habebit ad mensam Abbatis cum voluerit vel ad domum suam deferri faciet quotiens id sibi magis viderit expedire et valet vicaria secundum estimationem capituli exceptis denariis missalibus xj libras et xviij denarios. Et mandatum est Archidiacono ut, etc.

---

[1] There are dots beneath "denarios", and "oblationes" is written above it.
[2] The words "et excepta . . . opposita" are added above the line.

[*On the dorse :—*]

Estimatur autem tertia pars decime lane, viij*s*., lini, xviij*d*., agnorum, v*s*., purcellorum et aucarum, ij*s*., vitulorum et pullorum, v*s*., et tertia pars decimarum mercatorum et oblationum in quibus sacrista participat per annum, iiij marce. Sunt preterea quedam in quibus sacrista non participat, videlicet, oblationes omnes de Sancto Botulfo, que valent j marcam, denarii confessionum quorum summa est xxij*s*.; decime lactis, xxx*s*., denarii dominicis diebus et candele in festo Purificationis et aliis purificationis [*sic*] per annum, que valent j marcam; de ovis et ortis et aliis minutis decimis, iiij*s*.; de pane et companagio et gildis et purificationibus, j marca; de testamentis per annum, x*s*. Corredium ad mensam Abbatis valet ij marcas; terra cum manso valet xiiij*s*., unde secundum istam estimationem, exceptis denariis missalibus, valet vicaria xj*li*. et xviij*d*.: super illo articulo, que de jure salvanda sunt sacriste et ab antiquo percepta, nichil aliud respondet capitulum nisi quod vicaria longo tempore talis extitit.

[*Return to the face :—*]

[*Simon de Messinden' instituted to the church of Desborough, collated by the Bishop.*]

DEREBURG'.—Magister Simon de Messinden' cui dominus Episcopus ecclesiam de Deresburg' auctoritate contulit concilii, in ea institutus est salvo jure uniuscujusque in posterum. Et mandatum est, etc. Postea Willelmus Burdun et Agnes uxor ejus attulerunt litteras domini Regis continentes quod Godefridus Angevin recognovit in curia sua apud Westmonasterium advocationem ecclesie de Dereburg' esse jus ipsorum W[illelmi] et A[gnetis] et illam remisit et quietum clamavit, etc.

NORHAMPTONIA: ANNUS XVII[us.]

[*Henry de Lenn', clerk, is instituted to the church of Wadenhoe, on the presentation of Henry de Ver.*]

WADENHO.—Henricus de Lenn', clericus, presentatus per Henricum de Ver, militem,[1] ad ecclesiam de Wadenho, facta prius inquisitione per R., Archidiaconum Norhamptonie, per quam negotium fuit in expedito, ad eandem admissus est et in ea canonice persona institutus, ita ut scolas frequentet et addiscat; alioquin predicta ecclesia sua spolietur. Et mandatum est dicto Archidiacono ut ipsum H[enricum] clericum in corporalem ejusdem ecclesie induci faciat possessionem. Subdiaconus est.

---

[1] There are dots under "militem", as though it were to be omitted.

[*William de Welledun, chaplain, on the presentation of the Prior and Convent of Laund, is instituted to the mediety of the church that had been held by Seman.*]

WELEDON'.—Willelmus de Welledun', cappellanus, presentatus per Priorem et conventum de Landa ad illam medietatem ecclesie de Welledon', quam Seman ultimo tenuit, facta prius inquisitione per R., Officialem Archidiaconi Norhamptonie, per quam, etc., ad eandem admissus est et in ea canonice persona institutus; salva predictis canonicis pensione duarum marcarum de eadem cum eam probaverint esse debitam et antiquam. Et mandatum est dicto Archidiacono ut, etc. Super ista eadem ecclesia aliter ordinatum est ut in rotulo cartarum ejusdem anni.[1]

[*Robert, son of Robert son of Walter, clerk, is instituted to a mediety of the church of Woodford, on the presentation of Baldwin de Ver, by reason of the custody of the land and heir of William Malfe.*]

WUDEFORD.—Robertus, filius Roberti filii Walteri, clericus, presentatus per Baldewynum de Ver, militem, ad medietatem ecclesie de Wudeford', ratione custodie terre et heredis Willelmi Malfe quam habet, facta prius inquisitione per R., Officialem Archidiaconi Norhamptonie, per quam, etc., ad eandem admissus est et in ea canonice persona institutus; salva vicaria per Episcopum loci de assensu patroni in eadem ordinanda. Non habemus litteras presentationis.

[*Alexander de Elmeham, chaplain, is instituted to the vicarage of the same mediety of the church of Woodford, on the presentation of the parson, to whom the vicar is to pay a pension of 100s. a year.*]

VICARIA WUDEFORD.—Alexander de Elmeham, capellanus, presentatus per Robertum filium Walteri filii Roberti [*sic*] personam medietatis ecclesie de Wudeford', interveniente patroni assensu, ad vicariam in eadem medietate per Episcopum ordinatam, ad eandem admissus est, etc.; qui quidem totam illam medietatem tenebit quoadvixerit, reddendo inde dicto Roberto persone et successoribus suis, ejusdem medietatis personis, centum solidos annuos nomine pensionis ad Pascha et festum Sancti Michaelis; retenta tamen a dicto domino potestate tam vicariam quam personatum predictos augendi vel minuendi si expedire viderit, attenta[2] predicte medietatis estimatione. Et mandatum est dicto Archidiacono ut tam personam quam vicarium predictos in corporalem inducat predictarum portionum possessionem. Admissus est autem sub onere et pena vicariorum.

---

[1] This last sentence is an insertion. [2] "Atenta", MS.

[*Nicholas de Stanford', chaplain, is instituted to the perpetual vicarage of Little Addington, on the presentation of the Abbot and Convent of Sulby (or Welford). The vicarage is described.*]

VICARIA DE ADINTON'.—Nicholaus de Stanford', cappellanus, presentatus per Abbatem et conventum de Suleby ad perpetuam vicariam ecclesie de Adinton' ordinatam auctoritate domini Episcopi ante Concilium, facta prius inquisitione per R., Archidiaconum Norhamptonie, per quam, etc., admissus est et in ea cum onere et pena vicariorum canonice vicarius perpetuus institutus. Consistit autem dicta vicaria in toto altaragio et terra ecclesie nomine iiij^{or} marcarum et in illa medietate mansi ecclesie versus occidentem; decime vero dividentur in x; canonici percipient septem partes, vicarius tres et sustinebit onera episcopalia et Archidiaconi. Et mandatum est dicto Archidiacono ut, etc. Memorandum de permutatione facienda.

[*Guy de Aricio is instituted to the church of Moreton Pinkney, Northants,*[1] *on the presentation of the Prior and Convent of Ashby.*]

GULDENE MORTON'.—Magister Guido de Aricio, cui dominus Episcopus de mandato domini pape providere tenebatur, presentatus per Priorem et conventum de Esseby ad ecclesiam de Guldenemorton', vacantem per resignationem J., precentoris Lincolnie, quia negotium fuit in expedito, ad eandem per procuratorem admissus est, etc., et concessit dictus procurator nomine ipsius magistri G[uidonis] ecclesiam predictam predictis canonicis ad firmam pro xxiiij marcis annuis, interveniente prius ad id domini Episcopi consensu, secundum formam in rotulo cartarum plenius expressam. Provisum est etiam, ut ibidem continetur, quod cappelanus qui ad provisionem predictorum canonicorum in dicta ecclesia pro tempore ministrabit, per ipsos quamdiu firmam predictam tenuerint domino Episcopo presentandus et examinandus et sic de mandato suo per Archidiaconum loci admittendus, habebit totum altaragium cum manso competente, quem illi vicinum ecclesie providebunt; et hospitium Archidiaconi procurabit et solvet sinodalia.

[*Alberimus de Purie, sub-deacon, is instituted to the church of Furtho, on the presentation of William de Forho and Ralf de Chedneto.*]

FORHO.—Alberimus de Purie, subdiaconus, presentatus per Willelmum de Forho militem et Radulfum de Chedneto ad eccle-

---

[1] Called Gilden Morton till the fourteenth century.

siam de Forho, facta prius inquisitione per R., Archidiaconum Norhamptonie, per quam, etc., ad eandem admissus est, etc. Et mandatum est dicto Archidiacono ut, etc.

[*Robert de Thorkes', chaplain, is instituted to the mediety of the church of Pattishall, which Nigel had held, on the presentation of the Prior and Convent of Dunstable.*]

VICARIA DE PATESHILL'.—Robertus de Thorkes', cappellanus, presentatus per Priorem et conventum de Dunstapl' ad perpetuam vicariam medietatis ecclesie de Pateshull, quam Nigellus cappellanus prius tenuit, facta prius inquisitione per R., Archidiaconum Norhamptonie, per quam, etc., ad eandem admissus est et in ea cum onere et pena vicariorum vicarius perpetuus institutus. Consistit autem ipsa vicaria in tribus virgatis terre et manso competente et medietate totius altaragii et solvet vicarius sinodalia tantum; canonici vero omnia alia onera illius medietatis sustinebunt. Et mandatum est dicto Archidiacono ut, etc. Non habemus litteras presentationis.

[Mem. 5.]

[*Roger de Bedeford', chaplain, is instituted to the perpetual vicarage of Harringworth, on the presentation of the Abbess and Convent of Elstow. The vicarage is described.*]

VICARIA DE HARINGWRD'.—Rogerus de Bedeford', cappellanus, presentatus per Abbatissam et conventum Elnestouwe ad perpetuam vicariam ecclesie de Haringwurth' per dominum Episcopum auctoritate Concilii ordinatam, facta prius inquisitione per R., Archidiaconum Norhamptonie, per quam, etc., ad eandem admissus est et in ea cum onere et pena vicariorum, etc. Consistit autem dicta vicaria in toto altaragio et in decima garbarum de dominico ecclesie cum manso competenti, illo videlicet quem Robertus clericus in ultimis diebus suis tenuit ibidem; et solvet vicarius tantum sinodalia; et mandatum est dicto Archidiacono ut ipsum R[ogerum] secundum formam premissam, etc.

[*John de [blank], clerk, is instituted to the church of Blisworth, on the presentation of William Briwer'.*]

BLITTEWRD'.—Johannes de [*blank*], clericus, presentatus per Willelmum Briwer' ad ecclesiam de Blitherwurth, facta prius inquisitione per R., Archidiaconum Norhamptonie, per quam, etc., ad eandem admissus est, etc. Et mandatum est dicto Archidiacono, etc. Subdiaconus est.

[*Ralf de Derham, clerk, is instituted to the church of Greatworth, on the presentation of the Prior and Convent of Merton with assent of the Lady Gunnora de Kaynes.*]

GRETTEWRD'.—Magister Radulfus de Derham, clericus, presentatus per Priorem et conventum de Mereton' ad ecclesiam de Gratewurth, facta prius inquisitione per R., Officialem Archidiaconi Norhamptonie, et domina Gunnora de Kaynes suum ad id assensum per literas adhibente, per que, etc., ad eandem admissus est, etc. Et mandatum est Archidiacono Norhamptonie, etc.

[*Ralf de Cirencestr', sub-deacon, is instituted to the church of Holcott, on the presentation of R. de Diva, Prior of the Hospitallers.*]

HOLECOT'.—Radulfus de Cirencestr', subdiaconus, presentatus per fratrem R. de Diva Priorem Hospitalis Jerosolomitani in Anglia ad ecclesiam de Holecot', facta prius inquisitione per R., Officialem Archidiaconi Norhamptonie, per quam, etc., ad eandem admissus est et in ea canonice persona institutus, salva dicto Priori et fratribus annua quinque marcarum pensione, cum eam coram domino Episcopo debitam esse probaverint et antiquam; et mandatum est dicto Officiali ut, etc.

[*Thomas de Estleg', sub-deacon, is instituted to the chapel of Clay-Coton, on the presentation of the Abbot and Convent of Leicester.*]

COTES.—Thomas de Estleg', subdiaconus, presentatus per Abbatem et conventum Leicestrie ad capellam de Cotes, eo quod Thomas Basset qui prius eam tenuit aliud beneficium recepit cui cura animarum est annexa, facta prius inquisitione per R., Officialem Archidiaconi Norhamptonie, ad eandem admissus est, etc. Et mandatum est dicto R., ut, etc.

[*Ralf de Norwic', clerk, is instituted to the church of Pickworth, Rutland, on the presentation of William de Gisneto.*]

PIKEWRD'.—Radulfus de Norwic', clericus, presentatus per Willelmum de Gisneto militem ad ecclesiam de Pickewurth', facta prius inquisitione per R., Officialem Norhamptonie, per quam, etc., dispensante cum eo domino papa Honorio, ad eandem admissus est, et in ea per procuratorem institutus. Et mandatum est Archidiacono, etc.

[*Ralf, son of Roger, sub-deacon, is instituted to the church of Maidford, on the presentation of Henry de Alneto.*]

MAIDEFORDE.—Radulfus, filius Rogeri, subdiaconus, presentatus per Henricum de Alneto ad ecclesiam de Maideforde, facta prius inquisitione per R., Officialem Archidiaconi Norhamptonie, per quam, etc., ad eandem admissus est, etc. Et injunctum est eidem quod scolas frequentet. Et mandatum est dicto Archidiacono ut, etc.

[*William de Cretone, sub-deacon, is instituted to the church of Great Creaton, on the presentation of Hugh de Whichetone, his father.*]

CRETONE.—Willelmus de Cretone, subdiaconus, presentatus per Hugonem de Whichetone, patrem suum, ad ecclesiam de Cretone, facta prius inquisitione per R., Officialem Archidiaconi Norhamtonie, receptis etiam litteris domini Regis continentibus quod cum assisa ultime presentationis, etc., apud Westmonasterium inter Hugonem de Whichintone et Sarram uxorem suam querentes, et Ricardum de Tokes deforciatem de advocatione ecclesie de Cretone, idem Ricardus concessit ibidem eisdem Hugoni et Sarre presentationem suam ad eandem ecclesiam; receptis etiam aliis litteris domini Regis postmodum continentibus quod cum Eva de Cretone summonita esset, etc., ad respondendum Hugoni et Sarre predictis quare ipsa impedivit eos presentare, etc., per considerationem ejusdem curie remansit presentatio ejusdem ecclesie predictis Hugoni et Sarre, per que negotium fuit in expedito, ad eandem ecclesiam admissus est, et in ea, etc. Et mandatum est Archidiacono, etc.

[*John de Einesham, chaplain, is instituted to the perpetual vicarage of St. Sepulchre's, Northampton, on the presentation of the Prior and Convent of St. Andrew's, Northampton.*]

VICARIA SANCTI SEPULCHRI, NORHAMPTONIE.—Johannes de Einesham, cappellanus, presentatus per Priorem et conventum Norhamtonie ad perpetuam vicariam ecclesie Sancti Sepulcri Norhamtonie, facta prius inquisitione per R., Officialem Archidiaconi Norhamtonie, per quam, etc., ad eandem admissus est et in ea cum onere et pena vicariorum, etc. Vicaria autem auctoritate Concilii per dominum Episcopum in hunc modum est ordinata: vicarius Sancti Sepulcri habebit nomine vicarie sue, etc., ut in rotulo de vicariis ejusdem archidiaconatus. Et mandatum est dicto Archidiacono ut, etc.

[*Roger de Kailmers, sub-deacon, is instituted to the church of St. Peter's, Aldwinckle, presented by Maurice de Andely, by reason of the dowry of his wife.*]

SANCTI PETRI DE ALDEWINCLA.—Rogerus de Kailmers, subdiaconus, presentatus per Mauricium de Andely militem, ratione dotis uxoris sue, ad ecclesiam Beati Petri de Audewincla, facta prius inquisitione per R., Archidiaconum Norhamtonie, per quam, etc., ad eandem admissus est, et in ea, etc. Et mandatum est Archidiacono, etc.

[*Simon, chaplain, vicar of Islip, is instituted to the parsonage, on the presentation of Gervase de Isselepe.*]

ISSELEPE.—Simon, cappellanus, vicarius ecclesie de Isselepe, presentatus per Gervasium de Isselepe ad personatum ejusdem ecclesie, facta prius inquisitione per R., Officialem Archidiaconi Norhamtonie, per quam, etc., admissus est, etc. Et mandatum est etc.

[*John de Wimigtone, chaplain, is instituted vicar of Moreton Pinkney,[1] Northants, presented by the Prior and Convent of Ashby, with the consent of the rector's proctor.*]

GILDENE MORTONE.—Johannes de Wimigtone, cappellanus, presentatus per Priorem et conventum de Esseby ad vicariam ecclesie de Gildene Mortone de eorum assensu per dominum Episcopum ordinatam, procuratore etiam magistri Guidonis de Aricio, rectoris ejusdem, consentiente, cum de ipsius vacatione constaret, ad eandem admissus est, et in ea cum onere et pena vicariorum, etc. Consistit autem ipsa vicaria in toto alteragio cum manso competente per eosdem canonicos assignando.

[*John de Busseto, sub-deacon, is instituted to the church of Thistleton, Rutland, on the presentation of Lambert de Busseto.*]

THISTELTONE.—Johannes de Busseto, subdiaconus, presentatus per Lambertum de Busseto ad ecclesiam de Thisteltone, facta prius inquisitione per Archidiaconum Norhamtonie, per quam, etc., ad eandem admissus est, etc. Et mandatum est dicto Archidiacono ut, etc.

[*On the dorse :—*]

[*William Engaine, elected by the canons of Castle-Hymel (=Fineshed), their house having been raised to a priory, is instituted prior.*]

Willelmus Engaine, electus per canonicos de domo fundata in loco qui dicitur Castrum Imel', que quidem per dominum H., secun-

---

[1] Called Gilden Morton till the fourteenth century.

dum, Lincolniensem episcopum, de consensu Willelmi decani et capituli Lincolnie, eisdem canonicis in prioratum est confirmata, interveniente prius Vitalis Engaine patroni, et Simonis persone ecclesie de Laxtone assensu, ad eundem prioratum admissus est, et in eo canonice prior institutus per librum, ut moris est, obedientie juramento subsecuto. Actum apud Tinghurste die Ascencionis, videlicet, v^{to} Kalendas Junii, presentibus Johanne, precentore Lincolnie, etc., ut in institutione prioris de Belvero in Archidiaconatu Lincolnie, excepto magistro Ricardo de Waddone. Et mandatum est Archidiacono Norhamtonie ut hec in capitulo loci faciat pupplicari, et quod suum est ulterius exequatur. Facta autem fuit prius inquisitio per Officialem predicti Archidiaconi, per quam negotium super premissis fuit in expedito.

[*Geoffrey de Eketone, precentor of Dunstable, is instituted prior of Canon's Ashby.*]

Galfridus de Eketone, precentor de Dunestaple, pari voto et unanimi assensu canonicorum de Esseby electus ad prioratum de Esseby, vacantem per resignationem O., nuper prioris ejusdem, interveniente Rogeri de Kauz ejusdem prioratus patroni consensu, electione etiam ipsa per R., Archidiaconum Lincolnie, Officialem domini Episcopi, examinata et inventa canonica, per que, etc., Priore de Dunestaple cum eodem Galfrido in id consentiente, admissus est, confirmatur, et in eodem prior institutus. Actum apud Berunicestriam in festo Sancti Leonardi, scilicet, octavo Idus Novembris, pontificatus domini Episcopi x^{o} vij^{o}.

[*On the face :—*]
NORHAMPTONIA: ANNUS XVIII$^{us.}$
[*Walter de Cantilupo is instituted to the church of Bulwick on the presentation of William de Cantilupo.*]

BULEWIK'.—Magister Walterus de Cantilupo, presentatus per Willelmum de Cantilupo, seniorem, ad ecclesiam de Bulewica, facta prius inquisitione per Archidiaconum Norhamtonie, receptis litteris domini Regis continentibus quod Prior de Wurspringe remisit et quietum clamavit coram eo, pro se et successoribus suis, predicto Willelmo de Cantelupo totum jus et clamium quod posuit in advocatione ecclesie memorate, Vitale etiam Engauine appellationi pro eo facte super eadem ecclesia litteratorie renuntiante, per que, etc., ad eandem per Matheum de Cantelupo, procuratorem suum, admissus est, et in eadem sub pena Concilii persona canonice institutus. Et mandatum est dicto Archidiacono ut, etc. [*In the margin:*—] Non habemus litteras presentationis.

[*Hugh de Novo Castro, sub-deacon, is instituted to the church of Normanton, Rutland, on the presentation of Robert de Albinn'.*]

NORMANTONE.—Hugo de Novo Castro, subdiaconus, presentatus per Robertum de Albinn' ad ecclesiam de Normantone, facta prius inquisitione per R., Archidiaconum Norhamtonie, per quam, etc., ad eandem admissus est., etc. Et mandatum est dicto Archidiacono ut, etc.

[*William de Norhamtonia, chaplain, is instituted to the vicarage of Rothersthorp, on the presentation of the Abbot and Convent of St. James, Northampton.*]

THROP.—Willelmus de Norhamtonia, cappellanus, quondam vicarius de Dustone, presentatus per Abbatem et conventum Sancti Jacobi Norhamptonie ad ecclesiam de Throp, facta prius inquisitione per Archidiaconum Norhamptonie per quam, etc., ad eandem admissus est, et in eadem cum pena et onere vicariorum est institutus; salva predictis canonicis portione sua quam de concessione et confirmatione domini [*above this last word is written* nostra] Episcopi et capituli Lincolnie habent in eadem parrochia, nomine perpetui beneficii. Et mandatum est dicto Archidiacono ut, etc.

[*Warner, chaplain, is instituted to the vicarage of Duston, on the presentation of the Abbot and Convent of St. James, Northampton. The vicarage is described.*]

DUSTONE VICARIA.—Warnerius, cappellanus, presentatus per dictos Abbatem et conventum ad perpetuam vicariam ecclesie de Dustone, vacantem per resignationem Willelmi supradicti, ad eandem admissus cum onere et pena vicariorum, etc. Fuit autem hec vicaria auctoritate Concilii per dominum Episcopum ordinata sic: Vicarius habebit, nomine vicarie sue perpetue, totum altaragium de Dustone cum manso ecclesie, reddendo inde dictis canonicis j marcam annuam. Habebit etiam totam cappellam Beate Margarete cum manso, reddendo inde ij marcas eisdem annuatim; et habebit cappellanum socium in dicta cappella continue ministrantem, et solvet sinodalia. Canonici vero hospitium Archidiaconi procurabunt. Et mandatum est Archidiacono Norhamtonie ut, etc. Memorandum de candela de qua nichil in ordinatione.

[*John, chaplain, is instituted to the vicarage of Ashby St. Ledgers, on the presentation of the Prior and Convent of Laund, Leicestershire.*]

ESSEBY VICARIA.—Johannes, cappellanus, presentatus per Priorem et conventum de Landa ad perpetuam vicariam ecclesie de Esseby, facta prius inquisitione per Archidiaconum Norhamtonie per quam, etc., ad eandem auctoritate Concilii per dominum Episcopum ordinatam, ut in rotulo vicariarum, admissus est, etc., cum onere et pena vicariorum. Et mandatum est dicto Archidiacono ut, etc.

[*Richard de Wigornia, sub-deacon, as is alleged, presented by the Prior of the Hospitallers, is instituted vicar of Cosgrove.*]

COVESGRAVE.—Ricardus de Wigornia, subdiaconus ut dicitur, presentatus per Priorem fratrum Hospitalis Jerosolimitani in Anglia ad ecclesiam de Covesgrave, vacantem eo quod W., ultimus ipsius rector, ad ordinem fratrum minorum se convertit, facta prius inquisitione per Archidiaconum Norhamptonie, per quam, etc., ad eandem admissus est, etc. Et mandatum est dicto Archidiacono ut, etc.

[*Ralph, formerly rector of Thornby, presented by Hugh de Cranesleya, is instituted to the church of Cransley.*]

GRANESLEYA.—Radulfus, prius rector ecclesie de Thurleby, presentatus per Hugonem de Cranesleya ad ecclesiam de Cranesleya, facta prius inquisitione per R., Archidiaconum Norhamptonie, per quam, etc., ad eandem admissus est, etc., ut supra. Et mandatum est dicto Archidiacono ut, etc.

[*Richard de Cantia, chaplain, collated by the Bishop, and afterwards presented by the Abbot and Convent of Sulby, is instituted to the church of Great Harrowden. A pension of one mark is reserved to the convent.*]

HAREWEDONE.—Magister Ricardus de Cantia, capellanus, cui dominus Episcopus ecclesiam majoris Harewedone, cum capella minoris Harewedone, auctoritate Contulit concilii, presentatus postea per Abbatem et conventum de Suleby ad eandem, facta prius inquisitione per R., Archidiaconum Norhamptonie, et receptis litteris domini Regis continentibus quod Robertus de Muschamps' recognovit et concessit in curia sua apud Westmonasterium advocationem ecclesie de Harewedone, cum pertinentiis, esse jus Walteri Abbatis et ecclesie Beate Marie de Suleby, et illam remisit et quietam clamavit de se et heredibus suis predicto Abbati et successoribus suis et ecclesie sue predicte ; receptis etiam litteris domini Regis continentibus quod, cum assisa ultime presentationis ecclesie de parva Harewedone summonita esset apud Norhamptoniam coram David de Aesseb' et sociis suis, justiciariis ad hoc assignatis, inter Ricardum de Loches et Walterum, Abbatem de Suleby, idem Ricardus remisit et quietum clamavit de se et heredibus suis in perpetuum totum jus et clamium quod habuit, vel habere potuit in advocatione illius ecclesie, per que, etc., ad eandem admissus et in ea canonice persona institutus ; salva predictis Abbati et conventui una marca annua per manum ejusdem Ricardi, de concessione et confirmatione domini Episcopi et capituli Lincoln', de eadem ecclesia nomine perpetui beneficii percipienda, qui quidem dominus Episcopus duas marcas annuas post decessum predicti Magistri Ricardi canonicis ipsis nomine perpetui beneficii concessit et confirmavit. Et mandatum est dicto Archidiacono ut, etc.

[*Richard de Beddestowe, chaplain, presented by Roger de Cantilupo, is instituted to the hermitage of Norewode (? in Clipsham, Rutland).*]

HEREMITAGIUM DE NORDWUDE.—Ricardus de Beddestowe, capellanus, presentatus per Rogerum de Cantilupo ad heremitagium de Norewode, facta prius inquisitione per R., Archidiaconum Norhamptonie, et Roberto, persona de Kilpesham, consentiente, per que, etc., admissus est, etc. ; salvo jure matricis ecclesie et vicinarum ecclesiarum in omnibus.

[*Stephen de Axebridge, clerk, collated by the Bishop, is instituted to tithe at Little Houghton.*]

DE DECIMIS PHILIPPI BOSCE IN HOWTONE.—Stephanus de Axebridge, clericus, cui dominus Episcopus duas partes decime garbarum de dominico Philippi Bosce in Howtone auctoritate contulit Concilii, facta prius inquisitione, etc., ad ipsas admissus est et institutus. Et quia concessum est per dominum Episcopum quod W., rector ecclesie de Langeporth, decimas ipsas nomine dicti Stephani ad firmam teneat, reddendo inde unam marcam annuam in festo Sancti Michaelis eidem Stephano, secundum quod in cirographo inter eos confecto plenius continetur. Mandatum est Archidiacono loci ut predictum W., in dictarum decimarum possessionem secundum formam premissam inducat.

[*Gilbert Marescallus, acolyte, presented by the Abbot and Convent of Westminster, is instituted to the church of Oakham, Rutland. Several rights are reserved.*]

OKHAME.—Gilebertus Marescallus, accolitus, presentatus per Abbatem et conventum de Westmonasterio ad ecclesiam de Hochame, facta prius inquisitione per R., Archidiaconum Norhamptonie, per quam, etc., ad eandem admissus est, etc.; salvo Willelmo ejusdem ecclesie vicario et Rogero de Sancto Johanne vicario capelle de Brantestone jure suo quod habent in ipsis vicariis; salvo etiam Galfrido, qui capellam de Gnossingtone tenuit, jure suo, si quod habet, in eadem; protestatum est etiam per dominum Episcopum expresse quod dictus Gilebertus nullum habeat jus in ecclesia de Hameldone per hanc institutionem. Et mandatum est dicto Archidiacono ut secundum formam premissam, etc. De pensione in matricula. Et injunctum est dicto Gileberto, sub debito juramenti prestiti, ne pensionem petitam solvat monachis memoratis quousque docuerint ipsam debitam esse et antiquam. Injunctum est etiam eidem, sub eodem debito, ut ad proximos ordines veniat Huntedonie ordinandus; alioquin ecclesia sua predicta in crastino sine contradictione in manus domini Episcopi sequestrabitur. [*Added later:*] Prorogatum est tempus usque ad proximos ordines.

[*Henry de Eltedone, sub-deacon, collated by the Bishop, with the consent of Robert, son of Adam de Eissebi, is instituted to the church of Thornby. The vicarage is reserved to Torstan, the chaplain.*]

TURLEBY.[1]—Henricus de Eltedone, subdiaconus, cui dominus Episcopus ecclesiam de Turleby contulit, Roberti filii Ade de Eissebi, patroni, consensu interveniente, ad eandem admissus est, etc.; salva Torstano, capellano, vicaria ibidem per dominum Episcopum de consensu predictorum ordinata. Et injunctum est Officiali Archidiaconi ut, etc.

[*Torstan, chaplain, collated by the Bishop, with the consent of Robert, son of Adam de Eissebi, is instituted vicar of the same. A pension is due to the rector.*]

VICARIA IBIDEM.—Torstanus, capellanus, cui dominus Episcopus vicariam ecclesie de Turlebi contulit, Roberti filii Ade de Eissebi, patroni, et Henrici de Eltedone, ejusdem ecclesie persone, interveniente consensu, facta prius inquisitione per R., Archidiaconum Norhamptonie, per quam, etc., ad eandem cum onere et

---

[1] An unusual form; see p. 142 for same vicar and patron.

pena vicariorum, etc. ; qui quidem dictam ecclesiam tenebit quoad-vixerit, reddendo inde dicto Henrico et successoribus suis, ejusdem ecclesie personis, quinque marcas annuas ad duos terminos, videlicet ad festum Sancti Michaelis ij marcas et dimidiam, et ad Pascha ij marcas et dimidiam nomine pensionis. Et mandatum est dicto Archidiacono ut, etc.

[*Ralph de Gnoushale, sub-deacon, presented by the Prior and Convent of Daventry, is instituted to the church of Thorpe Mandeville. A vicarage is reserved to the archdeacon.*]

ECCLESIA DE TROPE.—Radulfus de Gnoushale, subdiaconus, presentatus per Priorem et conventum de Daventria ad ecclesiam de Trope, vacantem eo quod Magister S., qui prius eam tenuerat, aliud recepit beneficium cui cura, etc., cum satis constaret de contingentibus, etc., ad eandem admissus est ; salva R., Archidiacono Norhamptonie, vicaria sua quam habet in eadem, qui totam illam ecclesiam tenebit, etc., reddendo inde dicto Radulfo et successoribus suis, ejusdem ecclesie personis, duos solidos annuos nomine pensionis. Et mandatum est Decano de Brakeleia ut, etc. [*In the margin :*—] Memorandum de inquisitione.

[*William de Licchefeud, presented by the Prior and Convent of Lenton, Notts, is instituted to the church of Harleston.*]

HERLESTONE.—Magister Willelmus de Licchefeud, presentatus per Priorem et conventum de Lentone ad ecclesiam de Herlestone, facta prius inquisitione per R., Officialem Norhamptonie, per quam, etc., ad eandem admissus est sub pena Concilii, etc. Et mandatum est dicto Officiali ut, etc.

[*John de Meauteby, sub-deacon, presented by the Prior of the Brethren of the Hospital of (St. John of) Jerusalem in England, is instituted to the church of Whitwell, Rutland, vacant by the preferment of Richard de Cant'.*]

WHITEWELLE.—Johannes de Meauteby, subdiaconus, presentatus per Priorem fratrum Hospitalis Jherosolimitani in Anglia ad ecclesiam de Whitewelle, vacantem eo quod Magister Ricardus de Cant', ultimo rector ejusdem, aliud recepit beneficium, cui, etc., facta prius inquisitione per R., Officialem Norhamptonie per quam, etc., ad eandem admissus est, etc. Et mandatum est dicto Officiali ut, etc. [*In the margin :*—] Non habemus litteras presentationis.

[*Thomas de Alencestria, chaplain, presented by the Prior and Convent of St. Andrew's, Northampton, is instituted vicar of All Saints, Northampton.*]

VICARIA OMNIUM SANCTORUM NORHAMPTONIE.—Thomas de Alencestria, capellanus, presentatus per Priorem et conventum Sancti Andree Norhamptonie ad vicariam ecclesie Omnium Sanctorum in eadem villa, per dominum Episcopum auctoritate Concilii ordinatam, facta prius inquisitione per R., Archidiaconum Norhamptonie, per quam, etc., ad eandem admissus est, et cum onere et pena, etc. Et mandatum est dicto Archidiacono ut, etc., provisurus quod mansus competens eidem vicario ad inhabitandum assignetur.

[*Alexander de Sancto Edmundo, deacon, presented by the Abbot of Bury St. Edmunds, is instituted to the church of Warkton.*]

WERKETONE.—Magister Alexander de Sancto Edmundo, diaconus, presentatus per Abbatem Sancti Edmundi ad ecclesiam de Werketone, facta prius inquisitione per R., Officialem Archidiaconi Norhamptonie, per quam, etc., ad eandem, etc. Et mandatum est eidem Officiali ut, etc.

[*William de Stokes, deacon, presented by Robert de Stokes, is instituted to the church of Stoke Doyle.*]

STOKES.—Willelmus de Stokes, diaconus, presentatus per Robertum de Stokes, militem, ad ecclesiam de Stokes, facta prius inquisitione per R., Officialem Archidiaconi Norhamptonie, per quam, etc., ad eandem admissus est, etc. Et mandatum est dicto Officiali ut, etc.

ANNUS XIX$^{us.}$

[*Elias de Pulteneia, chaplain, presented by the Abbot and Convent of Sulby, is instituted vicar of Welford.*]

WELLEFORD VICARIA.—Helyas de Pulteneia, cappellanus, presentatus per Abbatem et conventum de Suleby ad vicariam ecclesie de Welleforde, auctoritate Concilii ordinatam, facta prius inquisitione per R., Archidiaconum Norhamptonie, per quam negotium fuit in expedito, ad eandem admissus est, cum onere et pena vicariorum, et institutus. Et mandatum est dicto Archidiacono ut ipsum in corporalem ejusdem vicarie possessionem induci faciat.

[*Geoffrey de Moris, clerk, presented by the Abbot and Convent of Peterborough, is instituted to the church of Warmington.*]

WERMINTONE.—Galfridus de Moris, clericus, presentatus per Abbatem et conventum de Burgo Beati Petri ad ecclesiam de Wermingtone, facta prius inquisitione per R., Archidiaconum Norhamptonie, per quam, etc., ad eandem admissus est, etc. ; *salvo jure Walteri, diaconi, si quod habet in ejusdem ecclesie vicaria* (*the words between asterisks are scored through*). Et mandatum est dicto Archidiacono ut, etc.

[*William Katin, presented by the Abbot and Convent of Leicester, is instituted vicar of Brackley. The vicarage is described.*]

BRACKELE VICARIA.—Willelmus Katin, capellanus, presentatus per Abbatem et conventum Leicestrie ad vicariam ecclesie de Brakkele, facta prius inquisitione per R., Archidiaconum Norhamptonie, et magistro P., ad ipsam prius presentato, ad aliud beneficium cui cura, etc., admisso, per que, etc., ad eandem admissus est cum onere et pena vicariorum, etc. Consistit autem ipsa vicaria in medietate alteragiorum, et in tertia parte decime garbarum, cum manso competente. Et mandatum est dicto Archidiacono ut, etc. Melius supra anno xv° . . . . . anno xx°.

[*Ivo, son of Geoffrey, presented by the King, is instituted to the church of Rockingham, vacant by the resignation of Peter de Wakeringe.*]

ROCKINGHAM.—Ivo, filius Galfridi [*blank*], presentatus per dominum Regem ad ecclesiam de Rokingham, vacantem per resignationem Petri de Wakeringe, facta prius inquisitione per R., Archidiaconum Norhamptonie, per quam, etc., ad eandem admissus est, etc. Et injunctum est eidem, sub pena beneficii sui amittendi, eo in id consentiente, ut cum per dominum Episcopum vocatus fuerit, veniat ordinandus in subdiaconum. Et injunctum est dicto Archidiacono ut, etc.

[*John de Haledene, chaplain, presented by the Prioress and Nuns of Catesby, is instituted to the vicarage of Catesby.*]

KATTEBY VICARIA.—Johannes de Haledene, capellanus, presentatus per Priorissam et moniales de Katteby ad vicariam parrochialis ecclesie de Katteby, auctoritate Concilii per nos ordinatam, facta prius inquisitione per R., Officialem Archidiaconi

Norhamptonie, et receptis litteris Archidiaconi Conventrie testimonialibus super honesta conversatione dicti capellani, per que, etc., ad eandem admissus est, etc. Et mandatum est dicto Officiali ut, etc.

[Mem. 6.]

[*Adam de Bereweby, chaplain, presented by the Prior and Convent of St. Andrew's, Northampton, is instituted to the chapel of Stuchbury.*]

STUTTEBYRY.—Adam de Bereweby, cappellanus, presentatus per Priorem et conventum Sancti Andree Norhamptonie ad cappellam de Stuttebyri, facta prius inquisitione per R., Archidiaconum Norhamptonie, per quam, etc., ad eandem admissus est, et in ea canonice cum onere et pena vicariorum persona institutus. Et mandatum est dicto Archidiacono ut, etc.

[*Robert de Dagenhale, sub-deacon, presented by Robert de Essebi, is instituted to the church of Thornby. He is to attend the schools and present himself for examination. A vicarage is reserved to Thurstan, the chaplain.*]

THURNEBY.—Robertus de Dagenhale, subdiaconus, presentatus per Robertum de Essebi ad ecclesiam de Thurneby, facta prius inquisitione per R,, Officialem Archidiaconi Norhamptonie, per quam, etc., ad eandem admissus est ; salva Thurstano, cappellano, vicaria sua quam habet in eadem, qui totam illam ecclesiam, etc., ut supra in institutione ejusdem anno proximo. Et injunctum est dicto Officiali ut, etc. Injunctum est etiam dicto Roberto de Dagenhale, sub pena beneficii sui amittendi, quod scolas frequentet, et post lapsum anni super profectu suo in scolis coram Officiali compareat examinandus.

[*Geoffrey de Norhamptonia, sub-deacon, presented by J. de Lascy, Constable of Chester, is instituted to the church of Naseby.*]

NAVESBY.—Galfridus de Norhamptonia, subdiaconus, presentatus per nobilem virum J. de Lascy, constabularium Cestrie, ad ecclesiam de Navesby, facta prius inquisitione per R., Officialem Archidiaconi Norhamptonie, per quam, etc., ad eandem admissus est, etc. ; salvis decessori suo fructibus ipsum juxta crucesignatorum privilegium contingentibus. Et injunctum est dicto Officiali presenti ut, etc.

[*Robert, chaplain, presented by the Abbot and Convent of Cirencester, after a dispute about the patronage, is instituted to the church of Oxendon.*]

OXENDONE.—Robertus, cappellanus, presentatus per Abbatem et conventum de Cirencestria ad ecclesiam de Oxendone, vacantem per resignationem L., cappellani, qui eam prius tenuit, facta prius inquisitione per R., Archidiaconum Norhamptonie, receptis litteris domini Regis continentibus quod cum assisa ultime presentationis coram justiciariis ad hoc assignatis summonita esset inter dictum Abbatem, querentem, et Richardum de Clendone, deforciantem, ad recognoscendum quis advocatus presentaverit, etc., idem Ricardus in eadem curia recognovit quod predictus Abbas presentavit ultimam personam, per que, etc., ad eandem admissus est, etc. Et injunctum est Officiali presenti ut, etc. [*In the margin :*—] Desunt littere presentationis.

[*Simon de Norhamptone, sub-deacon, presented by the Prior of Weedon, proctor of the Convent of St. Lucian, Beauvais, is instituted to the chapel of Plumpton.*]

PLUMTONE.—Simon de Norhamptone, subdiaconus, presentatus ad cappellam de Plumtone per N., Priorem de Wedone, Abbatis et conventus Sancti Luciani Belvacensis procuratorem ad id constitutum, facta prius inquisitione per R., Archidiaconum Norhamptonie, et receptis litteris dominorum Episcopi et Archidiaconi Ebroycensium, per quas de vacatione ejusdem per mortem Ph. de Normanville bene constitit, per que, etc., ad eandem admissus est, etc. Et injunctum est eidem Simoni ut scolas frequentet et addiscat. Injuctum est etiam Officiali presenti ut, etc. [*In the margin :*—] Desunt littere presentationis.

[*Richard de Karleton, chaplain, presented by the Abbess and Convent of Elstow, is instituted vicar of Harringworth, vacant by the resignation of Roger de Bedeforde.*]

HARINGWORTHE VICARIA.—Ricardus de Karletone, cappellanus, presentatus per Abbatissam et conventum de Alnestouwe ad vicariam de Haringworthe, vacantem per resignationem Rogeri de Bedeforde, capellani, in camera domini Episcopi apud Dunestapliam per pilleum factam, facta prius inquisitione per R., Officialem Norhamptonie, etc., ad eandem admissus est cum onere et pena vicariorum, etc. Et mandatum est dicto Officiali ut, etc.

[*Robert de Hertforde, chaplain, presented by John de Neketone, rector, with the consent of William Mauduit, the patron, is instituted vicar of Cottesmore, Rutland. The vicarage is described.*]

COTESMORE VICARIA.—Robertus de Hertforde, capellanus, presentatus per Johannem de Neketone, personam ecclesie de Cotesmore, ad ipsius ecclesie vicariam, interveniente Willelmi Mauduit, domini Regis camerarii, dicte ecclesie patroni, assensu, ad eandem admissus est, cum onere et pena vicariorum. Consistit autem ipsa vicaria in toto altaragio, quod valet v marcas, et in decimis garbarum de toto dominico persone, et in minutis decimis de nutrimentis animalium ipsius, et in decimis feni de Wentone, et in una virgata terre vicario assignata in Cotesmor de terra pertinente ad ecclesiam, que jacet per particulas inter terras Henrici filii persone, et Willelmi Coleville, et Thome Pere. Habebit etiam vicarius pro manso virgultum quoddam, quod situm est juxta cimiterium ex parte orientali et juxta curiam persone, et quoddam pratellum jacens inferius, et redditum mansi quem Radulfus ad ecclesiam tenet, que omnia valent ij marcas et dimidiam; et solvet vicarius synodalia, persona vero hospitium Archidiaconi procurabit. Facta autem fuit prius inquisitio per R., Officialem Archidiaconi Norhamptonie, per quam, etc., cui mandatum est ut, etc.

[*Thomas Sparhawche, chaplain, presented by the Abbot and Convent of St. James, Northampton, is instituted vicar of Weekley. The vicarage is described.*]

WICLE VICARIA.—Thomas (Esperverius *scored underneath*) Sparhawche, cappellanus, presentatus per Abbatem et conventum Sancti Jacobi Norhamptonie ad vicariam ecclesie de Wicle, auctoritate Concilii ordinatam, facta prius inquisitione per R., Officialem Norhamptonie, per quam, etc., ad eandem cum onere et pena, etc. Consistit autem ipsa vicaria in toto altaragio cum manso competente, et valet v marcas; et solvet vicarius tantum sinodalia. Et mandatum est dicto Officiali ut, etc.

[*On the dorse :—*]
[*Thomas de Longa Villa, is presented for institution, and is instituted Prior of St. Andrew's, Northampton.*]

Anno domini M° CC° xxviij°, anno videlicet pontificatus domini Lincolniensis Episcopi Hugonis secundi xix°, iiij^{to} Idus Junii, Frater Thomas de Longa Villa, monachus, litteras Stephani,

Prioris de Caritate, eidem domino Lincolniensi apud Dorkecestriam in aula circa horam primam porrexit in hac forma : "Reverentissimo domino et patri in Christo Hugoni, Dei gratia Lincolniensi Episcopo, Frater Stephanus humilis Prior de Caritate, salutem, et cum omni reverentia et honore paratum ac promptum ad beneplacita famulatum. Quia dilectum filium Thomam de Longa Villa, monachum nostrum, Radulfo quondam Priori Sancti Andree Norhamptonie in priorem providimus substituendum, ipsum ad vos transmittimus, vestram rogantes paternitatem, quatinus in hac parte quod vestrum est ulterius exequamini. Valeat sanctitatis vestre clementia in omnium Salvatore." Cum igitur de sigillo litteris ipsis impresso legitime constaret per testes juratos fide dignos ut habetur inferius, et quod de conscientia et manu ipsius Stephani, Prioris, dictum sigillum eisdem litteris fuit appositum, predictus dominus Episcopus dictum Thomam ad predictum prioratum Sancti Andree Norhamptonie admisit, et sollempniter per librum instituit in eadem, curam ei temporalium et spiritualium exteriorum et interiorum committendo. Idem autem Thomas, sacramento super librum corporali prestito, eidem domino Episcopo canonicam fecit obedientiam, presentibus et assidentibus dicto domino Episcopo, Adam, Abbate Eineshamie, et Willelmo de la Mora, et Ricardo de Wodele . . . . . monachis Eineshamie, Willelmo Formentino, monacho de Longa Villa, tunc manente apud Newetone, et Roberto Grimbaud, monacho Sancti Andree Norhamptonie, Magistris Henrico de Welles, Helya et Galfrido de Glouernia, Henrico Teissum, Radulfo et Willelmo de Eboraco, Ricardo le Deveneis, Johanne de Nortone, Waltero de Prestcote, Luca de Oxonia, Paschasio de Wintonia, et Adam de Benintone, scolaribus Oxoniensibus, Magistris Willelmo de Beningwrd, capellano, Amaurico de Bugdene, Radulfo de Waraville et Willelmo de Winchecumbe, canonicis Lincolniensibus, Warino, capellano, Magistris Clemente Piiun et Alardo de Arundell, Ricardo de Oxonia, Galfrido de Moris et Thoma de Askeby, clericis predicti domini Lincolniensis, Petro de Cotingtone, Johanne de Camera, Waltero de Abodestone, Rogero Marescallo, Rogero Walensi, Willelmo Hostiario, Helya Cottell, Hugone Coco, Johanne Vigili, Waltero Hostiario, et aliis de domo predicti domini Lincolniensis.

Probatio signi litteris supradictis impressi.

Thomas de Longa Villa, monachus et sacerdos, juratus, dicit quod interfuit et vidit ubi Stephanus, Prior de Caritate, propria manu signavit litteras supradictas quas idem testis domino

Episcopo presentavit. Requisitus de die loco et hora, dicit quod die Veneris in ebdomada Pentecoste post vesperas in prioratu suo Senon' extra portam civitatis, videlicet, in claustro ante hostium camere Prioris; requisitus qui interfuerunt, dicit quod Henricus, monachus et capellanus dicti Prioris, et ipse Thomas, testis, et Willelmus de Baskerville, contestis suus.

Willelmus de Baskerville, laicus, juratus, in omnibus concordat cum predicto Thoma, eo solo excepto quod nescit nomen capellani predicti Prioris.

Willelmus Formentin, monachus de Longa Villa et sacerdos, tunc manens apud Newetone, juratus, predictis litteris ei exhibitis, dicit quod signum ipsum cum contrasigno est sigillum dicti Stephani, Prioris de Caritate. Requisitus qualiter hoc sciat, dicit quod multociens vidit signum ipsum cum contrasigno presentatum in capitulo apud Longam Villam, nomine predicti Prioris.

Robertus Grimbaud, Sancti Andree Norhamptonie monachus et sacerdos, juratus, concordat in omnibus cum predicto Willelmo Formentin, eo tamen mutato quod vidit predictum signum cum contrasigno multociens presentari nomine predicti Stephani, Prioris, in capitulo suo Norhamptonie.

Erat autem in majori signo oblongo imago monachi quasi induti dalmatica tenentis librum ad pectus, cum circumscriptione tali: Sigillum Stephani Prioris de Caritate. Contrasignum vero rotundum erat, habens agnum bajulantem crucem supra dorsum, cum circumscriptione: Deum time.

Tandem predictus Prior Sancti Andree litteras domini Episcopi Archidiacono Norhamptonie porrigendas obtinuit in hac forma: "Hugo, Dei gratia Lincolniensis episcopus, dilecto in Christo filio R., Archidiacono Norhamptonie, salutem, gratiam et benedictionem. Quoniam ad presentationem Stephani, Prioris de Caritate, dilectum in Christo filium, Thomam de Longa Villa, monachum, ad prioratum Sancti Andree Norhamptonie, vacantem eo quod Radulfus, quondam Prior ibidem, ejusdem domus regimini omnino, quod dolentes dicimus, effectus est inutilis, admisimus, ipsumque in eo canonice Priorem instituimus, curam ei interiorum et interiorum *(sic)* committendo, vobis mandamus quatinus circa personam ipsius in hac parte quod vestrum est ulterius exequamini. Valetis."

Ad majus autem et evidentius supradictorum testimonium idem Prior litteras suas patentes dicto domino tradidit in hec verba: "Omnibus Christi fidelibus ad quos presentes littere pervenerint,

Thomas de Longa Villa, Prior Sancti Andree Norhamptonie, salutem in vero salutari. Ut ea que bona fide fiunt aliis veniant in notitiam vestra noverit universitas me litteras domini Stephani, Prioris de Caritate, venerabili patri, Lincolniensi Episcopo, Hugoni secundo porrexisse sub hac forma: "Reverendissimo domino et patri, etc., ut supra". Cum igitur dicto domino Episcopo de sigillo dicti Prioris dictis litteris impresso legittime constaret, et quod de conscientia et manu ipsius Prioris sigillum ipsum litteris ipsis fuit appositum, idem dominus me, occasione litterarum ipsarum ad prioratum Sancti Andree Norhamptonie admisit, et Priorem sollempniter instituit in eodem, curam mihi temporalium et spiritualium, exteriorum et interiorum, ad dictum prioratum pertinentium, tanquam diocesanus, committendo. Ego autem eidem domino Episcopo canonicam feci, sicut moris est, obedientiam. Et in hujus rei testimonium presentibus litteris sigillum meum apposui. Valete."

Annus XX$^{us.}$

[*William de Scother, sub-deacon, presented by the Abbot and Convent of Peterborough, is instituted to the church of Kettering. The ancient pension is reserved to the sacristan of Peterborough.*]

KETERINGE.—Magister Willelmus de Scother, subdiaconus, presentatus per Abbatem et conventum Beati Petri de Burgo ad ecclesiam de Keteringe, facta prius inquisitione per R., Officialem Norhamptonie et Ranulfo de Ferrariis eidem, eo quod aliud recepit beneficium cui cura animarum annexa, litteratorie renuntiante, per que negotium erat in expedito, ad eandem admissus est, et in ea canonice persona institutus; salva Sacristie de Burgo debita et antiqua pensione de eadem. Et mandatum est dicto Officiali ut ipsum in corporalem ipsius ecclesie possessionem inducat.

[*Nicholas de Grava, sub-deacon, presented by the same Abbot and Convent, is instituted to the church of Tinwell, Rutland.*]

TINEWELLE.—Magister Nicholaus de Grava, subdiaconus, presentatus per Abbatem et conventum ut supra ad ecclesiam de Tynewelle, facta prius inquisitione per R., Officialem Norhamptonie, per quam, etc., ad eandem admissus est, etc. Et mandatum est dicto Officiali ut, etc.

[*Robert de Koleboys, chaplain, presented by the Prior and Convent of St. Andrew's, Northampton, is instituted vicar of All Saints, Northampton. The vicarage is described.*]

OMNIUM SANCTORUM NORHAMPTONIE VICARIA.—Robertus de Koleboys, capellanus, presentatus per Priorem et conventum Sancti Andree Norhamptonie ad vicariam ecclesie Omnium Sanctorum Norhamptonie, facta prius inquisitione per R., Officialem Norhamptonie, etc., ad eandem admissus est, etc., cum onere et pena vicariorum, etc. Consistit autem ipsa vicaria, cum manso competente, etc., ut supra anno xviij°, etc. Et mandatum est, etc. Et interim diligenter inquirat quid dictus vicarius singulis diebus debet percipere nomine corredii monachalis, et unde duo capellani eidem vicario adjungendi in adjutorium possint competenter sustentari.

[*Alard de Arundelle, presented by the Abbot and Convent of Croyland, Lincs., is instituted vicar of Wellingborough. The vicarage is described.*]

WENLINGEBURGE VICARIA.—Magister Alardus de Arundelle, presentatus per Abbatem et conventum de Croillande ad vicariam de Wenlingeburge, facta prius inquisitione per W., Decanum de Rowelle, per quam, etc., ad eandem admissus est, cum onere et pena, etc. Consistit autem ipsa vicaria in toto altaragio et dimidia virgata terre, nec est ordinata per Episcopum. Et mandatum est R., Officiali Norhamptonie, ut, etc.

[*Richard de Horn, chaplain, presented by John de Hamby, is instituted to the church of Horn, Rutland.*]

HORN.—Ricardus de Horn, capellanus, presentatus per Johannem de Hamby ad ecclesiam de Horn, facta prius inquisitione per Th., Decanum Rotalandie per quam, etc., ad eandem admissus est, cum onere ministrandi personaliter ibidem, et in ea canonice persona institutus. Et mandatum est R., Archidiacono Norhamptonie, ut, etc.

[*Geoffrey de Gumecestria, chaplain, presented by the Prior and Convent of Huntingdon, is instituted vicar of Evenley.*]

EVENLE VICARIA.—Galfridus de Gumecestria, capellanus, presentatus per Priorem et conventum de Huntedonia ad vicariam de Evenle, auctoritate Concilii per dominum Episcopum ordinatam, facta prius inquisitione per R., Archidiaconum Norhamptonie, per quam, etc., ad eandem admissus est sub onere et pena vicariorum, etc. Et mandatum est dicto Archidiacono ut, etc. [*In the margin :*—] Desunt littere presentationis.

[*William de Norhamptonia, chaplain, presented by the Prior and Convent of St. Andrew's, Northampton, is instituted vicar of St. Michael's, Northampton.*]

SANCTI MICHAELIS NORHAMPTONIE VICARIA.—Willelmus de Norhamptonia, capellanus, presentatus per Priorem et conventum Sancti Andree Norhamptonie ad vicariam ecclesie Sancti Michaelis Norhamptonie, auctoritate Concilii ordinatam, facta prius inquisitione per R., Archidiaconum Norhamptonie, per quam, etc., ad eandem admissus est cum onere et pena vicariorum. Et mandatum est dicto Archidiacono ut, etc. Retinuit autem dominus Episcopus potestatem ordinandi si vicarie predicte quid propter ipsius modicitatem viderit adiciendum.

[*Ralph son of Roger de Norhamptonia, sub-deacon, presented by Robert de Pavilly, is instituted to the church of Paulerspury.*]

PIRYE.—Radulfus, filius Rogeri de Norhamptonia, subdiaconus, presentatus per Robertum de Pavilly ad ecclesiam de Pirie, facta prius inquisitione per R., Officialem Archidiaconi Norhamptonie, et admissa sollempniter purgatione tam ipsius presentatoris quam presentati et patris sui super collusione et illicitis conditionibus, que dicebantur inter ipsos intervenisse, per que, etc., ad eandem admissus est, etc. Et mandatum est dicto Officiali ut, etc.

[*Robert de Norhamptonia, chaplain, presented by Henry de Alneto, is instituted to the church of Maidford, vacant by the preferment of Ralph.*]

MAIDEFORDE.—Robertus de Norhamptonia, capellanus, presentatus per Henricum de Alneto ad ecclesiam de Maideford, vacantem eo quod Radulfus, ultimo rector ejusdem, aliud recepit beneficium, etc., facta prius inquisitione per R., Archidiaconum Norhamptonie, per quam, etc., ad eandem admissus est, cum onere et pena vicariorum, etc. Et mandatum est dicto Archidiacono ut, etc.

[*Osbert de Londonia, sub-deacon, presented by J., Constable of Chester, is instituted to two portions in the church of Clipstone.*]

CLYPESTONE SUPER DUABUS PARTIBUS.—Osbertus de Londonia, subdiaconus, presentatus per nobilem virum J., constabularium Cestrie, ad duas partes ecclesie de Clipstone, facta prius inquisitione per R., Officialem Archidiaconi Norhamptonie, per quam, etc., ad eandem admissus est. Et mandatum est R., Archidiacono Norhamptonie ut, etc.

[*David de Hadintone, clerk, presented by Walter Olifarde, is instituted to the church of Lilford.*]

LILLEFORDE.—David de Hadintone, clericus, presentatus per Walterum Olifarde, militem, ad ecclesiam de Lilleforde, facta prius inquisitione per R., Archidiaconum Norhamptonie, per quam, etc., ad eandem admissus est, etc. Et mandatum est dicto Archidiacono ut, etc. Concessit etiam eidem David dominus Episcopus in institutione sua indutias quoad ordinem subdiaconi recipiendum quousque per ipsum ad id citatus fuerit specialiter.

[*Hugh de Welles, sub-deacon, presented by the Prior and Convent of Lenton, Notts, after a dispute about the patronage, is instituted to the church of Irchester. The annual pension is reserved to the Convent.*]

IRENCESTRIA.—Hugo de Welles, subdiaconus, presentatus per Priorem et conventum de Lentone ad ecclesiam de Irencestria, facta prius inquisitione per R., Archidiaconum Norhamptonie, et receptis litteris domini Regis continentibus quod cum assisa ultime presentationis ecclesie de Irencestria summonita esset per preceptum suum coram David de Eisseby, Roberto de Salceto, Ricardo Gubiun et Johanne de Ulecote, inter Priorem de Lentone et Amauricum de Noers, idem Amauricus recognovit predicto Priori saisinam advocationis ejusdem ecclesie, et concessit quod dictus Prior ad eandem ecclesiam presentet, per que, etc., ad eandem admissus est, etc. Et mandatum est dicto Archidiacono ut, etc.; salva dictis patronis debita et antiqua pensione de eadem. Littere presentationis sunt apud Lap'.

[*John de Weston, sub-deacon, presented by Peter de Weston, is instituted to the church of Collyweston.*]

WESTONE.—Johannes de Westone, subdiaconus, presentatus per Petrum de Westone ad ecclesiam ejusdem ville, facta prius inquisitione per R., Archidiaconum Norhamptonie, per quam, etc., ad eandem admissus est, etc. Et mandatum est eidem Archidiacono ut, etc.

[*Walter de Werinintone, deacon, presented by Gervase, son of Richard, is instituted to the church of Islip.*]

ISLEPE.—Walterus de Werinintone, diaconus, presentatus per Gervasium filium Ricardi ad ecclesiam de Itheslepe [*the letters* the *scored through*], facta prius inquisitione per R., Archidiaconum Norhamptonie, per quam, etc., ad eandem admissus est, etc. Et mandatum est dicto Archidiacono est, etc. [*In the margin:—*] Desunt littere presentationis.

[*Henry de Rand, sub-deacon, presented by Richard de Deseburge, as guardian of the heir of his wife, Amicia de Costantin, after a dispute about the patronage is instituted to the church of Hargrave.*]

HAREGRAVE.—Henricus de Rand, subdiaconus, presentatus per Ricardum de Deseburge ad ecclesiam de Haregrava, facta prius inquisitione per R., Archidiaconum Norhamptonie, et receptis litteris domini Regis continentibus quod Ricardus de Deseburge in curia ipsius coram justiciariis suis apud Westmonasterium recuperavit seisinam suam, ratione filii et heredis Amicie de Costantin, quondam uxoris ipsius Ricardi, qui est in custodia ipsius Ricardi, de advocatione ecclesie de Haregrava, versus Priorem Hospitalis Jerosolimitani in Anglia, per assisam ultime presentationis inde inter eos ibi captam, per que, etc., ad eandem admissus est, etc. Et mandatum est dicto Archidiacono ut, etc. Et injunctum est admisso quod scolas frequentet et addiscat, maxime cantare.

[*Robert de Haverberge, sub-deacon, presented by Robert son of Adam de Clipstone, is instituted to a third part in the church of Clipstone.*]

CLIPSTONE TERTIA PARS.—Robertus de Haverberge, subdiaconus, presentatus per Robertum, filium Ade de Clipstone, ad tertiam partam ecclesie de Clipstone, facta prius inquisitione per R., Archidiaconum Norhamptonie, per quam, etc., ad eandem admissus est, etc. Et mandatum est dicto Archidiacono ut, etc.

[*William Poeta, chaplain, presented by the Prior and Convent of St. Andrew's, Northampton, is instituted vicar of St. Giles, Northampton.*]

SANCTI EGIDII NORHAMPTONIE VICARIA.—Magister Willelmus Poeta, capellanus, presentatus per Priorem et conventum Sancti Andree Norhamptonie ad vicariam ecclesie Sancti Egidii Norhamptonie, ordinatam ut supra anno [*blank*]; facta prius inquisitione per R., Archidiaconum Norhamptonie, per quam, etc., ad eandem admissus est sub onere et pena vicariorum, etc. Et mandatum est dicto Archidiacono ut, etc.

ANNUS XXI$^{us.}$

[*Roger de Bissopele, sub-deacon, presented by William Burdone, is instituted to the church of Desborough.*]

DESEBURGE.—Rogerus de Bissopele, subdiaconus, presentatus per Willelmum Burdone ad ecclesiam de Deseburge, vacantem per concilium, facta prius inquisitione per Magistrum S., Officialem Norhamptonie, per quam negotium erat in expedito, ad eandem admissus est. Et mandatum est dicto Officiali ut ipsum in corporalem ipsius ecclesie possessionem inducat.

[*Thomas de Norhamptonia, chaplain, presented by the Prior and Convent of Lenton, Notts, is instituted to the church of Rushden.*]

RISSENDENE.—Thomas de Norhamptonia, capellanus, presentatus per Priorem et conventum de Lentone ad ecclesiam de Ressendene, facta prius inquisitione per R., Archidiaconum Norhamptonie, per quam, etc., ad eandem admissus est, et in ea canonice persona institutus; salva dictis Priori et conventui portione garbarum et feni per dominum Episcopum H. secundum et capitulum Lincoln', ipsis concessa, nomine perpetui beneficii percipienda annuatim. Consistit autem portio persone in toto altaragio et omnibus minutis decimis ad eandem ecclesiam spectantibus. Consistit etiam in decimis garbarum et feni octo virgatarum terre, que decime valent xl solidos; item in decimis garbarum et feni quinque virgatarum terre, et in redditu xx^{ti} denariorum de tofto Arnoldi le Tippere, que valent ij marcas. Habebit etiam persona mansum qui fuit Hawisie Temprenoise cum pertinentiis. Hii sunt qui tenent predictas octo virgatas terre, Edwardus le Newebonde tenet dimidiam virgatam, Batte Hulle dimidiam virgatam, Hugo Berkarius dimidiam virgatam, Rogerus capellanus dimidiam virgatam,

Episcopi Lincolniensis.

Warinus filius Roberti dimidiam virgatam, Turstanus filius Wulmari dimidiam virgatam, Nicholaus filius Roberti dimidiam virgatam, Ricardus filius Warini dimidiam virgatam, Warinus, armiger dimidiam virgatam, Richardus Longus dimidiam virgatam, Hugo filius Osberti dimidiam virgatam, Petrus Atterlane et Seledus Bagge dimidiam virgatam, Willelmus Hoppesort dimidiam virgatam, Herveus ad portam dimidiam virgatam, Matilda Suetis et Rogerus Lidy dimidiam virgatam, Rogerus la Weite dimidiam virgatam. Item isti sunt qui tenent predictas quinque virgatas terre, Willelmus Finch dimidiam virgatam, Ricardus Hunein dimidiam virgatam, Robertus Knottere dimidiam virgatam, Walterus Fader dimidiam virgatam, Simo Pecke et Edwardus filius Rogeri dimidiam virgatam, Willelmus filius Edrici dimidiam virgatam, Acerus filius Willelmi dimidiam virgatam, Sampson dimidiam virgatam, Fulko unam virgatam. *Vel poterunt due marcate consistere, si dominus Episcopus voluerit, in una virgata terre libera ab omni seculari exactione et prestatione decimarum, cum tribus toftis; et hoc post decessum vel cessionem Hugonis capellani, qui medietatem dicte virgate terre de dictis Priore et conventu tenebit quamdiu vixerit.*[1] Habebit etiam persona dimidiam virgatam terre quam Willelmus Bunch, prius vicarius ibidem possedit et redditum septem solidorum et octo denariorum de Hospitali Sancti Jacobi in eadem parochia percipiendum. *Item, vel possunt xl solidate supradicte consistere in decimus feni totius parrochie de Ressendene.* Et sustinebit persona omnia onera dictam ecclesiam contingentia debita et consueta, et ministrabit personaliter in eadem. Extraordinaria vero dicti monachi pro sua portione sustinebunt. Et mandatum est dicto Archidiacono ut dictum Thomam in corporalem dicte ecclesie possessionem secundum primam formam suprascriptam inducat. [*In the margin:*—] Iste portiones evidentius et melius inseruntur in carta monachorum anno xxj°. et etiam persone anno xxiij.

[*John de Touecestria, chaplain, presented by the Prior of Weedon, proctor of the Abbot of St. Lucian, Beauvais, is instituted vicar of Weedon Pinkney. The vicarage is described.*]

WEDONE VICARIA.—Johannes de Touecestria, capellanus, presentatus per Nicholaum, Priorem de Wedone, generalem procuratorem Abbatis Sancti Luciani Belvacensis, ad vicariam ecclesie

---

[1] The sentences between the asterisks are marked "vacat" in the Roll.

de Wedone, facta prius inquisitione per Magistrum S., Officialem Norhamptonie, per quam, etc., ad eandem admissus est, sub pena et onere vicariorum, etc. Consistit autem in decimis garbarum xij^{cim} virgatarum et dimidie, et in tertia parte totius altaragii, exceptis minutis decimis de curia domini, et oblationibus ad reliquias ecclesie de Wedone provenientibus, et excepta candela in die purificationis Beate Marie; et valet ipsa vicaria v marcas et amplius, per dominum Episcopum auctoritate concilii ordinata.

[Mem. 7.]

[*John, son of Reginald, presented by his brother Ralph, after a dispute about the patronage, is instituted to the church of East Carlton.*]

KARLETONE.—Johannes filius Reginaldi [mortuus est *scored through*], presentatus per Radulfum, fratrem suum, ad ecclesiam de Karletone, facta prius inquisitione per Magistrum S., Officialem Archidiaconi Norhamptonie, et receptis litteris domini Regis continentibus quod convenit in curia coram justiciariis apud Westmonasterium inter Radulfum filium Reginaldi, querentem, et Abbatem Sancti Jacobi Norhamptonie et Hugonem de Pateshille, deforciantes, de advocatione ecclesie de Karletone, unde assisa ultime presentationis summonita fuit inter eos in eadem curia, scilicet, quod predicti Abbas et Hugo recognoverunt predictam advocationem esse jus ipsius Radulfi et eam remiserunt et quietam clamaverunt de se et successoribus suis predicto Radulfo et heredibus suis in perpetuum, salva eidem Hugoni et successoribus suis, personis ecclesie de Cotingham, dimidia marca annuatim percipienda nomine beneficii de persona ecclesie de Karletone, quecunque fuerit, per que, etc., ad eandem admissus est sub pena concilii, etc. Et mandatum est dicto Officiali ut, etc. [*In the margin:—*] Desunt littere presentationis.

[*Robert Passelewe, presented by Thomas Pigot, after a dispute about the patronage, is instituted to the church of Church Brampton.*]

BRAMPTONE.—Robertus Passelewe, [*blank*], presentatus per Thomam Pycot ad ecclesiam de Bramptone, facta prius inquisitione per Magistrum S., Officialem Norhamptonie, et receptis litteris domini Regis continentibus quod Thomas Pycot in curia sua coram justiciariis suis apud Westmonasterium recuperavit seisinam suam versus Radulfum de la Haye de advocatione ecclesie de Bramptone, per assisam ultime presentationis inde ibi inter eos

Episcopi Lincolniensis.

captam, Abbate etiam et conventu Sancti Jacobi Norhamptonie, juri suo quod se habere dicebant in advocatione ejusdem ecclesie de Bramptone, occasione cujusdem carte quam Petrus Pycot eis inde contulit, per litteras suas patentes renuntiantibus, per que, etc., ad eandem admissus est, domino Pape cum eo dispensante. Et mandatum est predicto Officiali ut, etc.

[*John de Burgo, sub-deacon, presented by Ralph son of Reginald, is instituted to the church of East Carlton.*]

KARLETONE.—Johannes de Burgo, subdiaconus, presentatus per Radulfum filium Reginaldi ad ecclesiam de Karletone, facta prius inquisitione per Magistrum S., Officialem Norhamptonie, per quam, etc., ad eandem admissus est, etc. Et mandatum est dicto Officiali ut, etc. [*In the margin :*—] Desunt littere presentationis.

[*William de Whichetone, sub-deacon, presented by William de Whichetone, is instituted to the church of Whiston, vacant by the resignation of Simon de Whichetone.*]

WICHETONE.—Willelmus de Whichetone, subdiaconus, presentatus per Willelmum de Whichetone, militem, ad ecclesiam de Whichetone, vacantem per resignationem Simonis de Whichetone, facta prius inquisitione per Magistrum S., Officialem Norhamptonie, per quam, etc., ad eandem admissus est, etc. Et mandatum est dicto Officiali ut, etc.

[*Reginald de Haustede, sub-deacon, presented by the Prior and Convent of Coventry, is instituted to the church of Winwick.*]

WINEWICHE.—Reginaldus de Haustede, subdiaconus, presentatus per Priorem et conventum de Coventria ad ecclesiam de Winewic, facta prius inquisitione per Magistrum S., Officialem Norhamptonie, per quam, etc., ad eandem admissus est, etc., per W. de Winch', procuratorem suum in hoc. Et mandatum est dicto Officiali ut, etc.

[*Philip de Wauda, sub-deacon, presented by the Prior and Convent of St. Oswald's, Nostell, Yorks., is instituted to the church of Charwelton.*]

CHERWALTONE.—Philippus de Wauda, subdiaconus, presentatus per Priorem et conventum Sancti Oswaldi Nostelle, ad ecclesiam de Cherwaltone, facta prius inquisitione per Magistrum S., Officialem Norhamptonie, per quam, etc., ad eandem admissus est, etc. Et mandatum est dicto Officiali ut, etc.

[*Martin de Sancto Ivone, sub-deacon, presented by the Abbot and Convent of Peterborough, is instituted to the church of Clapton.*]

CLOPTONA.—Martinus de Sancto Ivone, subdiaconus, presentatus per Abbatem et conventum Beati Petri de Burgo ad ecclesiam de Cloptona, facta prius inquisitione per Magistrum S., Officialem Norhamptonie, per quam, etc., ad eandem admissus est, etc. Et mandatum est dicto Officiali ut, etc.

[*Walter de Tauntone, presented by the Prior and Convent of Huntingdon, is instituted to the mediety of the church of Isham, which Simon had held.*]

ISHAM.—Walterus de Tauntone [*blank*], presentatus per Priorem et conventum de Huntindone ad illam medietatem ecclesie de Isham, que fuit Magistri Simonis, facta prius inquisitione per S., Officialem Norhamptonie, per quam, etc., ad eandem admissus est, etc. Et mandatum est eidem Officiali ut, etc.

[*Reginald de Eillingtone, sub-deacon, presented by William de Gimeges, after a dispute about the patronage, is instituted to the church of Bradden.*]

BRADDENE.—Reginaldus de Eillingtone, subdiaconus, presentatus per Willelmum de Gimeges ad ecclesiam de Braddene, facta prius inquisitione per S., Officialem Norhamptonie, et receptis litteris domini Regis continentibus quod idem Willelmus in curia sua coram justiciariis apud Westmonasterium per judicium ejusdem curie recuperavit seisinam suam de advocatione ecclesie predicte versus Walterum de Braddene, per que, etc., ad eandem admissus est. Et injunctum est dicto Officiali presenti ut, etc.

[*Simon de Dingele, sub-deacon, presented by Hugh de Dingele, after a dispute about the patronage, is instituted to the church of East Farndon.*]

FARENDONE.—Simon de Dingele, subdiaconus, presentatus per Hugonem de Dingele ad ecclesiam de Farendone, facta prius inquisitione per S., Officialem Norhamptonie, et receptis litteris domini Regis continentibus quod, cum Hugo de Dingele summonitus esset quod esset coram justiciariis apud Westmonasterium ad respondendum Willelmo de Knapwelle quare non permisit eum presentare idoneam personam ad ecclesiam de Farendone, que vacat, etc., idem Willemus venit in eadem curia coram eisdem justiciariis et cognovit eidem Hugoni ultimam presentationem, et ei seisinam suam concessit, salvo sibi jure suo in posterum si inde loqui velit, per que, etc., ad eandem admissus est, etc. Et injunctum est eidem Officiali presenti ut, etc. Injunctum est etiam eidem Simoni ut scolas frequentet et addiscat sub pena beneficii amittendi et debito juramenti.

[*William de Bedeforde, presented by the Prior and Convent of Kenilworth, after a dispute about the patronage, is instituted to the church of Barton Seagrave.*]

BARTONE.—Willelmus de Bedeforde [*blank*], presentatus per Priorem et conventum de Kenilleworthe ad ecclesiam de Bartone, facta prius inquisitione per S., Officialem Norhamptonie, et receptis litteris domini Regis continentibus quod, cum Henricus, Prior de Kenillewurde, arramiasset assisam ultime presentationis de ecclesia de Bartone versus Ricardum de Hanred in curia ejusdem domini coram justiciariis apud Notinghame, idem Ricardus in prefata curia coram eisdem justiciariis recognovit advocationem ejusdem ecclesie esse jus predicti Prioris et ecclesie sue de Kenillewurde, et eam quietam clamavit pro se et heredibus suis predicto Priori et ecclesie de Kenillewurde in perpetuum, per que, etc., ad eandem admissus est, etc. Et injunctum est Officiali predicto presenti ut, etc. Et notandum quod Magister W. de Katil', prius ad eandem ecclesiam presentatus, juri suo renuntiavit.

[*Peter Lupus, sub-deacon, presented by Robert Lupus, is instituted to the portion in the church of Roade which Robert de Neville had held.*]

RODE.—Petrus Lupus, subdiaconus, presentatus per Robertum Lupum ad illam portionem in ecclesia de Rode que fuit Roberti de Neville, facta prius inquisitione per S., Officialem Norhamptonie, per quam, etc., ad eandem admissus est, etc. Et injunctum est eidem Officiali presenti ut, etc. Injunctum est etiam eidem Petro quod scolas frequentet et addiscat; et in fine anni veniat examinandus.

[*Robert de Oterintone, sub-deacon, presented by the Prior of the Hospital of (St. John of) Jerusalem in England, is instituted to the church of Cosgrove.*]

COVESGRAVE.—Magister Robertus de Oterintone, subdiaconus, presentatus per Priorem Hospitalis Jerosolimitani in Anglia ad ecclesiam de Covesgrave, facta prius inquisitione per Magistrum S., Officialem Norhamptonie, et Michaeli de Sancto Albano, prius presentato, presentationi sue renuntiante, per que, etc., ad eandem admissus est, etc. Et mandatum est eidem Officiali ut, etc.

[*Stephen de Sandiwiz, sub-deacon, presented by Alan de Lindone, is instituted to the church of Lyndon, Rutland.*]

LINDONE.—Magister Stephanus de Sandiwiz, subdiaconus, presentatus per Alanum de Lindone ad ecclesiam de Lindone, facta prius inquisitione per Magistrum S., Officialem Norhamptonie, per quam, etc., ad eandem admissus est., etc. Et mandatum est eidem Officiali ut, etc.

[*On the dorse :—*]
[*Richard de Luchefeude, presented by the Prior and Convent of Kenilworth, is instituted Prior of Brooke, Rutland.*]

Anno domini M⁰ CC⁰ xxx⁰, videlicet anno pontificatus domini Lincolniensis Episccpi Hugonis secundi xxj, sextodecimo kalendas Decembris, Frater Ricardus de Luchefeude, canonicus de Broch, litteras H., Prioris de Kenilleworde, et ejusdem loci conventus eidem domino Episcopo apud Tingehurste in aula circa horam tertiam porrexit in hac forma: "Reverendo patri et domino in Christo, Hugoni, Dei gratia Lincolniensi Episcopo, devoti sui H., Prior de Kenilleworde, et ejusdem loci conventus; salutem et reverentiam quam debitam tam devotam. Dilectum nobis in Christo Ricardum de Lichefeude, fratrem et concanonicum nostrum ad prioratum de Broch, paternitati vestre presentamus, supplicantes attente quatinus quod vestrum est circa ipsum exequi velitis in hac parte. Valeat paternitas vestra semper in domino." Cum igitur omnia essent in expedito, predictus dominus Episcopus dictum Ricardum ad prioratum de Broch admisit, et sollempniter per librum instituit in eodem, curam ei spiritualium et temporalium tam interiorum quam exteriorum committendo. Idem autem Ricardus, inspectis sacrosanctis evangeliis, eidem domino Episcopo canonicam, ut moris est, fecit obedientiam ; presentibus Martino, Abbate, et [*blank*] canonico de Messendene, Magistris Amaurico de Buggedene et Ricardo de Wendoure, Willelmo de Winchecumbe et Thoma de Askebi, canonicis Lincolniensibus, Magistris Alardo de Arundelle, Stephano de Castelle et Willelmo de Newerche, clericis. Et mandatum est R., Archidiacono Norhamptonie, ut supradictum Ricardum in corporalem predicti prioratus possessionem sollempniter inducat, injungendo canonicis ibidem ut ei decetero tanquam Priori suo intendentes sint et obedientes. Littere presentationis de quibus superius fit mentio, sunt in hanaperio domini Episcopi, et quedam alie littere inter negotia facta ejusdem anni.

Annus XXII[us.]

[*On the face :—*]

[*Robert de Wiltone, sub-deacon, presented by the Abbess and Convent of St. Mary de la Pré, is instituted to the church of Earl's Barton. A pension is reserved to the nuns and his vicarage to the chaplain.*]

BARTONE.—Robertus de Wiltone, subdiaconus, presentatus per Abbatissam et conventum Sancte Marie de Pratis extra Norhamptone ad ecclesiam de Bartone, facta prius inquisitione per Magistrum S., Officialem Norhamptonie, per quam negotium erat in expedito, ad eandem sub pena Concilii admissus est, et in ea canonice persona institutus. Et mandatum est dicto Officiali ut ipsum in corporalem ipsius ecclesie possessionem inducat ; salvis inde dictis monialibus duabus marcis annuis, et salva Johanni de Eignesham, capellano, vicaria sua quam habet in eadem.

[*William de Hovetone, chaplain, presented by the Abbot and Convent of Cirencester, is instituted to the church of Oxendon.*]

OXENDONE.—Magister Willelmus de Hovetone, capellanus, presentatus per Abbatem et conventum de Cirencestria ad ecclesiam de Oxendone, facta prius inquisitione per R., Archidiaconum Norhamptonie, per quam, etc., ad eandem admissus est. Et mandatum est dicto Archidiacono ut, etc. De pensione iij marcarum habetur in memorandis.

[*Godfrey de Haddone, chaplain, presented by the Prior and Convent of Daventry, is instituted vicar of Staverton.*]

STAVERTONE.—Godefridus de Haddone, capellanus, presentatus per Priorem et conventum de Davintria ad vicariam ecclesie de Stavertone, facta prius inquisitione per Magistrum S., Officialem Norhamptonie, per quam, etc., ad eandem admissus est, cum onere et pena vicariorum, etc. Et mandatum est dicto Officiali ut, etc.

[*Vincent de Ristone, chaplain, presented by Robert Basset, is instituted to the church of Rushton St. Peter.*]

RISTONE.—II Kalendas Aprilis Vincentius de Ristone, capellanus, presentatus per Robertum Basset ad ecclesiam Sancti Petri de Ristone, facta prius inquisitione per Magistrum S., Officialem Norhamptonie, per quam, etc., ad eandem admissus est, cum onere residendi personaliter in eadem, etc. Et mandatum est R., Archidiacono Norhamptonie ut, etc.

[*Thomas de Risele, sub-deacon, presented by Robert Briton', is instituted to the church of Siberton, in the parish of Thornhaugh.*]

SIBERTONE.—Thomas de Risle, subdiaconus, presentatus per Robertum Briton' ad ecclesiam de Sibertone, facta prius inquisitione per R., Archidiaconum Norhamptonie, per quam, etc., ad eandem admissus est, etc. Et mandatum est dicto Archidiacono ut, etc.

[*William de Burgo, sub-deacon, presented by the Abbot and Convent of Peterborough, is instituted to the church of Peakirk.*]

PEYCHERCHE.—Willelmus de Burgo, subdiaconus, presentatus per Abbatem et conventum de Burgo Sancti Petri ad ecclesiam de Peychirche, facta prius inquisitione per Magistrum S., Officialem Norhamptonie, per quam, etc., ad eandem admissus est, etc. Et mandatum est dicto Officiali ut, etc.

[*Hugh de Novo Castro, chaplain, presented by J. de Lascey, Constable of Chester, is instituted to the two portions of the church of Clipston which Osbert de London last held.*]

CLIPSTONE.—Hugo de Novo Castro, capellanus, presentatus per nobilem virum J. de Lascey, Constabularium Cestrie, ad duas partes ecclesie de Clipstone, quas Osbertus de Londone ultimo tenuit, facta prius inquisitione per Magistrum S., Officialem Norhamptonie, per quam, etc., ad ipsas duas partes admissus est, etc. Et mandatum est dicto Officiali ut, etc.

[*Walter de Burgo, presented by Roger, son of Paganus de Helpestone, is instituted to the Church of Helpston.*]

HELPESTONE.—Walterus de Burgo [*blank*], presentatus per Rogerum filium Pagani de Helpestone, militem, ad ecclesiam de Helpestone, facta prius inquisitione per Magistrum S., Officialem Norhamptonie, per quam, etc., ad eandem admissus est, etc. Et injunctum est Decano presenti ut vice Archidiaconi, etc.

[*Geoffrey de Helpestone, chaplain, presented by Walter de Burgo rector, is instituted vicar of Helpstone. The vicarage is described.*]

HELPESTONE.—Galfridus de Helpestone, capellanus, presentatus per Walterum de Burgo, personam ecclesie de Helpestone, ad vicariam dicte ecclesie, interveniente consensu Rogeri filii Pagani, ipsius ecclesie patroni, ad eandem admissus est, cum onere et pena vicariorum, etc.; qui quidem totam ipsam ecclesiam tenebit quoad vixerit, reddendo inde predicto Waltero, ejusdem ecclesie persone, iiij marcas annuas nomine pensionis ad duos terminos anni, videlicet ad Pascha duas marcas et ad festum Sancti Michaelis duas marcas; idem autem vicarius sustinebit omnia onera ipsius ecclesie ordinaria, debita et consueta. Et injunctum est Decano loci presenti ut ipsum Galfridum vicarium, vice Archidiaconi, etc.

[*Eustace de Geraddeville, sub-deacon, presented by Robert de Pavilly, is instituted to the church of Paulerspury.*]

WESTPIRIE.—Eustachius de Geraddeville, subdiaconus, presentatus per Robertum de Pavilly ad ecclesiam de Westpirie, facta prius inquisitione per Magistrum S., Officialem Norhamptonie, et admissa purgatione sua facta cum duodecima manu personarum, presbiterorum et diaconorum, super incestu quem idem Eustachius cum domina [*blank*] de Pavilly, amita sua, dicebatur commisisse, per que, etc., ad eandem admissus est, etc. Et mandatum est dicto Officiali ut, etc. Dictus autem Eustachius dominam ipsam, accessum illicitum et omnia loca suspecta sollempniter abjuravit. Apud Stouwam vij Kalendas Octobris.

[*Robert de Adhelakestone, sub-deacon, presented by the Abbot and Convent of Rocester, Staffs., is instituted to the church of Woodford Halse.*]

WODEFORDE.—Robertus de Adhelakestone, subdiaconus, presentatus per Abbatem et conventum de Roucestria ad ecclesiam de

Wudeforde, facta prius inquisitione per R., Archidiaconum Norhamptonie, per quam, etc., ad eandem admissus est, etc. Et mandatum est dicto Archidiacono ut, etc.

[*Philip de Sancto David, sub-deacon, presented by John Marescallus, is instituted to the church of Green's Norton.*]

NORTHONE.—Philippus de Sancto David, subdiaconus, presentatus per Johannem Marescallum ad ecclesiam de Northone cum pertinentiis, facta prius inquisitione per R., Archidiaconum Norhamptonie, per quam, etc., ad eandem admissus est, etc. Et mandatum est dicto Archidiacono ut, etc.

[*Roger de Hochtone, sub-deacon, presented by William de Hochtone, is instituted to the church of Great Houghton.*]

HOCHTONE.—Rogerus de Hochtone, subdiaconus, presentatus per Willelmum de Hochtone, militem, ad ecclesiam de Majori Hocktone, facta prius inquisitione per R., Archidiaconum Norhamptonie, per quam, etc., ad eandem admissus est, etc Et mandatum est dicto Archidiacono ut, etc.

[*Ralph de Stricxstone, deacon, presented by Ralph Ridel', is instituted to the church of Strixton.*

STRIXTONE.—Radulfus de Stricxstone, diaconus, presentatus per Radulfum Ridel', militem, ad ecclesiam de Strixtone, facta prius inquisitione per R., Archidiaconum Norhamptonie, per quam, etc., ad eandem admissus est cum onere et pena vicariorum, etc. Et mandatum est dicto Archidiacono ut, etc. Idem Radulfus inducias habet usque ad ordines celebrandos proximo post festum Sancti Johannis Baptiste anno pontificatus domini Episcopi xxiij, ut tunc veniat in presbiterum ordinandus.

[*Thomas de Leircestria, sub-deacon, presented by the Prior and Convent of St. Andrew's, Northampton, is instituted to the church of Quinton.*]

QUENTONE.—Thomas de Leircestria, subdiaconus, cui dominus Episcopus ecclesiam de Quentone prius auctoritate Concilii contulerat, presentatus per Priorem et conventum Sancti Andree Norhamptonie, ad ecclesiam ipsam, cum negotium esset in expedito, ad eandem admissus est et in ea canonice persona institutus.

[*On the dorse :—*]

[*Nicholas de Ely, monk of Daventry, is instituted Prior of the same, in the place of Walter, deceased.*]

Anno gratie M⁰ CC⁰ xxx⁰ die Beate Agnetis secundo, scilicet, v^{to} Kalendas Februarii, Nicholaus de Ely, monachus de Daventria, cui dominus Episcopus prioratum de Daventria vacantem a vigilia Nativitatis Beate Virginis proximo preterita per mortem Walteri, prius Prioris ibidem, auctoritate Concilii, de consensu Walteri filii Simonis ejusdem prioratus patroni, contulit, ad eundem admissus est, et in eo sollempniter institutus, habito prius pro constanti, tum per datam litterarum Prioris de Karitate domino Episcopo directarum, tum per confessionem Johannis Karnotensis, monachi de Karitate, predictas litteras deferentis, quod obitus Walteri, Prioris de Daventria predicti, infra Octavas Sancti Dionisii proximo post festum Nativitatis Beate Virginis predictum Priori Karitatis fuerat nuntiatus ; subsecuto vero sacramento super obedientia sicut fieri consuevit, mandatum est Archidiacono Norhamptonie quod circa installationem dicti Nicholai quod suum est exequatur. Mandatum est etiam Suppriori et conventui de Daventria quod eidem Nicholao tanquam Priori suo decetero sint obedientes et intendentes. Actum presentibus venerabili patre domino Joscelino, Bathoniensi Episcopo, Roberto Lincolnie et Johanne Bedefordie Archidiaconis, Rogero, capellano domini Bathoniensis, Roberto de Bolesoùr', capellano, Willelmo de Winchecumbe et Thoma de Askebi, clericis, Waltero de Wedone, Johanne le Macum, et Willelmo de Begged', monachis de Daventria, predicto Waltero filio Simonis milite et [*sic*], in capella Sancte Katerine Westmonasterii. Salvo jure cujuslibet cum prioratum ipsum alias vacare contigerit.

[*William de Brackele, monk of Luffield, is instituted Prior of the same.*]

Willelmus de Brackele, monachus de Luffelde, electus in ejusdem loci Priorem, per Suppriorem et monachos ibidem, interveniente domini Regis assensu, facta prius examinatione de mandato domini Episcopi Hugonis secundi, per Magistros Stephanum de Mamecestria et Robertum de Bathonia, per que cum negotium esset in expedito ad eundem prioratum admissus est, et in eo canonice Prior institutus. Et mandatum est dicto Magistro S., Officiali Norhamptonie, ut vice Archidiaconi dictum Willelmum in corporalem predicti prioratus possessionem inducat, injungens ejusdem domus fratribus ut ipsi Willelmo tanquam Priori suo decetero sint intendentes et obedientes.

[*John de Houtone, formerly Archdeacon of Bedford, is instituted Archdeacon of Northampton.*]

Magister Johannes de Houtone, prius Archidiaconus Bedefordie, cui dominus Episcopus Archidiaconatum contulit Norhamptonie, salvis sibi duabus portionibus sequestrorum in eodem, est Archidiaconus per librum, ut fieri consuevit, institutus. Et mandatum est Decano Lincolniensi quod stallum illi in choro et locum in capitulo, secundum ecclesie Lincolnie consuetudinem, faciat assignari. Mandatum est etiam abbatibus, prioribus, decanis, personis, vicariis, capellanis et aliis, tam clericis quam laicis universis per Archidiaconatum Norhamptonie constitutis, quod eidem decetero sint intendentes et tamquam Archidiacono suo obedientes.

[*Walter de Meltone, Canon of St. James, Northampton, elected by the Prior and Convent, with the consent of the King, is instituted Abbot of the same.*]

Frater Walterus de Meltone, canonicus Sancti Jacobi Norhamptonie, electus in Abbatem ejusdem loci per Priorem et conventum ibidem, interveniente domini Regis assensu, facta prius examinatione de mandato Episcopi per Magistros Robertum de Bathonia et Ricardum de Wenlac, per que cum negotium esset in expedito ad eandem abbatiam admissus est, et in ea canonice Abbas ut moris [est] institutus. Et mandatum est domino Conventriensi quod electo predicto munus benedictionis vice domini impendat. Injunctumque est postmodum J., Archidiacono Norhamptonie presenti ut circa installationem ipsius, etc.

Annus XXIII[us.]

[*On the face :—*]

[*William de Cugenho, sub-deacon, presented by the Prior and Convent of St. Andrew's, Northampton, after a dispute about the patronage, is instituted to the church of Weston Favell.*]

WESTONE.—Magister Willelmus de Cugenho, subdiaconus, presentatus per Priorem et conventum Sancti Andree Norhamptonie, ad ecclesiam de Westone, facta prius inquisitione per Johannem, Archidiaconum Norhamptonie, et receptis litteris domini Regis continentibus quod, cum Johannes Fauvel et Radulfus Griffin in curia ejusdem domini coram justiciariis suis apud Westmonasterium aramiassent assisam ultime presentationis versus dictum Priorem de ecclesia predicta iidem Johannes et Radulfus venerunt in eadem curia et cognoverunt advocationem ejusdem ecclesie esse jus ipsius Prioris et ecclesie sue Norhamptonie, et remiserunt et quietum clamaverunt de se et heredibus suis eidem Priori et successoribus suis totum jus et clamium quod habuerunt in eadem advocatione, per que negotium fuit in expedito, ad eandem admissus est, et in ea canonice persona institutus. Et injunctum est dicto Archidiacono presenti ut dictum Magistrum Willelmum in corporalem ipsius ecclesie possessionem inducat.

[*Richard de Mortone, chaplain, presented by the Abbot and Convent of Welford (or Sulby), is instituted vicar of Welford. The vicarage is described.*]

WELLEFORDE.—Ricardus de Mortone, capellanus, presentatus per Abbatem et conventum de Welleforde ad vicariam parrochialem ecclesie de Welleforde, facta prius inquisitione per J., Archidiaconum Norhamptonie, per quam, etc., ad eandem admissus est, etc., cum onere et pena vicariorum. Consistit autem ipsa vicaria in toto altaragio et acra terre et dimidia, et manso competenti. Et mandatum est dicto Archidiacono ut, etc.

[*Peter de Waldo, sub-deacon, presented by Roaldus, son of Alan, is instituted to the mediety of the church of Tansor which Richard de Staveneby had held.*]

TANESOUERE.—Magister Petrus de Waldo, subdiaconus, presentatus per Roaldum filium Alani ad illam medietatem ecclesie de Tanesoure quam Ricardus de Staveneby ultimo tenuit, facta prius inquisitione per Magistrum S., Officialem Norhamptonie, per quam etc., ad eandem medietatem admissus est, etc., salvis prebende de Nessintone duabus marcis annuis et dimidia. Et mandatum est Johanni, Archidiacono Norhamptonie ut, etc.

[*Aymer de Thacheworthe, chaplain, presented by Walter de Cantilupo, the Rector, with the consent of William de Cantilupo, the patron, is instituted vicar of Bulwick. The vicarage is described.*]

BULEWICE.—Aimerus de Thacheworthe, capellanus, presentatus per Magistrum Walterum de Cantilupo, rectorem ecclesie de Bulewic', ad perpetuam ipsius ecclesie vicariam, interveniente domini Willelmi de Cantilupo, dicte ecclesie patroni, consensu, facta prius inquisitione per J., Archidiaconum Norhamptonie, per quam, etc., ad eandem admissus est, etc., cum onere residendi personaliter in eadem. Et mandatum est dicto Archidiacono ut, etc. Consistit autem ipsa vicaria in toto altaragio ipsius ecclesie, cum omnibus minutis decimis et primitiis, et tota decima de dominico dicte ecclesie, et quodam prato quod vocatur pratum ecclesie de Bulewic' versus Lexitone, pertinente ad dominicum dicti ecclesie, et tota decima molendini, et decima pannagii ipsius manerii de Bulewic', et in duobus mesuagiis sitis prope eandem ecclesiam. Habebit idem vicarius capellanum sociumcontinue in capella Beati Laurentii ministrantem.

[Mem. 8.]

[*Richard, son of Robert, sub-deacon, presented by the Prior and Convent of Coventry, is instituted to the church of Winwick.*]

WYNEWYKE.—Ricardus filius Roberti, subdiaconus, presentatus per Priorem et conventum Coventrie ad ecclesiam de Winewic', facta prius inquisitione per J., Archidiaconum Norhamptonie, per quam, etc., ad eandem admissus est, etc. Et mandatum est dicto Archidiacono ut, etc.

[*Roger de Hereforde, chaplain, presented by the Prior and Convent of Chacombe, is instituted vicar of Chacombe. The vicarage is described.*]

CHAUCUMBE.—Rogerus de Hereforde, capellanus, presentatus per Priorem et conventum de Chaucumbe ad vicariam ecclesie de Chaucumbe, facta prius inquisitione per J., Archidiaconum Norhamptonie, per quam, etc., ad eandem admissus est cum onere, etc. Et mandatum est eidem Archidiacono ut, etc. Consistit autem ipsa vicaria in uno corredio canonici et in alio corredio ad opus cujusdam clerici cui vicarius tenebitur in stipendiis ; item in duabus marcis annuis de camera Prioris predicti percipiendis.

[*Geoffrey de Lodbroc, chaplain, presented by the Prioress and Convent of Nuneaton, is instituted vicar of Burley-on-the-Hill, Rutland. The vicarage is described.*]

BURNLEYA.—Galfridus de Lodbroc, capellanus, presentatus per Priorissam et conventum Eton' ad vicariam ecclesie de Burnleya, facta prius inquisitione per Magistrum S., Officialem Norhamptonie, per quam, etc., ad eandem admissus est, cum onere et pena, etc. Et mandatum est J., Archidiacono Norhamptonie, ut, etc. Consistit autem ipsa vicaria in toto altaragio ejusdem ecclesie, exceptis agnis et obventionibus pervenientibus ad altare per xv dies in duobus festis Sancti Crucis. Item consistit in decimis feni et molendini quas Th., ultimo vicarius ibidem, optinuit a domino et parrochianis ejusdem ville, simul cum quadam parte bosci domini et pastura, que valet per annum x solidos. Habebit etiam vicarius terram dominicam ecclesie cum pertinentiis et manso ecclesie, excepto horreo quodam in quo moniales deponunt decimas garbarum. Item vicarius solvit synodalia, et moniales procurant Archidiaconum, et solvunt annuatim vicario tres solidos pro dimidia bovata terre, que data fuit ecclesie pro cantaria capelle de Alestorpe et administratione ejusdem per tres dies in ebdomada per vicarium de Burnleya, tempore scilicet quo capellani celebrare poterunt bis in die, et postea redita fuit illa terra heredibus illorum qui eam contulerunt ecclesie de Burnleya.

[*William de Esse, deacon, presented by Robert Lupus de Esse, is instituted to the portion in the church of Roade which Peter Lupus had held.*]

RODA.—Willelmus de Esse, diaconus, presentatus per Robertum Lupum de Esse ad illam portionem quam Petrus Lupus ultimo tenuit in ecclesia de Roda, facta prius inquisitione per J., Archidiaconum Norhamptonie, per quam, etc., ad eandem admissus est, et in ea canonice persona institutus.

[*Richard de Wendoure, sub-deacon, presented by the Prior of the Hospitallers, is instituted to the church of Yardley Hastings. The ancient pension is reserved to the Hospital.*]

JERDELEYA.—Magister Ricardus de Wendoure, subdiaconus, presentatus per Priorem et fratres Hospitalis Jerosolamitani in Anglia ad ecclesiam de Jerdeleia, facta prius inquisitione per J., Archidiaconum Norhamptonie, per quam, etc., ad eandem admissus est, et in ea canonice persona institutus; salva inde Priori et fratribus Hospitalis predicti debita et antiqua pensione. Et mandatum est eidem Archidiacono ut, etc.

[*Simon, sub-deacon, presented by Walter de Gatesdene, after a dispute about the patronage, is instituted to the church of Farthingstone.*]

FERDINGESTONE.—Simon de [*blank*], subdiaconus, presentatus per Walterum de Gatesdene ad ecclesiam de Ferdingestone, facta prius inquisitione per J., Archidiaconum Norhamptonie, et receptis litteris domini Regis continentibus quod, cum Walterus de Gatesdene et Matilda, uxor ejus, in curia ejusdem domini Regis coram justiciariis suis apud Westmonasterium arramassent assisam ultime presentationis versus Walterum, Abbatem Norhamptonie, de ecclesia predicta, dictus Abbas venit in eadem curia et recognovit advocationem ejusdem ecclesie esse jus ipsius Walteri, ratione predicte Matilde, uxoris sue, et illam remisit et quietam clamavit de se et successoribus suis predictis Waltero et Matilde et heredibus ipsius Matilde in perpetuum, per que, etc., ad eandem admissus est, etc. ; salvo inde Abbati et conventui Norhamptonie jure, si quod habent, in dimidia marca quam petunt de eadem nomine pensionis. Et injunctum est dicto Archidiacono Norhamptonie presenti ut, etc.

[*Peter de Quatremaris, sub-deacon, presented by John de Lacy, Constable of Chester, is instituted to the church of Naseby.*]

NAVESBY.—Petrus de Quatremaris, subdiaconus, presentatus per nobilem virum Johannem de Lacy, Constabularium Cestrie, ad ecclesiam de Navesby, facta prius inquisitione per J., Archidiaconum Norhamptonie per quam, etc., ad eandem admissus est, etc. Et injunctum est eidem Archidiacono presenti ut, etc.

[*Walter de Hortone, sub-deacon, presented by Amicabilis de Wottone, after a dispute about the patronage, is instituted to the church of Wootton.*]

WOTTONE.—Walterus de Hortone, subdiaconus, presentatus per Amicabilem, dominam de Wottone, ad ecclesiam de Wottone, facta prius inquisitione per J., Archidiaconum Norhamptonie, et receptis litteris domini Regis continentibus quod, cum Amicabilis de Bello Campo in curia sua coram justiciariis suis apud Westmonasterium summonita esset ad respondendum Abbati de Lavendene quare impedit eum presentare idoneam personam ad ecclesiam de Wottone, idem Abbas venit in eadem curia coram eisdem justiciariis suis, et recognovit et concessit eidem Amabili advocationem ejusdem ecclesie ut jus suum. Et preterea Robertus filius Galfridi, particeps ipsius Amabilis presens fuit in eadem curia, et remisit eidem Amabili et heredibus suis pro se et heredibus suis totum jus et clamium quod habuit in predicta advocatione, per que, etc., ad eandem admissus est, etc. Et injunctum est eidem Archidiacono ut, etc.

[*Hugh de Stiuecle, sub-deacon, presented by John, Earl of Huntingdon, after a dispute about the patronage, is instituted to the church of Grendon.*]

GRENDONE.—Hugo de Stiuecle, subdiaconus, presentatus per nobilem virum, Johannem, Comitem Huntedonie ad ecclesiam de

Grendone, facta prius inquisitione per J., Archidiaconum Norhamptonie, et receptis litteris domini Regis continentibus quod Johannes, Comes Huntedonie, in curia sua coram justiciariis suis apud Westmonasterium recuperavit seisinam suam versus Abbatem de Geddeworde de advocatione ecclesie de Grendone per assisam ultime presentationis ibi inde inter eos captam, per que, etc., ad eandem admissus est, etc. Et injunctum est eidem Archidiacono presenti ut, etc.

[*Roger de Wesehame, deacon, presented by the Prior and Convent of Daventry, is instituted to the church of Walgrave.*]

WALDEGRAVE.—Magister Rogerus de Wesehame, diaconus, presentatus per Priorem et conventum de Daventria ad ecclesiam de Waldegrave, facta prius inquisitione per J., Archidiaconum Norhamptonie, per quam, etc., ad eandem admissus est, etc. Et injunctum est dicto Archidiacono ut, etc.

[*Peter de Bramptone, chaplain, presented by the Abbot and Convent of Croyland, is instituted vicar of Wellingborough.*]

WENDLIBURE.—Petrus de Bramptone, capellanus, presentatus per Abbatem et conventum Croylandie ad perpetuam vicariam ecclesie de Wendlingburg, facta prius inquisitione per J., Archidiaconum Norhamptonie, per quam, etc., ad eandem admissus est, etc., cum onere et pena vicariorum. Et mandatum est eidem Archidiacono ut, etc. Consistit vicaria ut supra.

[*Robert de Norhamptone, chaplain, presented by the Prior and Convent of St. Andrew's, Northampton, is instituted vicar of Sulgrave.*]

SOLEGRAVE.—Robertus de Norhamptone, capellanus, presentatus per Priorem et conventum Sancti Andree Norhamptonie ad perpetuam vicariam ecclesie de Sulegrave, facta prius inquisitione per J., Archidiaconum Norhamptonie, per quam, etc., ad eandem admissus est, etc., cum onere et pena vicariorum. Et mandatum est eidem Archidiacono ut, etc.

[*Jordan, chaplain, presented by the Prioress and Convent of Catesby, is instituted vicar of Catesby.*]

CATEBY.—Jordanus [*blank*], capellanus, presentatus per Priorissam et conventum de Catteby ad perpetuam vicariam ecclesie de

Catteby, facta prius inquisitione per J., Archidiaconum Norhamptonie, per quam, etc., ad eandem admissus est cum onere et pena vicariorum. Et mandatum est eidem Archidiacono ut, etc.

[*William de Sancto Laudo, chaplain, presented by the Abbot and Convent of Baskerville, is instituted to the church of Edith Weston, Rutland.*]

WESTONE.—Willelmus de Sancto Laudo, capellanus, presentatus per Abbatem et conventum de Bauskerville ad ecclesiam Sancte Marie de Westone in Rotelande, facta prius inquisitione per J., Archidiaconum Norhamptonie, per quam, etc., ad eandem admissus est, et in ea canonice persona institutus. Et mandatum est eidem Archidiacono ut, etc.

[*William Marscallus, presented by the Prior and Convent of Daventry, is instituted to the church of Braybrooke. The vicarage is reserved to Alexander.*]

BRAYBROKE.—Willelmus Marscallus [*blank*], presentatus per Priorem et conventum Daventrie ad ecclesiam de Braybroc, facta prius inquisitione per J., Archidiaconum Norhamptonie, per quam, etc., ad eandem de consensu P. de Raleghe quo ad . . . . admissus est, etc.; salva Alexandro [*blank*], capellano, sua perpetua vicaria, qui totam illam ecclesiam tenebit quoad vixerit, solvendo inde dicto Willelmo duos solidos annuos nomine pensionis. Et mandatum est eidem Archidiacono ut, etc.

[*Walter de Rothomago, sub-deacon, presented by William Mauduit, is instituted to the church of Barrowden, Rutland.*]

BERWEDONE.—Walterus de Rothomago, subdiaconus, presentatus per Willelmum Mauduit, domini Regis Camerarium, ad ecclesiam de Berewedone, facta prius inquisitione per J., Archidiaconum Norhamptonie, per quam, etc., ad eandem admissus est, etc., Gilberto de Welles, clerico, prius juri, si quod habuit in eadem, penitus renuntiante. Et mandatum est dicto Archidiacono ut, etc.

[*John de Dustone, chaplain, presented by the Prior and Convent of St. Andrew's, Northampton, is instituted to the church of St. Bartholomew, Northampton. He is to attend the schools of Northampton.*]

SANCTI BARTHOLOMEI, NORHAMPTONIE.—Johannes de Dustone, capellanus, presentatus per Priorem et conventum Sancti

Andree Norhamptonie, ad ecclesiam Sancti Bartholomei Norhamptonie, facta prius inquisitione per Johannem, Archidiaconum Norhamptonie, per quam, etc., ad eandem admissus est, etc. Et mandatum est eidem Archidiacono ut, etc. Injunctum est etiam ipsi Johanni ut scolas Norhamptonie frequentet et addiscat, et hoc anno revoluto redeat Archidiacono ostensurus qualiter profecerit in eisdem.

[*Robert de Welles, clerk, is to be put in possession of tithes at Wyke Hamon.*]

Pro Roberto de Welles, clerico, cui dominus Episcopus decimas de dominico Willelmi filii Hamonis in Wike auctoritate contulit Concilii, quia per octo annos vacaverant et eo amplius, Archidiacono Norhamptonie mandatum est quod dictum Robertum in corporalem dictarum decimarum possessionem inducat; qui quidem rescripsit se fuisse mandatum domini executum.

[*On the dorse :—*]

[*William, canon of Sulby (or Welford), is instituted Abbot of the same Monastery in the room of Walter.*]

Amoto Fratre Waltero, Abbate de Suleby, auctoritate generalis capituli Premonstratensis, Frater Willelmus, ejusdem loci canonicus, in ipsius domus Abbatem electus, cum per litteras conventus ejusdem domus de Newehus et de Neubo Abbatum, negotium esset in expedito, admissus est et canonice confirmatus. Et mandatum est Johanni, Archidiacono Norhamptonie, quod cum per litteras venerabilis patris Domini Con'en [*sic*] de benedictione dicti Abbatis ab ipso domino data de mandato Domini, certior effectus fuerit, circa installationem suam quod suum fuerit exequatur.

[*Peter de Maldone, canon of Bliburgh, Staffs., presented by Roger de Creissy, is instituted Master of the Hospital of Aynho.*]

Frater Petrus de Maldone, canonicus de Bliburge, presentatus per Rogerum de Creissy, firmarium de Eynho, ad regimen hospitalis ibidem, facta prius inquisitione per Magistrum S., Officialem Norhamptonie, per quam, etc., ad Hospitale predictum admissus est et in eam canonice rector institutus. Et injunctum est J., Archidiacono Norhamptonie, ut, etc.

[*Amory de Sheltone, chaplain, presented by Alice de Trubleville, is instituted Master of the Hospital of Armston.*]

Amauricus de Sheltone, capellanus, presentatus per Aliciam de Trubleville ad regimen Hospitalis de Armistone, facta prius inquisitione per J., Archidiaconum Norhamptonie, per quam, etc., admissus est ad dictum Hospitale cum onere et pena vicariorum, et salvo in omnibus jure matricis ecclesie et vicinarum ecclesiarum. Et mandatum est eidem Archidiacono ut, etc.

[*On the face :—*]

ANNUS XXIIII^{us}.

[*Peter de Radenor, sub-deacon, presented by R. de Dyva, Prior of the Hospitallers, is instituted to the church of Ravensthorpe.*]

RAVENSTHORP.—Magister Petrus de Radenor', subdiaconus, presentatus per Fratrem R. de Dyva, Priorem Fratrum Hospitalis Jerosolimitani in Anglia ad ecclesiam de Ravenestorpe, facta prius inquisitione per Johannem, Archidiaconum Norhamptonie, per quam cum negotium esset in expedito ad eandem ecclesiam admissus est, et in ea canonice persona institutus. Et mandatum est dicto Archidiacono ut predicto Petro corporalem ipsius ecclesie possessionem habere faciat.

[*Reginald de Aillingtone, sub-deacon, presented by Ralph, son of Reginald, is instituted to the church of East Carlton.*]

KARLETONE.—Reginaldus de Aillingtone, subdiaconus, presentatus per Radulfum filium Reginaldi ad ecclesiam de Karletone, facta prius inquisitione per J., Archidiaconum Norhamptonie, per quam, etc., ad eandem admissus est, etc. Et mandatum est eidem Archidiacono ut, etc.

[*Walter de Swaveseia, sub-deacon, presented by the Prior and Convent of Huntingdon, is instituted to the mediety of the church of Isham which Walter de Tauntone had held.*]

ISHAM.—Walterus de Swaveseia, subdiaconus, presentatus per Priorem et conventum Huntingdonie ad illam medietatem ecclesie de Ishame quam Walterus de Tauntone ultimo tenuit, facta prius inquisitione per J., Archidiaconum Norhamptonie, per quam, etc., ad eandem medietatem admissus est, etc. Et mandatum est dicto Archidiacono ut, etc.

Episcopi Lincolniensis.

[*John de Pokebroc, chaplain, presented by William de Gymeges, is instituted to the church of Bradden.*]

BRADDENE.—Johannes de Pokebroc, capellanus, presentatus per Willelmum de Gymeges ad ecclesiam de Braddene, facta prius inquisitione per J., Archidiaconum Norhamptonie, per quam, etc., ad eandem admissus est, etc. Et mandatum est dicto Archidiacono ut, etc.

[*Alan de Tillebroc, chaplain, presented by Thomas de Torpel, Rector, with the consent of the guardians of Roger de Torpel, the patron, is instituted vicar of Cotterstock. The vicarage is described.*]

CODESTOKE.—Alanus de Tillebroc, capellanus, presentatus per Thomam de Torpel, rectorem ecclesie de Codestoke, ad perpetuam[1] vicariam ecclesie de Codestoke, facta prius inquisitione per J., Archidiaconum Norhamptonie, interveniente etiam consensu domini Cicestrensis Episcopi Radulfi de Neville, domini Regis Cancellarii, custodis terre et heredis Rogeri de Torpel, ejusdem ecclesie patroni, per que, etc., ad eandem vicariam admissus est, et in ea canonice vicarius perpetuus institutus, cum onere et pena vicariorum. Et mandatum est dicto Archidiacono ut, etc. Consistit autem ipsa vicaria in omnibus minutis decimis, oblationibus, obventionibus altaris, et in terris ecclesie predicte, et in decimis molendini.

[*Ralph de Colingeham, sub-deacon, presented by the Abbot and Convent of Peterborough, is instituted to the church of Kettering.*]

KETTERINGE.—Magister Radulfus de Colingeham, subdiaconus, presentatus per Abbatem et conventum de Burgo Sancti Petri ad ecclesiam de Keteringe, facta prius inquisitione per J., Archidiaconum Norhamptonie per quam, etc., ad eandem sub pena Concilii admissus est, etc. Et mandatum est eidem Archidiacono ut, etc.

[*John de Neubotle, sub-deacon, presented by the Prior and Convent of Launde, Leics., is instituted to the church of Arthingworth. The ancient pension is reserved to the Convent.*]

ARNINGWORTHE.—Johannes de Neubotle, subdiaconus, presentatus per Priorem et conventum de Lande ad ecclesiam de Arningworde, facta prius inquisitione per J., Archidiaconum Nor-

---

[1] This word is under-punctuated, as though for omission.

hamptonie, per quam, etc., ad eandem ecclesiam admissus est, etc.; salva inde dictis Priori et conventui debita et antiqua pensione. Et mandatum est eidem Archidiacono ut, etc.

[*Peter Rabaz, sub-deacon, presented by Peter Rabaz his father, is instituted to the church of Maidwell.*]

MAYDEWELLE.—Petrus Rabaz, subdiaconus, presentatus per Petrum Rabaz patrem suum, ad ecclesiam beati Petri de Maydewelle, facta prius inquisitione per R. [*sic*], Archidiaconum Norhamptonie, per quam, etc., ad eandem ecclesiam admissus est, etc. Et mandatum est eidem (*over which is written* Johanni) Archidiacono ut, etc. [*In the margin:*—] Desunt littere presentationis.

[*Ralph de Norwico, presented by the Abbot and Convent of Peterborough, is instituted to the church of Stanwick.*]

STANWIGGE.—Radulfus de Norwico [*blank*], presentatus per Abbatem et conventum de Burgo Sancti Petri ad ecclesiam de Stanwigge, facta prius inquisitione per J., Archidiaconum Norhamptonie, per quam, etc., ad eandem sub pena Concilii admissus est, etc. Et mandatum est eidem Archidiacono ut, etc. De dispensatione autem sua habetur a tergo ex parte opposita.

[*William de Lindeseya, deacon, presented by the Prior and Convent of St. Andrew's, Northampton, is instituted to the church of St. Mary-by-the-Castle, Northampton.*]

JUXTA CASTRUM NORHAMPTONIE.—Willelmus de Lindeseya, diaconus, presentatus per Priorem et conventum Sancti Andree Norhamptonie ad ecclesiam Sancte Marie juxta castrum Norhamptonie, facta prius inquisitione per J., Archidiaconum Norhamptonie, per quam, etc., ad eandem ecclesiam admissus est, etc. Salvis inde viginti solidis annuis monachis predictis quos exdudum ex ea percipere consueverunt, et xx solidis ex gratia domini Episcopi H. secundi, concessis eisdem monachis, quamdiu eidem domino placuerit, percipiendis. Et mandatum est eidem Archidiacono ut, etc.

[*William de Sydehame, chaplain, presented by the Prior and Convent of St. Andrew's, Northampton, is instituted vicar of Hardingstone.*]

HARDIGETHORNE.—Willelmus de Sydehame, capellanus, presentatus per Priorem et conventum Sancti Andree Norhamptonie ad vicariam ecclesie de Hardingesthorne, facta prius inquisitione per J., Archidiaconum Norhamptonie, per quam, etc., ad eandem vicariam admissus est, cum onere et pena vicariorum, etc. Et mandatum est dicto Archidiacono ut, etc. Inducias habet de residentia facienda usque ad festum Sancti Michaelis anno pontificatus Domini xxv^{to}.

[*Ralph de Ravenestorpe, chaplain, presented by the aforesaid Prior and Convent, is instituted vicar of Little Houghton.*]

PARVA HOUGTONE.—Radulfus de Ravenestorpe, capellanus, presentatus per Priorem et conventum predictos proximo supra ad vicariam in ecclesia de Parva Houtone, vacantem per sententiam diffinitivam latam ab Archidiacono Norhamptonie contra Magistrum P., prius ibi vicarium, cum omnia per inquisitionem essent in expedito, ad eandem admissus est, et in ea vicarius cum onere et pena vicariorum, etc. Et mandatum est dicto Archidiacono ut, etc.

[*Richard de la Thurne, sub-deacon, presented by William Mauduit, is instituted to the church of South Luffenham, Rutland.*]

SUDLUFFENHAM.—Ricardus de la Thurne, subdiaconus, presentatus per Willelmum Mauduit ad ecclesiam de Sudluffeham, facta prius inquisitione per J., Archidiaconum Norhamtonie, per quam, etc., ad eandem ecclesiam admissus est, etc. Et mandatum est eidem Archidiacono ut, etc.

[*William de Wulwarde, sub-deacon, presented by the Master of the Order and the Prior and Convent of Sempringham, is instituted to the church of Hannington.*]

HANINGTONE.—Willelmus de Wulwarde, subdiaconus, presentatus per Magistrum ordinis de Simplingham et Priorem et conventum de Simplingham ad ecclesiam de Hanitone, facta prius inquisitione per J., Archidiaconum Norhamptonie, per quam, etc., ad eandem ecclesiam admissus est, etc. Et mandatum est eidem Archidiacono ut, etc.

[*William de Clendone, sub-deacon, presented by Robert Basset, is instituted to the church of Rushton St. Peter.*]

RISTONE.—Willelmus de Clendone, subdiaconus, presentatus per Robertum Basset ad ecclesiam Sancti Petri de Ristone, facta prius inquisitione per J., Archidiaconum Norhamptonie, per quam, etc., ad eandem ecclesiam admissus est. Et mandatum est eidem Archidiacono ut ecclesiam ipsam recipiens in custodiam, etc. Injunctum est dicto Willelmo sub debito juramenti prestiti ut scolas frequentet et addiscat, et anno revoluto veniat ad dominum ostensurus quid profecerit, et hoc sub pena beneficii sui amittendi.

[*The Hospital of the Holy Trinity, Northampton, has been without a Master for seven months, the result of a controversy, and John de Bamptone is now appointed by the Bishop.*]

HOSPITALE SANCTE TRINITATIS NORHAMPTONIE.—Cum Hospitale Sancte Trinitatis juxta Norhamptoniam rectore destitutum per mortem Johannis, quondam decani Norhamptonie, qui obiit v^{to}. Idus Maii, vacasset fere per vij menses propter contradictionem et controversiam inter Priorem et conventum Sancti Andree et Philippum, filium Roberti Norhamptonie, et appellationem factam pro domino Rege per vicecomitem, sicut liquido constare poterit per inquisitionem inde factam, et per litteras domini Regis in crastino Beati Hugonis per Magistrum Willelmum de Lindeseia receptas, dominus Episcopus ad petitionem domini Bathoniensis, domini R. Passelew et quorundam aliorum, Johanni de Bramptone, capellano, illud auctoritate contulit Concilii iiij^{to} Idus Decembris, et ipsum rectorem constituit in eodem. Salvo jure cujuslibet cum ipsum alias vacare contigerit.

[*On the dorse :—*]
[*Philip de Bedeforde, sometime Canon of Newenham, elected by the convent, is instituted Prior of Castle-Hymel.*]

Frater Philippus de Bedeforde, quondam canonicus de Newenham, electus per Suppriorem et canonicos de Castro Hyelys in Priorem ejusdem domus, facta prius inquisitione per J., Archidiaconum Norhamptonie, per quam negotium fuit in expedito, ad eundem prioratum admissus est et in eo canonice Prior institutus, salvo jure cujuslibet. Et mandatum est dicto Archidiacono ut ipsum Philippum in corporalem predicti prioratus de Castro Hyelis possessionem inducat, injungens ejusdem domus fratribus ut eidem Philippo decetero sint intendentes et obedientes.

[*Pope Honorius gives a dispensation to Ralph de Norwico to hold two benefices besides those he already holds.*]

Honorius Episcopus, servus servorum Dei, dilecto filio, Magistro Radulfo de Norwico, salutem et apostolicam benedictionem.

Qui ex beneficiis sibi collatis, quasi beneficiendi habentes materiam oportunam exinde opera bona formant ea laudabiliter dispensando, alia sibi cumulari merentur, cum et summus ille omnium dispensator inventos in pauca fideles constituat supra multa. Cum igitur sicut karissimus in Christo filius noster, Henricus, rex Anglie illustris, suis nobis litteris intimavit, tibi regiis obsequiis fideliter et utiliter insistenti annuum redditum viginti librarum de scaccario suo pro tui sustentatione donarit, sed nec ex ipsis nec ex aliis redditibus tuis sustentari possis honeste, nos et tue meritis probitatis inducti, et ipsius regis et aliorum plurium pro te rogantium precibus inclinati, tecum retentis beneficiis que nunc obtines ad duo alia optinenda etiam si curam habeant animarum annexam, non obstante constitutione generalis Concilii, auctoritate presentium dispensamus. Nulli ergo omnino, etc. Si quis autem hoc, etc. Data Laterani ij. nonas Maii pontificatus nostri anno septimo.

[*On the face :—*]

Annus XXV[us].

[*William de Dembelby, chaplain, presented by John de Hamby, is instituted to the church of Horn, Rutland.*]

HORNE.—Willelmus de Dembelby, capellanus, presentatus per Johannem de Hamby, militem, ad ecclesiam de Horne, facta prius inquisitione per Johannem, Archidiaconum Norhamptonie, per quam negotium fuit in expedito, ad eandem ecclesiam admissus est, et in ea canonice persona institutus. Et mandatum est eidem Archidiacono ut predicto Willelmo corporalem ipsius ecclesie possessionem habere faciat.

[*John de Histone, sub-deacon, presented by the Abbot of Bury St. Edmunds, is instituted to the church of Warkton.*]

WERKESTONE.—Magister Johannes de Histone, subdiaconus, presentatus per Abbatem Sancti Edmundi ad ecclesiam de Werkestone, facta prius inquisitione per J., Archidiaconum Norhamptonie, et receptis litteris Magistri Alexandri de Sancto Edmundo, quondam ejusdem ecclesie rectoris, patentibus, per quas ipsam ecclesiam in manus domini Episcopi resignavit, per que, etc., ad eandem admissus est, etc. Et mandatum est eidem Archidiacono ut, etc.

[*John de Lincolnia, presented by Thomas Gredle, is instituted to the church of Great Casterton, Rutland.*]

CASTRETONE.—Magister Johannes de Lincolnia [*blank*], presentatus per Thomam Gredle ad ecclesiam de Magna Castretone, facta prius inquisitione per Johannem, Archidiaconum Norhamptonie, per quam, etc., ad eandem admissus est, etc. Et mandatum est eidem Archidiacono ut, etc.

[*Robert de Mustertone, chaplain, presented by the Prioress and Convent of Catesby, is instituted vicar of Catesby.*]

KATTEBY.—Robertus de Mustertone, capellanus, presentatus per Priorissam et conventum de Katteby ad vicariam ecclesie de Kateby, auctoritate Concilii ordinatam, facta prius inquisitione per J., Archidiaconum Norhamptonie, per quam, etc., ad eandam vicariam admissus est, etc., cum onere et pena vicariorum. Et mandatum est eidem Archidiacono ut, etc.

[*Michael de Querendone, sub-deacon, presented by William de Houctone, is instituted to the church of Great Houghton.*]

HOUTONE.—Michael de Querendone, subdiaconus, presentatus per Willelmum de Houctone, militem, ad ecclesiam de Houctone Magna, facta prius inquisitione per J., Archidiaconum Norhamptonie, per quam, etc., ad eandem ecclesiam admissus est, et in ea canonice persona institutus. Et mandatum est eidem Archidiacono ut, etc.

[*Richard Trussel, sub-deacon, presented by Richard Trussel, is instituted to the church of Marston-Trussell.*]

MERSTONE.—Ricardus Trussel, subdiaconus, presentatus per Ricardum Trussel, militem, ad ecclesiam de Merstone, facta prius inquisitione per J., Archidiaconum Norhamptonie, per quam, etc., ad eandem ecclesiam admissus est, et in ea canonice persona institutus. Et mandatum est eidem Archidiacono ut, etc. Injunctum etiam eidem clerico sub debito juramenti quod scolas frequentet et addiscat.

[*John de Tyeis, presented by Alan de Lindone, is instituted to the church of Lyndon, vacant by the preferment of Stephen de Sandwico to Hardres, Kent.*]

LINDONE.—Johannes de Tyeis [*blank*], presentatus per Alanum de Lindone, militem, ad ecclesiam de Lindone, vacantem per resignationem Magistri Stephani de Sandwico, ultimo rectoris ejusdem, facta prius inquisitione per J., Archidiaconum Norhamptonie, et receptis litteris domini Cantuariensis patentibus, per quas domino Episcopo significavit quod, Officiali Cantuarie Archidiaconi intimante, accepit dictum Magistrum Stephanum personatum ecclesie de Hehardres prope Cantuariam habere cum cura parochiali, per que, etc., ad eandem ecclesiam admissus est, etc. Et mandatum est eidem Archidiacono Norhamptonie quod corporalem ipsius ecclesie possessionem eidem Johanni habere faciat per Magistrum Ogerum de Tyeis, advunculum et procuratorem ejusdem.

[Mem. 8.]

[*John de Sancto Medardo, presented by the Prior and Convent of St. Andrew's, Northampton, is instituted to the church of St. Edmund, Northampton. The ancient pension is reserved to the monks.*]

EDMUNDI NORHAMPTONIE.—Johannes de Sancto Medardo [*blank*], presentatus per Priorem et conventum Sancti Andree Norhamptonie, ad ecclesiam Sancti Edmundi ibidem, facta prius inquisitione per Johannem, Archidiaconum Norhamptonie, per quam, etc., ad eandem admissus est, et in ea canonice persona institutus, salva inde dictis monachis debita et antiqua pensione.

[*Peter de Littlebiri, sub-deacon, presented by Richard de Warenne, son of King John, is instituted to the church of Lutton.*]

LUDINGTONE.—Petrus de Littlebiri, subdiaconus, presentatus per Ricardum de Warenne, filium Regis Johannis, ad ecclesiam de Ludingtone, facta prius inquisitione per J., Archidiaconum Norhamptonie, et Magistro J. de Walemere juri, si quod habuit, in eadem ecclesia renuntiante, silentioque sibi per eundem Archidiaconum vice domini Episcopi sententialiter imposito, per que, etc., ad eandem ecclesiam admissus est, etc. Et mandatum est eidem Archidiacono ut, etc.

[*William de Burgo, sub-deacon, presented by the Abbot and Convent of Peterborough, is instituted to the church of Paston. The ancient pension is reserved to the patrons.*]

PASTONE.—Magister Willelmus de Burgo, subdiaconus, presentatus per Abbatem et conventum de Burgo Beati Petri ad ecclesiam de Pastone, facta prius inquisitione per J., Archidiaconum

Norhamptonie, per quam, etc., ad eandem admissus est, et in ea canonice persona institutus, salva inde dictis patronis debita et antiqua pensione. Et mandatum est eidem Archidiacono ut, etc.

[*Gilbert de Parcen', sub-deacon, presented by the Abbot and Convent of Olvestone, Leics., after a dispute about the patronage, is instituted to the church of Tickencote, Rutland.*]

TYKENCOTE.—Gilbertus de Parcen', subdiaconus, presentatus per Abbatem et conventum de Osulvestone ad ecclesiam de Tykencote, facta prius inquisitione per J., Archidiaconum Norhamptonie, et receptis litteris domini Regis, quod convenit in curia sua coram justiciariis suis itinerantibus in comitatu Rotelande inter Robertum Grimbald et Willelmum le Daneis querentes, et Abbatem de Osulvestone, impedientem, de advocatione ecclesie de Tykincote, unde recognitio assise ultime presentationis summonita fuit inter eos in eandem curia, scilicet quod predictus Robertus et Willelmus recognoverunt advocationem predicte ecclesie cum pertinentiis esse jus ipsius Abbatis et ecclesie sue de Osulvestone, et illam remiserunt et quietam clamaverunt de se et heredibus suis ipsi Abbati et successoribus suis et ecclesie sue de Osulvestone in perpetuum, per que, etc., ad eandem admissus est, et in ea canonice persona institutus. Et mandatum est eidem Archidiacono ut, etc.

[*William de Wiwelle, sub-deacon, presented by Robert de Albiniaco, is instituted to the church of Normanton, Rutland.*]

NORMANTONE.—Willelmus de Wiwelle, subdiaconus, presentatus per Robertum de Albiniaco ad ecclesiam de Normantone, facta prius inquisitione per J., Archidiaconum Norhamptonie, per quam, etc., ad eandem admissus est, et in ea canonice persona institutus. Et mandatum est eidem Archidiacono ut, etc.

[*William de Albiniaco, nephew of Philip de Albiniaco, presented by the King, is instituted to the church of Gayton.*]

GAYTONE.—Willelmus de Albiniaco [*blank*], nepos domini Philippi de Albiniaco, presentatus ad ecclesiam de Gaytone per dominum Regem, ratione terre Advocati de Betuine in manu sua tunc existentis, facta prius inquisitione per J., Archidiaconum

Norhamptonie, per quam, etc., ad eandem admissus est, etc. Et mandatum est eidem Archidiacono ut, etc. Et injunctum est eidem Willelmo ut ad proximos ordines veniat in subdiaconum ordinandus.

[*William, Chancellor of Lincoln, presented by the Abbot and Convent of Sulby, is instituted to the church of Great Harrowden. The ancient pension is reserved to the patrons.*]

HARWODE.—Willelmus, Cancellarius Lincolnie, presentatus per Abbatem et conventum de Suleby ad ecclesiam de Harwedone, facta prius inquisitione per J., Archidiaconum Norhamptonie, per quam, etc., ad eandem admissus est, et in ea sub pena Concilii canonice persona institutus. Et mandatum est eidem Archidiacono ut ipsum in corporalem ipsius ecclesie possessionem inducat; salvis ipsis patronis duabus marcis annuis nomine beneficii perpetui de ea persolvendis in festo Omnium Sanctorum et in festo Pasce, secundum quod in carta, quam de nobis et capitulo nostro habent, continetur.

ANNUS XXVI^{us}.

[*John de Copmaneforde, chaplain, presented by the Abbot and Convent of Sulby, is instituted vicar of Little Addington.*]

ADINTONE.—Johannes de Copmaneforde, capellanus, presentatus per Abbatem et conventum de Suleby ad vicariam ecclesie de Adintone, facta prius inquisitione per J., Archidiaconum Norhamtonie, per quam negotium fuit in expedito, ad eandem vicariam admissus est, et in ea canonice vicarius perpetuus institutus cum onere ministrandi personaliter in eandem. Et mandatum est eidem Archidiacono ut predicto Johanni corporalem ipsius vicarie possessionem habere faciat. Consistit autem ipsa vicaria ut supra anno septimo decimo, nisi dominus Episcopus aliter ipsam duxerit ordinandam. Ita autem admissus est dictus Johannes quod per hoc dictis patronis nichil juris accrescat vel decrescat ad residuum ecclesie predicte in propriis usibus optinendum.

[*Stephen de Wimburne, sub-deacon, presented by Hugh de Mortuomari after a dispute about the patronage, is instituted to the church of Clipsham, Rutland.*]

KILPESHAM.—Stephanus de Wimburne, subdiaconus, presentatus per Hugonem de Mortuomari, militem, ad ecclesiam de Kilpesham, facta prius inquisitione per J., Archidiaconum Norhamtonie, et receptis litteris domini Regis continentibus, quod cum Radulfus de Normanewille summonitus esset coram justiciariis apud Westmonasterium ad respondendum Hugoni de Mortuomari quare non permisit eum presentare idoneam personam ad ecclesiam de Kilpesham, que, etc., idem Radulfus venit in eadem curia et concessit eidem Hugoni presentationem suam ad ecclesiam predictam, et quod dominus Episcopus, non obstante contradictione dicti Radulfi ad presentationem Hugonis predicti personam admittat, per que, etc., ad eandem admissus est, etc. Et mandatum est dicto Archidiacono ut, etc.

[*Henry de Hales, presented by the Prior of War, proctor of the Abbot and Convent of St. Evroult, is instituted to the church of Middleton Cheney.*]

MIDDELTONE.—Magister Henricus de Hales [*blank*], presentatus per Priorem de War . . . . , generalem in Anglia procuratorem Abbatis et conventus Sancti Ebrulfi, ad ecclesiam de Middeltone, facta prius inquisitione per J., Archidiaconum Norhamptonie, per quam, etc., ad eandem admissus est, etc. Et mandatum est eidem Archidiacono ut, etc. Injunctum est autem dicto Magistro Henrico, sub debito juramenti prestiti, quod ad primos ordines in subdiaconum se faciet promoveri.

De Archidiaconatibus Norhamtonie, Leircestrie, Stowe, Lincolnie.[1]

ANNUS XI DOMINI H. SECUNDI.

[*Certificate that Peter, chaplain, has been instituted to the church of Easton Mauduit; Jan. 17, 1220.*]

NORHAMTONE. CARTA PETRI CAPELLANI SUPER ECCLESIA DE ESTONE.—Universis sancte matris ecclesie filiis ad quos presens scriptum pervenerit Hugo Dei gratia Lincolniensis Episcopus eternam in domino salutem. Noverit universitas vestra nos ad presentationem Roberti Morin, Roberti de Legh', and Thome Salvagii, patronorum ecclesie de Estone, dilectum in Christo filium, Petrum capellanum, ad eandem admisisse ecclesiam ipsumque in ea canonice instituisse personam; salvis in omnibus episcopalibus consuetudinibus et Lincolniensis ecclesie dignitate. Quod ut perpetuam optineat firmitatem, presens scriptum sigilli nostri munimine duximus roborandum. Hiis testibus, Magistro Stephano de Cicestria capellano, Magistro Willelmo de Lincolnia et Petro de Bathonia, canonicis Lincolniensibus, Magistris Willelmo de Cantia et Amaurico de Bugedene, Olivero de Chedneto et Willelmo de Winchelcumb clericis. Data per manum Thome de Fiskertone, canonici Lincolniensis, apud Spaldewiche, sextodecimo kalendas Februarii, pontificatus nostri anno undecimo.

[*Certificate that William de Dudeleg' has been instituted to the church of Haselbeach; Feb. 22, 1220; see p. 98.*]

CARTA WILLELMI DE DUDDELEG' SUPER ECCLESIA DE HESELBECHE.—Omnibus [etc.] Hugo Dei gratia Linc' Episcopus salutem in domino. Noverit universitas vestra nos ad presentationem Willelmi Burdet patroni ecclesie de Heselbeche dilectum in Christo filium, Willelmum de Dudeleg' clericum, ad eandem ecclesiam admisisse ipsumque in ea canonice personam instituisse; salvis in omnibus episcopalibus consuetudinibus et Lincolniensis ecclesie dignitate. Quod ut perpetuam optineat firmitatem, presenti scripto sigillum nostrum duximus apponendum. Hiis testi-

---

[1] But the roll deals only with Northamptonshire.

bus, Magistris Stephano de Cicestria, Theobaldo de Cantia et Willelmo de Lincolnia, Petro de Bathonia, canonicis Lincolniensibus, Radulfo de Wareville, canonico Wellensi, Magistro Willelmo de Cantia, Willelmo de Winchelcumb, Ricardo de Oxonia, et Olivero de Chedneto, clericis. Data per manum Thome de Fiskerton' capellani, canonici Lincolniensis, apud Bannebiri octavo kalendas Marcii, pontificatus nostri anno xi.

[*The institution of Robert de Hamelden' to a mediety of the church of Eydon; July 19, 1220; see p. 98.*]

CARTA ROBERTI DE HAMELDEN' SUPER MEDIETATE ECCLESIE DE EYDONE.—Omnibus, etc. Noverit universitas vestra nos auctoritate Concilii dilecto in Christo filio, Roberto de Hamelden', clerico, portionem ecclesie de Eydone, que fuit Philippi,[1] contulisse ipsumque in ea canonice personam instituisse; salvo in posterum jure illius qui jus patronatus evicerit in eadem; salvis etiam in omnibus episcopalibus consuetudinibus et Lincolniensis ecclesie dignitate. Quod ut [etc. sealing], hiis test., Magistro Willelmo de Lincolnia, canonico Lincolniensi, Radulfo de Waraville, canonico Wellensi, Magistris Willelmo de Cantia et Amaurico de Bugedene, Ricardo de Oxonia, Olivero do Chedneto et Willelmo de Winchelcumb, clericis. Data per manum Thome de Fiskerton' capellani, canonici Lincolniensis, apud Tinghurst, xiiii kalendas Augusti, pontificatus nostri anno xi.

[*The institution of William de Cantia to the vicarage of Whissendine, Rutland; May 24, 1220; see p. 99.*]

WISSENDENE.—Omnibus [etc.] Hugo Dei gratia Linc' Episcopus, etc. Noverit universitas vestra nos ad presentationem Abbatis et conventus de Lindores, patronorum ecclesie de Wissendene, dilectum in Christo filium, Magistrum Willelmum de Cantia clericum, ad perpetuam vicariam ejusdem ecclesie admisisse ipsumque in ea canonice vicarium perpetuum instituisse: qui dictam ecclesiam tenebit quoadvixerit, reddendo inde dictis Abbati et conventui tanquam personis decem marcas annuas nomine pensionis ad duos terminos, scilicet ad Pascha quinque marcas, et ad Vincula sancti Petri quinque marcas; salvis in omnibus episcopali-

---

[1] "Phiphippi", MS.

bus, etc. Quod ut [etc., sealing], hiis testibus, . . . abbate Sancti Iacobi extra Norhamtone et Radulfo priore Sancti Andree de Norhamtone, Roberto Norhamtonie et Roberto Huntingdonie archidiaconis, Martino de Patteshulle, Magistro Stephano de Cicestria, can[onicis] Lincoln[iensibus], Magistris Amaurico et Ricardo de Tinghurste, Willelmo de Raelegh', Willelmo de Winchecumba et Olivero de Chedneto, clericis. Data per manum Thome de Fiskerton' capellani, canonici Linc', apud Norhamtone ix kalendas Junii, pontificatus nostri anno xi.

[*The institution of Amauricus de Buggedene to the church of Bugbrooke; Mar. 11, 1220; see p. 99.*]

BUKEBROC.—Omnibus, etc. Noverit universitas vestra nos auctoritate Concilii dilecto in Christo filio, Magistro Amaurico de Bugg[edene], clerico, ecclesiam de Bukebroc contulisse, ipsumque in ea canonice personam instituisse, salvo in posterum jure uniuscujusque, qui jus patronatus evicerit in eadem, et salvis in omnibus episcopalibus consuetudinibus, etc. Quod ut [etc., sealing], hiis test., domino Joscelino Bathoniensi Episcopo, Willelmo precentore Wellensi, Magistris Stephano de Cicestria et Willelmo de Lincolnia, canonicis Lincolniensibus, Rogero capellano, Magistro Ada de Clenefeld' et Gilberto de Dulting', canonicis Wellensibus, Magistro Willelmo de Cantia, Willelmo de Winchecumba et Olivero de Chedneto clericis. Data per manum Thome de Fiskerton' cappellani, canonici Lincolniensis, apud Bicleswaud' quinto idus Martii, pontificatus nostri anno xi.

[*The institution of Hugh de Cambio to the church of Kilsby.*]

KYLDESBY.—Omnibus, etc. Noverit universitas vestra nos dilecto in Christo filio, Hugoni de Cambio, clerico, ecclesiam de Kyldesby ad donationem nostram pertinentem contulisse ipsumque in ea canonice personam instituisse, salvis in omnibus, etc. Quod ut [etc., sealing], hiis testibus, ut in carta Willelmi de Eboraco super ecclesia de Ripstone in archidiaconatu Huntigdonie et eadem data.

[*The institution of Reginald de Undele to the church of Everdon; Aug. 3, 1220.*]

EVERDON'.—Omnibus, etc. Noverit universitas vestra nos ad presentationem Magistri Rannulphi, patroni ecclesie de Everdon', dilectum in Christo filium, Magistrum Reginaldum de Undele, clericum, ad eandem ecclesiam de Everdon' admisisse, ipsumque in ea canonice personam instituisse, salva Silvestro, clerico, perpetua vicaria sua quam habet in eadem; qui dictam ecclesiam cum omnibus pertinentiis suis tenebit nomine perpetue vicarie, reddendo dicto Magistro Reginaldo et successoribus suis prefate ecclesie personis quinque marcas annuas nomine pensionis et monachis de Bernay debitam et antiquam pensionem, si qua fuerit. Idem autem vicarius omnia onera ordinaria illius ecclesie debita et consueta sustinebit, salvis in omnibus, etc. Quod ut [etc., sealing], hiis testibus, Magistro Willemo de Lincolnia, canonico Lincolniensi, Radulfo de Warravill', canonico Wellensi, Magistris Willemo de Cantia et Amaurico de Buggedene, Willelmo de Winchecumba, Ricardo de Oxonia et Olivero de Chedneto, clericis. Data per manum Thome de Fiskerton' cappellani, canonici Lincolniensis, apud Middelton' iii nonas Augusti, pontificatus nostri anno xi.

[*The institution of Guy son of Ralf to the church of Whitfield, on the presentation of the Abbot and Convent of Eynsham; Sep. 5, 1220.*]

WYTEFELDE.—Omnibus, etc. Noverit universitas vestra nos ad presentationem dilectorum in Christo filiorum, Abbatis et conventus de Eigneshame, patronorum ecclesie de Whytefelde, dilectum in Christo filium, Guidonem filium Radulfi, clericum, ad eandem ecclesiam admisisse, ipsumque in ea canonice personam instituisse, salvo dictis monachis jure suo super pensione, quam exigunt de prefata ecclesia, si quam probaverint ad se pertinere, et salva ordinatione nostra quam duxerimus faciendam de predicta pensione, si non fuerit probata; salvis etiam in omnibus, etc. Quod ut [etc., sealing], hiis testibus, Radulfo de Warravill', canonico Wellensi, Magistro Willemo de Cantia, Willelmo de Winchecumba, Ricardo de Cernay et Olivero de Chedneto, clericis. Data per manum Thome de Fiskerton' cappellani, canonici Lincolniensis, apud Cropperie nonis Septembris pontificatus nostri anno xi.

[*The institution of William de Hembir' to the vicarage of Marston St. Laurence; Sept. 7, 1220.*]

MERSTONE.—Omnibus, etc. Noverit universitas vestra nos ad presentationem Abbatis et conventus sancti Ebrulfi Willelmum de Hembir', cappellanum, ad perpetuam vicariam ecclesie de Merstone per nos ordinatam admisisse, ipsumque in ea canonice perpetuum vicarium instituisse. Que consistit in altaragio ejusdem ecclesie et cappellarum ad ipsam pertinentium et minutis dicimis totius parochie, et in tota decima garbarum de Wauerkeworthe ad prefatam ecclesiam de Merstone pertinente, et in una virgata terre cum manso, que Robertus de Alcrintone tenuit, et in decimis garbarum de Middeltone ad ecclesiam de Merstone pertinentibus, salvis viginti solidis annuis de eadem vicaria per manum prefati Willelmi vicarii et successorum suorum, dicte ecclesie de Merstone vicariorum, prefatis Abbati et conventui persolvendis. Si autem contingat predictos monachos apud Merstone in propriis usibus instauramenta habere, ipsi monachi a prestatione decimarum illorum instauramentorum erunt immunes. Iidem vero Willelmus, vicarius, et successores sui omnia onera illius ecclesie ordinaria, debita et consueta, sustinebunt; salvis in omnibus, etc. Quod ut [etc., sealing], hiis testibus, Magistro Willelmo de Lincolnia et Petro de Bathonia, canonicis Linc', Radulfo de Warravill', canonico Wellensi, Magistro Willelmo de Cantia, Willelmo de Winchecumba, et Olivero de Chedneto, clericis. Data per manum Thome de Fiskertone capellani, canonici Lincolniensis, apud Cropperie vii idus Septembris, pontificatus nostri anno xi.

[*The institution of Thomas de Fiskerton to the church of St. Peter, Northampton; Oct. 20, 1220.*]

ECCLESIA SANCTI PETRI NORH'.—Omnibus Christi fidelibus [etc.], Hugo Dei gratia Linc' Episcopus salutem in Domino. Noverit universitas vestra nos ad presentationem Prioris et conventus sancti Andree Norhamt', patronorum ecclesie sancti Petri in Norhamtonia, dilectum in Christo filium Th[omam] de Fiskerton, capellanum, ad eandem ecclesiam cum omnibus pertinentiis suis admisisse ipsumque in ea canonice personam instituisse, salva dictis Priori et conventui de eadem ecclesia debita et antiqua sex marcarum pensione et salvis in omnibus episcopalibus consuetudinibus et Lincolniensis ecclesie dignitate. Et ut hec institutio nostra perpetue firmitatis robur optineat, presens scriptum sigilli nostri munimine duximus roborandum. Hiis testibus, Magistris Stephano de Cycestria et Willelmo de Lincolnia, canonicis Lincolniensibus, Magistro Nicholao de Evesham et R. de Warevill', canonicis Wellensibus, Magistris W. de Cantia et A. de Bugedene et Rogero de Well', Willelmo de Winchelcumb et Olivero de Chedneto, clericis. Data per manum Petri de Bathonia, canonici Lincolniensis, apud Bannebiriam, xiii kalendas Novembris, pontificatus nostri anno xi.

Verte folium pro carta de Cloptone.

[*The institution of Richard de Cerneya to the tithes of the demesne of Joan de Monte Acuto in Braybrooke; Dec. 2, 1220.*]

DECIME DE BRAYBROC.—Omnibus, etc. Noverit universitas vestra nos auctoritate Concilii dilecto in Christo filio Ricardo de Cerneya, clerico, decimas de dominico Johanne de Monte Acuto in Braybroc contulisse ipsumque in eis canonice instituisse, salvo in posterum jure uniuscujusque qui jus patronatus evicerit in eisdem et salvis in omnibus episcopalibus consuetudinibus, etc. Quod ut perpetuam optineat firmitatem [etc., clause of sealing]. Hiis testibus, domino Joscelino Bathoniensi Episcopo, Magistris Stephano de Cicestria et Willelmo de Lincolnia, canonicis Lincolniensibus, Rogero capellano, Magistro A. de Clenefeld', Radulfo de Warevill' et Gileberto de Tanton', canonicis Wellensibus, Magistro W. de Cantia, Willelmo de Winchelcumb et Olivero de Chedneto, clericis. Data per manum Thome de Fiskerton, capellani, canonici Lincolniensis, apud Ludam, quarto nonas Decembris pontificatus nostri anno xi.

[*On the dorse :—*]
[*A relaxation of seven days of penance to all travellers who give alms for the building and repair of Brampton bridge; Dec. 27, 1219.*]

NORHAMTONE. CARTA PONTIS DE BRANTONE.—Omnibus, etc. Quoniam inter opera caritatis id valde meritorium reputatur quod ad publicam confertur utilitatem, devotionem vestram monemus et exhortamur in Domino quatinus ad constructionem et conservationem pontis de Brantone, cum vos illuc transire contigerit, de bonis a Deo vobis collatis aliquid caritative conferatis. Nos autem de Dei misericordia confisi omnibus nostre diocesis per dictum pontem transeuntibus et ibidem aliquid caritative conferentibus de injuncta sibi penitentia septem dies relaxamus. Hanc autem relaxationis nostre gratiam concedimus per annum duraturam. Data per manum Thome de Fiskerton' capellani, canonici Lincolniensis, apud Buggedene, sexto kalendas Januarii pontificatus nostri anno xi.

[*A relaxation of seven days of penance to all travellers who give alms to the lepers' hospital of St. Leonard, Northampton; Jan. 21, 1220.*]

CARTA LEPROSORUM SANCTI LEONARDI EXTRA NORHAMTONE.—Omnibus sancte matris ecclesie filiis per episcopatum Lincolniensem constitutis, Hugo Dei gratia Linc' Episcopus eternam in domino salutem. Quoniam inter opera caritatis ea valde meritoria reputantur que ad sustentationem pauperum et infirmorum Christi pia largitione fidelium conferuntur, devotionem vestram monemus et exhortamur in Domino, quatinus cum per hospitale sancti Leonardi extra Norhamtone transitum feceritis, divine pietatis intuitu aliquid ad sustentationem leprosorum ibidem de bonis vobis a Deo collatis caritative conferatis. Nos autem de Dei confisi misericordia omnibus vobis ad predictum hospitale venientibus et ibidem de bonis vestris ad predictorum leprosorum sustentationem elemosinas vestras conferentibus, confessis et vere penitentibus, de injuncta vobis penitentia septem dies relaxamus. Hanc autem relaxationis nostre gratiam concedimus duraturam per biennium, et extra predictum hospitale non valituram. Data per manum Petri de Bathonia, canonici Lincolniensis, apud Wenlingburg' duodecimo kalendas Februarii, pontificatus nostri anno xi.

[*The Bishop confirms to Vincent Carpentarius the grant of a quarter of an acre of the glebe of Brampton, made by Martin de Patteshille, rector of that church; May 25, 1220.*]

CARTA VINCENTII TENENTIS ECCLESIE DE BRAMTONE.—Omnibus, etc. Noverit universitas vestra quod nos donationem et concessionem quarte partis unius acre terre cum pertinentiis in Netherbramton' que est de feodo ecclesie de Brampton', quam dilectus filius Martinus de Patteshille, rector ejusdem ecclesie, fecit Vincentio Carpentario, sicut carta ipsius Martini rationabiliter testatur, auctoritate episcopali confirmamus: salvis in omnibus episcopalibus consuetudinibus et Lincolniensis ecclesie dignitate. Quod ut [etc., sealing], hiis testibus, Roberto archidiacono Huntingdonie, Magistro Stephano de Cicestria, et Petro de Bathonia, canonicis Lincolniensibus, Radulfo de Warevill', canonico Wellensi, Magistro Willelmo de Cantia, Willelmo de Winchelcumb, Ricardo de Oxonia et Olivero de Chedneto, clericis. Data per manum Thome de Fiskerton' capellani, canonici Linc', apud Kildeby octavo kalendas Junii pontificatus nostri anno xi.

[*Letters of the Bishop reciting that an inquisition held by the Archdeacon has decided that a pension of 25s. 8d. is due to the monks of St. Neots from Clapton church; Jan. 14, 1220.*]

[CLOPTON].—Omnibus, etc. Noverit universitas vestra quod cum controversia que vertebatur in curia domini Regis super jure patronatus ecclesie de Cloptone inter Priorem de Sancto Neoto ex una parte et Abbatem de Burgo ex altera tandem ita de consensu partium sedata fuisset ibidem, quod ipsius ecclesie patronatus dicto Abbati de Burgo in perpetuum remaneret, salva inde dicto Priori et monachis de Sancto Neoto debita et antiqua pensione, et cum Rann[ulfus] de Cloptone et Willelmus Dacus, qui similiter jus patronatus in dicta ecclesia vendicarunt et pro jure suo in capitulo loci appellaverunt, appellationibus illis renunciassent, per archidiaconum loci super ecclesia predicta tanquam vacante, prout moris est, fieri fecimus inquisitionem, per quam accepimus quod monachi de Sancto Neoto a quadraginta annis et eo amplius perceperunt de eadem ecclesia xxv solidos et viii denarios annuatim nomine pensionis, quorum possessionem eis dimisimus, sicut prius habuerunt, in hujus rei testimonium presentibus litteris sigillum nostrum apponentes. Data per manum Thome de Fiskerton' capellani, canonici Linc', apud Bugg[edene] xix kalendas Februarii pontificatus nostri anno xi.

[*Return to the face of the membrane :—*]

ANNUS DUODECIMUS.

[*The institution of Walter de Dunigtone to the church of Thrapston; Dec. 26, 1220.*]

TRAPSTONE.—Omnibus [etc.]. Noverit universitas vestra nos ad presentationem Abbatis et conventus de Brunna, patronorum ecclesie de Trapstone, dilectum in Christo filium Walterum de Dunigtone, clericum, ad eandem ecclesiam admisisse ipsumque in ea canonice personam instituisse, salva dictis Abbati et conventui debita et antiqua quatuor solidorum annuorum de ipsa ecclesia pensione, salvis etiam in omnibus episcopalibus consuetudinibus, etc. Quod ut [etc., sealing]. Hiis testibus, Willelmo Archidiacono Buking', Magistris Willelmo de Lincolnia et Theobaldo de Cantia, Petro de Bathonia, canonicis Lincolniensibus, Magistris Willelmo de Cantia et Amaurico de Buggedene, Willelmo de Winchelcumba et Olivero de Chedneto, clericis. Data per manum Thome de Fiskerton capellani, canonici Lincolniensis, apud Buggedenam septimo kalendas Januarii, pontificatus nostri anno xii.

[*The institution of Roger de Well' to the church of Tinwell, Rutland; Feb. 24, 1221; see p. 102.*]

TINEWELLE.—Omnibus [etc.]. Noverit universitas vestra nos ad presentationem Abbatis et conventus de Burgo, patronorum ecclesie de Tinewelle, dilectum in Christo filium Magistrum Rogerum de Well' clericum ad eandem ecclesiam admisisse ipsumque in ea canonice personam instituisse, salva dictis monachis de eadem ecclesia debita et antiqua pensione; salvis in omnibus, etc. Quod ut, etc. Hiis testibus, W. Archidiacono Linc' et Petro de Bathonia, canonicis Lincolniensibus, Magistris Nicholao de Evesham et Amaurico de Buggedene, Willemo de Winchecumba, Ricardo de Oxonia, et Olivero de Chedneto clericis. Data per manum Thome de Fiskerton capellani, canonici Lincolniensis, apud Lincolniam, sexto kalendas Martii, pontificatus nostri anno xii.

[*Grant by the Bishop and Chapter of Lincoln to the Nuns of Woodchurch, of a pension of three marks a year from the church of Dallington; April 12, 1221.*]

DAYLINTON.—Omnibus [etc.]. Noverit universitas vestra nos de assensu dilectorum filiorum Rogeri Decani et capituli nostri divine pietatis intuitu concessisse et dedisse Priorisse et monialibus de Wudecherch' tres marcas annuas de ecclesia de Daylinton, que de earum est advocatione, una cum duabus marcis quas de eadem ecclesia prius percipere consueverunt, per manum persone ipsius ecclesie nomine perpetui beneficii percipiendas; salvis in omnibus, etc. Quod ut perpetuam obtineat firmitatem presenti scripto sigillum nostrum una cum sigillo predicti capituli nostri Lincolniensis duximus apponendum. Hiis testibus, Rogero decano, Galfrido precentore, Ricardo cancellario, Roberto Norhamptonie, Roberto Huntingdonie, Remundo Leircestrie, Willemo Bukinghamie, et Hugone Stowe archidiaconis, Johanne subdecano, Galfrido de Bocland', Martino de Patt[is]hulle, Magistris Willemo filio Fulconis, Gilberto de Scardeburg', et Ricardo de Lindwod', Rogero de Bristollia capellanis, Magistro Ada de Sancto Edmundo, Petro de Hungaria, Willemo de Avalon', Magistro Waltero de Well', Petro de Bathonia, Rogero de Bohun' et Petro de Chevremunt', canonicis Lincolniensibus, et Olivero de Chedneto clerico. Data per manum Thome de Fiskerton capellani, canonici Lincolniensis, in capitulo Lincolniensi apud Lincolniam pridie idus Aprilis, pontificatus nostri anno xii.

[*The institution of William de Rowelle to the vicarage of Rothwell; Aug. 2, 1221.*]

ROWELLE.—Omnibus, etc. Noverit universitas vestra nos ad presentationem Abbatis et conventus de Cirenc[estria] dilectum in Christo filium Willelmum de Rowelle, capellanum, ad perpetuam vicariam ecclesie de Rowelle de consensu eorum ordinatam admisisse ipsumque in ea canonice vicarium perpetuum instituisse. Consistit autem dicta vicaria in toto altaragio ejusdem ecclesie et duarum capellarum ad eam pertinentium, scilicet capelle sancte Marie in eadem villa et capelle de Overtone, excepta tota decimatione lane et medietate decimationis agnorum, cum tot agni in numero extiterint quod agnus decimus inde possit provenire. Si vero propter paucitatem agnorum decimam argento redimere oporteat, argentum illud in usus cedet vicarii. Habebit etiam idem vicarius mansum juxta ecclesiam quod fuit Rogeri Marchande, et procurabit hospitium Archidiaconi et omnia alia onera ordinaria dicte ecclesie et capellarum ad eam pertinentium debita et consueta sustinebit : salvis in omnibus, etc. Quod ut, etc. Hiis testibus, Roberto Archidiacono Huntingd', et Matheo Archidiacono Oxon', Magistro Waltero de Well' et Petro de Bathonia, canonicis Lincolniensibus, Magistro Willelmo de Cantia, Willelmo de Cava et Olivero de Chedneto clericis. Data per manum Thome de Fiskerton capellani, canonici Lincolniensis, apud Lidint[onam] quarto nonas Augusti pontificatus nostri anno duodecimo.

[*The institution of Adam de Pilesgat' to the vicarage of Maxey; Aug. 5, 1221.*]

MAKESEIA.—Omnibus, etc. Noverit universitas vestra nos ad presentationem Abbatis et conventus de Burgo dilectum in Christo filium Adam de Pilesgat', clericum, ad perpetuam vicariam ecclesie de Makeseia admisisse ipsumque in ea canonice vicarium perpetuum instituisse. Consistit autem dicta vicaria in omnibus obventionibus altaris et minutis decimis et manso ecclesie et in decimis garbarum de la Haum'. Vicarius vero omnia onera illius ecclesie ordinaria debita et consueta sustinebit ; salvis, etc. Quod ut, etc. Hiis testibus, Matheo Archidiacono Oxon', Magistro Waltero de Well' canonico Lincolniensi, Radulfo de Warravill' canonico Wellensi, Willelmo de Winchecumba, Willelmo de Tintehell' et Olivero de Chedneto clericis. Data per manum Thome de Fiskerton capellani, canonici Lincolniensis, apud Liddintonam nonis Augusti, pontificatus nostri anno duodecimo.

[*The institution of William Blundus to the church of Sibbertoft; Aug. 8, 1221; see p. 104.*]

SIBETOFT.—Omnibus, etc. Noverit universitas vestra nos auctoritate Concilii dilecto in Christo filio Magistro Willelmo Blundo de Lincolnia ecclesiam de Sibetoft contulisse ipsumque in ea canonice personam instituisse, salvo in posterum jure uniuscujusque qui jus patronatus evicerit in eadem et salvis in omnibus, etc. Quod ut, etc. Hiis testibus, Matheo Archidiacono Oxon', Magistro Willelmo de Cantia, Magistro Waltero de Well' et Petro de Bathonia, canonicis Lincolniensibus, Radulfo de Warravill' canonico Wellensi, Willelmo de Winchecumba, Willelmo de Tintehell', Ricardo de Oxon' et Olivero de Chedneto clericis. Data per manum Thome de Fiskertone capellani, canonici Lincolniensis, apud Lidintonam sexto idus Augusti, pontificatus nostri anno xii.

[*The institution of Nicholas de Hegham to the church of Pickworth, Rutland; Aug. 12, 1221.*]

PIKEWORTHE.—Omnibus, etc. Noverit universitas vestra nos ad presentationem Willelmi de Gigneto militis patroni ecclesie de Pikeworth' dilectum in Christo filium Nicholaum de Hegham clericum ad eandem ecclesiam admisisse ipsumque in ea canonice personam instituisse; salvis, etc. Quod ut, etc. Hiis [testibus],[1] Matheo Archidiacono Oxon', Magistro Waltero de Well' et Petro de Bathonia, canonicis Lincolniensibus, Radulfo de Warravill', canonico Wellensi, Magistro Willelmo de Cantia, Ricardo de Oxonia, Willelmo de Tintehell et Olivero de Chedneto clericis· Data per manum Thome de Fiskertone capellani, canonici Lincolniensis, apud domum fratrum Militie Templi juxta Widm[   ], pridie idus Augusti, pontificatus nostri anno xii.

[*Grant by Cecilia, Abbess of St. Mary de la Pré, to Walter, clerk of the late John de Tynemue, Archdeacon of Oxford, of food and clothing for life.*]

Universis, etc., Cecilia dicta Abbatissa sancte Marie de Pratis extra Norhamton' omnisque ejusdem loci conventus salutem in domino. Noverit universitas vestra nos divine pietatis intuitu dedisse et concessisse et hac presenti carta nostra confirmasse dilecto clerico nostro Waltero, clerico quondam Magistri J. de

---

[1] Omitted by the scribe.

Tinemua Archidiaconi Oxon', victum et vestitum honorabiliter et competenter in domo nostra omnibus diebus vite sue, qui in abbathia nostra pro animabus antecessorum Radulfi, clerici quondam predicti Archidiaconi, et pro anima dicti J. de Tynemua et pro cunctis fidelibus, quamdiu vixerit, celebrabit. Hiis testibus, Rogero decano Norhamt', Magistro W. de Lindes', Jacobo et Johanne capellanis de Langeford', Johanne diacono, Jurdano de Bureforde.

[*The institution of Laurence de Stanewig' to the church of Ashley; Sept. 27, 1221.*]

ESLE.—Omnibus, etc. Noverit universitas vestra nos ad presentationem Abbatis et conventus de Pippewell, dilectum in Christo filium Magistrum Laurencium de Stanewig', clericum, ad ecclesiam de Esle admisisse, ipsumque in ea canonice personam instituisse; salvis etc. Quod ut, etc. Hiis testibus, Matheo Archidiacono Oxon', Magistro Stephano de Cicestria canonico Lincolniensi, Magistro Nicholao de Evesham canonico Wellensi, Willelmo [de][1] Winchelcumba, Willelmo [de][2] Tinthill', Ricardo de Oxonia et Olivero de Chedneto clericis. Data per manum Thome de Fiskerton capellani, canonici Lincolniensis, apud Kildeb[y], quinto kalendas Octobris.

[*The institution of Peter de Wakering' to the church of Rockingham; Nov. 22, 1221; see p. 105.*]

ROKINGHAM.—Omnibus, etc. Noverit universitas vestra nos ad presentationem domini Regis Henrici dilectum in Christo filium Petrum de Wakering', clericum, ad ecclesiam de Rokingham admisisse ipsumque in ea canonice personam instituisse; salvis, etc. Quod ut, etc. Hiis testibus, domino Joscelino Bathoniensi Episcopo, Magistro Willelmo de Lincolnia canonico Lincolniensi, Rogero capellano, Radulfo de Warrevill' et Gileberto de Dulting' canonicis Wellensibus, Willelmo de Winchelcumba, Ricardo de Oxonia et Olivero de Chedneto clericis. Data per manum Thome de Fiskerton' capellani, canonici Lincolniensis, apud Dorkecestriam decimo kalendas Decembris pontificatus nostri anno duodecimo.

---

[1] Omitted by the scribe. [2] Omitted by the scribe.

[*The institution of Bernard, clerk of the Legate, to the church of Charwelton; June 7, 1221.*]

CHEREWELTON.—Omnibus has litteras visuris et audituris, etc. Mandatum venerabilis patris domini Legati suscepimus in hec verba:—"Venerabili in Christo patri, etc. Cum ecclesiam de Chereweltone vestre diocesis, que fuit bone memorie Uliani, senescalli Abbatis Westmonasterii, dilecto filio Magistro Bernardo, clerico meo, ipsius litteratura et scientia pensatis, canonice duximus conferendam, monemus paternitatem vestram, presentium vobis auctoritate mandantes, quatinus dictum Magistrum in corporalem ipsius ecclesie possessionem faciatis induci, salvo per omnia jure veri patroni ejusdem ecclesie. Contradictores autem si qui fuerint vel rebelles monitione premissa per censuram ecclesiasticam compescatis. Dat' apud Radingiam, iiii Nonas Junii." Hujus igitur auctoritate mandati prefatum Magistrum Bernardum in corporalem illius ecclesie possessionem per archidiaconum loci fecimus induci. Data per manum Thome de Fiskerton capellani, canonici Lincolniensis, apud Norhamtoniam vii idus Junii, pontificatus nostri anno xii.

[*On the dorse :—*]
[*Grant by the Bishop to Robert Abbe of the custody of the land and heir of John de Halyahc; Mar. 31, 1221.*]

CARTA ROBERTI ABBE DE DRAYTON' SUPER CUSTODIA WILLELMI DE HALIACH.—Omnibus [etc.]. Sciatis nos concessisse, dedisse et presenti carta nostra confirmasse Roberto Abbe de Drayton' custodiam Willelmi filii et heredis Johannis de Halyahc et terre ipsius Johannis quam de nobis tenuit in Haliach cum pertinentiis, salva dote uxoris sue quamdiu vixerit et salvo servicio nostro. Concessimus etiam predicto Roberto maritagium ipsius Willelmi, ubi non disparagietur. Et in [etc., sealing]; hiis testibus, Petro de Bathonia, Willelmo capellano de Lidintone, Roberto de Brinchirst', Willelmo filio ejus, Hugone de Haliach, Roberto filio Willelmi de Meldeburne, Willelmo fratre ejus, Willelmo filio Roberti, Roberto le Saus[er], Ricardo filio Willelmi, Laurencio clerico et aliis. Data per manum Thome de Fiskerton capellani, canonici Lincolniensis, apud Lidintone, ii kalendas Aprilis, pontificatus nostri anno xii.

[*A relaxation of 10 days of penance to all travellers who give alms for the repair of Wansford bridge; July 30, 1221.*]

CARTA PONTIS DE WALMESFORDE.—H. Dei gratia Lincolniensis Episcopus dilectis in Christo filiis universis tam clericis quam laicis per Lincolniensem diocesim constitutis salutem in Domino. Volentes vos ad opera caritatis invitare, quo citius gaudia repromissa percipiatis, devotionem vestram monemus et attentius exhortamur in Domino, quatinus ad reparationem pontis de Walmesforde, cum vos ibi transire contigerit, aliquid de bonis vestris caritative conferatis. Nos autem de Dei misericordia confisi, omnibus vobis qui per dictum pontem transieritis et elemosinas vestras ibidem contuleritis, confessis et vere penitentibus, de injuncta vobis penitentia x dies relaxamus. Hanc autem relaxationis nostre gratiam concedimus per biennium duraturam et extra villam de Walmesforde non valituram. Data per manum Thome de Fiskerton' capellani, canonici Lincolniensis, apud Lidintone, tertio kalendas Augusti, pontificatus nostri anno xii.

[*Notice that all the property of a crusader, Hugh de Bolonia, knight, has been taken into the Bishop's protection.*]

HUGO DE BOLONIA.—Omnibus, etc. Noverit universitas vestra nos omnia bona Hugonis de Bolonia militis crucesignati in diocesi nostra consistentia sub Dei et ecclesie et nostra protectione juxta privilegium crucesignatorum suscepisse. Et in [etc., sealing].

[*On the face :—*]
ANNUS TERTIUSDECIMUS.
[*The institution of William de Eswell' to the church of Sudborough ; Jan. 24, 1222; see p. 105.*]

SUDBURG'.—Omnibus [etc.]. Noverit universitas vestra nos ad presentationem dilectorum in Christo Abbatis et conventus Westmonasterii, patronorum ecclesie de Sudburg', dilectum in Christo filium Willelmum de Eswell', clericum, ad eandem ecclesiam admisisse ipsumque in ea canonice personam instituisse, salva Sans[oni] de Eswell', clerico, vicaria sua quam habet in eadem, qui totam illam ecclesiam possidebit quoad vixerit solvendo inde dicto W. tanquam persone duos solidos annuos, nomine pensionis ; salvis [etc.]. Quod ut [etc., sealing], hiis testibus, Roberto Huntingdonie, J. Bedefordie et Hugone Stowe Archidiaconis, Magistris Ada de Sancto Edmundo et Willelmo de Lincolnia, canonicis Lincolniensibus, Magistris Willelmo de Cantia, Nicholao de Evesham et Amaurico de Bugedene, Willelmo de Winchelcumba et Olivero de Chedneto, clericis. Data per manum Thome de Fiskertone capellani, canonici Lincolniensis, apud Vetus Templum Londinie, nono kalendas Februarii, pontificatus nostri anno xiii.

[*The institution of William de Scotere to the church of Tinwell, Rutland; Mar. 27, 1222; see p. 106.*]

TINEWELLE.—Omnibus, etc. Noverit universitas vestra nos ad presentationem dilectorum in Christo filiorum Abbatis et conventus de Burgo, patronorum ecclesie de Tinewelle, dilectum in Christo filium Magistrum W. de Scotere, clericum, ad eandem admisisse ipsumque in ea canonice personam instituisse, salva dictis Abbati et conventui debita et antiqua pensione de eadem ecclesia; salvis, etc. Quod ut, etc. Hiis testibus, R. Archidiacono Huntingdonie, Magistro W. de Lincolnia et R. de Waravill', canonicis Lincolniensibus, Magistris Willelmo de Cantia, Rogero de Lacok', et Amaurico de Bugendene, Willelmo de Winchecumba, Olivero de Chedneto et Ricardo de Oxonia, clericis. Data per manum Thome de Fiskertone, capellani, canonici Lincolniensis, apud Burg', vi kalendas Aprilis, pontificatus nostri anno xiii.

[*The institution of Adam de Ivelcestr' to the church of Stoke Bruerne; June 11, 1222; see p. 106.*]

STOK'.—Omnibus, etc. Noverit universitas vestra nos ad presentationem domini Willelmi Briwerr', patroni ecclesie de Stok', dilectum in Christo filium Adam de Ivelcestr', clericum, ad eandem ecclesiam admisisse ipsumque in ea canonice personam instituisse, salvis, etc. Quod ut, etc. Hiis testibus, Roberto de Huntingdonia, Adam de Oxonia, et Johanne de Bedefordia Archidiaconis, Magistro Willelmo de Lincolnia, Petro de Bathonia, et Radulfo de Waravill', canonicis Lincolniensibus, Magistris Willelmo de Cantuaria et Rogero de Lacok', Olivero de Chedneto, clerico. Data per manum Thome de Fiskertone, capellani, canonici Lincolniensis, apud Vetus Templum, Londinie, tertio idus Junii pontificatus nostri anno xiii.

[*The institution of Elyas, chaplain, to the vicarage of Harringworth; July 11, 1222.*]

HARINGEWURTH'.—Omnibus, etc. Noverit universitas vestra nos ad presentationem Abbatisse et monialium de Elnestowe dilectum in Christo filium Helyam, capellanum, ad perpetuam vicariam ecclesie de Haringewrth' admisisse ipsumque in ea canonice perpetuum vicarium instituisse. Consistit autem dicta vicaria in toto altaragio et in decimis garbarum de duabus virgatis terre ad ecclesiam pertinentibus et in manso a parte boreali ecclesie, quod Robertus clericus diebus suis extremis tenuit. Vicarius vero solvet synodalia et moniales hospitium Archidiaconi procurabunt; salvis, etc. Quod ut, etc. Hiis testibus, Magistris Willelmo de Lincolnia, Nicholao de Evesham et Radulfo de Waraville, canonicis Lincolniensibus, Magistro Amaurico de Bugeden', Willelmo de Winchcumba et Olivero de Chedneto, clericis. Data per manum Thome de Fiskerton, capellani, canonici Lincolniensis, apud Lidintone, v idus Junii pontificatus nostri anno xiii.

[*The institution of Ralf de Bleibuir' to the church of Syresham; see p. 108.*]

SIRESHAM.—Omnibus, etc. Noverit universitas vestra nos ad presentationem dilectorum in Christo filiorum Abbatis et conventus Leicestrie, patronorum ecclesie de Siresham, dilectum in Christo filium Radulfum de Bleibuir', clericum, ad eandem ecclesiam admisisse ipsumque in ea canonice personam instituisse, salva de eadem ecclesia dictis Abbati et conventui debita et antiqua pensione; salvis, etc. Quod ut, etc. Testibus et data, ut supra in carta de Haliwelle in archidiaconatu Huntingdonie.

[*The Bishop grants to the Prior and Convent of St. Andrew, Northampton, a pension of four marks a year from the church of St. Peter, Northampton, in addition to a pension of six marks, which they previously received; Nov. 25, 1222.*]

ECCLESIA SANCTI PETRI NORHAMTONIE.—Omnibus, etc. Noverit universitas vestra nos de assensu Rogeri decani et capituli nostri Lincoln' dedisse et concessisse dilectis in Christo filiis Priori et conventui Sancti Andree Norhamtonie quatuor marcas annuas nomine perpetui beneficii de ecclesia Sancti Petri Norhamtonie, post decessum Magistri Roberti de Bathonia nunc rectoris ejusdem ecclesie per manum ejus qui pro tempore fuerit persona in eadem in perpetuum percipiendas una cum sex marcis annuis quas prius de eadem ecclesia perceperunt et quas sex marcas dictus Robertus quoadvixerit eis de eadem ecclesia nomine perpetui beneficii persolvet; salvis, etc. Quod ut [etc. sealing], hiis testibus, Rogero decano, Galfrido precentore, Ricardo cancellario, Johanne subdecano, Roberto Huntingdonie et Hugone Stowe Archidiaconis, Magistris Willelmo filio Fulconis, Gileberto de Scardeburg' et Ricardo' de Lindwod', Rogero de Bristollia, Roberto de Wassingeburge et Stephano de Cicestria, Petro de Hungeria, Willelmo de Avalon', Magistris Willelmo de Cantia et Amaurico de Bugendene, Petro de Bathonia et Petro de Cheuremunt, canonicis Lincolniensibus. Data per manum Oliveri de Chedney, clerici, in capitulo Linc' apud Lincolniam; septimo kalendas Decembris pontificatus nostri anno terciodecimo.

[*The grant to Eynsham Abbey of the appropriation of the church of Whitfield; Nov. 25, 1222.*]

WHITEFELD.—Omnibus, etc. Noverit universitas vestra nos de assensu Rogeri decani et capituli nostri Linc' dedisse et concessisse dilectis in Christo filiis Abbati et conventui Egneshamie ecclesiam de Whitefelde cum pertinentiis in proprios usus habendam et in perpetuum possidendam, salva perpetua vicaria in eadem ecclesia juxta constitutionem concilii provincialis apud Oxoniam sub venerabili patre domino Stephano Cantuariensi Archiepiscopo, totius Anglie primati, et Sancte Romane ecclesie Cardinali, celebrati per nos ordinanda. Vicarius autem dicte ecclesie sinodalia solvet, et dicti monachi hospitium Archidiaconi procurabunt; salvis, etc. Quod ut [etc. sealing], hiis testibus. Data ut supra in proxima carta.

[*In the margin:*—]Hec nondum tradita est, sed est in scriniis domini Episcopi.

[*On the dorse:*—]
[*The institution of Thomas de Fiskerton to the church of St. Peter, Northampton.*]

Omnibus, etc. Noverit universitas vestra nos ad presentationem delectorum in Christo filiorum Prioris et conventus Sancti Andree Norhamtonie dilectum in Christo filium Thomam de Fiskertone capellanum ad ecclesiam Sancti Petri Norhamtonie admisisse, ipsumque in ea canonice personam instituisse. Et in hujus rei testimonium, etc.

[*On the face:*—]
ANNUS QUARTUS DECIMUS.

[*The institution of Peter de Bathonia to the church of St. Peter, Northampton; Jan. 23, 1223; see p. 108.*]

ECCLESIA SANCTI PETRI NORHAMTONIE.—Omnibus, etc. Noverit universitas vestra nos ad presentationem Prioris et conventus Sancti Andree Norhamtonie, patronorum ecclesie Sancti Petri de Norhamtonia, dilectum in Christo filium Magistrum Robertum de Bathonia, clericum, ad eandem ecclesiam cum omnibus pertinentiis suis admisisse ipsumque in ea canonice personam instituisse, salvis dictis Priori et conventui quatuor marcis annuis post mortem dicti Magistri Roberti de Bathonia de ipsa ecclesia per manum ejus, qui pro tempore persona fuerit in eadem, nomine perpetui beneficii in perpetuum percipiendis, una cum sex marcis annuis quas prius de eadem ecclesia percipere consueverunt ; et quas sex marcas dictus Robertus quoadvixerit eis de eadem ecclesia nomine perpetui beneficii persolvet ; salvis, etc. Quod ut [etc. sealing]. Hiis testibus, Magistro Rogero de Laccok, Petro de Bathonia, et Radulfo de Warevill', canonicis Lincolniensibus, Willelmo de Winchecumba, Ricardo de Oxonia, Martino de Estone, Philippo de Langeport' et Johanne de Bannebire, clericis. Data per manum Oliveri de Chedneto, clerici, apud Bannebire, decimo kalendas Februarii, anno pontificatus nostri xiiii.

[*The institution of William de Lincolnia to the church of Stanford; Mar. 1, 1223.*]

STANFORD.—Omnibus, etc. Noverit universitas vestra nos ad presentationem Abbatis et conventus de Seleby, patronorum ecclesie de Stanforde, dilectum in Christo filium Magistrum Willelmum de Lincolnia ad eandem ecclesiam admisisse ipsumque in ea canonice personam instituisse, salvis, etc. Quod ut, etc. Hiis testibus, Magistris Willelmo de Cantuaria, Willelmo de Lincolnia, Nicholao de Evesham et Rogero de Laccock' et Radulfo de Warevill', canonicis Lincolniensibus, Philippo de Langeporte et Johanne de Bannebire, clericis. Data per manum Oliveri de Chedneto, clerici, apud Cildesby, kalendis Martii, pontificatus nostri anno xiiii.

[*Grant to the Abbot and Convent of St. James, Northampton, of a pension of 10s. from the church of Litchborough, in addition to their previous pension; see p. 110.*]

CARTA ABBATIS ET CONVENTUS SANCTI JACOBI NORHAMTONIE.—Omnibus, etc. Noverit universitas vestra nos de assensu Willelmi decani et capituli nostri Linc' dedisse et concessisse dilectis in Christo filiis Abbati et conventui Sancti Jacobi Norhamtonie decem solidos annuos de ecclesia de Licheberw' per manum Johannis de Bannebir' persone ejusdem ecclesie et successorum suorum nomine perpetui beneficii percipiendos, una cum decem solidis annuis quos dicti Abbas et conventus prius de eadem ecclesia percipere consueverunt, scilicet ad festum Sancti Michaelis decem solidos et ad Pascha decem solidos ; salvis, etc. Quod ut [etc. sealing.] Testibus et data, ut supra in carta de Burringham in archidiaconatu Stowe.

[*The institution of Nicholas de Breaute to the church of Geddington; see p. 110.*]

GEIDINTONE.—Omnibus, etc. Noverit universitas vestra nos ad presentationem domini Regis, patroni ecclesie de Geidinton', dilectum in Christo filium Nicholaum de Breaute clericum ad eandem ecclesiam cum omnibus pertinentiis suis admisisse ipsumque in ea canonice personam instituisse, salvis, etc. Quod ut, etc. Testibus et data, ut in carta de Wilden' in archidiaconatu Bedefordie.

[*The institution of Humphrey de Millers to the church of Overstone; May 22, 1223; see p. 107.*]

OVESTON'.—Omnibus, etc. Noverit universitas vestra nos ad presentationem Willelmi de Millers, militis, patroni ecclesie de Oveston', dilectum in Christo filium Magistrum Humfredum de Millers clericum ad eandem ecclesiam admisisse, ipsumque in ea canonice personam instituisse, salvis, etc. Quod ut, etc. Hiis testibus, Willelmo Archidiacono Wellen', Ada Archidiacono Oxon', Magistris Willelmo de Cantuaria, Willelmo de Lincolnia, Nicholao de Evesham, Amaurico de Buggedene, canonicis Lincolniensibus. Data per manum Oliveri de Chedneto, clerici, apud Vetus Templum Londiniarum, xi kalendas Junii, pontificatus nostri anno xiiii.

[*The institution of Martin, chaplain, to the vicarage of Ashby St. Ledgers; Sept. 2, 1223.*]

ESSEBY.—Omnibus, etc. Noverit universitas vestra nos ad presentationem Prioris et canonicorum de Landa sancti Leodegari dilectum in Christo filium Martinum, cappellanum. ad perpetuam vicariam ecclesie de Esseby admisisse, ipsumque in ea canonice perpetuum vicarium instituisse. Et consistit dicta vicaria in toto altaragio ejusdem ecclesie et tertia parte decime garbarum de dominicis Johannis de Granford et Leodegari de Dyva et in decimis garbarum unius virgate terre et dimidie, quas Ricardus de

Harwedone tenet, et in manso quod dicti Prior et canonici habent ex donatione Hugonis Heredis. Idem autem vicarius solvet sinodalia tantum et predicti prior et canonici hospicium archidiaconi procurabunt, salvis, etc. Quod ut, etc. Hiis testibus, Magistro Rogero de Laccock' et Radulfo de Wareville, canonicis Lincolniensibus, Johanne de Tantone et Galfrido, cappellanis, Ricardo de Oxon', Philippo de Langeport et Johanne de Bannebire, clericis. Data per manum Oliveri de Chedneto, clerici, apud Kildesby, quarto nonas Septembris, pontificatus nostri anno quarto decimo.

[*The institution of Edward de Westmonasterio to the church of Ridlington, Rutland; see p. 112.*]

RIDLINGTONE.—Omnibus, etc. Noverit universitas vestra nos ad presentationem domini Willelmi de Cantilupo, patroni ecclesie de Ridlingtone, ratione custodie terre et heredis Turstani de Monte Forti in manu sua existentis, dilectum in Christo filium Edwardum de Westm', subdiaconum, ad eandem ecclesiam admisisse ipsumque in ea canonice personam instituisse; salvis, etc. Quod ut, etc. Testibus et data, ut in carta de Herdewic in archidiaconatu Buckingham'.

[*The conditions under which William de Insula and his heirs are allowed to have a private chapel at their manor house in Brampton Ash; Sept. 29, 1223.*]

BRAUNTONE.—Omnibus, etc. Noverit universitas vestra quod cum Thomas, persona ecclesie de Brauntone, et Prior et conventus Sancti Neoti, patroni ejusdem ecclesie, consenserint ut Willelmus de Insula miles et heredes sui in cappella erigenda infra curiam ipsius Willelmi in Braunton' cantariam habeant, ne ex hoc matrici ecclesie dispendium debeat[1] imminere, volentes ex officii nostri debito indempnitati ejusdem ecclesie quantum in nobis est provideri, providimus et concessimus quod idem Willelmus premissam cappellam erigat in curia sua et ipse et heredes sui cappellanum habeant sumptibus suis ministrantem ibi singulis diebus, per manum Thome et successorum suorum ejusdem ecclesie de Brauntone personarum, ita quidem quod occasione hujus concessionis nostre dictus Willelmus vel heredes sui nichil juris unquam sibi vendicare possint in patronatu dicte cappelle vel in cappellano ibidem ponendo vel amovendo, vel in aliquibus oblationibus et obventionibus dicte cappelle quocumque titulo vel casu provenien-

---

[1] "Dibeat", M.S.

tibus, salva sibi tantum cantaria in eadem, ut diximus; salvis nichilominus visitationibus a dicto Willelmo et familia sua faciendis matrici ecclesie in diebus sollempnibus, prout in carta persone et patronorum plenius continetur; salvis etiam omnibus aliis in utraque dictarum cartarum contentis ad comodum et indempnitatem matricis ecclesie et persone et patroni ejusdem et cappellani dicte ecclesie facientibus. Hec igitur concessimus et presenti scripto confirmavimus, salvis in omnibus, etc. Hiis testibus, Magistro Rogero de Laccock' et Radulfo de Wareville, canonicis Lincolniensibus, Galfrido Scoto cappellano, Willelmo de Winchecumba, Johanne de Herlaua, Philippo de Langeport, Olivero de Chedneto et Johanne de Bannebire, clericis. Data per manum Johannis de Tanton' cappellani apud Buggedene, tertio kalendas Octobris pontificatus nostri anno xiiii.

[*The institution of Elias de Berchamst' to the church of Manton, Rutland; Nov. 4, 1223.*]

MANETON'.—Omnibus, etc. Noverit universitas vestra nos ad presentationem domine Regine, patrone ecclesie de Maneton', dilectum in Christo filium Heliam de Berchamst', clericum, ad eandem ecclesiam admisisse ipsumque in ea canonice personam instituisse; salvis, etc. Quod ut, etc. Hiis testibus, Magistris Rogero de Laccock', Willelmo de Cantuaria, et Radulfo de Wareville, canonicis Lincolniensibus, Galfrido Scoto cappellano, Olivero de Chedneto, Willelmo de Winchecumba, Philippo de Langeport, Johanne de Herlawe et Johanne de Bannebire, clericis. Data per manum Johannis de Tanton', cappellani, apud Tinghurst, pridie nonas Novembris, pontificatus nostri anno xiiii.

[*The institution of Peter, nephew of the Cardinal Deacon of St. Angelus, to the church of Wardley, Rutland, with the consent of the Prior and Convent of Laund; Dec. 19, 1223; see p. 117.*]

WARLEYA.—XIII Kalendas Januarii. Omnibus, etc. Noverit universitas vestra nos ad concessionem Prioris et conventus de Landa, patronorum ecclesie de Warleya, dilecto in Christo filio Petro clerico, nepoti venerabilis patris domini Romani, Sancti Angeli diaconi cardinalis, cui hactenus tenebamur in decem marcis annuis, donec ei in equivalenti vel meliori beneficio ecclesiastico provideremus, predictam ecclesiam de Warleya cum pertinentiis suis concessisse ipsumque in ea personam instituisse, salva dictis priori et conventui de Landa annua pensione unius marce debita et antiqua. Quod ut [etc., sealing]. Actum apud Kildeb' anno pontificatus nostri xiiii.

[*On the dorse:*—]

[*Notification to the King from the Bishop that his verdict is that Hugo de Chastillun and Gunnora de Bray were lawfully married; Nov. 18, 1223.*]

Excellentissimo domino suo H. Dei gratia illustri Regi Anglie, domino Hybernie, duci Normannie, Aquitanie, et comiti Andegavie devotus suus H., divina miseratione Lincolniensis ecclesie minister, humiliter salutem et tam devotam quam debitam cum sincera dilectione reverentiam. Litteras celsitudinis vestre recepimus per quas nobis significastis ut veritatem inquireremus, si inter Hugonem de Chastillun et Gunnoram de Bray mulierem matrimonium fuisset contractum. Nos igitur juris ordine per omnia servato cum nobis de intentione dicte Gunnore sufficienter constitisset, sentencialiter pronuntiavimus matrimonium inter ipsam G. et dictum Hugonem legitime fuisse contractum; sed ab hac sentencia Hugo de Castillun incontinenti ad dominum papam appellavit. Et hoc excellentie vestre per has litteras nostras significamus. Dat' per manum Johannis de Tanton', capellani, apud Bannebire, xiiii kalendas Decembris pontificatus nostri anno xiiii.

[*On the face:*—]

ANNUS QUINTUSDECIMUS.

[*The institution of Peter de Ruddehal' to the church of Kislingbury, Jan. 4, 1224; see p. 115.*]

KYSELINGBIRE.—Omnibus, etc. Noverit universitas vestra nos ad presentationem Galfridi de Armenteres, patroni ecclesie de Kyselingbire, dilectum in Christo filium Petrum de Ruddehal', clericum, ad eandem ecclesiam admisisse ipsumque in ea canonice personam instituisse, salva Thome capellano perpetua vicaria sua quam habet in eadem, qui totam illam ecclesiam tenebit quoad vixerit, reddendo inde dicto P. tanquam persone annuos centum solidos nomine pensionis; salvis, etc. Quod ut, etc. Hiis testibus, Willelmo Archidiacono Stowe, Magistro Amaurico de Bugedene et Rogero de Laccok', canonicis Lincolniensibus, Willelmo de Winchecumba, Ricardo de Oxonia, Roberto de Dunelm', et Johanne de Harl[aua], clericis. Data per manum Johannis de Tantone capellani apud Bugedene, pridie nonas Januarii, pontificatus nostri anno xv.

[*The institution of Robert de Lungeville to the church of All Saints, Aldwinckle; Dec. 25, 1223; see p. 113.*]

OMNIUM SANCTORUM DE ALDEWINCLE.—Omnibus, etc. Noverit universitas vestra nos ad presentationem Henrici de Aldewincle militis, patroni ecclesie Omnium Sanctorum de Aldewincle, dilectum in Christo filium Robertum de Lungeville, subdiaconum, ad eandem ecclesiam admisisse, ipsumque in ea canonice personam instituisse; salvis, etc. Quod ut, etc. Hiis testibus, Magistris Willelmo de Lincolnia et Rogero de Laccok' et Radulfo de Wareville, canonicis Lincolniensibus, Galfrido Scoto cappellano, Willelmo de Winchecumba, Johanne de Herlawe, Philippo de Langeport et Johanne de Bannebire, clericis. Data per manum Johannis de Tantone cappellani apud Vetus Templum Londiniarum, viii kalendas Januarii pontificatus nostri anno xv.

[*The institution of John de Bannebire to the church of Litchborough; July 1, 1224; see p. 110.*]

LICHEBARWE.—Omnibus, etc. Noverit universitas vestra nos ad presentationem dilectorum in Christo filiorum Abbatis et conventus sancti Jacobi Norhamptonie, patronorum ecclesie de Lichesbarwe, dilectum in Christo filium Johannem de Bannebire clericum ad eandem ecclesiam admisisse, ipsumque in ea canonice personam instituisse, salvis dictis Abbati et conventui de eadem ecclesia decem solidis annuis quos de consensu Willelmi decani et capituli nostri Linc' eis de novo contulimus, per manum prefati Johannis et successorum suorum ejusdem ecclesie personarum nomine perpetui beneficii annuatim percipiendis, una cum decem solidis annuis, quos prius de eadem ecclesia percipere consueverunt; salvis etiam, etc. Quod ut, etc. Hiis testibus, Johanne Archidiacono Bedefordie, Theodb[aldo] de Bosell' canonico Lincolniensi, Galfrido Scoto cappellano, Magistro Ricardo de Windeleshor', Willelmo de Winchecumba, Ricardo de Oxon', Johanne de Herl' et Philippo de Langeporte, clericis. Data per manum Johannis de Tantone cappellani apud Eylesbire, kalendis Julii, pontificatus nostri anno xv.

[*The institution of John de Tumpeston' to the church of Warkton; July 4, 1224; see p. 116.*]

WERKETONE.—Omnibus, etc. Noverit universitas vestra nos ad presentationem dilecti in Christo Abbatis sancti Eadmundi, patroni ecclesie de Werketone, dilectum in Christo filium Johannem de Tumpeston', clericum, ad eandem ecclesiam admisisse ipsumque in ea canonice personam instituisse; salvis, etc. Quod ut, etc. Testibus, Johanne Archidiacono Bedefordie, Galfrido Scoto capellano, Magistro Ricardo de Windleshor', Willelmo de Winchecumba, Ricardo de Oxon', Philippo de Langeport, Johanne de Bannebire et Johanne de Herlaue, clericis. Data per manum Johannis de Tantone capellani apud Alnestowe, quarto nonas Julii, anno pontificatus nostri xv.

[*The institution of Luke de Ermingwurthe to the church of Scaldwell; Sept. 13, 1224; see p. 117.*]

SCALDEWELLE.—Omnibus, etc. Noverit universitas vestra nos ad presentationem dilecti nobis in Christo Abbatis sancti Eadmundi, patroni ecclesie de Schaldewelle, dilectum in Christo filium Lucam de Ermingwurthe, capellanum, ad eandem ecclesiam admisisse ipsumque in ea canonice personam instituisse; salvis, etc. Quod ut, etc. Testibus, Magistris Amaurico de Bukedene et Rogero de Lakok' et Radulfo de Wareville, canonicis Lincolniensibus, W. de Winchecumba, Magistro Ricardo de Windlesor', Ricardo de Oxonia, Philippo de Langeporthe et Johanne de Bannebire, clericis. Data per manum Johannis de Tantone cappellani apud Ermingwurthe, idibus Septembris, anno pontificatus nostri xv°.

[*On the dorse:—*]

[*The institution of Luke de Arningworthe to the church of Scaldwell; July 23, 1224; see p. 117.*]

Omnibus Christi fidelibus ad quos presens scriptum pervenerit, Hugo Dei gratia Lincolniensis Episcopus salutem in Domino. Noverit universitas vestra nos ad presentationem dilecti nobis in Christo Abbatis sancti Edmundi, Hugonis secundi, patroni ecclesie de Saldewelle, dilectum in Christo filium Lucam de Arningworthe cappellanum ad eandem ecclesiam admisisse, ipsumque in ea canonice personam instituisse, salvis, etc. Et in hujus, etc. Data per manum Johannis de Tantone capellani apud Alnestowam decimo kalendas Augusti anno pontificatus nostri xv.

[*Grant of a relaxation of ten days of penance to all travellers who give alms for the repair of Thrapston bridge; Aug. 2, 1224.*]

Omnibus, etc. Hugo Dei gratia, etc. Quoniam inter opera

caritatis ea valde meritoria reputantur que pia devotione fidelium ad pupplicam conferuntur utilitatem, universitatem vestram rogandam duximus, monendam et exhortandam in Domino, quatinus cum vos per pontem de Trapstone transitum facere contigerit, ad constructionem et conservationem ejusdem de bonis vobis a Deo collatis aliquid misericorditer erogetis. Nos autem de misericordia Dei confidentes omnibus nostre diocesis et aliis, quorum diocesani hanc nostram relaxationem ratam habuerint, per predictum pontem transeuntibus et elemosinas ibidem pie conferentibus, confessis et vere penitentibus, de injuncta sibi penitentia decem dies relaxamus, concedentes hanc nostre relaxationis graciam per unum annum duraturam, et prohibentes ne nuntius vel predicator cum hiis litteris nostris patentibus mittatur ad predictas elemosinas colligendas. Data per manum Johannis de Tantone capellani apud Alnestowe quarto nonas Augusti anno pontificatus nostri xv.

[*The institution of Thomas de Insula to the vicarage of Brockhall; Aug. 27, 1224; see p. 118.*]

LITTERE JOHANNIS WACK'.—Omnibus, etc. Noverit universitas vestra nos ad presentationem dilecti filii Johannis Wak' persone ecclesie de Brochol' factam de consensu Prioris et conventus de Brummore dilectum in Christo filium Magistrum Thomam de Insula, clericum, ad perpetuam ipsius ecclesie de Brochol' vicariam admisisse ipsumque in ea canonice vicarium perpetuum instituisse, qui totam ipsam ecclesiam tenebit quamdiu vixerit, reddendo inde dicto J. et successoribus suis ejusdem ecclesie personis duas marcas annuatim. Et in, etc. Data per manum Johannis de Tanton cappellani apud Spaldewic, vi kalendas Septembris pontificatus nostri anno xv.

LITTERE PRIORIS BRUMMORE.—Omnibus, etc. Noverit universitas vestra nos de consensu Prioris et conventus de Brummore ad presentationem dilecti filii Johannis Wack' persone ecclesie de Brochol' dilectum in Christo filium Magistrum Thomam de Insula, etc., ut supra in carta proxima.

[*The Bishop gives permission that collections should be made in the archdeaconry for the building of Salisbury Cathedral, and grants a relaxation of 20 days of penance to all who contribute; Oct. 2, 1224.*]

Hugo Dei gratia Lincolniensis Episcopus dilectis in Christo filiis Archidiacono Norhamptonie et Officiali, decanis, personis, vicariis, capellanis per archidiaconatum Norhamtonie constitutis, salutem, gratiam et benedictionem. Noveritis nos de assensu Willelmi decani et capituli nostri Linc' concessisse venerabili fratri R., Saresbiriensi Episcopo et capitulo suo quod mittant nuntios suos predicatores per totum archidiaconatum Norhamptonie ad querendum elemosinas de largitate et devotione fidelium eis conferendas ad fabricam nove ecclesie Saresbiriensis, vobis mandantes et firmiter injungentes quatinus ipsos predicatores, cum propter hoc ad vos venerint, beninge suscipiatis, eosdem in prefato negotio tam liberaliter quam efficaciter promoventes. Nos autem de Dei misericordia confisi omnibus nostre diocesis et aliarum diocesum, quorum diocesani id ratum habuerint, suas elemosinas ad dictam fabricam conferentibus, confessis et vere penitentibus, de injuncta sibi penitentia viginti dies relaxamus, concedentes hanc predicationem et relaxationis nostre graciam a festo Sancti Luce ewangeliste proximo veniente per annum duraturam. Data per manum Johannis de Tantone cappellani apud Bannebire, ii die Octobris pontificatus nostri anno xv.

[*On the face* :—]
ANNUS SEXTUSDECIMUS.
[*The institution of Walkelin de Norhamptonia to the church of Harpole, see p. 117.*]

HORPOLL'.—Omnibus, etc. Noverit universitas vestra nos ad presentationem Roberti de Salceto militis, patroni ecclesie de Horpoll', dilectum in Christo filium Walkelinum de Norhamptonia, clericum, ad eandem ecclesiam admisisse, ipsumque in ea canonice personam instituisse, salvis, etc. Quod ut, etc. Testibus et data ut in carta de Holewelle in archidiaconatu Bedefordie.

[*The institution of Geoffrey de Wulwarde to the church of Hannington; see p. 118.*]

HANINTONE.—Omnibus, etc. Noverit universitas vestra nos ad presentationem Magistri Prioris et conventus de Sempingham, patronorum ecclesie de Hanintone, dilectum in Christo filium Galfridum de Wulwarde, clericum, ad eandem, etc., ipsumque, etc.; salvis, etc. Testibus et data ut supra carta proxima.

[*The institution of Thomas de Insula to the vicarage of Brockhall; Jan. 20, 1225; see p. 118.*]

BROCHOLL' VICARIA.—Omnibus, etc. Noverit universitas vestra nos ad presentationem Johannis Wak' persone ecclesie de

Brochol' factam de consensu Prioris et conventus de Brummore dilectum in Christo filium Magistrum Thomam de Insula, clericum, ad vicariam ejusdem ecclesie admisisse, ipsumque in ea canonice vicarium perpetuum instituisse; qui[1] quidem totam illam ecclesiam nomine vicarie sue possidebit, quoad vixerit, reddendo inde dicto Johanni et successoribus suis ejusdem ecclesie personis duas marcas annuas nomine pensionis; salvis, etc. Quod ut, etc. Hiis testibus, M. Archidiacono Buckingham, W. Archidiacono Well', et Radulfo de Waraville, canonico Lincolniensi, Magistro Ricardo de Windlesores, Willelmo de Winchecumba, Ricardo de Oxonia, Philippo de Langeport, Johanne de Bannebire et Roberto de Aketon', clericis. Data per manum Johannis de Tantone, capellani, canonici Lincolniensis, apud Bukedene xiii kalendas Februarii pontificatus nostri anno sexto decimo.

[*The institution of Bartholomew de Kanville to the church of Edith Weston, Rutland; Mar. 27, 1225; see p. 119.*]

WESTONA.—Omnibus etc. Noverit universitas vestra nos ad presentationem dilectorum in Christo Abbatis et conventus de Baskerville, patronorum ecclesie de Westona, dilectum in Christo filium Bartholomeum de Kanville, cappellanum, ad eandem ecclesiam admisisse ipsumque etc. Quod ut etc. Hiis testibus, Magistris Willelmo de Lincolnia, Rogero de Lakok' et Amaurico de Buggedene et Radulfo de Waraville, canonicis Lincolniensibus, Willelmo de Winchecumba, Ricardo de Oxonia, Philippo de Langeport, Johanne de Bannebire et Roberto de Aketone, clericis. Data per manum Johannis de Tanton, cappellani, canonici Lincolniensis, apud Lincolniam, vi kalendas Aprilis anno pontificatus nostri xvi.

[*The institution of William de Westwelle to the church of Cosgrove; Ap. 11, 1225; see p. 121.*]

COVESGRAVE.—Omnibus etc. Noverit universitas vestra nos ad presentationem dilecti nobis fratris Roberti de Diva, Prioris fratrum Hospitalis Jerosolimitani in Anglia, patroni ecclesie de Covesgrave, dilectum in Christo filium Willelmum de Westwelle, clericum, ad eandem ecclesiam admisisse, ipsumque in ea canonice personam instituisse, salvis etc. Quod ut etc. Hiis testibus, Willelmo Archidiacono Wellensi, Magistris Willelmo de Lincolnia

---

[1] "Quod", MS.

et Rogero de Laccok, canonicis Lincolniensibus, Willelmo de Winchecumbe, Ricardo de Oxon', Philippo de Langeport, Roberto de Aketone, et Johanne de Bannebire, clericis. Data per manum Johannis de Tantone, cappellani, canonici Lincolniensis, apud Vetus Templum Londiniarum tertio idus Aprilis, pontificatus nostri anno xvi.

[*The institution of Adam de Sancta Brigida to the church of Walgrave; Aug. 25, 1225; see p. 123.*]

WALDEGRAVE.—Omnibus etc. Noverit universitas vestra nos ad presentationem dilectorum filiorum Prioris et conventus de Daventria, patronorum ecclesie de Waldegrave, dilectum in Christo filium Magistrum Adam de Sancta Brigida ad eandem ecclesiam admisisse, ipsumque, etc.; salvis etc. Quod ut etc. Hiis testibus, Willelmo Archidiacono Wellensi, Magistro Rogero de Lakok' et Radulfo de Waraville, canonicis Lincolniensibus, Magistro Ricardo de Kancia, cappellano, Willelmo de Winchecumba, Ricardo de Oxon', Philippo de Langeport, Johanne de Bannebire et Roberto de Aketone, clericis. Data per manum Johannis de Tantone, capellani, canonici Lincolniensis, apud Tinghurst, viii kalendas Septembris, pontificatus nostri anno xvi.

[*The institution of Ralph de Silvanectis to the church of Morcott, Rutland; see p. 120.*]

MORCOTA.—Omnibus etc. Noverit universitas vestra nos ad presentationem Simonis de Silva Nect[is] factam ratione custodie terre et heredis Ricardi Balistarii dilectum in Christo filium Radulfum de Silva Nect', clericum, ad ecclesiam de Morecott' admisisse, ipsumque, etc.; salvis etc. Quod ut etc. Testibus et data ut in carta de Broctone in archidiaconatu Oxon.

[*The institution of Robert de Aketone to the church of Aston-le-Walls; see p. 133.*]

ESTONA.—Omnibus etc. Noverit universitas vestra nos ad presentationem Prioris et conventus de Chaucumbe, patronorum ecclesie de Estone, dilectum in Christo filium Robertum de Aketone, clericum, ad eandem ecclesiam admisisse, ipsumque etc., salva eisdem Priori et conventui annua xl solidorum pensione; salvis etc. Quod ut etc. Testibus et data, ut in carta de Parva Karletone in archidiaconatu Stouwe.

[*The institution of John de Stokes to the church of Etton; see p. 121.*]

ETTONA.—Omnibus etc. Noverit universitas vestra nos ad presentationem Roberti de Stokes, militis, patroni ecclesie de Ettone, dilectum in Christo filium Johannem de Stokes, clericum, ad eandem ecclesiam admisisse, ipsumque etc. ; salvo Ricardo, capellano, jure suo si quod habet in ejusdem ecclesie vicaria ; salvis etc. Quod ut etc. Testibus et data, ut supra, carta proxima.

[*The institution of Ralph le Walais to the church of Glaston, Rutland; see p. 123.*]

GLASTONA.—Omnibus etc. Noverit universitas vestra nos ad presentationem Prioris et conventus de Landa, patronorum ecclesie de Glastone, dilectum in Christo filium Radulfum le Walais, clericum, ad eandem ecclesiam admisisse, ipsumque etc. ; salvis etc. Quod ut etc. Testibus et data, ut supra, carta proxima.

[*The institution of Peter de Irincestr' to the church of Abington; see p. 124.*]

ABINTONA.—Omnibus etc. Noverit universitas vestra nos ad presentationem domine Isabelle de Lysuris, patrone ecclesie de Abintone, dilectum in Christo filium Petrum de Yrencestr', clericum, ad eandem ecclesiam admisisse, ipsumque etc. ; salvis etc. Quod ut etc. Testibus et data, ut supra, carta proxima.

ANNUS SEPTIMUS DECIMUS.

[*The institution of Robert de Botindone to the vicarage of Boddington; see p. 125.*]

VICARIA DE BOTINDONE.—Omnibus etc. Noverit universitas vestra nos ad presentationem dilecti filii Rogeri, cappellani, rectoris ecclesie de Botindone, interveniente Prioris et conventus de Neuporte duarum partium ipsius ecclesie patronorum assensu, dilectum in Christo filium Robertum de Botindone, diaconum, ad perpetuam ejusdem ecclesie vicariam admisisse ipsumque in ea canonice vicarium perpetuum instituisse cum onere in officio sacerdotali ministrandi personaliter in eadem ; qui quidem totam illam portionem quam Hugo frater ejus tenuit ibidem tenebit quoad vixerit, reddendo inde dicto Rogero et successoribus suis ejusdem ecclesie personis tresdecim marcas annuas nomine pensionis ; et sustinebit omnia onera ordinaria illius ecclesie, debita et consueta, salvis etc. Quod ut etc. Testibus et data, ut in carta de Stiueleya in archidiaconatu Bucking'.

[*The institution of Guy de Aricio to the church of Moreton Pinkney; see p. 129.*]

GILDENE MORTONE.—Omnibus etc. Noverit etc., quod cum mandatum reverendi patris et domini nostri Honorii Pape tertii recepissemus de conferendis viginti marcis sterlingorum nomine beneficii Magistro Guidoni de Aricio annuatim de camera nostra, donec provideremus eidem in beneficio ecclesiastico ampliori, nos de assensu Prioris et conventus de Esseby, patronorum ecclesie de Geldene Morthone, eandem ecclesiam assignavimus dicto Magistro G., et ipsum in ea personam instituimus etc., ut in rotulo cartarum archidiaconatus Oxon' ejusdem anni plene poterit inveniri. De hoc etiam negotio scriptum est ex parte opposita.

[*The ordinance of the Bishop about the church of Weldon; Mar. 20, 1226; see also p. 108.*]

CARTA CANONICORUM DE LANDA SUPER ECCLESIA DE WELEDONE.—Omnibus etc. Noverit etc., quod nos de consensu Prioris et conventus de Landa, patronorum ecclesie de Welledune et medietatem tam decime garbarum quam terre ejusdem in propriis usibus habentium, Willelmo etiam capellano totius alterius medietatis persona consentiente, cupientes utriusque partis tranquillitati et paci provideri in posterum, super eadem ecclesia ita ordinavimus, videlicet quod medietas alteragii, que in partem vicarii prius cessit, de cetero simul cum alia medietate cedet in partem dicti Willelmi et successorum suorum ejusdem ecclesie personarum, ita quod totum alteragium habebunt cum integritate. Decime etiam de lapifodinis, sepis et molendinis, quando dabuntur, integre cedent in partem personarum; qui quidem omnia onera illius ecclesie ordinaria, debita et consueta, sustinebunt; et solvent dictis canonicis quatuor marcas annuas, duas ad Pascha et duas ad festum sancti Michaelis, duas scilicet de medietate alteragii que prius cessit in partem vicarii, et duas quas de altera medietate totius ecclesie prius percipere consueverunt. De extraordinariis vero oneribus, si emerserint, predicti canonici proportionaliter pro sua rata respondebunt. Habebunt etiam idem W. et successores sui, ejusdem ecclesie persone, capellanum socium suis sumptibus, qui in ecclesia illa simul cum ipsis in officio sacerdotali continue ministrabit. Ordinavimus etiam quod quotienscumque personatum predictum vacare contigerit, predicti patroni capellanum idoneum nobis et successoribus nostris successive presentabunt admittendum et in ecclesia sepedicta canonice personam instituendum, qui ut dictum est capellanum habebit socium in ea continue ministrantem; salvis etc. Ut autem hec ordinatio nostra rata et inconcussa permaneat, eam de consensu dilectorum filiorum W. Decani et capituli nostri Linc' confirmavimus et sigillo nostro una cum sigillo predicti capituli nostri communivimus. Hiis testibus, W. decano, J. precentore, Ricardo cancellario, Johanne subdecano, Roberto Lincolnie et W. Stouwe archidiaconis, Magistris G. de Scardeburg', Waltero Blundo, Roberto de Gravel', Stephano de Cycestria, et Theobaldo de Cantia, Rogero de Bristoll', et Roberto de Wassingbourne capellanis, Willelmo de Avalon', Magistris W. de Lincolnia et Amaurico de Buggedene, Roberto de Brincl' et Waltero de Well', Petro de Chevremunt, Rogero de Bohun' et Willelmo de Winchecumbe, canonicis Lincolniensibus. Data per manum Radulfi de Waraville, canonici Lincolniensis, apud Lincolniam in capitulo, tertio decimo kalendas Aprilis pontificatus nostri anno xvii.

[*A charter of confirmation, granted to the priory of Castle Hymel; May 28, 1226.*]

CONFIRMATIO PRIORATUS DE CASTRO INYEL'.—Omnibus etc. Quia pia vota fidelium pio sunt favore prosequenda, nos de assensu dilectorum filiorum Willelmi Decani et capituli nostri Linc' et de assensu Vitalis Engayne patroni, Symone etiam persona ecclesie de Lextone consentiente, locum fundationis prioratus de Castro Iniel', cum omnibus que Ricardus Engayne predicti prioratus fundator Deo et sancte Marie et canonicis regularibus ibidem Deo servientibus et in perpetuum servituris in liberam, puram et perpetuam elemosinam contulit, quieta prorsus ab omni seculari servitio et exactione, omnia etiam, terras videlicet, redditus et tenementa in diocesi Lincolniensi constituta ab aliis quibuscumque donatoribus et confirmatoribus dictis prioratui et canonicis in liberam, puram et perpetuam elemosinam collata, eisdem canonicis sicut ea ipsis juste et rationabiliter concessa sunt et confirmata episcopali confirmamus auctoritate; salvo jure predicte matricis ecclesie de Laxtone in omnibus, et salvis etc. Quod ut [etc. sealing.] Hiis testibus, Johanne precentore Linc', Willelmo archidiacono Wellensi, Magistro Rogero de Laccok', Radulfo de Wareville, et Willelmo de Winchecumbe, canonicis Lincolniensibus, Magistris Willelmo de Benigwurthe et Ricardo de Cantia capellanis, Magistro Waltero de Crumbe, Galfrido de Moris, Ricardo de Oxon', Philippo de Langeporte, Roberto de Aketone et Johanne de Bannebire, clericis. Data per manum nostram apud Tinghurst, quinto kalendas Junii anno pontificatus nostri decimo septimo.

[*The collation of Thomas de Sandforde to the church of Woodford Halse; June 7, 1226.*]

WUDEFORDE.—Omnibus etc. Noverit universitas vestra nos dilecto in Christo filio Magistro Thome de Sanforde, clerico, ecclesiam de Wudeforde auctoritate Concilii contulisse ipsumque etc., salvo Abbati et conventui de Roucestria in posterum jure suo in eadem; salvis etiam etc. Quod ut etc. Hiis testibus, Johanne precentore Linc', Johanne Bedeford' et Willelmo Wellensi archidiaconis, Magistris Rogero de Lackok et Amaurico de Bugedene et Willelmo de Winchecumbe, canonicis Lincolniensibus, Magistris Willelmo de Beningwurthe et Ricardo de Cantia, cappellanis, et Magistro Waltero de Crumba, Galfrido de Moris, Ricardo de Oxonia, Philippo de Langeporte, Roberto de Aketone et Johanne de Bannebire, clericis. Data per manum Radulfi de Waraville, canonici Lincolniensis, apud Bannebire, septimo idus Junii pontificatus nostri anno decimo septimo.

[*The institution of John de Eynesh' to the vicarage of Earl's Barton, June 22, 1226; see p. 111.*]

VICARIA DE BARTONE.—Omnibus etc. Noverit universitas vestra nos ad presentationem Radulfi de Tynemue, persone ecclesie de Bartone, assensu dilectarum filiarum Abbatisse et monialium sancte Marie de Pratis extra Norhamtoniam patronarum ejusdem interveniente, dilectum in Christo filium Johannem de Eynesh[am], cappellanum, ad perpetuam ipsius ecclesie vicariam admisisse ipsumque in ea canonice vicarium perpetuum instituisse, cum onere in officio sacerdotali ministrandi personaliter in eadem. Consistit autem ipsa vicaria in toto altaragio ejusdem ecclesie cum manso competente et preterea in redditu unius marce singulis annis recipiendo de redditu quem Simon de Lawendene debet pro terra quam tenet; salvis etc. Quod ut etc. Hiis testibus, J. precentore Lincolniensi, W. archidiacono Wellensi, et W. de Winchecumbe, canonicis Lincolniensibus, Magistris Willelmo de Benigwurthe et Ricardo de Oxon', Roberto de Dunholm' et J. de Bannebire, clericis. Data per manum nostram apud Erningewurthe, x kalendas Julii, anno pontificatus nostri xvii.

[*A repetition of the Bishop's charter about the church of Weldon, as far as it affected the parson; July 15, 1226.*]

CARTA PERSONE DE WELEDONE.—Omnibus etc. Noverit universitas vestra quod nos etc. ut supra in carta quarta ejusdem anni usque " Ordinavimus etiam "; salvis etc. Quod ut etc. Hiis testibus, Johanne precentore Lincolniensi, W. archidiacono Wellensi, Magistris W. de Lincolnia et Rogero de Lakcok' et Willelmo de Winchelcumbe, canonicis Lincolniensibus, Magistris W. de Beningwurthe et R. de Cantia, capellanis, Magistro Waltero de Cromba, Galfrido de Moris, Ricardo de Oxon', Philippo de Langeport, J. de Bannebire, et Roberto de Aketone, clericis. Data per manum nostram apud Lidintonam, idibus Julii pontificatus nostri anno xvii.

[*The institution of John de Stantone to the vicarage of Brigstock; July 22, 1226; see p. 109.*]

VICARIA DE BRIGSTOKE.—Omnibus etc. Noverit universitas vestra nos ad presentationem Abbatis et conventus Cyrencestrie, patronorum ecclesie de Birckestoc', dilectum in Christo filium Johannem de Stantone, cappellanum, ad perpetuam ejusdem ecclesie vicariam, auctoritate Concilii per nos ordinatam, admisisse ipsumque in ea canonice vicarium perpetuum instituisse cum onere ministrandi personaliter in eadem. Consistit autem ipsa vicaria in toto altaragio tam matricis ecclesie de Brickestoc quam cappelle de Stanherne pertinentis ad eandem et in tota terra dominica ipsius ecclesie cum manso competente et in redditu assiso viginti duorum solidorum ad ecclesiam ipsam pertinente; et solvet vicarius sinodalia; dicti vero canonici hospitium Archidiaconi procurabunt; salvis etc. Quod ut etc. Hiis testibus, Johanne precentore Lincolniensi, W. archidiacono Wellensi, Magistris R. de Laccock', N. de Evesham, et W. de Winchecumbe, canonicis Lincolniensibus, Magistris W. de Benigworth et R. de Cantia, cappellanis, Magistro W. de Cromba, Ricardo de Oxon', G. de Moris, et J. de Bannebire, clericis. Data per manum Radulfi de Wareville, canonici Lincolniensis, apud Lidingtonam, xi kalendas Augusti, anno pontificatus nostri decimo septimo. Littere super possessione portionum optenta sunt inter negotia facta anno xvii.

[*The institution of Hugh de Sidenham to the church of Tichmarsh.*]

TYCHEMERSE.—Omnibus etc. Noverit universitas vestra nos ad presentationem Ascelini de Sidenham, patroni ecclesie de Tichemers, dilectum in Christo filium Hugonem de Sidenham, clericum, ad eandem ecclesiam admisisse ipsumque in ea canonice personam instituisse, salvis etc. Quod ut etc. Hiis testibus, J.

precentore Lincolniensi, W. archidiacono Wellensi, Magistris Rogero de Lakkok et Willelmo de Winchecumbe, canonicis Lincolniensibus, Magistris Willelmo de Beningworthe et Ricardo de Cantia, capellanis, Magistris Waltero de Crumba, Ricardo de Oxon', J. de Bannebire, Philippo de Langeport, et Galfrido de Moris, anno pontificatus nostri xvii.

[*The institution of Robert son of Walter to the church of Woodford; see p. 128.*]

WUDEFORDE.—Omnibus etc. Noverit universitas vestra nos ad presentationem B. de V̦er, patroni medietatis ecclesie de Wudeforde ratione custodie terre et heredis Willelmi Maufe quam inde habet, dilectum in Christo filium Robertum filium Walteri filii Roberti, clericum, ad eandem admisisse etc., sicut in rotulo inter cartas Huntingdonie anno pontificatus nostri xvii.

[*The institution of Ralf de Norwic' to the church of Pickworth, Rutland; Oct. 31, 1226; see p. 131.*]

PYKEWRD'.—Omnibus etc. Noverit universitas vestra nos ad presentationem Willelmi de Gisneto, patroni ecclesie de Pikewurthe, dilectum in Christo filium Radulfum de Norwic', clericum, dispensante cum eo venerabili patre Papa Honorio, ad eandem ecclesiam admisisse, ipsumque etc.; salvis etc. Quod ut etc. Hiis testibus, Johanne precentore, Willelmo de Winchecumbe canonico Lincoln[iensibus], Magistris Willelmo de Benigwurthe et Ricardo de Cantia, capellanis, Ricardo de Oxon', Ricardo Mauclerc, Galfrido de Moris, Thoma de Askeby, et Radulfo de Repinghale, clericis. Data per manum Radulfi de Waraville, canonici Lincolniensis, pridie kalendas Novembris, pontificatus nostri anno xvii, apud Tinghurst.

[*The Bishop confirms the institution of Richard de Stavenesby to a mediety of the church of Tansor, made by the late Dean of Lincoln.*]

THANESOURE.—Omnibus etc. Noverit universitas vestra quod nos institutionem dilecti in Christo filii Ricardi de Stavenesby in medietate ecclesie de Tanesoure per dilectum quondam Rogerum, Decanum Lincolniensem, de speciali mandato nostro et auctoritate nostra factam, salvis prebende de Nessigtone duabus marcis et dimidia de predicta medietate per manum rectoris ejusdem qui pro tempore fuerit annuatim percipiendis, ratam habentes et gratam, eandem auctoritate episcopali confirmamus; salvis etc. Quod ut etc. testibus et data ut in carta de Grendone in archidiaconatu Bukingham'.

[*The institution of Richard de Stavenesby to the church of Peakirk.*]

PEYECHURCHE.—Omnibus etc. Noverit universitas vestra nos ad presentationem dilectorum filiorum Abbatis et conventus de Burgo, patronorum ecclesie de Peichurche, dilectum in Christo filium Ricardum de Stavenesby, clericum, ad eandem ecclesiam admisisse, ipsumque in ea canonice personam instituisse; salva dictis Abbati et conventui debita et antiqua pensione de eadem; salvis etc. Quod ut etc. testibus et data, sicut in carta de Grendone in archidiaconatu Bukingham'.

[*On the dorse :*—]
[*Osbert, Prior of Ashby, acknowledges that the Priory owes 24 marks a year to Guy de Aricio from the church of Moreton Pinkney; Feb. 14, 1226.*]

Omnibus Christi fidelibus ad quos presens scriptum pervenerit, Osbertus, Prior de Esseby, et ejusdem loci conventus salutem. Ad universitatis vestre notitiam volumus pervenire quod nos tenemur reddere Magistro Guidoni de Aricio vel certo nuntio suo de ecclesia de Guldenemorthone, quam tenemus de eo, viginti quatuor marcas bonorum et legalium sterlingorum singulis annis in duobus terminis anni, quamdiu vixerit, integre absque omni difficultate et contradictione, videlicet in festo beati Johannis Baptiste xii marcas et in Natali proximo sequenti xii marcas. Et preterea sustinebimus omnia onera illius ecclesie tam episcopalia quam archidiaconalia, quam pensionis xl solidorum, quam nos annuatim inde percipere consuevimus; ita quod dictus Magister Guido predictas viginti quatuor marcas absque omni onere et diminutione a nobis annuatim percipiet. Et ad hanc solutionem firmiter et fideliter faciendam, ut predictum est, nos et monasterium nostrum obligavimus. Et in hujus rei testimonium sigilla nostra presenti scripto duximus apponenda. Actum apud Esseby sextodecimo kalendas Marcii, pontificatus reverendi patris et domini nostri Honorii Pape tertii anno decimo.

[*A relaxation of penance to those who give alms to Rockingham bridge, similar to that which had been granted in the year 1218; Feb. 22, 1226.*]

Omnibus etc. Quoniam inter opera caritatis id valde

meritorium reputatur quod ad pupplicam utilitatem confertur, universitatem vestram monemus et exhortamur in Domino, quatinus ad constructionem et conservationem pontis de Rokingham etc., (ut in rotulo cartarum anni noni a tergo usque "duraturam") prohibentes ne cum hiis litteris nostris nuntius eat vel procurator ad dictas elemosinas alibi quam ad predictum pontem colligendas. Date per manum Radulfi de Wareville, canonici Lincolniensis, apud Lidintone viii kalendas Marcii, pontificatus nostri anno septimodecimo.

[*Permission by the Bishop that the Priory of Ashby may hold the rectory of Moreton Pinkney from Guy de Aricio at a rent of 24 marks a year.*]

Omnibus etc. Noverit universitas vestra quod cum de mandato reverendi patris domini Pape Honorii tertii teneremur providere Magistro Guidoni de Aricio in beneficio ecclesiastico, et nos ei ad presentationem dilectorum in Christo filiorum, Prioris et conventus de Esseby, patronorum ecclesie de Gildene Mortone, eandem ecclesiam contulerimus, cupientes utilitati utriusque partis providere concessimus eisdem quod possint recipere et tenere ad firmam prefatam ecclesiam de dicto Magistro Guydone quoad vixerit; ita tamen quod post decessum vel cessionem dicti Magistri nichil juris vel possessionis in supradicta ecclesia occasione hujus firme sibi vel monasterio suo vendicare poterunt, set ecclesiam et clavem ecclesie archidiacono loci vel decano, sicut de beneficiis ecclesiasticis vacantibus fieri consuevit, sine contradictione qualibet et difficultate restituent, salvis tamen eis dicte ecclesie advocatione et annuo redditu quadraginta solidorum quem de eadem ecclesia percipiunt et percipere consueverunt. Dicti vero Prior et conventus curiam persone cum domibus in eadem integritate sustentabunt et restituent in qua eas receperunt; terram etiam que est de dominico ejusdem ecclesie nec alienabunt nec pervertent nec diminuent. Provisum est insuper ob salutem animarum quod cappellanus, qui ad provisionem ipsorum in dicta ecclesia ministrabit, quamdiu firmam tenuerint, nobis et successoribus nostris ante ingressum suum presentabitur examinandus et si idoneus inventus fuerit de mandato nostro per Archidiaconum loci admittendus; habebit totum altaragium cum hospitio honesto quod ei providebunt vicinum ecclesie et respondebit de hospitio Archidiaconi et solvet sinodalia. Hec autem omnia sepedicti Prior et conventus se fideliter observaturos in verbo domini promiserunt. In hujus etc.

[*Grant of the relaxation of 7 days of penance to all who give alms to the bridge of Bretford (?); June 21, 1226.*]

Omnibus etc. De misericordia Dei omnipotentis, Patris et Filii et Spiritus Sancti, confisi omnibus nostre diocesis et aliis, quorum diocesani hanc nostram relaxationem ratam habuerint, per pontem de Bretford transeuntibus et ad reparationem ejusdem de bonis sibi a Deo collatis aliquid ibi pie conferentibus, confessis et vere penitentibus, de injuncta sibi penitentia septem dies relaxamus, concedentes hanc relaxationis nostre gratiam per triennium duraturam. Prohibemus autem ne cum hiis litteris nostris patentibus aliquis predicator aut nuntius in episcopatum nostrum ad dictas elemosinas colligendas transmittatur. Date per manum nostram apud Kildeby, xi kalendas Julii anno pontificatus nostri decimo septimo.

[*A relaxation of 20 days of penance to all who give alms towards the building of the monastery of Finneshed, alias Castle Hymel; July 26, 1226.*]

Omnibus etc. Cum decor domus Domini sit exemplo prophete non inmerito diligendus et loca sacra construere debeat inter opera caritatis computari, universitatem vestram rogamus, monemus et exhortamur in Domino, quatinus cum vos per monasterium de Finesheved venire contigerit, de bonis vobis a Deo collatis aliquid ad constructionem ejusdem misericorditer erogetis. Nos autem de misericordia Dei et gloriose virginis Marie meritis confidentes, omnibus nostre diocesis et aliis, quorum diocesani hanc nostram relaxationem ratam habuerint, ad predictum monasterium venientibus et ibidem elemosinas suas pie conferentibus, confessis et vere penitentibus, de injuncta sibi penitentia xx dies relaxamus, concedentes hanc relaxationis nostre gratiam per triennium duraturam et prohibentes ne aliquis predicator vel nuntius extra ambitum predicti monasterii ad dictas elemosinas colligendas transmittatur. Date per manum R. de War[aville] apud Lidingt[one] vii kalendas Augusti anno pontificatus nostri xvii.

[*A relaxation of penance, such as had been granted in 1224, to all who give alms to Thrapstone bridge; July 31, 1226.*]

PRO PONTE DE TRAPSTONE.—Omnibus etc. Quoniam inter opera caritatis etc., (ut supra in anno xv usque . .) concedentes hanc nostre relaxationis gratiam per triennium duraturam et prohibentes ne nuntius vel predicator cum hiis litteris nostris patentibus alicubi preterquam ad dictum pontem eat ad predictas elemosinas colligendas. Date per manum Radulfi de Wareville, canonici Lincolniensis, apud Buggedene pridie kalendas Augusti anno pontificatus nostri xvii.

[*A relaxation of 10 days of penance to those who give alms to Luffield Priory; June 11, 1226.*]

Omnibus etc. De misericordia Dei omnipotentis, Patris et Filii et Spiritus Sancti, confidentes omnibus nostre diocesis et aliis, quorum diocesani id ratum habuerint, festo nativitatis beatissime Marie virginis ad monasterium de Luffeld orandi causa venientibus et de bonis a Deo sibi collatis aliquid ibi pie conferentibus, confessis et vere penitentibus, de injuncta sibi penitentia x dies relaxamus, concedentes ut quilibet de fratribus nostris episcopis ob dictam causam dicto monasterio suas, si voluerint, concedant indulgentias, dum causa[1] in relaxatione numerum x dierum non excedat. Prohibemus autem ne cum hiis litteris nostris aut cum litteris quorumcunque nuntius vel predicator extra ambitum predicti monasterii transmittatur ad predictas elemosinas colligendas. Date per manum nostram apud Chaucumbe, iii idus Junii pontificatus nostri anno xvii.

[*A relaxation of penance to those who give alms to Aynho bridge; Nov. 10, 1226.*]

"Omnibus etc. Quoniam inter opera caritatis etc.," ut supra est de ponte de Trapstone anno quinto, nomine "Ainho" loco "Trapstone" hic apposito; apposito etiam in fine "ad predictas elemosinas alibi quam ad predictum pontem colligendas. Date per manum Radulfi de Waraville apud Bannebire quarto idus Novembris pontificatus nostri anno decimo septimo."

[*On the face :—*]

ANNUS XVIII.

[*The institution of Simon de Messendene to the church of Desborough; Feb. 23, 1227; see p. 127.*]

DEREBURG'.—Omnibus etc. Noverit universitas vestra nos ad presentationem Willelmi Bordone, patroni ecclesie de Dereburg' ratione Agnetis uxoris sue, dilectum in Christo filium Magistrum S. de Messend', cui ipsam ecclesiam prius auctoritate Concilii con-

---

[1] "Causam", MS.

tuleramus, ad eandem admisisse ipsumque in ea canonice personam instituisse, salvis etc. Quod ut etc., hiis testibus, J. precentore Lincolniensi, M. de Pateshulle, Magistro R. de Lacoke et W. de Winchecombe, can[onicis] Lincoln[iensibus], Magistris W. de Benigwrd' et R. de Cantia, capellanis, Magistro R. de Windelesour', R. de Oxonia, R. Mauclerc', T. de Askeby et G. de Moris, clericis. Data per manum R. de Wareville, canonici Lincolniensis, apud Lidintone vii kalendas Marcii, pontificatus nostri anno xviii.

[*The institution of Ralf de Kolingham to the church of Stanwick; April 2, 1227; see p. 124.*]

STANEWIG'.—Omnibus etc. Noverit universitas vestra nos ad presentationem dilectorum filiorum, Abbatis et conventus de Burgo beati Petri, patronorum ecclesie de Stanwig', dilectum in Christo filium Magistrum Radulfum de Koling', clericum, ad eandem ecclesiam admisisse ipsumque etc.; salvis etc. Quod ut etc., hiis testibus, Magistro A. de Buggedene et W. de Winchecumbe, canonicis Lincolniensibus, Magistris W. de Beningworthe et R. de Cantia, cappellanis, Ricardo de Oxonia, R. Mauclerc', T. de Askeby et G. de Moris, clericis. Data per manum R. de Waraville, canonici Lincolniensis, apud Brum' quarto nonas Aprilis anno pontificatus nostri xviii.

[*The institution of Thomas de Gnoweshale to the church of Broughton; May 12, 1227.*]

BRUCTONE.—Omnibus etc. Noverit universitas vestra nos ad presentationem dilectarum filiarum Abbatisse et conventus sancte Marie de Prato extra Norhamptoniam, patronarum ecclesie de Bructone, dilectum in Christo filium Thomam de Gnoweshale, clericum, ad eandem admisisse ipsumque etc.; salvis etc. Quod ut etc.; testibus, ut in carta Nicholai de Flora, persone de Beby in archidiaconatu Leicestrie. Data per manum R. de Waraville, canonici Lincolniensis, apud Tingehurste, quarto idus Maii, anno pontificatus nostri xviii.

[*The institution of Robert de Schredecote to the church of Cranford.*]

CRANESFORDE.—Omnibus etc. Noverit universitas vestra nos ad presentationem dilectorum filiorum, Abbatis et conventus sancti Jacobi extra Norhamptoniam, patronorum ecclesie de

Cranesforde, dilectum in Christo filium Robertum de Schredecote clericum, ad eandem ecclesiam admisisse ipsumque in ea etc., salva dictis Abbati et conventui debita et antiqua pensione de eadem ; salvis etiam etc. Quod ut etc. Data, ut supra carta proxima.

[*The institution of William de Norhamptonia to the church of Rothersthorp; June 28, 1227; see p. 135.*]

THROP'.—Omnibus etc. Noverit universitas vestra nos ad presentationem dilectorum filiorum, Abbatis et canonicorum sancti Jacobi Norhamptonie, patronorum ecclesie de Throp', dilectum in Christo filium Willelmum de Norhamptonia, capellanum, ad eandem ecclesiam admisisse ipsumque in ea canonice personam instituisse cum onere ministrandi personaliter in eadem, salva dictis Abbati et canonicis portione sua quam de concessione et confirmatione nostra et capituli nostri Lincolniensis habent in ipsa parrochia nomine perpetui beneficii ; salvis etiam etc. Quod ut etc., testibus, Magistris Rogero de Lacoke, Amaurico de Buggedene et Willelmo de Winchecumbe, canonicis Lincolniensibus, Magistris Willelmo de Benigwrd' et Ricardo de Cantia, capellanis, Magistro Ricardo de Windelesour', Ricardo de Oxonia, Galfrido de Moris et Thoma de Askeby, clericis. Data per manum nostram apud Kyldeby, iiii kalendas Julii anno pontificatus nostri xviii.

[*The institution of Richard de Wigornia to the church of Cosgrove; July 5, 1227; see p. 136.*]

COVESGRAVE.—Omnibus etc. Noverit universitas vestra nos ad presentationem dilectorum in Christo, Prioris et fratrum Hospitalis Iherosolimitani in Anglia, patronorum ecclesie de Covesgrava, dilectum in Christo filium Ricardum de Wigornia, clericum, ad eandem ecclesiam admisisse ipsumque in ea etc. ; salvis etc. Quod ut etc. testibus, Magistro A. de Buggedene et Willelmo de Winchecumbe, canonicis Lincolniensibus, Magistris W. de Beningwrd' et R. de Cantia, capellanis, R. de Oxonia, J. de Bannebire et T. de Askeby, clericis. Data per manum nostram apud Lidingtone iii nonas Julii anno pontificatus nostri xviii.

[*A grant to the Abbot and Convent of Sulby of a pension of two marks a year from the church of Great Harrowden; see p. 137.*]

HAREWEDONE.—Omnibus etc. Noverit universitas vestra nos de assensu dilectorum filiorum W. Decani et capituli nostri

Lincoln' concessisse et dedisse divine pietatis intuitu dilectis in Christo filiis, Abbati et conventui de Sulebi, duas marcas annuas de ecclesia Majoris Harewedune et cappella Minoris Harewedune, que de ipsorum advocatione sunt, post decessum vel cessionem Magistri Ricardi de Cantia ejusdem ecclesie rectoris per manum illius, qui pro tempore in eadem ecclesia persona fuerit, nomine perpetui beneficii annuatim percipiendas ad duos terminos, videlicet ad festum Omnium Sanctorum unam marcam et ad Pascha unam marcam. Dictus autem Magister R., quamdiu ecclesiam ipsam rexerit, tantum unam marcam annuam solvet Abbati et conventui memoratis, salvis etc. Quod ut etc., sigillum nostrum una cum sigillo predicti capituli nostri Lincolniensis duximus apponendum ; testibus et data, ut in carta canonicorum Huntingdonie super decimis dominici de Abbodesl' in archidiaconatu Huntingdonie.

[*The institution of Ralf de Cranesle to the church of Cransley ; see p. 136.*]

CRANESL'.—Omnibus etc. Noverit universitas vestra nos ad presentationem Hugonis de Cranesle, patroni ecclesie ejusdem ville, dilectum in Christo filium Radulfum de Cranesle, clericum, ad eandem ecclesiam admisisse ipsumque in ea canonice etc. ; salvis etc. Quod ut etc., testibus et data ut in carta Godefridi, vicarii de Broctone in archidiaconatu Stowe.

[*The institution of Ralf de Gnoweshale to the church of Thorpe Mandeville; see p. 139.*]

THROP'.—Omnibus etc. Noverit universitas vestra nos ad presentationem dilectorum filiorum, Prioris et conventus Daventrie, patronorum ecclesie de Throrp' [*sic*], dilectum in Christo filium Radulfum de Gnoweshale, clericum, ad eandem ecclesiam admisisse ipsumque in ea canonice personam instituisse, salva R. Archidiacono Norhamptonie vicaria sua quam habet in eadem, qui totam ecclesiam illam tenebit quoad vixerit, reddendo inde dicto Radulfo et successoribus suis ejusdem ecclesie personis duos solidos annuos nomine pensionis ; salvis etc. Quod ut etc., testibus et data, ut in carta Nicholai de Henred in archidiaconatu Oxonie.

[*On the dorse :—*]

[*The Bishop describes to the rural-dean of Cambridge and his fellow judges the reason for which Walter, clerk, presented to the church of Pilton was not admitted by him.*]

Venerabilibus viris, decano de Cantebrigia et conjudicibus suis, H. Dei gratia Lincolniensis episcopus salutem in domino. Litteras vestras accepimus quibus super institutione Stephani, capellani, rectoris ecclesie de Piletone, et amotione Walteri, clerici, presentati ad eandem, per nos rogastis effici certiores. Noveritis igitur quod, cum custodiam ecclesie de Piletone, tunc vacantis, dicto W. ad magnam dilecti filii R. Archidiaconi Norhamtonie et quorundam aliorum instantiam quadriennio jam elapso et amplius commisissemus usque ad tempus a nobis illi prefinitum, ut interim addisceret et sic demum coram nobis compareret examinandus et si idoneus inveniretur ordinandus et instituendus, nec idem tempore prefixo nec postea presentiam suam coram nobis licet multociens vocatus curaret exhibere, nos gratiam nostram in hac parte duximus anno jam elapso et amplius revocandam. Quem tunc demum ad nos venientem et misericordiam petentem, misericordia moti et ipsius compatientes paupertati, semel et secundo Leicestrie et tertio apud Burgum beati Petri fecimus per viros fidedignos examinari, et cum omnino repertus esset insufficiens, ipsum multis et magnis viris nobis tunc assidentibus tanquam indignum sententialiter repulimus, injungentes patrono ut ad ecclesiam predictam, que per tantum tempus vacaverat, idoneam nobis personam presentaret. Qui cum sepedictum S., capellanum, nobis duceret ad ecclesiam ipsam presentandum, nos eum expeditis prius omnibus negotium ipsum contingentibus admisimus et canonice personam instituimus in eadem.

[*The Bishop takes into his protection the churches and other property of two crusaders, namely Richard, parson of Draughton, and John, parson of Lichborough.*]

Omnibus etc. Noveritis nos ecclesiam de Drahton' et omnia alia bona Ricardi, capellani, persone ejusdem ecclesie, crucesignati in diocesi nostra consistentia sub Dei et ecclesie et nostra protectione suscepimus, ita quod idem R. juxta crucesignatorum privilegium, prout in Concilio generali statutum est, per triennium proximo sequens libere possit de ipsis disponere sine prejudicio juris alieni ; et in hujus rei etc. Data per manum R. de Wareville, canonici Lincolniensis, apud Lidingtone sexto idus Julii anno pontificatus nostri xviii.

Sub eadem forma scriptum est pro Johanne de Bannebire super ecclesia sua de Litcheberg'.

[*A relaxation of 13 days of penance to all who give alms to the bridge of Wellingborough, called Staples Bridge; Sept. 21, 1227.*]

Omnibus etc. Quoniam inter opera caritatis id valde meritorium reputatur quod ad publicam confertur utilitatem, universitatem vestram monendam duximus et exhortandam in Domino quatinus ad constructionem et conservationem pontis de Wenlingburg', qui Staplesbrig' nuncupatur, cum vos illac transire contigerit, de bonis vobis a Deo collatis aliquid caritative conferatis. Nos autem de Dei misericordia confisi, omnibus nostre diocesis et aliis, quorum diocesani hanc nostram relaxationem ratam habuerint, per ipsum pontem transeuntibus et elemosinas suas ibidem pie conferentibus, confessis et vere penitentibus, de injuncta sibi penitentia tresdecim dies relaxamus. Hanc autem nostre relaxationis gratiam concedimus per triennium duraturam, prohibentes ne cum hiis litteris nostris patentibus nuntius aut predicator alibi quam ad predictum pontem mittatur ad elemosinas colligendas. Data per manum Radulfi de Waraville, canonici Lincolniensis, apud Spaldewic undecimo kalendas Octobris pontificatus nostri anno xviii.

[*On the face:*—]

ANNUS XIX.

[*The Bishop confers upon Stephen de Axebrige two-thirds of the tithe of the demesne of Philip Bosce in Little Houghton; Jan. 4, 1228; see p. 137.*]

SUPER DUABUS PARTIBUS DECIME GARBARUM PHILIPPI BOSCE IN HOUTONE.—Omnibus etc. Noverit universitas vestra nos post diutinam vacationem per litem inter Philippum Bosce et Willelmum de Wand', rectorem ecclesie de Langeporth', super duabus partibus decime garbarum de dominico ejusdem Philippi in Houtone motam, dilecto in Christo filio Stephano de Axebrig', clerico, decimas ipsas tota vita sua bene et in pace percipiendas episcopali auctoritate contulisse, salvo in posterum ei jure suo qui jus conferendi easdem evicerit; concedentes eidem Stephano quod decimas predictas memorato Willelmo, rectori ecclesie de Langeporth', tenendas ad firmam pro una marca annua in festo sancti

Michaelis eidem Stephano vel certo nuntio suo persolvenda dimittat, quamdiu predictam marcam bene et integre termino statuto ut predictum est persolverit eidem ; salvis etc. Quod ut etc., hiis testibus, Magistro R. de Lacok' et Willelmo de Winchecumbe, canonicis Lincolniensibus, Magistris W. de Beningwrth' et R. de Cantia, capellanis, Magistris Clemente Pigiun et Ricardo de Windelesoure, R. de Oxonia, G. de Moris, Th. de Askeby, clericis. Data per manum nostram apud Bugdene secundo nonas Januarii anno pontificatus nostri decimo nono.

[*The institution of Alexander de Elmham to the vicarage of Woodford; Jan. 4, 1228; see p. 128.*]

WUDEFORDE VICARIA.—Omnibus etc. Noverit universitas vestra nos ad presentationem dilecti filii Roberti filii Walteri filii Roberti, persone medietatis ecclesie de Wudeforde, interveniente consensu R. de Veer, patroni ejusdem medietatis ratione custodie terre et heredis Willelmi Maufe, dilectum in Christo filium Alexandrum de Elmham, capellanum, ad vicariam ejusdem medietatis per nos de consensu predictorum ordinatam admisisse ipsumque in ea vicarium instituisse cum onere ministrandi personaliter in eadem. Qui quidem totam illam medietatem tenebit quoad vixerit, reddendo inde dicto Roberto et successoribus suis ejusdem medietatis personis centum solidos annuos, medietatem videlicet ad festum sancti Michaelis et medietatem ad Pascha nomine pensionis, salvis etc. Quod ut etc., testibus et data, ut in proxima carta supra.

[*The institution of Ralf de Cirencestre to the church of Holcott; see p. 131.*]

HOLECOTE.—Omnibus etc. Noverit universitas vestra nos ad presentationem dilecti filii, fratris R. de Diva, Prioris fratrum Hospitalis Iherosolimitani in Anglia, patroni ecclesie de Holecothe, dilectum in Christo filium Radulfum de Cirencestre, clericum, ad eandem ecclesiam admisisse ipsumque in ea canonice personam instituisse, salva dictis Priori et fratribus debita et antiqua pensione de eadem, si qua eis inde debeatur ; salvis etiam etc. Quod ut etc., testibus et data, ut in carta de Duningetone in archidiaconatu Leicestrie.

[*The institution of Alexander de Sancto Edmundo to the church of Warkton; see p. 140.*]

WERKETONE.—Omnibus etc. Noverit universitas vestra nos ad presentationem dilecti nobis Abbatis de Sancto Edmundo, patroni ecclesie de Werketone, dilectum in Christo filium Magistrum Alexandrum de Sancto Edmundo, clericum, ad eandem ecclesiam admisisse ipsumque in ea canonice personam instituisse, salvis etc. Quod ut etc., testibus et data ut supra carta proxima.

[*The institution of William de Lychefeld to the church of Harleston; see p. 139.*]

HERLESTONE.—Omnibus etc. Noverit universitas vestra nos ad presentationem dilectorum in Christo, Prioris et conventus de Lentone, patronorum ecclesie de Herlestone, dilectum in Christo filium Magistrum Willelmum de Lychefeld, clericum, ad eandem ecclesiam admisisse ipsumque in ea canonice personam instituisse; salvis etc. Quod ut etc., testibus et data ut supra carta proxima.

[*The institution of William de Cretone to the church of Great Creaton; see p. 132.*]

CRETONE.—Omnibus etc. Noverit universitas vestra nos ad presentationem Hugonis de Hwichentone, patroni ecclesie de Cretone ratione Sare uxoris sue, dilectum in Christo filium Willelmum de Cretone, clericum, ad eandem ecclesiam admisisse ipsumque in ea canonice personam instituisse, salvis etc. Quod ut etc., testibus et data ut in carta de Wiketoft in archidiaconatu Lincolnie.

[*The institution of John de Rouwelle to the parsonage of Little Bowden; Oct. 5, 1228.*]

BUGEDUNE.—Omnibus etc. Noverit universitas vestra nos ad presentationem dilectorum filiorum, Prioris et conventus de Landa, patronorum ecclesie de Buggedone, dilectum in Christo filium Johannem de Rouwelle, clericum, ad eandem ecclesiam admisisse, ipsumque in ea canonice personam instituisse, salva Henrico, cappellano, vicaria sua quam habet in eadem; qui quidem totam ipsam ecclesiam nomine vicarie sue tenebit quoad vixerit, reddendo inde predicto J. et successoribus suis ejusdem ecclesie personis viginti solidos annuos nomine pensionis; salvis etc. Quod ut etc., testibus, Magistris W. de Beningworthe, cappellano, A. de Buggedene et W. de Winchecumba, canonicis Lincolniensibus, Magistris R. Devon', Clemente Pigiun, et A. de Arundelle, Ricardo de Oxonia, G. de Moris et Th. de Askeby, clericis. Data per manum R. de Waraville, canonici Lincolniensis, apud Buggedene iii nonas Octobris, pontificatus nostri anno xix.

[*On the dorse :—*]

[*A relaxation of thirteen days of penance to all who visit and give alms to the Priory of Daventry ; July 11, 1228.*]

Omnibus etc. De misericordia Dei, gloriose Virginis, et omnium sanctorum meritis et intercessione confidentes, omnibus de nostra diocesi et aliis, quorum diocesani hanc nostram relaxationem ratam habuerint, ad monasterium beati Augustini de Daventria venientibus et ibidem elemosinas suas pie conferentibus, confessis et vere penitentibus, de injuncta sibi penitentia xiii dies relaxamus, concedentes hanc nostre relaxationis gratiam per triennium duraturam. Prohibemus tamen ne cum hiis litteris nostris patentibus nuntius aliquis aut predicator extra ambitum predicti monasterii transmittatur ad elemosinas quascumque colligendas. Data per manum Radulfi de Waraville, canonici Lincolniensis, apud Kildeby quinto idus Julii anno pontificatus nostri xix.

[*A similar relaxation to those who contribute towards the building of Sulby abbey ; July 24, 1228.*]

Omnibus etc. De misericordia Dei, gloriose virginis Marie et omnium sanctorum meritis confidentes, omnibus etc. ad monasterium de Suleby venientibus et ad constructionem ejusdem elemosinas suas ibi pie conferentibus etc., ut supra. Date per manum Radulfi de Waraville, canonici Lincolniensis, apud Kildeby quinto idus Julii anno pontificatus nostri xix.

[*The grant of a chantry at the manor house of Neubo n the parish of Catesby to Ralf de Normanville and A. his wife, to terminate at her death ; July 22, 1228.*]

Omnibus etc. Noverit universitas vestra quod cum dilectus in Christo Radulfus de Normanvilla confirmasset dilectis in Christo, Priorisse et monialibus de Katteby, dimidiam marcam annuam de molendino de Houteb' percipiendam in perpetuum, de qua A. uxor ejus dederat eisdem in libera viduitate sua sex solidos, uno obolo minus, et postea octo denarios et obolum, prout carte dictorum R. et A. penes dictas moniales residentes plenius testantur, nos ad petitionem eorum, interveniente consensu dictarum monialium, patronarum ecclesie de Katteby, et Johannis de Haliden', capellani, ejusdem ecclesie vicarii, capellam eis in curia sua de Neubo et **cantariam** per capellanum proprium sumptibus eorundem ministraturum in ea, quotiens ambo vel alter eorum moram fecerit ibidem, concessimus sub hac forma ; videlicet quod capellanus auctoritate nostra de consensu monialium et vicarii de Catteby in predicta capella ministraturus eisdem corporaliter prestabit juramentum quod jura matricis ecclesie, quantum in ipso est, in omnibus conservabit illesa, et quod nullum parochianum suum ad confessionem vel ad divinorum celebrationem in ipsa capella sine licentia sua recipiet, nec aliquod jus ecclesiasticum ill[i] impendet, neque legatum vel privatum denarium aut quemcunque proventum recipiet ad eisdem ; oblationes etiam omnimodas, a quibuscunque factas in dicta capella, supradictis vicario et monialibus sub debito jnramenti prestiti fideliter et sine diminutione restituet. Predicti vero R. et A. cum tota familia sua erunt subjecti matrici ecclesie sue de Katteby in omnibus jure parochiali, et omnia jura ecclesiastica persolvent ei tanquam parochiani, et sacramentalia percipient ab eadem, hoc solum illis concesso quod liceat eis cantariam predicto modo in predicta capella optinere. In precipuis vero sollempnitatibus subscriptis tam dicti R. et A., si presentes fuerint ibidem, quam tota familia sua, predictam matricem ecclesiam suam cum oblationibus debitis et consuetis singulis annis visitabunt, scilicet die Natalis Domini, die Purificationis beate Marie, die Pasche, die Penthec[ostes], et die sollempnitatis ecclesie. Si autem contra hanc formam per predictos R. et A. vel per capellanum, qui pro tempore in predicta capella ministrabit, matrix ecclesia dampnificata fuerit in aliquo, extunc ad conquestionem dictarum monialium vel vicarii per archidiaconum vel decanum loci interdicetur capella memorata, donec de dampno ipsi ecclesie plene fuerit satisfactum. Post decessum autem dicte A. predicta capella a divinorum celebratione cessabit in perpetuum, hac hujus nostre concessionis gratia tunc penitus expirante, salvis in omnibus etc. In hujus rei testimonium presentibus litteris sigillum nostrum duximus apponendum. Date per manum R. de Waraville, canonici Lincolniensis, apud Lidintone, xi kalendas Augusti, pontificatus nostri anno decimo nono.

[*On the face* :—]

ANNUS XX.

[*The institution of Geoffrey de Moris to the church of Warmington; Dec. 30, 1228; see p. 141.*]

WERMINGTONE.—Omnibus etc. Noverit universitas vestra nos ad presentationem dilectorum filiorum, Abbatis et conventus de Burgo beati Petri, patronorum ecclesie de Wermingtone, dilectum in Christo filium Galfridum de Moris, clericum, ad eandem ecclesiam cum pertinentiis admisisse ipsumque in ea canonice personam instituisse ; salvis etc. Quod ut etc., testibus, Magistris W. de Beningworthe, capellano, A. de Buggedene, W. de Winchecombe et R. de Oxonia, canonicis Lincolniensibus, War[ino], capellano, Magistris R. Devon', C. Pighyon', A. de Arundelle, Thoma de Gedden', R. Mauclerc', et Th. de Askeby, clericis. Data per manum R. de Waraville, canonici Lincolniensis, apud Spaldewic, tertio kalendas Januarii anno pontificatus nostri vicesimo.

[*The institution of Simon de Norhamptone to the chapel of Plumptone; Dec. 30, 1228; see p. 143.*]

PLUMPTONE CAPELLA.—Omnibus etc. Noverit universitas vestras nos ad presentationem dilectorum nobis in Christo, Abbatis et conventus sancti Luciani Belvacens[is], patronorum capelle de Plumptone, factam per Nicholaum Priorem de Wedone, predictorum Abbatis et conventus procuratorem ad id constitutum, dilectum in Christo filium Simonem de Norhamptone, clericum, ad eandem capellam admisisse ipsumque in ea canonice personam instituisse, salvis etc., testibus et data ut supra in proxim[a].

[*The institution of William de Watford to the vicarage of St. John the Baptist, Peterborough; see vol. i, 209.*]

VICARIA ECCLESIE SANCTI JOHANNIS BAPTISTE DE BURGO. —Omnibus etc. Noverit universitas vestra nos ad presentationem dilectorum filiorum, Abbatis et conventus de Burgo beati Petri, dilectum in Christo filium Willelmum de Watford, capellanum, ad perpetuam vicariam ecclesie sancti Johannis Baptiste de Burgo admisisse ipsumque in ea canonice vicarium perpetuum instituisse cum onere ministrandi personaliter in eadem. Consistit autem ipsa vicaria in tertia parte decimarum lane et lini, agnorum, purcellorum, pullorum, vitulorum, aucarum, et tertia parte decimarum mercatorum et tertia parte omnium candelarum oblatarum et in medietate omnium denariorum missalium preterquam ad Thorp, ubi vicarius percipit omnes denarios missales, et in tertia parte omnium aliarum oblationum excepto pane cum companagio et decima lactis et ortorum, que vicarius totaliter percipit, excepto etiam toto ciragio et omnibus oblationibus cum corpore presenti provenientibus et primo testamento, que sacrista percipit. Consistit etiam in viginti tribus acris terre arrabilis cum manso competente, vicario ad inhabitandum assignato, et in cotidiano corredio unius monachi, ita quidem quod vicarius illud habebit ad mensam Abbatis cum voluerit, vel ad domum suam deferri faciet quotiens id sibi magis viderit expedire. Dicti autem Abbas et conventus omnia onera illius ecclesie preter onus parrochiale sustinebunt, salvis etc. Quod ut etc. Data, ut in carta de Wudeettone in archidiaconatu Oxonie.

[*The institution of William de Scotere to the church of Kettering ; Aug. 9, 1229 ; see p. 147.*]

KETERINGE.—Omnibus etc. Noverit universitas vestra nos ad presentationem dilectorum filiorum, Abbatis et conventus de Burgo beati Petri, patronorum ecclesie de Keteringe, dilectum in Christo filium, Magistrum Willelmum de Scotere, clericum, ad eandem ecclesiam admisisse ipsumque in ea canonice personam instituisse, salvis etc. Quod ut etc., testibus, Magistris Willelmo de Beningworthe, capellano, et Ricardo de Wendoure, Willelmo de Winchecumbe et Ricardo de Oxonia, canonicis Lincolniensibus, Magistris Ricardo Devon' et Alardo de Arundelle, Stephano de Castello et Galfrido de Moris, clericis. Data per manum Radulfi de Waraville, canonici Lincolniensis, apud Lidingtone, quinto idus Augusti pontificatus nostri anno xx.

[*The institution of Adam de Beregheby to the chapel of Stuchbury ; Aug. 25, 1229 ; see p. 142.*]

STUTEBIRY CAPELLA.—Omnibus etc. Noverit universitas vestra nos ad presentationem dilectorum filiorum, Prioris et conventus sancti Andree Norhamptonie, patronorum capelle de Stutebiry, dilectum in Christo filium Adam' de Beregheby, capellanum, ad eandem capellam admisisse ipsumque etc., cum onere ministrandi personaliter in eadem, salvis etc. Quod ut etc., testibus, Magistris W. de Beningworthe, capellano, et R. de Wendoure, W. de Winchecumbe et R. de Oxonia, canonicis Lincolniensibus, Warino capellano, Magistro Alardo de Arundell', Th. de Askeby, S. de Castello et G. de Moris, clericis. Data per manum nostram apud Kildesby, octavo kalendas Septembris pontificatus nostri anno xx.

[*The institution of Robert de Hertford to the vicarage of Cottesmore; Aug. 16, 1229; see p. 144.*]

COTESMORE VICARIA.—Omnibus etc. Noverit universitas vestra nos ad presentationem dilecti filii Johannis de Neketone rectoris ecclesie de Cotesmor', interveniente assensu Willelmi Mauduit, domini Regis camerarii, ejusdem ecclesie patroni, dilectum in Christo filium Robertum de Hertford, capellanum, ad perpetuam ipsius ecclesie vicariam admisisse, ipsumque in ea canonice vicarium perpetuum instituisse cum onere ministrandi personaliter in eadem. Consistit autem ipsa vicaria in toto altaragio dicte ecclesie et in decimis garbarum de toto dominico persone et in minutis decimis de nutrimentis animalium ejusdem et in decimis feni de Wentone et in una virgata terre vicario assignata in Cotesmore de terra pertinente ad ecclesiam, que jacet per particulas inter terras Henrici filii persone et Willelmi Coleville et Thome Pere. Habebit etiam vicarius pro manso virgultum quoddam quod est juxta cimiterium ex parte orientali et juxta curiam persone, et quoddam pratellum jacens inferius, et redditum mansi, quem Radulfus ad ecclesiam tenet, et solvet vicarius sinodalia. Persona vero hospitium Archidiaconi procurabit; salvis etc. Quod ut etc., testibus, Magistris W. de Beningword' et Amaurico de Buggedene et aliis, ut supra in carta proxima, excepto Warino, capellano. Data per manum R. de Waraville, canonici Lincolniensis, apud Cotingeham, septimodecimo kalendas Septembris pontificatus nostri anno xx.

[*The institution of William Katin to the vicarage of Brackley; Aug. 31, 1229; see p. 141.*]

BRACKELE VICARIA.—Omnibus etc. Noverit universitas vestra nos ad presentationem dilectorum filiorum, Abbatis et conventus Leicestrie, patronorum ecclesie de Brackele, dilectum in Christo filium Willelmum Katin, capellanum, ad ipsius ecclesie vicariam admisisse ipsumque etc., cum onere ministrandi personaliter in eadem. Consistit autem ipsa vicaria in tertia parte decime garbarum de Brackele et de Halso et in medietate altaragiorum cum manso vicario assignato. Consistit etiam in duabus partibus decime garbarum de octo virgatis terre in campo de Evenle et in decimis duarum virgatarum in Parva Whitefeld' cum curia Th. de Ermenters et in decima feni et molend[ini]; salvis etc. Testibus, ut supra in carta de Stutebir'. Data per manum Radulfi de Waraville, canonici Lincolniensis, apud Kildeb' secundo kalendas Septembris etc.

[*On the dorse:—*]

[*A relaxation, as in the year 1226, granted to those who give alms to Rockingham bridge; Aug. 16, 1229.*]

Omnibus etc. Quoniam inter opera karitatis etc., pro ponte Rokingham', ut supra in anno xvii. Data per manum Radulfi de Waraville, canonici Lincolniensis, apud Lidingtone septimodecimo kalendas Septembris pontificatus nostri anno vicesimo.

[*Notice sent to the Archbishop of Canterbury of the excommunication of Agnes de Hayforde, an apostate nun of Catesby.*]

Domino Cantuariensi etc. Vestra noverit paternitas quod Agnes filia Ricardi de Hayforde, dudum ad instantiam suam apud prioratum de Katteby in monialem admissa, sollempniter ibi suscepit habitum religionis et sic per biennium et ultra moram continuavit ibidem. Quoniam autem eadem de predicta domo sua maligni spiritus instinctu furtive jam recessit, et in religionis et domus sue scandalum in seculari habitu seculariter vivens, aliquando in domo patris sui predicti, aliquando alibi, minus honeste moram facere presumpsit, eam ut secundum ordinis statuta domum rediret pluries moneri et tandem, quia noluit, ipsam excommunicari fecimus et excommunicatam publice denunciari. Hec igitur paternitati vestre significanda duximus, ne per ipsam vel quemcumque vobis aliud super premissis ex parte sua suggerentem sanctitas vestra circumveniatur in hac parte.

[*A similar notice to the sheriff of Northampton.*]

Vicecomiti et universo comitatui Norhamptonie, salutem etc. Sciatis quod Agnes etc. (ut supra usque "Hec igitur"). Unde eandem Agnetem excommunicatam vobis denunciamus, mandantes et in fide qua et ecclesie tenemini injungentes quia nec ipsam nec aliquem per ipsam ad aliquod placitum seculare in comitatu vestro admittatis sed eam excommunicatam habentes tanquam excommunicatam cautius evitetis, donec secundum ordinis sui statuta beneficium a nobis meruerit absolutionis. Et in hujus rei testimonium has litteras nostras vobis duximus transmittendas.

ANNUS XXI.

[*On the face:—*]

[*The institution of Roger de Bissopesleghe to the church of Desborough; Jan. 26, 1230; see p. 152.*]

DESEBURG'.—Omnibus etc. Noverit universitas vestra nos

ad presentationem Willelmi Burdun, patroni ecclesie de Deseburg', dilectum in Christo filium Magistrum Rogerum de Bissopesleghe, clericum, ad eandem ecclesiam admisisse ipsumque in ea canonice personam instituisse, salvis etc. Quod ut etc., testibus, Magistro W. de Beningworthe et Warino de Kyrketone, capellanis, Magistris Amaurico de Bugedene et Ricardo de Wendoure, W. de Winchecombe et R. de Oxonia, canonicis Lincolniensibus, Magistris Ricardo Devon' et A. de Arundell', Th. de Askeby et S. de Castello, clericis. Data per manum nostram apud Kildeby, septimo kalendas Februarii anno pontificatus nostri xxi.

[*Grant to the priory of Lenton of the appropriation of the church of Rushdene; April 9, 1230; see p. 152.*]

CARTA MONACHORUM DE LENTONE SUPER ECCLESIA DE RISSENDENE.—Omnibus etc. Noverit universitas vestra nos de consensu et voluntatis dilecti filii, W. Decani, et capituli nostri Lincoln' concessisse, dedisse et hac presenti carta nostra confirmasse dilectis nobis in Christo Priori et conventui de Lentone, patronis ecclesie de Rissendene, decimam garbarum et feni ad ipsam ecclesiam pertinentem in proprios usus eorum et hospitalitatis augmentum nomine beneficii perpetui possidendam preterquam de xiii virgatis terre subscriptis, de quibus decime garbarum et feni in portionem ejus, qui pro tempore ipsius ecclesie persona fuerit, cedent in perpetuum; qui quidem, ad dictorum patronorum presentationem per nos et successores nostros admittendus et instituendus in eadem, habebit simul cum decima de xiii virgatis terre predictis totum altaragium et omnes minutas decimas ad eandem ecclesiam pertinentes et obventiones. Habebit etiam mansum qui fuit Hawis[ie] Temprenoise cum pertinentiis ad inhabitandum. Preterea habebit dimidiam virgatam terre quam Willelmus Bunch prius capellanus ibidem tenuit liberam ab omni exactione seculari et a decimarum prestatione quietam. Item habebit redditum septem solidorum et octo denariorum de Hospitali sancti Jacobi in eadem parochia et viginti den[ariorum] de tofto Arnoldi le Tippere annuatim percipiend[um]; et sustinebit persona omnia onera ordinaria dictam ecclesiam contingentia, debita et consueta; et ministrabit personaliter in eadem. De oneribus vero extraordinariis dicti monachi pro portione sua respondebunt, salvis etc. Tredecim autem virgate terre, de quibus supra dictum est, sunt iste; dimidia virgata Edwardi le Newebonde, dimidia virgata Battehull', dimidia virgata Hugonis Berkarii, dimidia virgata Rogeri capellani, dimidia virgata Warini filii Roberti, dimidia virgata Turstani filii Wlmari, dimidia virgata Nicholai filii Roberti, dimidia virgata Ricardi filii Warini, dimidia virgata Warini armigeri, dimidia virgata Ricardi Longi, dimidia virgata Hugonis filii Osberti, dimidia virgata Petri Attelane et Seledi Bagge, dimidia virgata Willelmi Hoppesort, dimidia virgata Henrici[1] ad portam, dimidia virgata Matildis Suetis et Rogeri Lydy, dimidia virgata Rogeri Laweite, item dimidia virgata Willelmi Finch, dimidia virgata Ricardi Hunein, dimidia virgata Roberti Gnottere, dimidia virgata Walteri Fader, dimidia virgata Simonis Peck' et Edwardi filii Rogeri, dimidia virgata Willelmi filii Edrici, dimidia virgata Aceri filii Willelmi, dimidia virgata Samsonis et una virgata Fulconis. Ut autem predicta perpetuam optineant firmitatem presenti scripto sigillum nostrum una cum sigillo capituli nostri predicti duximus apponendum. Hiis testibus, Willelmo decano, Roberto archidiacono, Johanne precentore, Willelmo cancellario, Waltero thesaurario, et Johanne subdecano Lincolniensibus, J. Bedefordie, G. Huntedonie et R. Leicestrie archidiaconis, Waltero Blundo, et Willelmo de Avalon, Magistris Roberto de Gravele, Stephano de Cicestria, Willelmo de Beningwrth', Theobaldo et Ricardo de Cancia, Thoma sacrista et Warino de Kirketone, capellanis, Willelmo de Lincolnia et Waltero de Well', Petro de Hungaria, Radulfo de Waravill' et Willelmo de Winchecumbe, diaconis, Theobaldo de Bosell' et Rogero de Bohum, Magistris Amaurico de Buggedene et Ricardo de Wendoure et Ricardo de Oxonia, subdiaconis, canonicis Lincolniensibus. Data per manum nostram in capitulo Lincolniensi quinto idus Aprilis pontificatus nostri anno xxi.

[*The institution of John de Burgo to the church of East Carlton; Sept. 5, 1230; see p. 155.*]

KARLETONE.—Omnibus etc. Noverit universitas vestra nos ad presentationem Radulfi filii Reginaldi, patroni ecclesie de Karletone, dilectum in Christo filium Johannem de Burgo, clericum, ad eandem ecclesiam admisisse ipsumque in ea canonice personam instituisse, salvis etc. Quod ut etc., testibus, Magistris W. de Beningwrd', capellano, Amaurico de Bugedene et Ricardo de Wendoure, W. de Winchecumbe, Ricardo de Oxonia et Th. de

---

[1] *Sic;* "Herveus", p. 153.

Askeby, canonicis Lincolniensibus, Magistro Alardo de Arundell', G. de Moris et Stephano de Castello, clericis. Data per manum R. de Waraville, canonici Lincolniensis, apud Lidingtone, nonis Septembris pontificatus nostri anno xxi.

[*The institution of John de Westone to the church of Collyweston; Sept. 5, 1230; see p. 150.*]

WESTONE.—Omnibus etc. Noverit universitas vestra nos ad presentationem Petri de Westone, militis, patroni ecclesie de Westone, dilectum in Christo filium Johannem de Westone, clericum, ad eandem ecclesiam admisisse ipsumque in ea canonice personam instituisse ; salvis etc. Quod ut etc., testibus et data ut supra in proxima.

[*The institution of Walter de Wermington to the church of Islip; Sept. 5, 1230; see p. 151.*]

ISLEP.—Omnibus etc. Noverit universitas vestra nos ad presentationem Gervasii filii Ricardi, patroni ecclesie de Islep, dilectum in Christo filium Walterum de Wermingtone, clericum, ad eandem ecclesiam admisisse ipsumque in ea canonice personam instituisse ; salvis etc. Quod ut etc., testibus et data ut supra in secunda.

[*The institution of William Poeta to the vicarage of St. Giles, Northampton; Sept. 12, 1230; see p. 152.*]

ECCLESIA SANCTI EGIDII NORHAMPTONIE.—Omnibus etc. Noverit universitas vestra nos ad presentationem dilectorum filiorum, Prioris et conventus sancti Andree Norhamptonie, patronorum ecclesie sancti Egidii Norhamptonie, dilectum in Christo filium Magistrum Willelmum Poetam, capellanum, ad perpetuam ejusdem ecclesie vicariam admisisse, ipsumque in eadem canonice vicarium perpetuum instituisse cum onere ministrandi personaliter in eadem. Habebit autem idem vicarius nomine vicarie sue totam illam ecclesiam reddendo inde dictis monachis decem marcas annuas, quas de eadem percipere consueverunt ; salvis etc. Quod ut etc., testibus et data ut supra in tertia.

[*The institution of John de Thouecestr' to the vicarage of Weedon Pinkney; Sept. 12, 1230; see p. 153.*]

WEDONE.—Omnibus etc. Noverit universitas vestra nos ad

presentationem dilecti filii Prioris de Wedone, procuratoris Abbatis et conventus sancti Luciani Belvacens[is], dilectum in Christo filium Johannem de Thouecestr', capellanum, ad vicariam in ecclesia de Wedone auctoritate Concilii ordinatam admisisse ipsumque in ea canonice vicarium perpetuum instituisse cum onere ministrandi personaliter in eadem. Consistit autem ipsa vicaria in toto altaragio preter primum legatum et in decimis garbarum xii virgatarum terre, et respondebit vicarius de sinodalibus tantum; salvis etc. Quod ut etc., testibus et data ut supra in quarta.

[*The institution of Osbert de London to two-thirds of the church of Clipstone; June 7, 1230; see p. 150.*]

DUE PARTES ECCLESIE DE CLIPSTONE.—Omnibus etc. Noverit universitas vestra nos ad presentationem nobilis viri J. constabularii Cestrie, patroni duarum partium in ecclesia de Clippestone, dilectum in Christo filium Osbertum de Lond', clericum, ad easdem duas partes admisisse ipsumque in eis canonice personam instituisse, salvis etc. Quod ut etc., testibus, Magistris W. de Beningwurthe, A. de Buggedene, etc. ut supra in carta de Karletone anno xxi, apposito hic Magistro R. Devon'. Data per manum R. de Warraville, canonici Lincolniensis, apud Tunrigg', septimo idus Junii pontificatus nostri anno xxi.

[*On the dorse :—*]

[*The Bishop grants to the church of St. Andrew's, Kilsby, tithes of his windmill there; Feb. 14, 1230.*]

Omnibus etc. Noverit universitas vestra nos divine pietatis intuitu concessisse et dedisse Deo et ecclesie beati Andree de Kildeby et ejusdem ecclesie personis, qui pro tempore fuerint, decimam molendini nostri ad ventum ibidem, habendam et tenendam in liberam, puram et perpetuam elemosinam. Quod ut etc., testibus, Magistro W. de Beningworde et Warino de Kirketone, capellanis, Magistris A. de Bugedene et Ricardo de Wendoure, W. de Winchecumbe et Ricardo de Oxonia, canonicis Lincolniensibus, Magistris R. Devon' et Alardo de Arundelle, G. de Moris, S. de Castello et Th. de Askeby, clericis. Data per manum R. de Warreville, canonici Lincolniensis, apud Kildeby, xv kalendas Marcii pontificatus nostri anno xxi.

[*A relaxation of thirteen days of penance to those who give alms to Rockingham bridge; Sept. 10, 1230.*]

Omnibus etc. De Dei misericordia confisi, omnibus nostre diocesis et aliis, quorum diocesani hanc nostram relaxationem ratam habueriut, ad constructionem et conservationem pontis de Rockingeham de bonis sibi a Deo collatis aliquid caritative conferentibus, qui confessi fuerint et vere penitentes, xiii dies de injuncta sibi penitentia relaxamus, concedentes hanc nostre relaxationis gratiam per triennium duraturam. Prohibemus tamen ne cum hiis litteris nostris extra parrochiam de Rockingeham nuntius eat vel predicator aliquis ad dictas elemosinas colligendas. Date per manum R. de Warraville, canonici Lincolniensis, apud Grettone, quarto idus Septembris pontificatus nostri anno xxi.

[*On the face :—*]

ANNUS XXII.

[*The institution of Henry de Rand' to the church of Hargrave; Mar. 29, 1231; see p. 151.*]

HAREGRAVE.—Omnibus Christi fidelibus ad quos presens scriptum pervenerit Hugo Dei gratia Lincolniensis episcopus salutem in Domino. Noverit universitas vestra nos ad presentationem Ricardi de Deseburge factam, ratione custodie terre et heredis Amicie de Costentin quondam uxoris ipsius Ricardi quam habet, dilectum in Christo filium Henricum de Rand', clericum, ad ecclesiam de Haregrave admisisse ipsumque in ea canonice personam instituisse, salvis in omnibus episcopalibus consuetudinibus et Lincolniensis ecclesie dignitate. Quod ut perpetuam optineat firmitatem presenti scripto sigillum nostrum duximus apponendum, hiis testibus, Magistris W. de Beningworthe, Amaurico de Buggedene, et Ricardo de Wendoure, Willelmo de Winchecumbe et Th. de Askeby, canonicis Lincolniensibus, Roberto de Bolesoure, capellano, Magistris Waltero de Wermenistre, et Alardo de Arundell', Johanne de Crakel', Johanne de Burgo, G. de Moris et Stephano de Castello, clericis. Data per manum nostram apud Tinghurst, quarto kalendas Aprilis pontificatus nostri anno vicesimo secundo.

[*The institution of Robert Passelewe to the church of Church Brampton; April 13, 1231; see p. 154.*]

BRAMPTONE.—Omnibus etc. Noverit universitas vestra nos ad presentationem Thome Picot, patroni ecclesie de **Bramptone** juxta Norhamptone, dilectum in Christo filium Robertum Passelewe, clericum, ad eandem ecclesiam admisisse ipsumque in ea canonice personam instituisse; salvis etc. Quod ut etc., testibus ut in carta Ricardi de Burg' super ecclesia de Sadingt' in comitatu Leircestrie, anno xxii. Data per manum R. de Warraville, canonici Lincolniensis, apud Vetus Templum Londoniis, idibus Aprilis pontificatus nostri anno xxii.

[*The institution of Stephen de Sandwiz to the church of Lyndon, Rutland; April 1, 1231; see p. 158.*]

LINDONE.—Omnibus etc. Noverit universitas vestra nos ad presentationem Alani de Lindone, patroni ecclesie de Lindone, dilectum in Christo filium Magistrum Stephanum de Sandwiz, clericum, ad eandem ecclesiam admisisse ipsumque in ea canonice personam instituisse; salvis etc. Quod ut etc., testibus ut supra in carta de Haregrave, apposito hic Ricardo de Oxonia. Data per manum nostram apud Tinghurst, kalendis Aprilis pontificatus nostri anno xxii.

[*The institution of Henry de Len to the church of Wadenhoe; May 21, 1231; see p. 127.*]

WADENHO.—Omnibus etc. Noverit universitas vestra nos ad presentationem Henrici de Ver, patroni ecclesie de Wadenho, dilectum in Christo filium Henricum de Len, clericum, ad eandem ecclesiam admisisse ipsumque in ea canonice personam instituisse; salvis etc. Quod ut etc., hiis testibus, Roberto Lincolnie, Johanne Bedefordie et G. Huntingdonie archidiaconis, Magistris W. de Beningewrthe, capellano, A. de Bugedene et R. de Wendoure, W. de Winchecumbe, R. de Oxonia et Th. de Askeby, canonicis Lincolniensibus, Roberto de Bolesoure, capellano, Magistro Alardo de Arundel, G. de Moris et S. de Castello, clericis. Data per manum R. de Waraville, canonici Lincolniensis, xii kalendas Junii pontificatus nostri anno xxii.

[*The institution of Martin de Sancto Ivone to the church of Clapton; see p. 156.*]

CLAPTONE.—Omnibus etc. Noverit universitas vestra nos ad presentationem dilectorum filiorum, Abbatis et conventus de Burgo beati Petri, patronorum ecclesie de Claptone, dilectum in Christo filium Martinum de Sancto Ivone, clericum, ad eandem ecclesiam admisisse ipsumque etc.; salvis etc. Quod ut etc., testibus et data ut in carta de Stanlake in archidiaconatu Oxonie.

[*The institution of Reginald de Haltsted to the church of Winwick; see p. 155.*]

WYNEWYC.—Omnibus etc. Noverit universitas vestra nos ad presentationem dilectorum in Christo Prioris et conventus Coventrie, patronorum ecclesie de Winewic, dilectum in Christo filium Reginaldum de Haltsted, clericum, ad eandem ecclesiam admisisse ipsumque in ea canonice personam instituisse; salvis etc. Quod ut etc., testibus et data ut in carta Roberti de Segrave super ecclesia de Wiginton in archidiaconatu Oxonie anno xxii.

[*The institution of Robert de Wiltone to the church of Earl's Barton; see p. 159.*]

BARTONE.—Omnibus etc. Noverit universitas vestra nos ad presentationem dilectarum filiarum, Abbatisse et conventus sancte Marie de Pratis Norhamptonie, patronarum ecclesie de Bartone, dilectum in Christo filium Robertum de Wiltone, clericum, ad eandem ecclesiam admisisse ipsumque in ea canonice personam instituisse, salvis inde dictis Abbatisse et conventui nomine perpetui beneficii duabus marcis annuis et salva Johanni de Einesham, capellano, sua perpetua vicaria, quam habet in eadem; salvis etiam etc. Quod ut etc., testibus et data ut supra carta proxima.

[*The institution of William de Hwichetone to the church of Whiston; June 19, 1231; see p. 155.*]

HWYCHETONE.—Omnibus etc. Noverit universitas vestra nos ad presentationem Willelmi de Hwichetone, militis, patroni ecclesie Hwichetone, dilectum in Christo filium Willelmum de Hwichetone, clericum, ad eandem ecclesiam admisisse ipsumque etc.; salvis etc. Quod ut etc., hiis testibus, Magistris W. de Beningworde, A. de Buggedene et R. de Wendoure, W. de Winchecumbe, R. de Oxonia, et Th. de Askeby, canonicis Lincolniensibus, Magistris W. de Wermenistre et A. de Arundelle, Johanne de Crakehale et S. de Castello, clericis. Data per manum nostram apud Lidintone xiii kalendas Julii pontificatus nostri anno xxii.

[*The institution of Robert de Kolebois to the vicarage of All Saints, Northampton; Aug. 1, 1231; see p. 148.*]

VICARIA OMNIUM SANCTORUM NORHAMPTONIE.—Omnibus etc. Noverit universitas vestra nos ad presentationem dilectorum filiorum Prioris et conventus sancti Andree Norhamptonie, patronum ecclesie Omnium Sanctorum Norhamptonie, dilectum in Christo filium Robertum de Kolebois, capellanum, ad ipsius ecclesie vicariam admisisse ipsumque in ea canonice vicarium perpetuum instituisse cum onere ministrandi personaliter in eadem. Consistit autem ipsa vicaria in corredio monachali in refectorio vel in camera Prioris vel alibi, ubi vicarius voluerit, percipiendo. Habebit etiam vicarius ad opus servientis sui corredium quale habet unus major servientum ipsius prioratus, et triginta solidos annuos pro stipendiis, et preterea in quatuor principalibus festis oblationem, scilicet in quolibet festo sex denarios: item medietatem secundi legati; item qualibet die dominica residuum panis benedicti; item quando celebrabitur in ecclesia predicta pro corpore presenti unum denarium et in contractu nuptiarum unum denarium. Monachi vero sustinebunt omnia onera dicte ecclesie et invenient suis sumptibus duos capellanos seculares in adjutorium vicarii et clericos dictis capellanis necessarios et ipsi vicario mansum competentem. Idem autem vicarius, capellani, et clerici juramentum prestabunt dictis Priori et monachis de fidelitate eis observanda in temporalibus; salvis etc. Quod ut etc., hiis testibus, Magistris Amaurico de Buggedene et Ricardo de Wendoure, Willelmo de Winchecumba et Ricardo de Oxonia, canonicis Lincolniensibus, Roberto de Bollesoure, capellano, Magistris Waltero de Wermenistre et A. de Arundelle, J. de Burgo, S. de Castello et G. de Moris, clericis. Data per manum Radulfi de Warraville, canonici Lincolniensis, apud Ernigworthe, kalendis Augusti pontificatus nostri anno vicesimo secundo.

[*The institution of William de Burgo to the church of Peakirk; Oct. 14, 1231; see p. 160.*]

PEYCHURCHE.—Omnibus etc. Noverit universitas vestra nos ad presentationem dilectorum filiorum, Abbatis et conventus de Burgo sancti Petri, patronorum ecclesie de Peychurche, dilectum in Christo filium Willelmum de Burgo, clericum, ad eandem ecclesiam cum pertinentiis admisisse ipsumque in ea canonice personam instituisse, salvis etc. Quod ut etc., hiis testibus, Magistro Amaurico de Buggedene, W. de Winchecumbe, R. de Oxonia et

Th. de Askeby, canonicis Lincolniensibus, Magistro A. de Arundelle, J. de Burgo, J. de Crakeh' et S. de Castello, clericis. Data apud Ludam per manum R. de Warraville, canonici Lincolniensis, pridie idus Octobris pontificatus nostri anno vicesimo secundo.

[*The institution of Philip de Land' to the church of Charwelton; Oct. 14, 1231; see p. 155.*]

CHERWOLTONE.—Omnibus etc. Noverit universitas vestra nos ad presentationem Prioris et conventus sancti Oswaldi de Nostl', patronorum ecclesie de Cherewoldtone, dilectum in Christo filium Philippum de Land', clericum, ad eandem ecclesiam admisisse ipsumque in ea canonice personam instituisse; salvis etc. Quod ut etc., testibus et data ut supra in carta proxima.

[*The institution of David de Hadingtone to the church of Lilford; Oct. 14, 1231; see p. 150.*]

LILLEFORD.—Omnibus etc. Noverit universitas vestra nos ad presentationem Walteri Olifarde, patroni ecclesie de Lilleforde, dilectum in Christo filium David de Hadingtone, clericum, ad eandem ecclesiam admisisse ipsumque in ea canonice personam instituisse; salvis etc. Quod ut etc. Testibus et data ut supra in carta proxima.

[*The institution of Reginald de Ailingtone to the church of Bradden; May 29, 1231; see p. 156.*]

BRADDENE.—Omnibus etc. Noverit universitas vestra nos ad presentationem Willelmi de Gymeges, patroni ecclesie de Braddene, dilectum in Christo filium Reginaldum de Ailingtone, clericum, ad eandem ecclesiam admisisse ipsumque in ea canonice personam instituisse; salvis etc. Quod ut etc., hiis testibus, Magistris Amaurico de Buggedene, R. de Wendoure, W. de Winchecumbe, R. de Oxonia, Th. de Askeby, canonicis Lincolniensibus, R. de Bollesoure, capellano, Magistris W. de Werministre et A. de Arundell, G. de Moris, J. de Burgo et Stephano de Castello, clericis. Data per manum R. de Warraville, canonici Lincolniensis, apud Spaldewic', quarto kalendas Junii pontificatus nostri anno xxii.

CARTA HOSPITALIS JERUSALEM SUPER XL SOLIDIS DE ECCLESIA DE HOLECOTE, scribitur a tergo.

[*On the dorse* :—]

[*A relaxation of penance, as in 1221, to those who contribute to Sulby Abbey; July 31, 1231.*]

"Omnibus etc. De Dei misericordia, gloriose virginis Marie etc.," pro monasterio de Suleby, ut supra anno xix pro eodem, cum adjectione istius clausule :—"Concedimus etiam quantum in nobis est quod fratres nostri episcopi suas ad id si voluerint conferant indulgentias. Data apud Erningworde per manum R. de Warraville, canonici Lincolniensis, secundo kalendas Augusti pontificatus nostri anno xxii."

[*A confirmation by the Bishop of two exchanges of land between William de Insula and the rector of Brampton Ash; Aug. 3, 1231.*]

Omnibus etc. H. Dei gratia Lincolniensis episcopus salutem in Domino. Inspeximus cartam Willelmi filii Willelmi de Insula continentem quod idem Willelmus dedit, concessit et confirmavit Deo et ecclesie sancte Marie de Bramptone et Thome rectori ejusdem ecclesie et successoribus suis totum boscum suum qui vocatur Lauedibradegates et unum sellionem super le Pottes, quem Griffinus tenuit, qui jacet inter terram Willelmi Briselanc' et terram Simonis de Naveby, in escambio cujusdam bosci qui vocatur le Holes, qui pertinebat ad ecclesiam de Bramptone ; habendos et tenendos predicte ecclesie et predicto Thome et successoribus suis ita libere et quiete et paciffice, sicut predicta ecclesia de Bramptone predictum boscum qui vocatur le Holes possidebat. Inspeximus etiam cartam ejusdem Willelmi de Insula per quam dedit, concessit et confirmavit dicto Thome, rectori ecclesie sancte Marie de Bramptone, totum riffletum suum quod idem Willelmus habuit in Holegate ex australi parte fossati sui, et riffletum suum quod habuit apud Fildegate et quod jacet inter riffletum Henrici filii Ricardi et riffletum quod predictus Thomas habuit de eodem Willelmo in Holegate, et continet xxv perticatas de pertica domini Regis, scilicet de pertica xxv pedum, de longitudine et quindecim perticatas de latitudine, in escambio totius riffleti predicti Thome quod habuit in le Nabbe in campis de Bramptone et in escambio cujusdam riffleti quod predictus Thomas habuit in Holegate et jacet inter Derobueshille et riffletum dicti W. de Insula et extendit se usque fossatum ipsius Willelmi versus austrum; habenda et tenenda predicto Thome et successoribus suis libere, pacifice et quiete absque aliquo servitio et demanda per predictum escambium in perpetuum. Nos igitur, interveniente dilectorum filiorum, Prioris et conventus sancti Neoti, ecclesie predicte patronorum, assensu, donationes, concessiones, et confirmationes predictas predicto modo et ad ipsius ecclesie utilitatem factas, sicut per inquisitionem inde factam accepimus, episcopali confirmamus auctoritate; salvis etc. In hujus autem etc., hiis testibus, Magistris A. de Buggedene et R. de Wendoure, W. de Winchecumbe et R. de Oxonia, canonicis Lincolniensibus, Magistris W. de Werministre et A. de Arundelle, G. de Moris, J. de Burgo et S. de Castello, clericis. Data per manum R. de Warraville, canonici Lincolniensis, apud Lidingtone tertio nonas Augusti pontificatus nostri anno xxii.

[*The Bishop appeals to the Pope against any decision of the Abbot of Croyland and his fellow judges, augmenting the pension due from the church of St. Mary, Northampton, to the Priory of St. Andrew, Northampton; Sept. 12, 1231.*]

H. Dei gratia Lincolniensis episcopus viris venerabilibus . . . . eadem gratia Abbati de Croilande et conjudicibus suis salutem in Domino. Audivimus quod Prior et conventus sancti Andree Norhamptonie dilectum in Christo filium, Henricum vicarium sancte Marie juxta Castrum Norhamptonie, in causam trahunt auctoritate litterarum domini Pape coram vobis, ut ulteriorem pensionem quam debetur extorqueant ab eodem. Cum igitur in ecclesiis nostre diocesis pensiones nove constitui non debeant preter assensum nostrum vel veteres adaugeri, ne quid in nostrum et ecclesie nostre prejudicium per vos in hac parte statuatur, sedem apostolicam appellamus. Dat' per manum Radulfi de Warraville apud Netelham secundo idus Septembris pontificatus nostri anno xxii.

[*The Bishop withdraws the appeal he had made to the Pope against a decision of the Abbot of Chertsey, about the churches of Oakham and Hambleton, Rutland.*]

De litteris Abbati Certes' et conjudicibus suis directis, per quas dominus episcopus renuntiavit appellationi interposite coram ipsis super ecclesiis de Ocham et Hameledene, habetur in rotulo memorandorum anno xxii.

[*The Bishop appoints two representatives to act as his sequestrators in the archdeaconry of Northampton.*]

H. Dei gratia Lincolniensis episcopus dilectis in Christo filiis, abbatibus, prioribus, decanis, personis, vicariis, capellanis et aliis per archidiaconatum Norhamptonie constitutis salutem in Domino. Noveritis quod dilectos filios, Willelmum decanum de Erningworde, et Philippum de Sideham, capellanum, procuratores nostros constituimus ad recipiendum et custodiendum, quamdiu nobis placuerit, sequestra nostra de archidiaconatu Norhamptonie. In cujus etc.

[*Grant to the Hospitallers of a pension of 40 shillings a year from the church of Holcott.*]

Omnibus etc. Noverit universitas vestra quod cum dilecti in Christo Prior et fratres Hospitalis Jerusalem in Anglia, instituta coram nobis actione super quinque marcis quas de ecclesia de Holecote, cujus ad ipsos spectare dinoscitur advocatio, deberi sibi asserebant, in intentionis sue probatione penitus defecissent, nos de consensu et voluntate dilectorum filiorum W. Decani et capituli nostri Lincoln' concessisse et dedisse divine pietatis intuitu predictis Priori et fratribus xl solidos annuos de ecclesia predicta per manum Radulfi Cirencestr' ejusdem ecclesie rectoris, et successorum suorum qui pro tempore fuerint, nomine perpetui beneficii percipiendos in duobus anni terminis, scilicet in festo sancti Martini xx solidos et in Pentechost' xx solidos; salvis etc. Quod ut perpetuam optineat firmitatem presenti scripto sigillum nostrum una cum sigillo predicti capituli nostri duximus apponendum, testibus et data ut in carta de Ellesham et de Torkeseia de ecclesiis de Kynereby et de Snarteforde et de Wykingeb' in archidiaconatu Lincolnie.

[*On the face :—*]

ANNUS XXIII.

[*The institution of Geoffrey de Helpestone to the vicarage of Helpstone; Jan. 13, 1232; see p. 161.*]

HELPESTONE.—Omnibus etc. Noverit universitas vestra nos ad presentationem Walteri de Burg', persone ecclesie de Helpestone, factam de assensu Rogeri filii Pagani, patroni ejusdem, dilectum in Christo filium Galfridum de Helpestone, capellanum, ad perpetuam ipsius ecclesie vicariam admisisse ipsumque in ea canonice vicarium perpetuum instituisse cum onere ministrandi personaliter in eadem. Qui quidem totam ipsam ecclesiam tenebit, quamdiu vixerit, reddendo inde predicto Waltero et successoribus suis ejusdem ecclesie personis quatuor marcas annuas nomine pensionis, videlicet ii marcas ad Pascha et ii marcas ad festum sancti Michaelis. Idem autem vicarius sustinebit omnia onera ipsius ecclesie ordinaria, debita et consueta ; salvis etc. Quod ut etc., hiis testibus, Roberto de Bollesoure, capellano, Magistris R. de Wendoure et W. de Werministre, W. de Winchecumbe, R. de Oxonia et Thoma de Askeby, Magistro A. de Arundelle, R. Mauclerc et S. de Castello, clericis. Data apud Broctone per manum R. de Warraville, canonici Lincolniensis, idibus Januarii pontificatus nostri anno xxiii.

[*The institution of Richard de Cant' to the church of Great Harrowden; Feb. 6, 1232; see p. 136.*]

HAREWEDONE.—Omnibus etc. Noverit universitas vestra nos ad presentationem dilectorum filiorum, Abbatis et conventus de Suleby, patronorum ecclesie de Harewedone, dilectum in Christo filium Magistrum Ricardum de Cant', capellanum, ad eandem ecclesiam cum omnibus ad eam pertinentibus admisisse ipsumque in ea canonice personam instituisse, salva predictis Abbati et conventui una marca annua per manum ejusdem Magistri Ricardi de eadem ecclesia nomine perpetui beneficii percipienda ; salvis etc. Quod ut etc., hiis testibus, Warino de Kirketone et Roberto de Bollesoure, capellanis, Magistro R. de Wendoure et W. de Winchecumbe, canonicis Lincolniensibus, Magistro Alardo de Arundell, G. de Moris et S. de Castello, clericis. Data per manum R. de Warraville, canonici Lincolniensis, apud Spaldewic, octavo idus Februarii anno pontificatus nostri xxiii.

[*The institution of Philip de Sancto David to the church of Green's Norton; Dec. 27, 1231; see p. 162.*]

NORTONE.—Omnibus etc. Noverit universitas vestra nos ad presentationem Johannis Marsc', patroni ecclesie de Nortone, dilectum in Christo filium Magistrum Philippum de Sancto David, clericum, ad eandem ecclesiam cum pertinentiis suis admisisse ipsumque in ea canonice personam instituisse ; salvis etc. Quod ut etc., hiis testibus, Johanne Norhamptonie, G. Huntingdonie, et Amaurico Bedefordie, archidiaconis, Willelmo, subdecano, R. de Bolesoure, capellano, Magistris W. de Wermenistre et R. de

Wendoure, Willelmo de Winchecumbe, R. de Oxonia et Thoma de Askeby, canonicis Lincolniensibus. Data apud Buggedene per manum Radulfi de Warraville, canonici Lincolniensis, vi kalendas Januarii pontificatus nostri anno xxiii.

[*The institution of Thomas Sparhauek to the church of Weekley; Feb. 25, 1232; see p. 144.*]

WYKLEIA.—Omnibus etc. Noverit universitas vestra nos ad presentationem dilectorum filiorum, Abbatis et conventus sancti Jacobi Norhamptonie, patronorum ecclesie de Wicleia, dilectum filium Thomam Sparhauek, capellanum, ad ipsius ecclesie vicariam admisisse ipsumque in ea canonice vicarium perpetuum instituisse cum onere ministrandi personaliter in eadem. Consistit autem ipsa vicaria in toto altalagio ejusdem ecclesie cum manso competente; et solvet vicarius synodalia tantum. Canonici vero predicti omnia onera ipsius ecclesie ordinaria, debita et consueta sustinebunt; salvis etc. Quod ut etc., hiis testibus, Warino de Kirketone et Roberto de Bolesoure, capellanis, W. de Winchecumbe, R. de Oxonia, et Thoma de Askeby, canonicis Lincolniensibus, Magistro Alardo de Arundelle, Johanne de Crakehale et Stephano de Castello, clericis. Data per manum Radulfi de Warraville, canonici Lincolniensis, apud Kildeby quinto kalendas Martii pontificatus nostri anno xxiii.

[*The institution of John de Touecestre to the vicarage of Weedon Pinkney; Feb. 25, 1232; see p. 153.*]

VICARIA DE WEDONE.—Omnibus etc. Noverit universitas vestra nos ad presentationem dilecti filii Nicholai, Prioris de Wedone, generalis procuratoris Abbatis et conventus sancti Luciani Belvacensis in Anglia, patronorum ecclesie de Wedone, dilectum in Christo filium Johannem de Touecestre, capellanum, ad ipsius ecclesie vicariam admisisse ipsumque in ea canonice vicarium perpetuum instituisse cum onere ministrandi personaliter in eadem. Consistit autem ipsa vicaria in decimis garbarum duodecim virgatarum terre et dimidie cum manso competente et in quarta parte totius altalagii, exceptis minutis decimis de curia domini et oblationibus ad reliquias ecclesie de Wedone provenientibus et excepta candela in die Purificationis beate Marie; salvis etc. Quod ut etc., testibus et data ut supra in carta proxima.

[*The institution of Roger, chaplain of Banbury Castle, to the church of Bodding-ton ; Feb. 29, 1232.*]

BOTENDONE.—Omnibus etc. Noverit universitas vestra nos ad presentationem dilectorum filiorum, Prioris et conventus de Chaucumbe, patronorum unius medietatis ecclesie de Botendone, dilectum in Christo filium Rogerum, tunc capellanum in Castro de Bannebiry, cui postmodum aliam medietatem illius ecclesie auctoritate Concilii contulimus, ad eandem ecclesiam cum pertinentiis admisisse ipsumque in ea canonice personam instituisse, salvo dictis canonicis annuo unius marce beneficio per nos et capitulum nostrum Lincolniense ipsis de dicta medietate concesso ; salvo etiam jure illius in posterum qui alterius medietatis optinuerit patronatum ; et salva Roberto de Botendone, capellano, vicaria sua quam habet in eadem ; qui quidem nomine vicarie sue tenebit quoad vixerit totam illam portionem quam Hugo frater suus ibidem tenuit, reddendo inde prefato Rogero et successoribus suis tredecim marcas annuas nomine pensionis, et sustinebit omnia onera ordinaria ipsius ecclesie, debita et consueta ; salvis etc. Quod ut etc., testibus Warino de Kirketone et R. de Bollesoure, capellanis, Magistro R. de Wendoure, W. de Winchecumbe et R. de Oxonia, canonicis Lincolniensibus, Magistro A. de Arundelle, J. de Crackale, et S. de Castello, clericis. Data per manum nostram apud Bannebiry, secundo kalendas Martii pontificatus nostri anno xxiii.

[*The institution of Richard de Wendoure to the church of Yardley Hastings; May 20, 1232 ; see p. 167.*]

IERDELEYA.—Omnibus etc. Noverit universitas vestra nos ad presentationem dilectorum nobis fratris Roberti de Diva, Prioris, et fratrum Hospitalis Jerusalem in Anglia, patronorum ecclesie de Ierdeleya, dilectum in Christo filium Magistrum Ricardum de Wendoure, clericum, ad eandem ecclesiam cum pertinentiis admisisse ipsumque in ea canonice personam instituisse ; salva eisdem Priori et fratribus debita et antiqua pensione de eadem ; salvis etiam etc. Quod ut etc., hiis testibus, Warino de Kirketone et Roberto de Bolesoure, capellanis, Magistro Ricardo de Wendoure, W. de Winchecumbe et R. de Oxonia, canonicis Lincolniensibus, Magistro Alardo de Arundelle, G. de Moris et S. de Castello, clericis. Data per manum R. de Warraville, canonici Lincolniensis, apud Tunrig' xiii kalendas Junii pontificatus nostri anno xxiii.

Hec prescripta carta dupplicata est; una residet penes patronos, alia vero penes Magistrum [R.] de Wendoure, rectorem ecclesie de Ierdele supradicte.

[*The institution of Warner to the vicarage of Duston; July 4, 1232; see p. 135.*]

DUSTONE.—Omnibus etc. Noverit universitas vestra nos ad presentationem dilectorum filiorum, Abbatis et conventus sancti Jacobi Norhamptonie, patronorum ecclesie de Dustone, dilectum in Christo filium Warn[erium], capellanum, ad ipsius ecclesie vicariam admisisse ipsumque in ea canonice vicarium perpetuum instituisse cum onere ministrandi personaliter in eadem. Habebit autem nomine vicarie sue totum altaragium de Dustone cum manso ecclesie, reddendo inde dictis patronis suis unam marcam annuam; habebit etiam totam capellam beate Margarete cum manso, reddendo duas marcas antedictis patronis annuatim et habebit idoneum capellanum socium in dicta capella continue ministrantem et solvet sinodalia; salvis etc. Quod ut etc., hiis testibus, Warino de Kirketone et Roberto de Bollesoure, capellanis, Magistris Waltero de Werministre et Ricardo de Wendoure, W. de Winchecumbe et R. de Oxonia, canonicis Lincolniensibus, Magistris A. de Arundelle, Johanne de Krakehale et aliis. Data per manum R. de Warraville, canonici Lincolniensis, apud Lidingtone quarto nonas Julii pontificatus nostri anno xxiii.

[*The institution of Aylmer de Thacheworthe to the vicarage of Bulwick; see p. 165.*]

BULEWICE.—Omnibus etc. Noverit universitas vestra nos ad presentationem dilecti filii Magistri Walteri de Cantilupo, persone ecclesie de Bulewice, interveniente Willelmi de Cantilupo, ipsius ecclesie patroni, consensu, dilectum in Christo filium Aimerum de Thacheworthe, capellanum, ad dicte ecclesie vicariam admisisse ipsumque in ea canonice vicarium perpetuum instituisse cum onere ministrandi personaliter in eadem. Consistit autem ipsa vicaria in toto altaragio cum omnibus minutis decimis et primitiis et tota decima de dominico ipsius ecclesie et cum prato quod vocatur pratum ecclesie de Bulewic' versus Laxtone ad dominicum ecclesie pertinente et in tota decima molendini et decima pannagii manerii de Bulewic' et in duobus mesuagiis sitis prope ecclesiam. Habebit autem vicarius capellanum idoneum socium continue in capella beati Laurentii ministrantem ; salvis etc. Quod ut etc., testibus et data ut in carta Magistri Roberti, persone de Grauele in archidiaconatu Huntingdonie.

[*The institution of Walter de Hortone to the church of Wootton ; July 31, 1232 ; see p. 168.*]

WOTTONE.—Omnibus etc. Noverit universitas vestra nos ad presentationem Amabilis de Wottone, patrone ecclesie de Wottone, dilectum in Christo filium Walterum de Hortone, clericum, ad eandem ecclesiam admisisse ipsumque in ea canonice personam instituisse ; salvis etc. Quod ut etc., testibus ut supra in carta proxima. Data apud Kildeby per manum Radulfi de Warraville, canonici Lincolniensis, secundo kalendas Augusti pontificatus nostri anno xxiii.

[*The institution of Thomas de Leircestria to the church of Quinton ; July 31, 1232 ; see p. 162.*]

QUENTONE.—Omnibus etc. Noverit universitas vestra nos ad presentationem dilectorum filiorum, Prioris et conventus sancti Andree Norhamptonie, patronorum ecclesie de Quentone, dilectum in Christo filium Thomam de Leircestria, clericum, ad eandem ecclesiam admisisse ipsumque in ea canonice personam instituisse ; salvis etc. Quod ut etc., testibus et data ut supra in carta proxima.

[*The institution of Thomas de Norhamptonia to the church of Rushden ; see p. 152.*]

RISSENDENE.—Omnibus etc. Noverit universitas vestra nos ad presentationem dilectorum nobis in Christo, Prioris et conventus de Lentone, patronorum ecclesie de Rissendene, dilectum in Christo filium Thomam de Norhamptonia, capellanum, ad eandem ecclesiam admisisse ipsumque in ea canonice personam instituisse, salva dictis Priori et conventui portione sibi per nos et capitulum nostrum Lincolniense concessa ibidem annuatim nomine perpetui beneficii percipienda. Consistit autem dicte ecclesie personatus in toto altaragio et in omnibus obventionibus et minutis decimis ad ipsam ecclesiam pertinentibus ; item in manso qui fuit Hauwisie Tempernoise cum pertinentiis et in dimidia virgata terre quam Willelmus Bunche tenuit, libera quidem ab omni exactione seculari et a decimarum prestatione quieta. Item consistit in redditu septem solidorum et viii denariorum de Hospitali sancti Jacobi, sito in eadem parrochia, et xx den[ariorum] de tofto Arnaldi le Tippere annuatim percipiendo; item in decimis garbarum et feni de xiii virgatis terre subscriptis, videlicet de dimidia virgata terre Edward le Neubonde, de dimidia virgata terre Battehulle [etc. as above p. 235 to "Fulkonis"]. Sustinebit autem persona omnia onera ordinaria dictam ecclesiam contingentia, debita et consueta; et ministrabit personaliter in eadem. De oneribus vero extraordinariis dicti monachi pro portione sua respondebunt; salvis etc. Quod ut etc., testibus et data ut in carta Magistri Roberti persone de Grauele in archidiaconatu Huntingdonie.

[*Grant by the Bishop to the canons of Lincoln of 5 marks a year from the church of Brocklesby, Lincs., and 45 marks from Hambleton, Rutland, in augmentation of their communa.*]

BROCELBY. HAMELIDONE.—Omnibus etc. Noverit universitas vestra nos pro salute anime nostre et antecessorum et successorum nostrorum ad honorem Dei et gloriose Virginis, de assensu Willelmi Decani et capituli nostri Lincoln', concessisse et dedisse in liberam, puram et perpetuam elemosinam canonicis ibidem Deo servientibus et servituris in perpetuum augmentum commune sue cum quinque marcis de ecclesia de Brocleby alias sibi per nos concessis, quadraginta quinque marcas de ecclesia de Hamelidone cum proximo vacaverit annuatim in duobus anni terminis, videlicet in festo sancti Martini xxii marcas et dimidiam, et in festo Pentecost' xxii marcas et dimidiam, solvendas apud Lincolniam preposito commune per manus eorum, qui pro tempore ipsam ecclesiam tenuerint, instituendi per nos et successores nostros, patronos ejusdem, qui de ipsa ecclesia et omnibus pertinentiis suis disponemus et ordinabimus in perpetuum pro voluntate nostra libere et quiete absque omni contradictione, salvo predicte commune redditu memorato annuatim de eadem. Statuimus autem quod qui pro tempore tenuerint ipsam ecclesiam, ut predictum est, sacramentum faciant fidelitatis Decano et capitulo Lincoln' de redditu predicto integre et sine diminutione aliqua, periculo et sumptibus rectorum eorundem, terminis predictis persolvendo, decernentes insuper quod si aliquis ipsorum maliciose contra hoc unquam venire presumpserit et legitime commonitus hoc emendare noluerit, ipsum per nos et successores nostros ab officio et beneficio tamdiu fore suspensum donec super hiis satisfecerit competenter, majori etiam pena faciend[a] juxta arbitrium nostrum et successorum nostrorum si nec sic errorem suum duxerit corrigendum. De assensu etiam dictorum Decani et capituli nostri statuimus ut singuli canonici qui ante tempora nostra singulis diebus nomine commune sue tres denarios recipere solebant, xii denarios diurnos ad minus recipiant in perpetuum a tempore vacationis ecclesie memorate ; salvis eis insuper omnibus aliis proventibus quos cum communa prius recipere consueverunt ; salvis etiam etc. Ut autem etc., testibus et data ut in carta de xxxii marcis et dimidia assignatis ad trium capellanorum sustentationem etc., in archidiaconatu Lincolnie.

[*Grant by the Bishop of 6 marks a year from the church of Kilsby for the support of two servants to guard the cathedral of Lincoln.*]

KILDESBY.—Omnibus etc. Noverit universitas vestra nos de assensu dilectorum filiorum Willelmi Decani et capituli nostri Lincoln' pro salute anime nostre et animarum antecessorum et successorum nostrorum, ob honorem etiam et reverentiam gloriose virginis Marie, concessisse, dedisse et assignasse ad duorum servientum sustentationem qui successive, per Decanum et capitulum providendi et preficiendi, ecclesiam nostram Lincolniensem cum omnibus contentis in ea die nocteque custodient, sex marcas annuas de ecclesia de Kyldisby cum primo vacaverit, solvendas Lincolnie in perpetuum sine diminutione qualibet sacriste Lincolniensi qui pro tempore fuerit in duobus anni terminis, videlicet in festo sancti Martini quadraginta solidos et in festo Pentecost' quadraginta solidos per manus eorum qui dictam rexerint ecclesiam de Kildeby, per nos et successores nostros, patronos ejusdem, instituendi, et per ipsum sacristam servientibus ipsis proportionaliter de consilio Decani et capituli predictis terminis numerandas. Dicti vero clerici, rectores ecclesie memorate, dictas sex marcas, ut dictum est, in perpetuum solvent periculo et sumptibus eorundem, et super hoc cum per Decanum et capitulum fuerint requisiti super sacrosancta prestabunt corporaliter sacramentum. Statuimus autem quod ob hanc nostram assignationem de oneribus Thesaurar[io] Lincoln[iensi] contingentibus quoad numerum servientum quos invenire debet ibidem et eorum stipendia nichil unquam subtrahatur vel diminuatur ; salvis etc. Quod ut etc., testibus et data, ut in carta de xxxii marcis et dimidia assignatis ad trium capellanorum sustentationem etc. in archidiaconatu Lincolnie.

[*The institution of Robert de Dagenhall to the church of Thornby; see p. 142.*]

THURLEBY.—Omnibus etc. Noverit universitas vestra nos ad presentationem Roberti de Esseby, patroni ecclesie de Thurleby, dilectum in Christo filium Robertum de Dagenhale, clericum, ad eandem ecclesiam admississe ipsumque in ea etc., salva Thurstano capellano sua perpetua vicaria, qui totam ecclesiam predictam tenebit quoad vixerit, reddendo inde dicto Roberto de Dagenhale et successoribus suis, ipsius ecclesie personis, quinque marcas annuas nomine pensionis; salvis etc. Quod ut etc., testibus et data ut in carta de Cibecey in archidiaconatu Lincolnie.

[*The institution of Hugh de Stiuecl' to the church of Grendon; see p. 168.*]

GRENDONE.—Omnibus etc. Noverit universitas vestra nos ad presentationem nobilis viri Johannis, comitis Huntingdonie, patroni ecclesie de Grendone, dilectum in Christo filium Hugonem de Stiuecl', clericum, ad eandem ecclesiam admisisse ipsumque etc.; salvis etc. Quod ut etc., testibus et data ut in carta de Cybeceya in archidiaconatu Lincolnie.

[*On the dorse:*—]
[*A relaxation of 20 days of penance to all who contribute to the building of the church of All Saints, Northampton; Feb. 14, 1232.*]

Omnibus etc. Cum decor domus Dei sit exemplo prophete diligendus et loca sacra construere merito computari debeat inter opera caritatis, universitatem vestram rogandam, monendam et exhortandam duximus in Domino quatinus ad edificationem ecclesie Omnium Sanctorum apud Norhamptoniam de bonis vobis a Deo collatis aliquid misericorditer erogetis. Nos autem de Dei misericordia, gloriose Dei genitricis Marie et omnium sanctorum meritis confidentes, omnibus nostre diocesis et aliis, quorum diocesani id ratum habuerint, ad ipsius ecclesie constructionem seu reparationem pias elemosinas conferentibus, confessis et vere penitentibus, viginti dies de injuncta sibi penitentia relaxamus, concedentes hanc nostre relaxationis gratiam per triennium duraturam. Concedimus etiam, quantum in nobis est, quod fratres nostri Episcopi suas ad id, si voluerint, conferant indulgentias. Prohibemus tamen ne cum hiis litteris nostris predicator vel nuntius aliquis per nostram diocesim transmittatur ad quascumque elemosinas colligendas. Date per manum Radulfi de Warraville, canonici Lincolniensis, apud Norhamptone xvi kalendas Martii pontificatus nostri anno xxiii.

[*A similar relaxation to those who contribute to the building of the church of Abington.*]

Sub eadem forma scriptum est pro ecclesia beati Petri de Abitone, sed ibi tantum dies xiii conceduntur.

[*An acknowledgment by the Bishop that he has received from Sibilla de Saucee, widow of Richard de Willemscote, 50 marks for the custody of Thomas her son and of the land of her husband; Mar. 5, 1232.*]

Omnibus etc. Noverit universitas vestra quod Sibilla de Saucee, quondam uxor Ricardi de Willemscote, persolvit nobis quinquaginta marcas argenti in quibus ipsa nobis tenebatur pro custodia Thome filii sui et heredis ac terre que fuit predicti Ricardi de feodo nostro, secundum quod in cyrographo super hoc inter nos confecto plenius continetur. In cujus etc. Date per manum nostram apud Bannebiry tertio nonas Martii pontificatus nostri anno xxiii.

[*A dispensation for illegitimacy of birth granted to Alexander de Michaelestowe, Dec. 27, 1231, in accordance with a papal mandate of the previous Mar. 16.*]

Omnibus Christi fidelibus etc., Hugo Dei gratia etc., salutem. Mandatum domini Pape suscepimus in hec verba:—" Gregorius Episcopus, servus servorum Dei, venerabili fratri Episcopo Lincolniensi salutem et apostolicam benedictionem. Hiis qui geniture maculam honestate morum satagunt abolere, libenter sedis apostolice gratiam impartimur, cum sciamus quod non est personarum acceptor Deus sed ex omni gente qui justitiam ejus fecerit illi proculdubio est acceptus. Cum igitur dilectus filius Magister Alexander de Michaelestowe, subdiaconus, defectum natalium, quem se pati proponit, de subdiacono genitus et soluta honestis moribus et litterarum scientia redemisse dicatur, nos gerentes de tua circumspectione fiduciam fraternitati tue per apostolica scripta mandamus quatinus si paterne non sit incontinentie imitator et alias honeste conversationis extiterit, cum ipso auctoritate nostra dispenses, ut hujusmodi non obstante defectu possit ad sacros ordines promoveri et ecclesiasticum beneficium optinere; ita tamen quod si cum ad episcopalem vocari contigerit dignitatem, illam **nequaquam recipiat absque sedis apostolice licencia speciali.** Dat'

Laterani xvii kalendas Aprilis pontificatus nostri anno quarto." Hujus igitur auctoritate mandati nos ad testimonium venerabilis fratris H. Elyensis episcopi, Walteri thesaurarii Lincolniensis et Johannis tunc archidiaconi Bedefordie et aliorum fidedignorum, secundum tenorem mandati apostolici, cum dicto Magistro Alexandro de virorum prudentum consilio dispensavimus. In cujus etc. Dat' apud Buggedene per manum Radulfi de Warraville, canonici Lincolniensis, sexto kalendas Januarii pontificatus nostri anno xxiii.

[*The Bishop confirms a grant of a chantry in Polebrooke, made to Ralf son of Reginald and his heirs by Robert le Flemeng, patron and parson of the church of Polebrooke ; Jan. 5, 1232.*]

Universis sancte matris ecclesie filiis presens scriptum visuris vel audituris Hugo Dei gratia Lincolniensis Episcopus salutem in Domino. Inspeximus cartam dilecti filii, Roberti le Flemeng, patroni et persone de Pokebroc sub hac forma :—" Omnibus Christi fidelibus ad quos presens scriptum pervenerit, Robertus le Flemeng patronus et persona de Pokebroc salutem in domino. Noveritis me, quantum ad patronum et personam ecclesie de Pokebroc pertinet, concessisse et quantum in me est presenti carta mea confirmasse pro me et heredibus et successoribus meis quod dilectus michi in Christo Radulfus filius Reginaldi habeat capellam et cantariam in eadem in curia sua de Pokebroc sibi et heredibus et successoribus ipsius Radulfi et hospitibus suis ac domestice familie sue, servata tamen in omnibus indempnitate matricis ecclesie mee predicte tam in oblationibus et obventionibus omnimodis quam in decimis majoribus et minoribus eidem ecclesie matrici persolvendis in perpetuum ; ita quidem quod tam dictus Radulfus, heredes et successores sui, quam cappellanus qui sumptibus ipsorum in dicta capella pro tempore ministrabit antequam ab archidiacono loci admittatur, jurabunt coram eo quod nichil impetrabunt in prejudicium juris matricis ecclesie supradicte vel vicinarum ecclesiarum occasione dicte capelle et cantarie sibi concesse in eadem, nec impetrari procurabunt aut quantum in ipsis est sustinebunt procurari. Et si contra predicta fuerit impetratio, non utentur impetratis. Omnes quoque heredes et successores ipsius Radulfi, cum legittime fuerint etatis, et custodes eorum cum infra etatem fuerint, similem prestabunt securitatem in initio sue possessionis. Capellanus insuper jurabit inspectis sacrosanctis quod nullum parochianum predicte matricis ecclesie mee vel alterius ad confessionem vel aliquod sacramentum ecclesiasticum recipiet, nec aliquod jus ecclesiasticum alicui impendet nisi in articulo necessitatis, immo quod matricem ecclesiam supradictam in oblationibus ibidem quomodocunque provenientibus et alias ecclesias in hujusmodi omnibus et aliis, quantum[1] in ipso est, conservabit indempnes. Sepedictus vero Radulfus et heredes ac successores sui et eorum familia predicta jure parochiali in omnibus ecclesie matrici predicte tanquam parochiani subjecti erunt, hoc solum excepto quod non cogentur in ea divina audire vel ipsam cum oblationibus visitare nisi diebus subscriptis, nisi die Natalis Domini, Purificationis, Pasche, Pentecost' et Omnium Sanctorum. Et si forte, quod absit, per ipsum capellanum vel predictos Radulfum aut heredes vel successores ipsius predicta matrix ecclesia dampnificata fuerit in aliquo premissorum et de hoc canonice constiterit, extunc capella predicta cessabit a divinis donec ecclesie matrici supradicte competenter fuerit satisfactum. In hujus igitur concessionis mee et confirmationis, quantum ad me et heredes ac successores meos pertinet, perpetuum robur et testimonium presenti scripto sigillum meum apposui, hiis testibus, Roberto de Bolesoure, capellano, Magistro R. de Wendoure, Ricardo de Oxonia, et Thoma de Askeby, canonicis Lincolniensibus, Magistro A. de Arundell, G. de Moris, J. de Crakehale, S. de Castello, Roberto de Bernewelle et Reginalde de Ailington, clericis, Baldewino de Ver et R. filio ejus militibus, J. de Aillington, A. filio Reg[inaldi], et R. filio Walteri de Pokebr[oc], liberis hominibus." Nos autem prenotatam dicti Roberti le Flemeng concessionem ratam habentes et gratam, eam episcopali confirmamus auctoritate; salvis etc. Quod ut etc., hiis testibus, Joscelino Bathoniensi episcopo, Willelmo, subdecano, Roberto de Bole[soure], capellano, Magistris W. de Wermenistre et R. de Wendoure, W. de Winchecumbe, R. de Oxonia, et Thoma de Askeby, canonicis Lincolniensibus, Magistro A. de Arundell, G. de Moris, J. de Crakehale et S. de Castello, clericis. Data apud Buggedene per manum R. de Warreville, canonici Lincolniensis, nonis Januarii pontificatus nostri anno xxiii.

[*The agreement between Ralf de Trubleville and Robert le Flemeng, patron and parson of Polebrooke, concerning a hospital which the former wished to found at Armestone, in the parish of Polebrooke; April 13, 1232.*]

Omnibus etc. Noverit universitas vestra quod cum dilectus

"Quanto", MS.

filius Radulfus de Trubleville et Alicia uxor sua hospitale cum capella apud Armistone in proprio fundo suo in parrochia de Pokebroce construxissent assensu Roberti le Flemeng patroni et persone ecclesie de Pokebroc, optinuerunt in hac forma, videlicet ut habeant in ipsa capella de Armestone capellanum in perpetuum ministrantem, habitum religionis scilicet pannos de russeto portantem, sicuti et alii fratres ejusdem hospitalis facient, et, in signum religionis sue, indumento exteriori, quod clausum erit, pannum rubeum in similitudinem baculi pastoralis in pectore; item campanam unam intra capellam ipsam pendentem ad convocationem fratrum; fratres etiam domus hospitalis ejusdem, pleno jure conversi et habitum predictum portantes, a capellano ibidem ministrante ecclesiastica percipiant sacramenta. Servientes vero predicti hospitalis qui conversi non fuerint et reliqui illuc divertentes dum ibi moram fecerint, sicut alii parrochiani, de matrice ecclesia omnia ecclesiastica percipiant sacramenta. Hospitale vero proprium habeat cimiterium, in quo predicti conversi et pauperes et infirmi tantum illuc advenientes, exceptis parrochianis matricis ecclesie de Pokebroc, si ibi decesserint, ibidem sepeliantur. Matrix vero ecclesia percipiet omnes oblationes et obventiones a dicto hospitali et ab omnibus ad illud divertentibus provenientes, custode ex parte rectoris ipsius ecclesie qui pro tempore fuerit sine aliquo impedimento magistri et fratrum ejusdem hospitalis ad hoc assignando, exceptis oblationibus provenientibus in utroque festo sancti Johannis Baptiste, scilicet Nativitatis et Decollationis ejusdem; que quidem in usus predictorum hospitalis et pauperum cedent. Si quis vero divine pietatis intuitu et pro salute anime sue ex legato, vel alio quovis titulo, predicto hospitali aliquod de suo erogare voluerit, illud ei libere liceat, et sic legatum vel alio quoque titulo collatum cedet in usus predicti hospitalis, salvo in omnibus jure ecclesiarum suarum parrochialium. Ille vero qui predicto hospitali et fratribus preerit, episcopo loci presentandus et per eum instituendus, faciet in admissione sua ipsi et officialibus suis 'obedientiam et rectori matricis ecclesie de Pokebroce, qui pro tempore fuerit, de indempnitate ejusdem fidelitatem. Et si contra predicta aliquid attemptaverit per ipsum episcopum corrigatur sive per ipsius loci interdictum sive alio modo, sicut ipse providerit faciendum; nulla eis appellatione vel impetratione in posterum facienda contra premissa vel aliquod premissorum valitura. In signum autem et recognitionem hujus subjectionis assignaverunt Radulfus de Trubleville et Alicia uxor sua pro se et heredibus suis in perpetuum matrici ecclesie de Pokebroce annuum redditum trium solidorum quem percipiet rector ejusdem ecclesie, qui pro tempore fuerit, de Salomone de Stangrund et ejus heredibus, qui scilicet Salomon in hoc consentiens in initio hujus donationis et concessionis cum omni sequela sua attornatus fuit ecclesie memorate in liberam, puram et perpetuam elemosinam, ut ipse Salomon et heredes sui eidem ecclesie solvant servitium antedictum et ipsius ecclesie dominio in perpetuum remaneant absque omni retenemento predictis Radulfo et Alicie vel heredibus eorum quieti et soluti. Dicti autem Radulfus et Alicia, ne ipsi vel heredes eorum aliquid contra premissa in prejudicium juris ecclesie de Pokebroce vel ecclesie Lincolniensis facere vel impetrare possint, subjecerunt se pro se et heredibus suis jurisdictioni Lincolniensis episcopi qui pro tempore fuerit, omni appellatione et impetratione cessantibus, ut liceat ei ipsos et heredes suos ad premissorum observantiam modis quibus viderit expedire cohercere. Nos autem omnia predicta rata quantum in nobis est habentes et grata ea episcopali confimamus auctoritate. In cujus rei testimonium presenti scripto sigillum nostrum duximus apponendum, hiis testibus, Johanne archidiacono Norhamptonie, Warino de Kirketone et R. de Bolesoure, capellanis, Magistris W. de Wermenistre et R. de Wendoure, W. de Winchecumbe, R. de Oxonia et T. de Askeby, canonicis Lincolniensibus, Magistro A. de Arundell, G. de Moris et S. de Castello, clericis. Dat' per manum nostrum apud Tingherst idibus Aprilis pontificatus nostri anno xxiii.

[*Grant by the Bishop to his successor in the see of the church of Hambleton, Rutland, the patronage of it, a pension of 20s. from the church of St. Peter, Stamford, and the chapel of Braunston, Rutland; May 18, 1232.*]

Omnibus etc. Noverit universitas vestra nos ordinasse, concessisse et hac presenti carta nostra confirmasse successoribus nostris episcopis Lincolniensibus, qui pro tempore fuerint, quod de ecclesia de Hameledone et de jure patronatus ejusdem et de pensione viginti solidorum de ecclesia beati Petri Stanforde et de omnibus aliis pertinentiis suis et de capella de Bramptestone, cum eas vacare contigerit, ordinent secundum Deum prout viderint expedire, nisi ante decessum nostrum de eisdem aliter duxerimus ordinandum, salvis etc. In hujus autem ordinationis, concessionis, et confirmationis nostre testimonium presenti scripto sigillum nostrum duximus apponendum. Actum apud Vetus Templum Londoniarum xv kalendas Junii pontificatus nostri anno xxiii.

[*A relaxation of 20 days of penance to those who contribute to the church of St. Mary, Ketton, Rutland; Aug. 9, 1232.*]

Omnibus etc. De Dei misericordia et gloriose Matris ejus omniumque sanctorum meritis confidentes omnibus parrochianis nostris et aliis, quorum diocesani hanc nostram indulgentiam ratam habuerint, ad constructionem seu reparationem ecclesie beate Marie de Katen' suas elemosinas pie conferentibus, confessis et vere penitentibus relaxamus etc. ut supra pro ecclesia Omnium Sanctorum Norhamptonie. Dat' per manum R. de Warraville, canonici Lincolniensis, quinto idus Augusti pontificatus nostri anno xxiii.

[*The agreement between Baldwin de Ver and the Abbey of Croyland about the erection of a private chapel in Great Addington.*]

Omnibus etc. Noverit universitas vestra quod cum Baldewinus de Ver capellam apud Adintone in proprio fundo construxisset assensu dilectorum filiorum, Abbatis et conventus Croylandie, patronorum ecclesie de Adintone et rectoris ejusdem, optinuit in hac forma; videlicet quod infra capellam vel extra nec baptisterium nec compani nec aliquid aliud habeatur per quod prejudicium fieri possit matrici ecclesie, et in ea capella ipse Baldewinus et heredes sui et hospites eorum et tantum propria familia audiant missas et divina officia et nullum aliud sacramentum ibi fiat nisi tantum panis benedictus et aqua benedicta, diebus dominicis aspergenda tantum existentibus in capella, et in eadem capella parochiani matricis ecclesie, alii a sua familia propria, non recipientur ad divina. Et ipse Baldewinus et heredes sui jurabunt quod nec per se nec per alium dampnum vel lesionem aliquam occasione predicte capelle matrici ecclesie inferri patientur. Ad presentationem vero Baldewini et heredum ejus admittantur a rectoris matricis ecclesie capellani in eadem capella propriis sumptibus divina officia celebraturi, sacramento prius ab ipsis prestito quod de oblationibus et obventionibus omnibus in dicta capella percipiendis plene et integre matricis ecclesie rectoribus respondebunt, et quod nichil in parochia facient vel fieri procurabunt per quod fiat prejudicium matrici ecclesie vel ejusdem ecclesie rectoribus; qui si infideles inventi fuerint et super hoc coram archidiacono vel decano loci confessi vel convicti fuerint, tamquam perjuri ea hac causa amoveantur, alio idoneo successive substituendo ad presentationem dicti Baldewini et heredum ejus de assensu rectoris ecclesie, ut predictum est. Et ipse Baldewinus et heredes sui cum tota familia sua octies per annum matricem ecclesiam visitabunt, divina ibidem audituri, videlicet die Natalis Domini, die Purificationis beate Marie, die Pasche, die dedicationis ecclesie, die Ascensionis, die Pentecost', die Assumptionis beate Marie et die Omnium Sanctorum, nisi per infirmitatem vel aeris intemperiem vel hospitum magnorum reverentiam vel aliam rationabilem et manifestam causam fuerint predictis octo festis impediti ; et tunc de permissione et licentia rectoris ecclesie diebus illis in capella compleantur omnia sive rector maluerit per proprium capellanum sive per illum qui in capella illa constituitur ; ita videlicet quod tam diebus illis quam aliis liceat rectori ecclesie si voluerit per proprium clericum percipere ea que ad capellam proveniunt, per manum ipsius ad matricem ecclesiam deferenda, vel si maluerit per capellanum in capella ministrantem. Domino vero capelle domi non existente predictis octo festis, familia que tunc ibidem erit matricem ecclesiam visitabit. Dictus vero Baldewinus tanti memor beneficii dedit et concessit et carta sua quam inspeximus confirmavit pro se et heredibus suis matrici ecclesie de Adintone in puram, liberam et perpetuam elemosinam pro salute anime sue, antecessorum et heredum suorum, necnon et Hawise uxoris sue, sex acras terre cum omnibus pertinentiis suis in territorio de Adintone, videlicet in Sleng tres rodas juxta foedum [*sic*] Mauricii de Andeby, sub Wudefordebanlon' unam rodam juxta terram ecclesie, et aput Grenewey duodecim sulcos juxta terram decani, et unam rodam que abutat super buttes juxta terram decani, et sub Rigeway dimidiam acram et quatuor sulcos juxta terram decani, et duodecim sulcos que [*sic*] abuttant super Trendlade juxta terram Iote [*or* Joce], et duodecim sulcos super Lidewellehil juxta terram decani, et dimidiam acram quatuor sulcis minus que abuttant [*sic*] super capucium Alexandri juxta terram Henrici filii Sayne, et duodecim sulcos aput Michelwelle juxta terram Ade prepositi, et in Westfeld super Scitershul tres rodas, et in Brocforlang unam rodam juxta terram decani, et in Brocforlange super Rennendewellehil unam acram juxta terram decani, et aput Nolles tres rodas juxta terram decani, et subtus Rigeway unam rodam juxta terram decani. Idem vero Baldewinus et heredes sui warrantizabunt dictas sex acras terre cum pertinentiis dicte ecclesie de Adintone et ejusdem ecclesie rectoribus in perpetuum versus omnes et in omnibus, ut liberam et puram elemosinam suam. Nos autem omnia predicta rata quantum in nobis est habentes et grata, ea episcopali confirmamus auctoritate ; salvis etc. Quod ut etc., hiis testibus, Warino de Kyrketona, Roberto de Bollesoure, capellanis, Magistris W. de Werministre et Ricardo de Wendoure, W. de Winchecumbe, Ricardo de Oxonia et Thoma de Askeby, canonicis Lincolniensibus, Magistro A. de Arundelle, Stephano de Castello, clericis, et aliis. Dat', Lincolnie per manum R. de Wareville, canonici Lincolniensis, pontificatus nostri anno xxiii.

[*On the face:—*]
ANNUS XXIIII.

[*The institution of Peter de Radenoure to the church of Ravensthorpe; Mar. 7, 1233; see p. 172.*]

RAVENISTORP.—Omnibus etc. Noverit universitas vestra nos ad presentationem fratris Roberti de Diva, Prioris fratrum Hospitalis Jerosalem in Anglia, patroni ecclesie de Ravenistorpe, dilectum in Christo filium Magistrum Petrum de Radenoure, clericum, ad eandem ecclesiam admisisse ipsumque in ea canonice personam instituisse; salvis etc. Quod ut etc., hiis testibus, Roberto de Bollesoure, capellano, Magistro R. de Wendoure et W. de Winchecumbe, canonicis Lincolniensibus, Magistro A. de Arundelle, Johanne de Crachale, Stephano de Castello, Johanne de Torkesey, clericis. Dat' per manum Garini de Kyrketone capellani, canonici Lincolniensis, apud Parkum Stowe nonis Martii pontificatus nostri anno xxiiii.

[*The institution of Simon de Middeltone to the church of Farthingstone; Mar. 7, 1233; see p. 167.*]

FARDINGESTONE.—Omnibus etc. Noverit universitas vestra nos ad presentationem Walteri de Gatesdene, patroni ecclesie de Fardingestone, dilectum in Christo filium Simonem de Middeltone, clericum, ad eandem ecclesiam admisisse, ipsumque etc.; salvis etc. Quod ut etc., testibus et data ut supra in carta proxima.

[*The collation of Robert de Welles to the tithes of the demesne of William fitz-Hamon; Mar. 7, 1233; see p. 171.*]

WYKE.—Omnibus etc. Noverit universitas vestra nos auctoritate Concilii decimas de dominico Willelmi filii Hamonis in Wyke dilecto in Christo filio Roberto de Well', clerico, contulimus ipsumque canonice instituimus in eisdem; salvo jure cujuslibet cum ipsas alias vacare contigerit; salvis etiam etc. Quod ut etc., testibus et data ut supra.

[*The institution of William Mariscallus to the church of Braybrooke; Apr. 2, 1233; see p. 170.*]

BRAYBROKE.—Omnibus etc. Noverit universitas vestra nos ad presentationem Prioris et conventus de Daventre, patronorum ecclesie de Braybroc, dilectum in Christo filium Willelmum Mariscallum, clericum, ad eandem ecclesiam admisisse, ipsumque etc., salva Alexandro, capellano, vicaria sua quam ibi habet; qui quidem totam ecclesiam illam tenebit quoadvixerit, reddendo inde dicto Willelmo et successoribus suis, ecclesie personis, duos solidos annuos nomine pensionis; salvis etiam etc. Quod ut etc., testibus ut in carta super ecclesia de Munby in archidiaconatu Lincolnie. Data per manum Garini de Kyrketone, capellani, canonici Lincolniensis, quarto nonas Aprilis apud Parcum Stowe pontificatus nostri anno vicesimo quarto.

[*The institution of Peter Rabaz to the church of Maidwell; April 16, 1233; see p. 174.*]

MAIDEWELLE.—Omnibus etc. Noverit universitas vestra nos ad presentationem Petri Rabaz, patroni ecclesie sancti Petri de Maidewelle, dilectum in Christo filium Petrum Rabaz, clericum, ad eandem ecclesiam admisisse, ipsumque in ea canonice personam instituisse; salvis etc. Quod ut etc., hiis testibus, Waltero thesaurario Lincolniensi, Roberto de Bollesoure, capellano, Magistro R. de Wendoure, W. de Wynchecumbe et Thoma de Askeby, canonicis Lincolniensibus, Magistro A. de Arundelle, J. de Crakehale, S. de Castello et Johanne de Thorkeseia, clericis. Data per manum Garini de Kyrketone, capellani, canonici Lincolniensis, apud Parcum Stowe xvi kalendas May [*sic*] pontificatus nostri anno xxiiii.

[*The institution of John to the vicarage of Ashby St. Ledgers; April 16, 1233; see p. 136.*]

ESSEBY.—Omnibus etc. Noverit universitas vestra nos ad presentationem dilectorum filiorum, Prioris et canonicorum de Landa, dilectum in Christo filium Johannem, capellanum, ad vicariam ecclesie sancti Leodegarii de Esseby admisisse ipsumque in ea canonice perpetuum vicarium instituisse cum onere ministrandi personaliter in eadem. Consistit autem ipsa vicaria in toto altaragio ipsius ecclesie et in tertia parte decime garbarum de dominicis Johannis de Craunforde et Leodegarii de Diva et in dominicis garbarum unius virgate terre et dimidie, quas Ricardus de Harewedone tenet et in manso quod dicti Prior et canonici habent de dono Hugonis le Eyr. Idem autem vicarius solvet synodalia tantum; Prior et canonici hospitium Archidiaconi procurabunt; salvis etc. Quod ut etc., testibus et data ut supra in carta proxima.

[*The institution of William de Sancto Laudo to the church of Edith Weston, Rutland; April 16, 1233; see p. 170.*]

WESTONE.—Omnibus etc. Noverit universitas vestra nos ad presentationem Abbatis et conventus de Baskerville, patronorum ecclesie de Westone, dilectum in Christo filium Willelmum de sancto Laudo, capellanum, ad eandem ecclesiam admisisse ipsumque etc.; salvis etc. Quod ut etc., testibus et data ut supra in carta proxima.

[*The institution of William de Erningwrthe to the church of Ashby Folville, Leics.; April 16, 1233.*]

ESSEBY FOLEVILLE.—Omnibus etc. Noverit universitas vestra nos ad presentationem Prioris et conventus de Landa, patronorum ecclesie de Esseby Foleville, dilectum in Christo filium Willelmum de Erningwrthe, clericum, ad eandem ecclesiam admisisse ipsumque etc.; salvis etc. Quod ut etc., testibus et data ut supra in carta proxima.

[*The institution of John de Neubotelle to the church of Arthingworth; April 16, 1233; see p. 173.*]

ERNINGWRTHE.—Omnibus etc. Noverit universitas vestra nos ad presentationem Prioris et conventus de Landa, patronorum ecclesie de Erningwrthe, dilectum in Christo filium Johannem de Neubotelle, clericum, ad eandem ecclesiam admisisse ipsumque in ea canonice personam instituisse, salva dictis Priori et conventui debita et antiqua pensione de eadem; salvis etc. Quod ut etc., testibus et data ut supra in carta proxima.

[*The institution of Walter de Burgo to the church of Helpston; April 16, 1233; see p. 161.*]

HELPESTONE.—Omnibus etc. Noverit universitas vestra nos ad presentationem Rogeri de Helpestone, patroni ecclesie ejusdem ville, dilectum in Christo filium Walterum de Burgo, clericum, ad eandem ecclesiam admisisse, ipsumque etc.; salvis etc. Quod ut etc., testibus et data ut supra in carta proxima.

[*The institution of Simon de Blukeville to the church of Gumley, Leics.; April 16, 1233.*]

GUMUNDELEY.—Omnibus etc. Noverit universitas vestra nos ad presentationem dilectorum filiorum, Prioris et conventus de Daventre, patronorum ecclesie de Gumundeley, dilectum in Christo filium Symonem de Blukeville, clericum, ad eandem ecclesiam admisisse, ipsumque etc.; salvis etc. Quod ut etc., testibus et data ut supra in carta proxima.

[*The institution of John to the vicarage of Wappenham.*]

WAPPEHAM.—Omnibus etc. Noverit universitas vestra nos ad presentationem Thome de Pinkigny, rectoris ecclesie de Wappeham, interveniente Leticie de Lucy patrone consensu, dilectum in Christo filium Johannem, capellanum, ad ipsius ecclesie vicariam admisisse ipsumque in ea canonice vicarium perpetuum instituisse cum onere ministrandi personaliter in eadem; qui quidem nomine vicarie sue habebit totum alteragium et bladum quinque acrarum cum manso, solvendo inde annuatim ipsius ecclesie persone viginti solidos ad quatuor terminos et duas libras cere ad duos terminos; solvet etiam sinodalia; salvis etc. Quod ut etc., testibus et data ut in carta ecclesie de Brantefed' in archidiaconatu Huntingdonie.

[*The institution of Ralph de Colingham to the church of Kettering; see p. 173.*]

KETERINGE.—Omnibus etc. Noverit universitas vestra nos ad presentationem dilectorum filiorum Abbatis et conventus Burgi sancti Petri, patronorum ecclesie de Keteringe, dilectum in Christo filium Magistrum Radulfum de Colingh[am], clericum, ad eandem ecclesiam admisisse, ipsumque etc.; salvis etc. Quod ut etc., testibus et data ut in carta monialium de Ruhenh' in archidiaconatu Huntingdonie.

[*The institution of Peter de Brantona to the vicarage of Wellingborough; Aug., 1233; see p. 169.*]

WENLINGBURG.—Omnibus etc. Noverit universitas vestra nos ad presentationem Abbatis et conventus de Croylande, patronorum ecclesie de Wenlingburg, dilectum in Christo filium Petrum de Brantona, capellanum, ad perpetuam ipsius ecclesie vicariam admisisse ipsumque in ea canonice vicarium instituisse cum onere ministrandi personaliter in eadem. Consistit autem ipsa vicaria in toto altaragio ipsius ecclesie et in dimidia virgata terre cum pertinentiis; salvis etc. Quod ut etc., testibus, Waltero thesaurario Lincolniensi, Roberto de Boll[esoure], capellano, Willelmo de Winchecumbe et Thoma de Askeby, canonicis Lincolniensibus, Stephano de Castello et Th. de Norfolche, clericis. Data per manus Warini capellani apud Parcum Stowe, octavo nonas[1] Augusti pontificatus nostri anno xxiiii.

[*The institution of William de Esse to a portion in the church of Roade; see p. 167.*]

RODA.—Omnibus etc. Noverit universitas vestra nos ad presentationem Roberti Lupi, patroni portionis in ecclesia de Roda quam Petrus Lupus ultimo tenuit, dilectum in Christo filium Willelmum de Esse, clericum, ad eandem portionem admisisse ipsumque in ea canonice personam etc.; salvis etc. Quod ut etc., testibus et data ut in carta super ecclesia de Saxeby in archidiaconatu Lincolnie.

[*The institution of Robert de Torkesey to the vicarage of a mediety of the church of Pattishall; see p. 130.*]

PATESHULLE.—Omnibus etc. Noverit universitas vestra nos ad presentationem dilectorum filiorum, Prioris et conventus de Dunestapele, patronorum medietatis ecclesie de Pateshulle, dilectum in Christo filium Robertum de Torkesey, capellanum, ad vicariam ipsius medietatis admisisse ipsumque in ea canonice vicarium etc., cum onere ministrandi personaliter in eadem. Consistit autem ipsa vicaria in medietate totius altaragii et in tribus virgatis terre cum manso competente, et solvet vicarius synodalia tantum; salvis etc. Quod ut etc., testibus et data ut in carta super ecclesia de Saxeby in archidiaconatu Lincolnie.

[*The institution of Geoffrey de Lodbroke to the vicarage of Burley-on-the-Hill, Rutland; see p. 166.*]

BURWELL'[2].—Omnibus etc. Noverit universitas vestra nos

---

[1] Probably "kalendas" is meant; "octavo nonas" is an impossible date.

[2] This catch title, like all the others, is not by the original scribe, and is erroneous. We see from page 166 that "Burwel'" in the charter stands for Burweleia, not Burwelle, and a late hand has written "Burley" in the margin.

ad presentationem Priorisse et conventus de Etone, patronarum ecclesie de Burwel', dilectum in Christo filium Galfridum de Lodbroke, capellanum, ad vicariam ipsius ecclesie admisisse ipsumque in ea canonice vicarium etc., cum onere ministrandi personaliter in eadem. Consistit autem ipsa vicaria in toto altaragio, exceptis agnis et obventionibus provenientibus ad altare per xv dies in duobus festis Sancte Crucis; item in decimis feni et molendinorum, quas Th. ultimo vicarius ibidem obtinuit a domino et parochianis simul cum quadam parte bosci domini et pastura. Habebit etiam vicarius terram dominicam ecclesie cum pertinentiis et manso, excepto horreo ad reponendum decimas garbarum dictarum monialium, a quibus vicarius tres solidos pro dimidia bovata terre recipiet annuatim, solvens tantum synodalia; salvis etc. Quod ut etc., testibus et data ut in carta super ecclesia de Wassingeburk' in archidiaconatu Lincolnie.

[*On the dorse* :—]

[*The Bishop confirms a deed of John de Bannebiry, rector of Litchborough, by which he grants the profits of his church to Nicholas de Wythibroc, until a debt due to him has been repaid; Dec. 12, 1233.*]

Omnibus etc. Noveritis quod nos concessionem Johannis de Bannebiry factam Nicholao de Wythibroc super fructibus ecclesie de Lichesb[arwe], quam ipsi Johanni contulimus, percipiendis secundum quod in litteris suis presentibus appensis plenius continetur, ratam habentes et gratam eidem quantum in nobis est assensum adhibuimus. In cujus etc. Data apud Parcum Stowe secundo idus Decembris pontificatus nostri anno xxiiii.

Hec sunt littere de quibus supra. "Omnibus etc. Johannes, rector ecclesie de Lichesb[arwe], salutem in domino. Noveritis me concessisse et hac presenti scripto confirmasse domino Nicholao de Wythibroc omnes fructus ecclesie mee de Lichesb' integre et plenarie percipiendos sine omni contradictione et molestia, quousque super debito pro quo ipse pro me in civitate Bon[onie] fidejussit sibi plenarie fuerit satisfactum; unde Ricardum clericum procuratorem supradicti Nicholai in corporalem possessionem predicte ecclesie mee de Lichesb' induxi. Si vero antequam super debito predicto et dampnis occasione istius debiti dicto Nicholao contingentibus eidem fuerit satisfactum ad aliud beneficium ecclesiasticum fuero promotus vel aliquam aliam possessionem fuero adeptus, licitum sit archidiacono illius loci, qui pro tempore fuerit, omni appellatione et ex[cepti]one tam juris quam facti postpositis, supradictum Nicholaum in possessionem illius ecclesie vel alterius possessionis inducere, ut ipse de fructibus sibi plenarie possit satisfacere. Preterea volo et concedo ut tam super quantitate debiti principalis quam super usuris pro debito illo persolutis et persolvendis et etiam dampnis et expensis, quas predictus N. sustinuerit, simplici ejus verbo sine sacramento et non exacta aliqua probatione credi debeat. Et si aliquando contra istam meam concessionem vel aliquem articulum in hoc instrumento contentum me vel agendo vel excipiendo vel alio modo in judicio vel extra resistendo venire contigerit, viginti marcas nomine pene soluturum predicto N. promitto, et pena persoluta illa mea concessio rata permaneat. Ne autem liceat michi contra hanc meam concessionem in posterum venire eam sigilli mei munimine duxi roborandam, hiis testibus etc."

[*On the face :—*]
ANNUS XXV.

[*The institution of Richard de la Thurne to the church of South Luffenham, Rutland; Jan. 28, 1234; see p. 175.*]

SUDLOFFENHAM.—Omnibus etc. Noverit universitas vestra nos ad presentationem Willelmi Mauduit, patroni ecclesie de Sudluffenham, dilectum in Christo filium Ricardum de la Thurne, clericum, ad eandem ecclesiam admisisse, ipsumque etc.; salvis etc. Quod ut etc., hiis testibus, Waltero thesaurario Lincolniensi, Roberto de Bol[esoure], capellano, Magistro W. de Werministre, W. de Winchi[cumba], et Thoma de Askeby, canonicis Lincolniensibus, Magistro A. de Arundelle et W. de Bladintone, clericis. Data per manum Gwarini de Kirketone capellani, canonici Lincolniensis, apud Parcum Stowe, quinto kalendas Februarii pontificatus nostri anno xxv.

[*The institution of John de Histone to the church of Warkton; see p. 177.*]

WERKETONE.—Omnibus etc. Noverit universitas vestra nos ad presentationem dilecti nobis Abbatis sancti Edmundi, patroni ecclesie de Werketone, dilectum in Christo filium Magistrum Johannem de Histone, clericum, ad eandem ecclesiam admisisse ipsumque etc.; salvis etc. Quod ut etc., hiis testibus, Waltero thesaurario Lincolniensi, Johanne archidiacono Norhamptonie, Roberto de Bolesoure, capellano, Willelmo de Winchicumba, Thoma de Askeby et Johanne de Crakehale, canonicis Lincolniensibus, Philippo de Sideham, capellano, Magistris Alardo de Arundelle, Ricardo de Wyndelesoure, Stephano de Castello,

Willelmo de Bladintone, clericis. Data per manum Gwarini de Kirketone capellani, canonici Lincolniensis, apud Parcum Stowe, duodecimo kalendas Aprilis pontificatus nostri anno vicesimo quinto.

[*The institution of Roger de Weseham to the church of Walgrave; Mar. 21, 1234; see p. 169.*]

WAUDEGRAVE.—Omnibus etc. Noverit universitas vestra nos ad presentationem dilectorum filiorum Prioris et conventus de Daventre, patronorum ecclesie de Waudegrave, dilectum in Christo filium Magistrum Rogerum de Weseham, clericum, ad eandem ecclesiam admisisse ipsumque etc.; salvis etc. Quod ut etc., testibus et data ut supra in carta de Werketone.

[*The institution of Simon de Dyngale to the church of East Farndon; see page 156.*]

FARENDONE.—Omnibus etc. Noverit universitas vestra nos ad presentationem Hugonis de Dyngale dilectum in Christo filium Simonem de Dyngale, clericum, ad ecclesiam de Farendone admisisse ipsumque etc.; salvis etc. Quod ut etc., testibus et data ut supra.

[*The institution of William le Butiller de Sydeham' to the vicarage of Hardingstone; Mar. 21, 1234; see p. 174.*]

HARDINGESTHORNE.—Omnibus etc. Noverit universitas vestra nos ad presentationem dilectorum filiorum, Prioris et conventus sancti Andree Norhamptonie, dilectum in Christo filium Willelmum le Butiller de Sydeham', capellanum, ad vicariam ecclesie de Hardingesthorne admisisse ipsumque in ea canonice vicarium perpetuum instituisse cum onere etc. Consistit autem ipsa vicaria in omnibus obventionibus altaris et minutis decimis preter decimam agnorum et in una virgata terre cum pertinentiis in eadem villa et in decimis molendinorum et in sexaginta trabis bladi de quolibet blado, videlicet quindecim trabis de frumento, et quindecim de siligine, et quindecim de ordeo, et quindecim de avena, ab ipsis Priore et conventu annuatim percipiendis, et in manso competente juxta ecclesiam predictam eidem vicario assignato, et solvet vicarius synodalia tantum. Monachi autem omnia alia onera ordinaria, debita et consueta, ecclesiam ipsam contingentia sustinebunt; salvis etc. Quod ut etc., testibus et data ut supra.

[*The institution of Thomas to the vicarage of Kislingbury; Apr. 11, 1234.*]

KYSELINGEBURIA.—Omnibus etc. Noverit universitas vestra nos ad presentationem David de Ermenters, persone ecclesie de Kyselingebur', factam de assensu Regine vidue, tunc ejusdem ecclesie patrone ratione dotis sue, dilectum in Christo filium Thomam, capellanum, ad ejusdem ecclesie vicariam admisisse, ipsumque in ea canonice vicarium instituisse cum onere ministrandi personaliter in eadem, qui totam ecclesiam illam cum omnibus pertinentiis suis tenebit quoad vixerit, dicto D. persone et successoribus suis ejusdem ecclesie personis reddendo inde annuatim centum solidos annuos nomine pensionis ; salvis etc. Quod ut etc., testibus Waltero thesaurario Lincolniensi, Roberto de Bolesoure, capellano, Willelmo de Winchecumba, Thoma de Askeby et Johanne de Crakehale, canonicis Lincolniensibus, Magistris R. de Windelsoure et A. de Arundelle, Stephano de Castello et Willelmo de Bladintone, clericis. Data apud Parkum Stowe per manus Garini de Kyrketone capellani, canonici Lincolniensis, tertio idus Aprilis pontificatus nostri anno xxv.

[*The institution of Michael de Querendone to the church of Great Houghton; May 22, 1234; see p. 178.*]

MAGNA HOUHTONE.—Omnibus etc. Noverit universitas vestra nos ad presentationem Willelmi de Houhtone, militis, patroni ecclesie de Magna Houhtone, dilectum in Christo filium Michaelem de Querendone, clericum, ad eandem ecclesiam admisisse, ipsumque etc.; salvis etc. Quod ut etc., hiis testibus, Roberto de Bolesoure, capellano, Radulfo de Wareville, Willelmo de Winchecumba et Thoma de Askeby, canonicis Lincolniensibus, Stephano de Castello et Willelmo de Bladintone, clericis. Data per manum Warini de Kirketone, capellani, canonici Lincolniensis, apud Parcum Stowe, undecimo kalendas Junii pontificatus nostri anno xxv.

[*The institution of William de Hovetone to the church of Oxendon; June 5, 1234; see p. 159.*]

OXINDONE.—Omnibus etc. Noverit universitas vestra nos ad presentationem Abbatis et conventus Cyrencestrie, patronorum ecclesie de Oxindone, dilectum in Christo filium Magistrum Willelmum de Hovetone, capellanum, ad eandem ecclesiam admisisse ipsumque etc.; salva dictis Abbati et conventui debita et antiqua pensione de eadem ; salvis etiam etc. Quod ut etc., hiis testibus, Waltero thesaurario Lincolniensi, Roberto de Bolesoure, capellano, Willelmo de Winchecumbe, Thoma de Askeby, et Johanne de Crakehale, canonicis Lincolniensibus, Magistris Ricardo de Windlesore et Alardo de Arundelle, clericis. Data per manus Guarini de Kirketone, capellani, canonici Lincolniensis, apud Parkum Stowe, nonis Junii pontificatus nostri anno vicesimo quinto.

[*The institution of John de Bussay to the church of Thistleton, Rutland; see p. 133.*]

THISTELTONE.—Omnibus etc. Noverit universitas vestra nos ad presentationem Lamberti de Bussay, patroni ecclesie de Thisteltone, dilectum in Christo filium Johannem de Bussay, clericum, ad eandem ecclesiam admisisse ipsumque in ea canonice personam instituisse, salvis etc. Quod ut etc., testibus et data ut in carta de Helmeswelle in archidiaconatu Stowe.

[*The institution of Ralf de Norwico to the church of Stanwick; Oct, 2, 1234; see p. 174.*]

STANEWIGGE.—Omnibus etc. Noverit universitas vestra nos ad presentationem dilectorum filiorum Abbatis et conventus de Burgo sancti Petri, patronorum ecclesie de Stanewigge, dilectum in Christo filium Radulfum de Norwico, clericum, ad eandem ecclesiam admisisse ipsumque in ea canonice personam instituisse ; salvis etc. Quod ut etc., hiis testibus, Roberto de Bollesoure capellano, Radulfo de Waraville, Willelmo de Winchecumba, Ricardo de Oxonia, Johanne de Crakehale, canonicis Lincolniensibus, Johanne de Burgo, Willelmo de Ingoldemel' et Stefano de Castello, clericis. Data per manus Gwarini de Kirketone capellani, canonici Lincolniensis, apud Parkum Stowe sexto nonas Octobris pontificatus nostri anno xxv.

[*On the dorse :—*]

[*Letter of the Bishop to the Abbot of Cirencester and his fellow judges, describing the reasons for which Peter de Norhamptonia was deprived of the vicarage of Little Houghton.*]

Viris venerabilibus et in Christo dilectis, Abbati de Cyr[encestria] et conjudicibus suis H. Dei gratia Lincolniensis episcopus salutem in Domino. Noveritis nos a festo sancti Michaelis quod erat anno gratie MCCXXXI vicariam ecclesie de Parva Hocthtone propter contumaciam Magistri Petri de Norhamptonia, tunc vicarii ejusdem, pro eo quod ad ordines nostros pluries vocatus venire non curavit, nec in ipsa personaliter residere et in officio sacerdotali ministrare, sicut ratione sacramenti prestiti tenebatur, in manus nostras sequestrari fecisse et in sequestro tenuisse, ipsamque vicariam servato juris ordine eidem P. postmodum sententialiter abjudiciavimus ; quod vobis duximus significandum, rogantes attentius ne super hiis dilectum filium Ricardum de Brankel', capellanum, coram vobis, quantum in vobis est, ulterius fatigari permittatis. Valete.

[*On the face :—*]

ANNUS XXVI.

[*The institution of William, Chancellor of Lincoln, to the church of Great Harrowden; see p. 181.*]

HARWEDONE.—Omnibus etc. Noverit universitas vestra nos ad presentationem Abbatis et conventus de Suleby, patronorum ecclesie de Harwedone, dilectum in Christo filium Willelmum, Lincolniensis ecclesie cancellarium, ad eandem ecclesiam admisisse, ipsumque in ea canonice personam instituisse; salvis dictis patronis duabus marcis annuis in festo Omnium Sanctorum et ad Pasca nomine perpetui beneficii de eadem percipiendis; salvis etc. Quod ut etc., testibus et data ut in carta de Magna Gathesdene in archidiaconatu Huntingdonie.

[*The institution of John de Sancto Medardo to the church of St. Gregory, Northampton; Jan. 25, 1235.*]

[SANCTI GREGORII NORHAMPTONIE].—Omnibus etc. Noverit universitas vestra nos ad presentationem dilectorum filiorum Prioris et conventus sancti Andree Norhamptonie, patronorum ecclesie sancti Gregorii in eadem villa, dilectum in Christo filium Johannem de Sancto Medardo, clericum, ad eandem ecclesiam admisisse ipsumque in ea canonice personam instituisse, salva inde dictis patronis debita et antiqua pensione ; salvis etiam etc. Quod ut etc., hiis testibus, Roberto de Bol[esoure], capellano, Magistro Waltero de Werministre, Radulfo de Waraville, Willelmo de Winchecumba, Ricardo de Oxonia et Thoma de Askeby, canonicis Lincolniensibus. Data apud Parkum Stowe per manum Garini de Kirketone, capellani, canonici Lincolniensis, octavo kalendas Februarii pontificatus nostri anno xxvi.

[*John de Bramptone is instituted Master of the Hospital of the Holy Trinity, Northampton ; Jan. 25, 1235 ; see p. 176.*]

[HOSPITALE SANCTE TRINITATIS NORHAMPTONIE.]—Omnibus etc. Noverit universitas vestra nos Hospitale Sancte Trinitatis juxta Norhamptoniam dilecto in Christo filio Johanni de Bramptone, capellano, auctoritate Concilii contulisse ipsumque in eo canonice magistrum et rectorem instituisse, salvo jure cujuslibet cum id alias vacare contigerit; salvis etc. Quod ut etc., testibus et data ut in carta proxima supra.

[*The institution of William de Albeniaco to the church of Gayton ; Jan. 25, 1235 ; see p. 180.*]

[GAYTONE.]—Omnibus etc. Noverit universitas vestra nos ad presentationem domini Regis factam ratione terre advocati Bethunie in manu sua existentis dilectum in Christo filium Willelmum de Albeniaco, clericum, ad ecclesiam de Gaytone admisisse ipsumque in ea canonice personam, salvis etc. Quod ut etc., testibus et data ut in carta super ecclesia sancti Gregorii Norhamptonie supra.

[*The institution of William de Burgo to the church of Paston ; see p. 179.*]

[PASTONE.]—Omnibus etc. Noverit universitas vestra nos ad presentationem dilectorum filiorum Abbatis et conventus de Burgo beati Petri, patronorum ecclesie de Pastone, dilectum in Christo filium Magistrum Willelmum de Burgo, clericum, ad eandem ecclesiam admisisse ipsumque in ea canonice personam instituisse, salva dictis patronis debita et antiqua pensione, et salvis etc. Quod ut etc., testibus et data ut in carta supra.